本书受到云南省哲学社会科学学术著作出版专项经费资助

"言外之意"
修辞现象研究

陈丽梅　著

中国社会科学出版社

图书在版编目(CIP)数据

"言外之意"修辞现象研究 / 陈丽梅著 . —北京：中国社会科学
出版社，2016.2
ISBN 978 - 7 - 5161 - 7673 - 3

Ⅰ . ①言… Ⅱ . ①陈… Ⅲ . ①汉语 - 修辞 - 研究 Ⅳ . ①H15

中国版本图书馆 CIP 数据核字（2016）第 037844 号

出 版 人	赵剑英
责任编辑	宫京蕾
特约编辑	李晓丽
责任校对	邓雨婷
责任印制	何 艳

出 版	中国社会科学出版社
社 址	北京鼓楼西大街甲 158 号
邮 编	100720
网 址	http：//www. csspw. cn
发 行 部	010 - 84083685
门 市 部	010 - 84029450
经 销	新华书店及其他书店

印刷装订	北京市兴怀印刷厂
版 次	2016 年 2 月第 1 版
印 次	2016 年 2 月第 1 次印刷

开 本	710 × 1000 1/16
印 张	23.5
插 页	2
字 数	373 千字
定 价	85.00 元

序

复旦大学　吴礼权

　　众所周知，世界上各个不同的民族，在其独立发展的过程中，不仅创造出了为其全体社会成员服务的语言文字，还形成了不同于其他民族的政治礼仪制度与风俗习惯。政治礼仪制度，不同民族可能会有共通之处，因为任何民族都不可能永远与其他民族隔绝而老死不相往来。只要有往来交流，不同民族之间在政治礼仪制度方面就有可能相互借鉴。如日本的政治礼仪制度，就是从中国古代借鉴学习而来。在日本皇室乃至早已被西洋化的内阁制官场中，中国传统的政治礼仪制度的印记仍然没被磨灭掉。不过，应该指出的是，政治礼仪制度可以借鉴学习，但不同民族在语言、历史、文化上的差异是很难通过彼此交流与借鉴学习而趋同一致的。事实上，不同民族具有不同于其他民族鲜明的心理结构特征，早已说明了这一点。

　　对中国历史文化稍有了解者都会知道，相比于其他民族特别是西方民族，汉民族在心理结构特征上明显偏向于内敛。这种心理结构特征是否源于汉民族与生俱来的先天基因，我们不得而知。但是，有一点是可以肯定的，这就是儒家思想从中起了很大的影响作用。旅美著名思想家李泽厚就曾指出：中国人特别是汉民族人"由于实践理性对情感展露经常采取克制、引导、自我调节的方针，所谓以理节情，'发乎情止乎礼义'，这也就使生活中和艺术中的情感经常处在自我压抑的状态中，不能充分地痛快地倾泻出来"①。正因为如此，汉民族的心理结构，如果

---

① 李泽厚：《中国古代思想史论》，人民出版社1986年版，第37—38页。

跟其他民族特别是西方民族坦露、直率、幽默的特征相比，"明显地表现为含蓄、深沉的特点"①。关于这一点，在语言表达方面展露得最为淋漓尽致。比方说，男欢女爱，乃是人之常情。西方男女如果彼此欢悦，不仅有直白的行为表现，更有直白的语言表达。他们说"我爱你"，大概就跟我们中国人见面寒暄的"你吃了吗"差不多。而我们中国人特别是汉民族人，纵然从青丝到白头，厮守了一辈子，儿孙已然满堂，彼此终其一生也难从嘴里说出"我爱你"三个字。所以，中国民间有句俗语，叫做"爱在心里口难开"。（日本人也是如此，甚至内敛的性格比中国人有过之而无不及。这是因为日本人受中国传统儒家思想影响很深，在继承中国传统文化方面比现代的中国人更地道的缘故。当然，今天的中国年轻人包括日本年轻人都不是这样了，这是因为受欧风美雨的西洋文化洗礼的结果。）

上溯到两千多年前的周秦时代，读一读《诗经》开篇第一首诗《关雎》，我们会发现，中国人确实在情感展露特别是男女之情的表达方面非常内敛。诗中描写的那位男子明明对那位他认为是其"好逑"的"窈窕淑女"非常爱慕，甚至到了彻骨思念的地步。可是，这位痴情的男子并未情不可遏，直接跑到那位窈窕淑女面前向她直白地表达爱意，而只是以"琴瑟友之""钟鼓乐之"等婉转的方式向姑娘暗示。当"求之不得"时，他也没有冲动到不顾一切的地步，只是"寤寐思服"，"悠哉悠哉，辗转反侧"而已。诗中的主人公是如此内敛，吟咏主人公爱情故事的诗人在描写这个爱情故事时也表现得非常内敛。他没有开首就写那位男子见到心仪的"窈窕淑女"如何如何，而是先从河中小洲中的关雎鸟成双成对的情景入手，即以"比兴"的手法来慢慢展开故事。正因为故事中的男子情感展露得比较内敛，诗人表现男子情感的笔触也比较内敛，所以这首诗才会被置于《诗经》篇首。孔子赞赏《诗经》"诗三百，一言以蔽之，思无邪"，乃是因为《诗经》包括《关雎》在内的三百篇无论是"志思蓄愤，而吟咏情性，以讽其上"②，还是纯粹的男女爱怨恨愁之意的表达，其在情感展露上都体现了婉转含蓄

---

① 吴礼权：《委婉修辞研究》，山东文艺出版社2008年版，第219页。

② （南朝梁）刘勰：《文心雕龙·情采》。

的特点，符合他"温柔敦厚"的思想主张。太史公司马迁评论《诗经》时有"《国风》好色而不淫，《小雅》怨诽而不乱"①的话，其实也是主张情感展露应当内敛的意思。尽管男欢女爱乃是人之常情，是人作为动物之一种必有的生理与心理的本能要求，尽管早在先秦时代我们的先贤们就曾说过诸如"饮食、男女，人之大欲存焉"②，"食、色，性也"③，"人之异于禽兽者，几希"④，"号物之数谓之万，人处其一焉"⑤之类达观的话，"承认了人类正常的情欲要求（包括男女感情）的合理性"⑥，但事实上无论是古代还是现代，绝大多数中国人（特别是汉民族人）都没有像我们先贤所说的那样达观。在男女之情的展露方面，中国人始终都是那样羞羞答答。正因为中国人自古以来内敛的民族心理结构就没有发生根本的改变，所以自古至今的中国读书人都一致认同《诗经·关雎》篇的作者以及《关雎》中的主人公对于爱情表露的羞怯含蓄、半遮半掩的方式。虽然《关雎》所描写的是中国两千多年前的爱情故事，抒发的是我们古人男欢女爱的情感，但今天我们读来仍然觉得亲切有味。不过，有趣的事，就是这样一首情感展露相当节制、文字表达相当含蓄的爱情诗，还是让我们一些羞于言情的古人不敢直面。"甚至到了汉代，还有学者绝口否认《关雎》一诗是描写男女爱情之作"⑦，坚持认定此诗乃是吟咏"后妃之德"的⑧。"一粒沙中见世界"，"窥一斑而知全豹"。由《关雎》一例，我们便能清楚地看出中国人特别是汉民族人内敛、内向的民族心性。

　　正因为内敛、内向是中国人特别是汉民族人共具的民族心性，所以中国自古以来就有推崇"不著一字，尽得风流"⑨的文学传统。在现实生活中，人们无论是说话还是写文章，都自觉不自觉地追求"含不尽之

---

① （汉）司马迁：《史记·屈原贾生列传》。

② 《礼记·礼运》。

③ 《孟子·告子上》。

④ 《孟子·离娄下》。

⑤ 《庄子·秋水》。

⑥ 吴礼权：《委婉修辞研究》，山东文艺出版社2008年版，第220页。

⑦ 同上。

⑧ 《毛诗序》。

⑨ （唐）司空图：《诗品·含蓄》。

意；见于言外"①的表达效果。合乎这个文学传统，达到这种表达效果，人们就认为是好的，予以赞赏，甚至传为佳话。反之，直道本心，情意表达一览无余，往往不被人认同。如果涉及的是敏感话题，表达也直来直去，不懂含蓄婉转，不仅会让直接接受者排斥，还会被间接接受者批评指责，认为"说话不得体"。关于这一点，历史上有着无数正反两个方面的鲜活事例。如《新唐书·孟浩然传》有记载曰：

> 　　孟浩然，字浩然，襄州襄阳人。少好节义，喜振人患难，隐鹿门山。年四十，乃游京师。尝于太学赋诗，一座嗟伏，无敢抗。张九龄、王维雅称道之。维私邀入内署。俄而玄宗至，浩然匿床下，维以实对，帝喜曰："朕闻其人而未见也?，何惧而匿？"诏浩然出。帝问其诗，浩然再拜，自诵所为，至"不才明主弃"之句，帝曰："卿不求仕，而朕未尝弃卿，奈何诬我？"因放还。采访使韩朝宗约浩然偕至京师，欲荐诸朝。会故人至，剧饮欢甚。或曰："君与韩公有期。"浩然叱曰："业已饮，遑恤他!"卒不赴。朝宗怒，辞行，浩然不悔也。

　　从《新唐书》的这段历史记载，我们可以清楚地了解到唐代大诗人孟浩然盛名满天下而终其一生郁郁不得志的原因。熟悉中国文学史者皆知，孟浩然在有唐一代的诗歌创作上是非常有成就的。不仅上引史传中提到的张九龄、王维"雅称道之"，就是同时代最为自负的大诗人李白对他也是非常敬重，甚至可以说是推崇备至的。"吾爱孟夫子，风流天下闻"②的"夫子自道"，可谓直道本心，将李白对孟浩然的敬重与推崇之意表达得淋漓尽致。然而，就是这样一个作了一辈子诗的大诗人，且被李白极力推崇、张九龄与王维"雅称道之"，却最终因为吟诗失败而错失了一个难得的飞黄腾达的机会，终其一生贫穷潦倒，大志难伸。那么，孟浩然所吟的诗果真不好吗？当然不是。孟浩然在唐玄宗面前吟诵的诗，就是那首很多人都非常熟悉的《岁暮归南山》，诗曰："北阙

---

① 北宋梅尧臣语，欧阳修《六一诗话》引。
② （唐）李白：《赠孟浩然》。

休上书，南山归敝庐。不才明主弃，多病故人疏。白发催年老，青阳逼岁除。永怀愁不寐，松月夜窗虚。"这首诗是抒发诗人贫困潦倒而老境将至、功业未就的无奈之情，读来颇是令人感慨，很能引发广大不得意的读书人的情感共鸣，赢得大家的同情。但是，其中"不才明主弃，多病故人疏"二句，因是不作任何掩饰的赤裸裸的抱怨牢骚之言，在读书人面前吟诵没有问题，在唐玄宗面前吟诵，就显得非常不得体了。因为这两句诗同时得罪了两个人，一是明主唐玄宗，二是故人王维。"不才明主弃"，表面说得很谦虚，内里则有弦外之音、言外之意："我虽然有大才，但皇帝不英明，所以弃之不用；我今日贫困潦倒到了这等地步，连多年好友也嫌弃我、疏远我"。不管诗人当着唐玄宗与王维的面吟诵这首诗时有没有这层意思，但这两句诗客观上会让接受者这样解读。我们知道，唐玄宗能创造"开元盛世"的业绩，当然是一位自我感觉良好、自以为圣明之君。以他这样的心性，如何能接受孟浩然如此直白的抱怨之言？因此，孟浩然最终被唐玄宗"放还"，乃是故事的必然结局。如果孟浩然当时面对唐玄宗吟诵出的是他后来写给宰相张九龄的《临洞庭湖赠张丞相》中的两句："欲济无舟楫，端居耻圣明"，那么一定会让好大喜功、爱听顺耳之言的唐玄宗心花怒放，欣然封官授爵的。为什么呢？因为这两句诗以极简约的文字表达出了极其丰富的内涵。它的深层含义是在为自己求官，但却说得冠冕堂皇，既不失读书人的体面，又彰显了读书人报效国家的责任感。所谓"欲济无舟楫，端居耻圣明"，说白了，就是这样一个意思（如果面对的是皇帝）："现在大家都争先恐后地为国家出力，为皇上治国安邦分劳，就像这湖中百舸争流的情景一样，而我则像一个端坐湖边无所事事的闲人，对国家毫无贡献。圣明之君治国，天下无闲置之才，我这样终身无所作为，对于圣明的您岂不是一种耻辱吗？"这样高妙的表达，试想要是让唐玄宗听到，他能不更加佩服其才华而欣然授官封爵吗？可见，有时直抒胸臆，直道本心，虽然显得真诚，但未必有好的效果。孟浩然在唐玄宗面前发怀才不遇的牢骚，是读书人真情实感的自然表露，是一种有话就说的真诚表现。但是，这种真诚却不能让唐玄宗欣然接受，因为他觉得孟浩然的直来直去的抱怨，是在"诬"他，有损他圣明之君的威严。而在这场君臣对话中作为旁观者的王维，肯定会觉得老友孟浩然"说话不得体"。

　　对于古今中外文学史比较了解的人，可能都会有这样一个共识：大凡是诗人，都有率性天真的个性，甚至行为有些怪诞，为常人所不理解。有人说："在历史里一个诗人是神圣的，但是一个诗人在隔壁便是个笑话。"梁实秋说得更是直白："诗人住在隔壁，是个怪物，走在街上尤易引起误会。"① 正因为如此，诗人给人们的印象大半是不通人情世故的。因为不通人情世故，诗人大半也是人生最不得意的。如历史上的屈原、李白等无数诗人都是如此。不过，话也不能说死，像上面我们提到的王维、张九龄，他们与孟浩然同时，也是非常著名的诗人，但是他们似乎并非不通人情世故。张九龄能位至宰相，王维在唐玄宗朝中是得宠的红人，"安史之乱"时还接受了叛军的伪职，大概谁也不能说他们不通人情世故，而是认为他们是最通人情世故的，而且精于官场权术。事实上，诗人中人情练达、世事洞明者并不在少数。除了上举的张九龄、王维外，在唐代诗歌史上颇有声名的朱庆余，大概也能算一个。据宋人尤袤《全唐诗话》记载，朱庆余能够考中进士，顺利地进入仕途，开创出一个读书人梦寐以求的人生境界，是与当朝高官、时任水部郎中张籍的赏识与极力推荐乃至援引有着密切关系的。张籍是唐朝非常著名的大诗人，这个人人皆知，《全唐诗》中有他很多作品。但是，朱庆余入录《全唐诗》的作品却只有寥寥几首。可是，当人们谈到唐代诗歌创作时，一定都不会忘记提到朱庆余的一首诗，而且历代文人都喜欢搬演他这首诗的典故。《全唐诗话》记其事曰："庆余遇水部郎中张籍知音，索庆余新旧篇什，留二十六章，置之怀袖而推赞之。时人以籍重名，皆缮录讽咏，遂登科。庆余作《闺意》一篇以献，曰：'洞房昨夜停红烛，待晓堂前拜舅姑。妆罢低声问夫婿，画眉深浅入时无？'籍酬之曰：'越女新妆出镜心，自知明艳更沉吟。齐纨未足门人贵，一曲菱歌敌万金。'由是朱之诗名流于海内矣。"对于唐代科举制度有所了解者皆知，唐代的进士考试是不糊名的，考生的名字都清楚地写在试卷上。张籍以其名高权重的地位在文坛与当朝官员中为朱庆余的才学造舆论，对于朱庆余最终进士及第无疑是具有重大影响的。尽管有张籍的赏识与援引，朱庆余对于最终能否进士及第仍然不放心，所以才有这首

---

① 梁实秋：《雅舍小品诗人》，文化艺术出版社1998年版。

《闺意上张水部》诗，以此向主考官张籍探听能否被录取的消息（从记载文字的上下文语境以及常规逻辑推测，这首诗应该是在考试之后与录取放榜之前写给张籍的）。由于诗人打探消息的方式不是以直言相问的常规方式（直言相问，在当时应该算是违规），而是以文人们都欣赏的吟诗往还的形式呈现，使本来属于违规的行为别带一种优雅的趣味。加上朱庆余刺探消息的表达方式非常高明，达意传情非常含蓄婉转，即使有人指陈是违规，也很难抓住把柄。因为诗以"对象双关"的修辞手法（文学研究者一般称为"象征手法"），表面是写新过门媳妇即将见公婆时的忐忑不安的心情，实则是表达自己对于即将进士放榜自己能否考中的担心。这样的表达，既保留了诗人作为一个读书人的体面，又不给自己的恩公张籍压力。张籍读懂了诗人的心思，乃仿其手法回复了他一首诗，以越女明艳沉吟的形象含蓄委婉地告诉了诗人确切的消息："你有这么好的才学与才情，进士及第肯定没有问题。"作为主考官，如果这样直白地说，那就是泄密了。但以"对象双关"的修辞手法，以诗的形式呈现，则就最大限度上规避了泄密的嫌疑，同时还使这一泄密行为带有一种优雅的趣味，最终成为千古传诵的文人佳话。应该说，朱庆余刺探考试内幕与张籍泄露考试机密都不是什么正当行为。但是，由于二人传情达意的方式高妙，在当时的情势下，在中国文人的价值观中，他们以诗传情达意的行为是被认可的，二人的一问一答都是得体的。反过来说，如果朱庆余与张籍二人同样是以诗传情达意，一问一答，但表意直白，那就不会被认可，更不会在千古士林传为佳话。因为直白地表达非分的要求，在中国传统读书人的价值观中是不被认同的。但是婉转含蓄的表达，则符合中国人的心理，所以即使表达者的诉求有非分的嫌疑，也能被认可（起码是默认）。

由以上正反两方面的例子，我们可以清楚地看出，中国古人在传情达意上是多么推崇"不著一字，尽得风流"的境界，多么重视追求"含不尽之意，见于言外"的效果。其实，不仅我们的古人是这样，现代的中国人特别是汉民族人仍然如此。如果符合了这种心理，大家就认同叫好，反之则被认为不得体甚至被嘲笑。下面我们不妨也看两个一正一反的例子。正例是《月老报》1986 年第 16 期所载的一篇故事（题名《初恋》，作者萌雅）：

　　我与她曾八年同窗，此期间接触很少，相遇时也只打个招呼，点点头。我们都很年轻，踌躇满志而又矜持骄傲。

　　后来，我们都踏上了工作岗位。时光悠远逝去，我成了大小伙子。偶然的机会我得知她仍然是个老姑娘。于是我冒昧给她去一封信：

　　小莉：你好！听说……对吗？若真的话，我想……

　　你的同学　萌雅

　　过了15天，我终于收到她的回信：

　　萌哥：您好！也听说……对吗？若是的话，我也想……

　　你的小妹　莉

　　这就是我的初恋。

　　上述这则初恋的故事为什么登载于《月老报》，成为人们争相传诵的恋爱成功的佳话呢？原因非常清楚，故事中的男女主人公的情书写得太特别了（运用了"留白"修辞手法），传情达意手法极其高妙。中国男女羞于言情言爱的尴尬，通过男女主人公情书中的几个省略号都被遮掩过去。应该指出的是，省略号只是遮掩了"我想娶你""我想嫁你"之类直白的文字表达，却并没有遮蔽掉男女主人公彼此相爱、心心相印的内心世界。这样高妙的表达，真可谓"不著一字，尽得风流"，臻至了"此时无声胜有声"，"含不尽之意，见于言外"的崇高境界。假设故事中的男女主人公将爱意直白无误地表达出来，结果会怎么样呢？相信所有的中国人都能预想得到。

　　与之相反，我们要举的一个反例，则是鲁迅的小说《阿Q正传》中主人公阿Q的故事。阿Q贫困潦倒，但他也是个男人，有男人正常的生理与心理需求。所以，当他看到小尼姑时会情不自禁"突然伸出手去摸着伊新剃的头皮，呆笑着，说：'秃儿，快回去，和尚等着你'"；当他与赵太爷家唯一的女仆吴妈闲话家常时，竟然情不可遏，跪下跟她表白说："我和你困觉，我和你困觉！"吴妈楞了一会后，竟然紧张得"突然发抖，大叫着往外跑，且跑且嚷，似乎后来带哭了"。那么，吴妈为什么听到阿Q的真情表白会"突然发抖"呢？为什么"大叫着往外跑，且跑且嚷，似乎后来带哭了"呢？原因非常明显，吴妈是传统的中国女人，不习惯阿Q如此直白而大胆的情感表达。对于阿Q的真情表白，故事中的吴妈吓哭了，而我们读故事的人则都被逗笑了。那么，我们为什么会笑？其实原因也很简单，就像吴妈被吓哭一样，就是因为阿Q的表情达意方式不符合中国人特别是汉民族人内敛含蓄的文化传统，突破了汉民族人共具的文化心理，因而他的真情表白被国人认为不得体，所以大家都将之视为有别于自己的"异类"，并予以嘲笑。

由以上古今正反两个方面的例证，我们可以清楚地了解一个事实、明白一个道理。这个事实就是，中国人特别汉民族人内敛含蓄的心理特点是自古至今都未曾改变过，崇尚含蓄蕴藉的文化传统始终延续着。这个道理就是，包括言语在内的所有行为，符合民族共具的文化心理就会被认同、被赞赏，反之则被排斥甚至被嘲笑。

虽然上述事实是大家都时常能见到的，上述道理也是大家都懂的。但是，对于这方面的学术研究，尤其是对于中国人崇尚婉转传情达意的语言方式及其心理的研究，长期以来却并不充分，甚至在很长一段时间内几乎是处于空白状态。就修辞学领域而言，以我多年来研究汉语修辞学史的经历与视野来看，以专文或专书的形式来探讨研究中国人崇尚婉转达意、含蓄传情的心理及其具体的修辞实践，总结其中的规律并予以理论阐释的，除了我自己1997年完成的博士学位论文《委婉修辞研究》和我指导的硕士生刘福元所作的硕士学位论文《言外之意研究》之外，相关的专题论文或著作几乎是看不到的。其实，"言外之意"的修辞现象是我二十多年前就开始关注并一直感兴趣的研究论题。正因为如此，1996年我鼓励我的硕士生刘福元对这一论题进行研究，取得了初步成果。2009年陈丽梅考入复旦，经过一段时间系统的学习，她跟我提出选题计划。当我听到她说要研究"言外之意"修辞现象时，我几乎是毫不犹豫地在第一时间就同意了。因为我始终觉得，这个论题的研究有很大的空间，其理论价值与实践意义都非常大。迄今为止，我指导的国内外博士生已经毕业的有十多人，博士学位论文都做得非常好，答辩都能轻松地通过。同行专家无论是明审还是盲审，都是优秀。可是，他们在论文选题阶段，没有一个人是轻松的。因为我对他们的选题几乎是苛刻的，几乎没有人提出的选题计划能够一次就能获得我的首肯。我之所以对博士生的论文选题要求如此苛刻，乃是基于我一以贯之的基本理念：优秀的、有价值的学术论文，选题准确独到，是其成功的一半。正因为我对博士生选题的要求是非常苛刻的，所以我的很多博士生都为此非常苦恼，觉得老师不通人情，对学生要求太过严格了。有的博士生选题甚至更换了四五次，最终才获得我的首肯。不过，一旦他们的选题获得我的首肯，论文进入写作阶段，他们都发现道路非常顺畅，最终都做出了优秀的研究成果，认同了我当初对他们选题严格要求的理念。陈丽梅在选题方面，是个例外，一次性就获得我的认同，这也说明她善于发现问题，对有学术价值的选题有高度的敏感性，能够第一时间站到修辞学研究的最前沿。这一点，不是一般悟性平庸的学生可以做到的。

除了悟性之外，陈丽梅能敏锐地选择"言外之意"修辞现象作为博士学位论文的论题，在很大程度上跟她在寻找并确定选题的过程中对这一论题研究的理论价值与实践意义有深刻的思考，有自己独到的认识。在论文的第一章（也就现在呈现于读者面前的本书第一章），作者明确提出了"言外之意"修辞现象研究三个方面的理论意义与三个方面的实践意义。理论意义的第一点是"从修辞学角度对'言外之意'进行研究，能使其修辞现象的身份更明确"。对于这一点，我是非常认同的。众所周知，"言外之意"现象并非是修辞学者才感兴趣的，哲学界、美学界、文学界对此感兴趣者大有人在，而且这些领域的许多学者事实上都在其论著中或多或少地谈到这个问题。也就是说，"言外之意"现象并非是修辞学界的私有财产，而是诸多学科领域的共公资源。只是这个公共资源可以从不同的视角予以观照，至于每个视角观照的结果如何，观照的深入程度如何，则就要看研究者、观照者的功夫了。就我个人的观点，觉得"言外之意"虽然与哲学、美学、文学等学科都有关系，也应该成为这些学科研究的论题，但是由于它的着力点是在"言"上，无论表达什么"意"，始终都要依托于"言"，因此它实际上跟语言学特别是修辞学关系更为密切。也就是说，就它与研究者的亲密度、关联度而言，似乎更贴近修辞学者。作者提出的第二点理论意义是，"言外之意"修辞现象研究，"在一定程度上有利于'言外之意'修辞现象研究的深化"。这一点，我也基本上是认同的。因为对于"言外之意"的论述，在哲学家、美学家和文学家的论著中都能找到。但是，以语言表达方式为抓手，对"言外之意"生成的形式与条件等进行系统的归纳，找出"言"与"意"之间的关系，修辞学明显要具有很大的优势。这是众所周知的，无须我再作详细论证了。作者提出的第三点理论意义是，"'言外之意'修辞现象的研究，能丰富修辞学的研究内容"。对于这一点，我更是表示认同。因为对于修辞学特别是汉语修辞学研究现状有所了解者都知道，自从20世纪初中国现代修辞学体系开始建立以来，修辞学研究的重点始终是修辞格，另外有一些言语风格方面的内容。20世纪80年代以后，陆续有学者强调篇章结构与语体也是修辞学研究的内容。但不论怎么变化，始终无法将诸如"言外之意"这类修辞现象纳入现有的修辞学体系之中。很明显，这是一个非常大的研究漏洞。我始终觉得，对于一些修辞现象，越是不能纳入现有修辞学体系予以研究的，其研究价值就越高。如果能将这些不能纳入体系的修辞现象研究清楚了，那么修辞学的研究无疑就上了一个新台阶，进入一个新境界了。对"言外之意"修辞现象的研究，事实上既要涉及表达问题，也涉及理解问题，跟逻辑学、心理学等学科也有着密切的关系。因此，这一论题的深入研究，无疑是极具学术价值的。至于作者对"言外之意"修辞现象研究的实践意义所提出的三点见解，我也觉得具有客观合理性，不是牵强附会之说。比方说，第二点"有利于人际关系的和谐"，对照我们的日常生活经验，观照古今中外外交活动中的鲜活事例，我们就有深刻的体认。

正因为作者对"言外之意"修辞现象研究的理论价值与实践意义有着深刻而清醒的认识，所以在对这一课题进行研究的过程中就特别的用心，对这一课题所要关涉的方方面面都考虑得非常周密，体现了作者在观察问题、分析问题方面逻辑思维的严密性。如第二章"'言外之意'修辞现象理据探究"，作者既探究了"言外之意"修辞现象产生的哲学基础，也论述了"言外之意"修辞现象存在的审美基础；既探讨了"言外之意"修辞现象产生的语言基础，也根究了"言外之意"修辞现象生成的心理机制。其他如第三章对"言外之意"修辞现象类型的分析归纳，条理性、逻辑性都相当强。如第二节从表达机制角度对"言外之意"修辞现象进行类别概括，先将之分为"重合包孕"式、"相交关涉"式、"相离牵引"式三大类，然后再进行细致的次范畴分类。如

"相交关涉式"，又具体分为"望文生义"式、"词义引申"式、"内涵关联"式、"关系联想"式、"完形省略"式、"白描渲染"式六小类。这样的概括分类不仅细致周密，而且是前此没有过的，完全是作者深入研究后得出的结论，是创新性的研究成果。

除了在充分掌握材料的基础上，从表达的角度切入，对"言外之意"修辞现象进行多角度、系统的概括分类之外，作者还在第四章中对"言外之意"修辞现象从接受的角度予以观照，总结归纳了"言外之意"修辞现象理解中的推理类型，将其划分为"隐性推理"与"显性推理"两大类，并明确了其具体内涵。指出"显性推理"是指接受者在理解过程中主要运用形式逻辑知识的推理，"隐性推理"则是指接受者在理解过程中运用"隐喻思维""转喻思维""对比联想"的推理。值得一提的是，作者对"言外之意"修辞现象理解中的推理进行分类，并不是其终极目的，而是以此为基础，通过对这两类推理类型的大量材料的分析，寻找其中影响推理的相关因素，从而得出结论，指出：不管是"显性推理"，还是"隐性推理"，都是接受者在相关因素的影响下，联系具体语境，追加了表达者表达时的语境的过程。也就是说，"言外之意"的理解过程，事实上就是接受者的"语境重译"过程。作者认为，接受者通过"语境重译"，较大程度上实现了与表达者的语境互享，并在此基础上实现其"言外之意"的理解。这种理论分析是具有穿透力的，是相当鲜明的理论创新，值得肯定。可喜的是，作者并未到此止步，而是以此观点为基础，通过详细地分析"语境重译"的实现过程，明确指出："集体无意识""个人无意识""个人能动性"是影响"语境重译"实现的三个关键因素。为了使结论更具科学性、权威性，作者在论证过程中还引入了问卷调查法，通过问卷调查所获取的数据，进一步对其提出的观点予以佐证，从而进一步明确地指出："言外之意"的理解，需要接受者具备相应的知识储备和理解时能动性的发挥，特别是日常生活中的知识积累尤其重要，它往往成为"言外之意"理解的基础性的因素。很明显，这样的分析与论述，是具有说服力的，不仅符合现代学术研究的范式，而且具有科学性，对于修辞学其他课题的研究者有着借鉴意义。

从整体上看，本书的第五章最具理论创新意义，是值得修辞学界同仁重视的。其他各章内容也相当扎实而见功力，如第一章第三节的文献综述，简洁明了，但内容丰富。第二章的理据探究，表现了作者敢于探索的勇气，有独立思考的精神。第三章对"言外之意"修辞现象类型的分析，体现了作者有较好的逻辑思辨能力。第六章结语部分，作者谈到了自己论文的不足，表现了作者对自己的研究有清醒的认识。认识到自己的不足，我觉得是既要有勇气，又要有清醒的头脑。所以，我认为这一点最为可贵，是一个优秀的科学研究者必须具备的品质。因为唯有清醒地认识到自己研究中的不足，才有可能弥补其不足，进而取得更大的成就。

陈丽梅博士在学术上的成长过程，我作为亲历者，是看得清清楚楚的。正因为我看得清清楚楚，所以我对她在学术研究上的潜力是抱持满满的信心。我相信，以此书为起点，她今后一定会百尺竿头更进一步，取得比今天更大的成就，有更多比本书更精彩的专著问世，为中国修辞学在 21 世纪的进一步作出更大的贡献。

吴礼权

2015 年 11 月 15 日于复旦大学

目　录

第一章 引言

"言外之意"是汉语表达和接受中一种普遍存在的语言现象,也是历来被广泛关注的修辞现象。"言外之意"修辞现象在古今汉语各文体中都大量存在,其语料资源亦异常丰富。对"言外之意"修辞现象的探究,从先秦延续至今,有着悠久的历史;涉及语言学、语用学、语义学、美学等众多领域,形成了深厚的理论积淀。然而,从国内外已有的研究成果和相关探讨来看,以"言外之意"修辞现象为专门的研究对象,并对其进行系统研究的著作还尚未出现。因此,"言外之意"修辞现象的研究,虽是一个古老的课题,但仍是一个很有研究价值和研究空间的课题。

鉴于"言外之意"修辞现象在古今汉语中的广泛影响及现有研究的不足,本书从修辞学角度,对"言外之意"修辞现象作一个专门研究,从表达和接受两方面进行探讨,并侧重于对其表现形式、表达机制及接受机制进行分析和探究。这既是对这一课题现有研究不足之处的补充,也是一种尝试性的创新。

第一节 "言外之意"概念的厘定

"言外之意""作为一个修辞学的概念而被论及,始于刘勰。他把'言外之意'的概念归到一个'隐'字上。"① 在《文心雕龙·隐秀》篇中,刘勰指出:"隐也者,文外之重旨也","夫隐之为体,义生文

---

① 张炼强:《修辞艺术探新》,北京燕山出版社1992年版,第107页。

外，秘响旁通，伏采潜发"。意思是说，"隐"是文辞以外所蕴含的意味。刘勰以后，也有许多学者对"言外之意"持相似的说法。如唐代司空图提出的"不著一字，尽得风流"①，北宋苏轼所说的"言有尽而意无穷者，天下之至言也"②，北宋梅尧臣所说的"含不尽之意见于言外"③ 等说法。张炼强认为：这些说法虽"字面不尽相同"④，但"涵义大体并无异致，都是对'言外之意'作为一种修辞手法而存在的认可和赞赏"⑤。我们认同这种观点，"言外之意"就是一种修辞现象。

对"言外之意"修辞现象概念的界定，虽然刘勰已作过概说，但一直以来其表述都比较模糊。

《语法修辞词典》对其的界定为："即言在此而意在彼。话语所要传达的思想感情，不靠字面而靠语言环境的特殊联系表现出来，以达到特殊的修辞效果。"⑥

《现代汉语词典》（2002 年增补版）中，对其的界定为："话里暗含着的没有直接说出的意思。"⑦

一般认为"所谓言外之意即'言在于此，意在于彼'，如影射、暗喻之类的修辞含意便是"⑧。

而在修辞学界，张炼强也曾对其进行过界定，即"用少量的语言传递更多的信息或者以表示某种意义的语言形式去曲折地表示另一种意义"⑨。

以上界定从不同的角度，为我们了解"言外之意"修辞现象的内涵提供了借鉴。古代美学及文学中出现的相关论说，侧重指出了"言外之意"修辞现象的审美韵味，也就是其具有的修辞效果；而现代的相关界定，主要指出了其实现方式，相对忽略了对其修辞效果的强调。因此，

---

① （唐）司空图：《二十四诗品》。

② （宋）姜夔：《白石诗说》载苏轼语。

③ （宋）欧阳修：《六一诗话》载梅尧臣语。

④ 张炼强：《修辞艺术探新》，北京燕山出版社 1992 年版，第 107 页。

⑤ 同上。

⑥ 杨殿奎、任维清编著：《语法修辞词典》，济南出版社 1992 年版，第 150 页。

⑦ 《现代汉语词典》，商务印书馆 2002 年版（增补版），第 1446 页。

⑧ 孙雍长：《训诂原理》，语文出版社 1997 年版，第 396 页。

⑨ 张炼强：《修辞艺术探新》，北京燕山出版社 1992 年版，第 108 页。

我们在借鉴前人已有界定的基础上，将前人对其修辞效果及实现方式的强调结合起来，从这个角度再重新作出界定。

在界定"言外之意"修辞现象的概念之前，我们先分别对其中的"言"和"意"的内涵作说明。

"言"《说文》的解释是："直言曰言，论难曰语。"可见，"言"有"直接说出"的意思。"言外之意"中的"言"，是指修辞主体所采用的语言形式，包括口头和书面的；可以是词、句子，也可以是句群甚至篇章。

"意"，《说文》的解释是："意，志也。从心察言而知意也。""言外之意"中的"意"，不是辞面直接表示的"意"，而是修辞主体以辞面为中介来间接传达的思想内容。"在一般情况下，我们通过语言进行口头或书面交际，把信息从一个人传递给另一个人或其他人；或者通过语言达到某一个愿望。要顺利地进行'交际'，就必使交际的双方都明白语言所传达的'内容'，而这个内容就是'意义'。"[1] 而这个"意义"就是我们"言外之意"的"意"的内涵。

在厘清了"言""意"的内涵后，我们认为"言外之意"的概念即为：

"言外之意"是古今汉语中被广泛运用的一种积极修辞现象，其特点是修辞主体用一定的语言形式来表达其语表意义之外的内容，使人思而得之，进而收到言近旨远、余味曲包的修辞效果。

从逻辑上看，"言外之意"修辞现象的"言"，有内容和形式之分。因为"语言本身也便有形式和内容两方面，音形便是形式，意义便是内容"[2]。但是"语言的内容，对于写说的内容只能算是一种形式的内容，在讨论文章说话时常常把它归在形式的范围之内"[3]。"修辞上所说的内容，就是文章和说话的内容。修辞上所说的形式，就是文章和说话的形式。"[4] 因而，"言外之意"的"言"及"言"本身的意义都是形式，"言外"传达的"意"才是内容。

---

① 伍谦光：《语义学导论》，湖南教育出版社1992年版（第2版），第132页。
② 陈望道：《修辞学发凡》，上海教育出版社2006年版，第36页。
③ 同上。
④ 同上书，第36—37页。

　　"言外之意"修辞现象的形式与内容的不一致性，使接受者在接受时需要做一番思索才能获得。因此"言外之意"的内涵中包含着接受的间接性。一些历史上属于"言外之意"的语言现象，但在现在的表达中却一览无余，这种情况就不包括在本书论及的"言外之意"范围，如一些惯用语、熟语及"以疑传信"的表达方式等。因为这些已经固化为词汇意义的表达，不需要人们思而后得，所以不属于"言外之意"修辞现象。

第二节　"言外之意"修辞现象相关研究概述

一　"言外之意"修辞现象的历史探讨

　　"言外之意"修辞现象的探讨，源于哲学上的"言意之辨"，"即对于言和意关系问题的讨论"①。随着"言意之辨"的深入，植根其间的"言外之意"的内容也愈加丰富。可以说，"言意之辨"既为言外之意修辞现象的产生奠定了哲学基础，也对言外之意修辞现象的备受推崇起了推动作用。因此，要厘清"言外之意"修辞现象探究的发展脉络，首先就需要把握"言意之辨"的内容和相关影响。

　　（一）"言意之辨"的影响

　　言意之辨，实质是语言和思维关系之辨。不同时期的人因各自哲学背景的不同，从各自的哲学角度提出了不同的看法。主要涉及"言尽意"和"言不尽意"的观点。

　　这些观点集中体现在先秦及魏晋时期的"言意之辨"中。

　　先秦时期的"言意之辨"，主要以儒家辩证的"言尽意"观及道家的"言不尽意"观为代表。

　　儒家"言意之辨"的观点，集中体现在孔子、孟子等人的观点中。他们都认同"言"有"尽意"的一面，同时又从不同的侧面对"言"和"意"之间的复杂关系作了较深入的探讨。特别是孟子提出的"言

---

① 陈光磊、王俊衡：《中国修辞学通史·先秦两汉魏晋南北朝卷》，吉林教育出版社1998年版，第9页。

近而旨远"说及《周易》中所运用的"立象尽意"的方法，都指出了"言外"传"意"的可能性。

与儒家辩证的言意观不同，道家在言意关系上主要倾向于"言不尽意"的观点。这主要以老庄的观点为代表。

老子认为"道可道，非常道；名可名，非常名"（《老子》一章），即永恒存在的"道"和"名"，是不能用"言"来表述的；"言"在达"意"时存在着局限。而庄子的"言意观"则是对老子"言不尽意"观点的继承和发展。庄子认为事物的精深处是无法用语言来表达的，如《庄子·天道》篇中所指出的："世之所贵道者，书也。书不过语，语有贵也。语之所贵者，意也，意有所随。意之所随者，不可以言传也，而世因贵言传书。世虽贵之，我犹不足贵也，为其贵非其贵也。"庄子认为语言及记录语言的书籍是难以将无处不在的"道"，即"意之所随者"表达出来的。语言的抽象性、概括性，很难表达幽深微妙的内容。

先秦时期对"言意关系"的探讨，对魏晋时期哲学上的"言意之辨"有着重要影响。

魏晋时期的"言意之辨"也主要涉及"言不尽意"和"言尽意"这两种观点。

持"言不尽意"观的主要以王弼为代表。其观点主要体现在《周易略例·明象》篇中。王弼在《周易略例·明象》中，不仅指出了"言不尽意"，还探讨了"言""意""象"三者的关系。王弼在此篇的分析中指出"言"是不能"尽意"的，但可以通过"象"这个中介来"尽意"；而要"明象"，仍需要借助于"言"。由此，王弼提出了"得象忘言""得意忘象"的观点。

而持"言尽意"观的主要以欧阳建为代表。欧阳建的"言意观"从语言名理作用的角度，即语言具有表述功能的角度，肯定了语言尽意的功能。

先秦及魏晋时期的"言意之辨"不仅对人们厘清"言""意"关系有重要意义，更为"言外之意"的萌芽及成长创造了条件。

"言意之辨"中，"言尽意"的观点是对语言与思维关系的充分肯定；正因"言尽意"，所以我们才能用语言来表达思想。但"言"有时又是不能"尽意"的，这看到了语言符号的局限性与思维的发展和精深之间的矛盾；正因为"言不尽意"，才促使人们探寻"言"外"尽意"的方式，才会有丰富多彩的修辞形式，才能有"言外之意"的表达和接受。"言"既是"尽意"的，又是"不尽意"的。回顾"言意之辨"对我们研究"言外之意"有着重要意义。

（二）"言外之意"探讨的历史回顾

"言外之意"的探讨，是伴随着"言意之辨"而出现的。"言意之辨"为"言外之意"提供了哲学思辨的基础和表达与理解的方法借鉴。"言外之意"的探讨，除了出现在哲学领域外，还出现在美学、文学等领域中，成为众多领域共同关注的现象。对此现象探究的言论也甚为丰富。鉴于言外之意历史探究的丰富性，在此我们就仅选取典型观点作大致概述。

先秦时期，孟子的"言近旨远"说及《周易·系辞下》中对爻辞所具有的"其旨远，其辞文，其言曲而中，其事肆而隐"特点的论说，都触及了"言外之意"修辞现象表现形式和表达效果的问题。

魏晋时期，王弼的"得意忘言""得象忘言"说，"引申到修辞学上面，可以理解为不固守语言表面及语言所描绘的物象形象的层面，从而更深入地去把握语言深层及语言所描绘的物象形象的深层所包含的意义，正是因为'言不尽意'，所以要避免浮浅的、一览无余的局限"①。借助语言表层去把握语言深层的意义，这正是通过"言"去理解"言外"所要表达的思想内容。

以上这些探讨，虽然都涉及"言外之意"问题，但最早对其做明确而集中讨论的，却是梁·刘勰《文心雕龙·隐秀》篇。刘勰称"言外之意"为"隐"，即：

> 隐也者，文外之重旨也。……隐以复意为工。

"文外之重旨"，即除了言辞表面的意思外，还含有另外一层意思，即"言外之意"。"复意"，即指辞面和辞里两种意义。"辞面意义"，即

---

① 陈光磊、王俊衡：《中国修辞学通史·先秦两汉魏晋南北朝卷》，吉林教育出版社1998年版，第418页。

我们常说的语表意义；而"辞里意义"即"言外之意"。

同时，刘勰还指出了"隐"的修辞效果：

> 夫隐之为体，义生文外，秘响旁通，伏采潜发，譬爻象之变互体，川渎之韫珠玉也。

"隐"，就是含义见于文字之外。这种表达的效果恰似没有音响，却让人感到余音绕梁；没有文采，却让人感到文采异然；就像六十四爻象可以变为互体，江河中蕴藏珠玉。含蓄蕴藉，却文采焕然。如果缺乏"隐"，那便"等宿儒之无学，或一叩而语穷"①，即会语穷乏味。可见，刘勰对"隐"是相当推崇的。

刘勰对"言外之意"的看法对后世有着相当大的影响。易蒲、李金苓在《汉语修辞学史纲》中谈到刘勰"隐秀"说时，指出了其影响："如唐代刘知几《史通》提出'用晦'的方法……这是对'隐'的发挥。宋代欧阳修《六一诗话》引梅尧臣的话说：'必能状难写之景，如在目前，含不尽之意，见于言外。'……可见唐代刘知几、宋代梅尧臣等的观点与刘勰的隐秀说是一脉相承的。"②

当然，刘勰的"隐秀"之"隐"的影响并不仅限于此。"自刘勰以后，言外之意逐渐发展成了古代文学语言美学理论的基本艺术追求。"③对后世的影响甚大，尤其在文学领域。

刘勰以后，"略晚于刘勰的南朝文学批评家钟嵘，以'滋味'论诗，他把诗的'六义'之一的'兴'首次与言外之意连在一起"④，提出"文已尽而意有余，兴也"（《诗品序》）。到了唐代，刘知几《史通》中提出"用晦"来表达"言外之意"，并有着详尽的论述。他在《史通·叙事》中说：

---

① （南朝梁）刘勰著，王运熙、周锋撰：《文心雕龙·隐秀》，见于"附录：明人所补《隐秀》的残缺文字"中，上海古籍出版社1998年版，第362页。

② 易蒲、李金苓：《汉语修辞学史纲》，吉林教育出版社1989年版，第164页。

③ 周延云：《言意关系：文学语言美学的永恒课题（上）——言外之意研究史论》，《青岛海洋大学学报》1994年第4期。

④ 同上。

然章句之言有显有晦。显也者，繁词缛说，理尽于篇中；晦也者，省字约文，事溢于句外。……夫能略小存大，举重明轻，一言而巨细咸该，三语而洪纤靡漏，此皆用晦之道也。……文如阔略，而语实周赡，故览之者初疑其易，而为之者方觉其难，固非雕虫小技所能斥非其说也。……言近而旨远，辞浅而义深，虽发语已殚，而含意未尽。使夫读者望表而知里，扪毛而辨骨，睹一事于句中，反三隅于字外。晦之时义，不亦大哉！

刘知几的此番论说，涉及"言外之意""具体表现和表达作用各个方面"①，是对"言外之意"修辞现象的总体概括。

唐代除刘知几提出的"用晦"表达外，还有大量有关"言外之意"的论述。如皎然在《诗式》中提出的"文外之旨""情在言外"；司空图《二十四诗品》中提出的"韵外之致""味外之旨"；旧题白居易《金针诗格》中提出的"诗有内外意"等都是对"言外之意"不同角度的探讨。

到了宋代，僧景淳《诗评》、惠洪《天厨禁脔》对含蓄蕴藉的讨论，杨万里对含蓄的论述以及在《诚斋诗话》中提出的"诗有句中物其辞，而句外有其意者"，姜夔《诗说》中所提出的"语贵含蓄"的主张等，都是对"言外之意"修辞手法的推崇。而朱熹在探讨诗歌理解时提出"晓得文义是一重，识得意思好处是一重。若只是晓得外面一重，不识得他好底意思，此是一件大病"②，则是从鉴赏一方来谈"言外之意"的。

及至明清时期，在文学领域，随着小说、戏曲的兴盛，"言外之意"的探讨也在小说、戏曲中广泛出现。如在小说修辞中，明代叶昼在《水浒传》评议第二十四回回末总评中指出：《水浒传》刻画人物的成功，在于使读者"不知有所谓语言文字为何物"③，被惟妙惟肖的人物形象所吸引。在戏曲修辞中，清代李渔在论戏曲语言时提倡"洁净"

---

① 张炼强：《修辞理据探索》，首都师范大学出版社1994年版，第270页。
② 龙文玲等编著：《朱子语类选注》（上），广西师范大学出版社1998年版，第223页。
③ 陈曦钟等校：《水浒传会评本》，北京大学出版社1981年版，第470页。

论，即"意则期多，字惟求少"（《词曲部·文贵洁净》）。以有限的语言寄托较丰富的意思，这也是"言外之意"的一种表现。此外，清代文人还把"言外之意"纳入对诗词的评判赏析中，如沈德潜《唐诗别裁》、陈延焯《白雨斋词话》、刘熙载《艺概》等中都有对"言外之意"的大量讨论。特别是刘熙载《艺概·词曲概》中的相关论述，探讨了"言外之意"和"语言"之间的关系。他说："词之妙，莫妙于以不言言之。非不言也，寄言也。如寄深于浅，寄厚如轻，寄劲于婉，寄直于曲，寄实于虚，寄正于余，皆是。"① 也就是说，"语言"是"言外之意"存在的基础，"言外之意"的表达，是对语言艺术化处理的结果。而与刘熙载此观点相同，钱锺书"也着力说明有言和寄言是言外之意赖以存在的语言基础"②。这正是钱锺书在《谈艺录》中所说：

> 人生大本，言语其一，苟无语言道说，则并无所谓"不尽言""不可说""非常道"。……"不道"待"道"始起，"不言"本"言"乃得。缄默正复言语中事，亦即言语之一端，犹画图上之空白、音乐中之静止也。……司空表圣《诗品·含蓄》曰："不著一字，尽得风流。""不著"者、不多著、不更著也。已著诸字，而后"不著一字"，以默佐言，相反相成，岂"不语哑禅"哉。③

钱锺书的这段话，非常透彻地说明了"言外之意"与语言之间的关系，这对于理解和把握"言外之意"的内涵及特征，有着重要的启发。

以上对"言外之意"历史探讨的回顾，主要是从文学方面选取了一些较典型的论说作了介绍。当然，"言外之意"的探讨和运用并不仅限于文学方面，在绘画、书法等方面相关的探讨也广泛存在。因涉及面较广，在此就不再详述。

总之，"言外之意"现象是我国传统诗学、美学等诸多领域共同探讨和关注的问题。它有着丰富的内容和悠久的探究历史，是一种值得研

---

① （清）刘熙载著，王气中笺注：《艺概笺注》，贵州人民出版社1980年版，第355页。
② 张炼强：《修辞理据探索》，首都师范大学出版社1994年版，第270页。
③ 钱锺书：《谈艺录》，中华书局1984年版，第413页。

究的修辞现象。

二　国内外研究现状

"言外之意"修辞现象在国内外都有着广泛的研究。

（一）国内研究现状

在国内研究中，在现代语义学、语用学、文艺学、美学、修辞学等多个学科中都有探讨。

在美学、文艺学方面，"言外之意"的研究使传统对含蓄蕴藉美的探讨有了进一步的深入，特别体现了对"韵味美""意境美"的推崇。在语义学方面，探讨了"言外之意"与蕴含、预设等的关系。在语用学方面，"言外之意"更得到了广泛的研究；特别体现在话语分析、语用原则等方面的研究中。在认知语言学方面，主要是从关联理论的角度，探讨了"言外之意"的生成和理解。

在修辞学方面，虽然至今对"言外之意"修辞现象的研究，还没有系统性的专著出现；但前辈学者已提出了不少精辟、深刻的见解。在此，我们作大致概述。

将"言外之意"作为修辞现象进行探讨，并有着丰富见解的学者，较早的首推钱锺书。其观点散显在《管锥编》和《谈艺录》两部著作中，主要体现为三个方面：

第一，最早总结、概括了"言外之意"的类型。他在《管锥编》中谈诗的语言时，谈到了"言外之意"修辞现象，并将其概括为"含蓄式"和"寄托式"两大类。他说："夫'言外之意'（extralocution），说诗之常，然有含蓄与寄托之辨。诗中言之而未尽，欲吐复吞，有待引申，俾能圆足，所谓'含不尽之意，见于言外'，此一事也；诗中所未尝言，别取事物，凑泊以合，所谓'言在于此，意在于彼'，又一事也。前者顺诗利导，亦即蕴至言中；后者辅诗齐行，必须求之文外。含蓄比于形之与神，寄托则类形之与影。"① 钱锺书对"言外之意"修辞现象的这个分类，一直影响并沿用至今。张炼强认为这个分类"概括而

---

① 钱锺书：《管锥编（第一册）》，中华书局 1979 年版，第 108—109 页。

又精当，有普遍的适用性"①。

第二，强调了"言外之意"中"言"的重要作用。如前面在谈刘熙载"寄言"观点时，提到的钱锺书的相关论述。此外，在《谈艺录》中，在评价严羽"诗之有神韵者，如水中之月，镜中之象，透彻玲珑，不可凑泊。不涉理路，不落言诠"的这段话时，钱锺书说："此庄子'得意忘言'之说也。若诗自是文字之妙，非言无以寓言外之意；水月镜花，固可见而不可捉，然必有此水而后月可印潭，有此镜而后花能映影。"② 这也强调了"言"是"言外之意"得以存在的根基。"言外之意"并不能脱离"言"，而是借助于"言"而不拘泥于"言"。没有"言"，就不可能有"言外之意"。

第三，在《管锥编》中对前人关于"言外之意"的观点，作了概述。他说："综会诸说，刊华落实，则是：画之写景物，不尚工细，诗之道情事，不贵详尽，皆须留有余地，耐人玩味，俾由其所写之景物而冥观未写之景物，据其所道之情事而默识未道之情事。取之象外，得于言表（to overhear the understood），'韵'之谓也。曰'取之象外'，曰'略于形色'，曰'隐'，曰'含蓄'，曰'景外之景'，曰'余音异味'，说竖说横，百虑一致。……宋人言'诗禅'，明人言'画禅'，课虚叩寂，张皇幽眇。苟去其缘饰，则'神韵'不外乎情事有不落言诠者，景物有不着痕迹者，只隐约于纸上，俾揣摩于心中。以不画出、不说出示画不出、说不出（to evoke the inexpressible by the unexpressed），犹'禅'之有'机'待'参'然。故取象如遥眺而非逼视，用笔宁疏略而毋细密。"③ 这为我们了解"言外之意"修辞现象，提供了一个概貌。

综上所述，钱锺书的以上观点和论说，对言外之意修辞现象的研究来说，其贡献是相当突出的。首先，他对"言外之意"中"言"的作用的强调，对"言外之意"的成功表达和理解，都有着指导性作用。其次，他对"言外之意"类型的概括，虽然并不详细和完备，但却是

---

① 张炼强：《修辞理据探索》，首都师范大学出版社1994年版，第272页。
② 钱锺书：《谈艺录》，中华书局1984年版，第100页。
③ 钱锺书：《管锥编》（第四册），中华书局1979年版，第1358—1359页。

最早且影响至今的分类类型。最后,他对"言外之意"特点的概述,为我们能更深刻地了解"言外之意"修辞现象,提供了概况。

而在当代修辞学研究中,对"言外之意"修辞现象的研究有着较新开拓的突出学者是张炼强。

张炼强在20世纪80年代,在《言外之意探微》一文中,最早确定了"言外之意"作为修辞现象的身份,"初步确立了言外之意在修辞学中的位置"①。

此外,张炼强也是第一个将逻辑学的相关理论引入"言外之意"修辞现象分析中的学者。在张炼强的《修辞理据探索》一书中,从判断和推理的角度,对"言外之意"的表现方式作了详尽分析。在"言外之意与判断"中,依据钱锺书所归纳的"言外之意"类别:"含蓄式"和"寄托式",分别概述了"言外之意"在判断中的具体体现。特别是归纳和分析了"含蓄式"的三个小类型,即"反含式""泛含式""对举式"。另外,在"言外之意与推理"中,分别分析了由三段论、假言、选言、类比、归纳等推理类型所构成的"言外之意"现象。这从逻辑角度,将与判断、推理有关的"言外之意"的形成过程形式化地展现了出来;清晰明了,理据充分。这为我们研究"言外之意"修辞现象带来了一个新的视角。

张炼强对"言外之意"修辞现象身份的确认及从逻辑角度所作的理据探索,对"言外之意"修辞现象的研究来说,都有着里程碑的意义。

此外,邵敬敏也是较早探究"言外之意"修辞现象的学者。邵敬敏的《说"言外之意"》一文,以曹禺《日出》为素材,细致地探讨了"言外之意"的类别、表达、理解及相关语境的制约。特别是在类别方面,分别从陈述、疑问、感叹、祈使四种句式入手,将"言外之意"分为:"陈述句暗示出非表述义""祈使句暗示出非使动义""感叹句暗示出非表现义""疑问句暗示出非疑问义"四种类型。这是"言外之意"研究中,最早从语言形式的角度,对"言外之意"修辞现象所作的分类。虽然在这些类别中,有些也不属于"言外之意"的范围,但

---

① 周延云:《言意关系:文学语言美学的永恒课题(下)——言外之意研究史论》,《青岛海洋大学学报》1995年第2期。

这种分类所具有的首创性是值得肯定的。另外，还从语言条件和交际双方两个方面，谈论了具体语境对"言外之意"理解的影响。此文对语境的注重，为我们研究"言外之意"修辞现象提供了很好的借鉴。

除了以上学者的探究外，还有涉及"言外之意"理解及研究方法的一些观点，在此我们也作简要概述。

在涉及"言外之意"理解问题方面，刘焕辉在《言与意之谜——探索话语的语义迷宫》一书的"'求'不尽之意于言外——寓义索解'三部曲'"这一章中，详细地论述了通过"符号层""言外语境"及猜测表达者意图的"以义见意"三部曲去理解"言外之意"。刘焕辉指出："从符号层面入手""这一步源于'言为意之器'的认识。作为'言'的话语，总是由语词组成的符号序列，它是交际双方赖以进行思想交流的物质载体，也是人们进行话语解读的依据。"① 从"言外语境"入手，"这一步源于'义境融合'的认识"②。"'从义见意，推导言语意图'这一步源于'言为心声'的认识。"③ 此外，邢福义主编《现代汉语》中在"话语理解"这个部分谈到了"言外之意"的理解问题，指出"言外之意"的理解"要着重注意这几个方面：（一）言内意义的引申；（二）违约话语行为的判定；（三）借助于准语言的暗示；（四）语境的联想"④。这些都是探讨"言外之意"理解时，较有代表性的观点。

而在"言外之意"研究方法的探讨方面，刘焕辉也曾提出："研究对象本身的复杂性决定了不可能采用单一的方法来研究它。"⑤ "跨学科的研究对象，要求采用跨学科的研究方法。"⑥ 这对我们多角度、多学科地研究"言外之意"有着指导意义。

---

① 刘焕辉：《言与意之谜：探索话语的语义迷宫》，中国社会科学出版社 2001 年版，第 202 页。

② 同上书，第 206 页。

③ 同上书，第 209 页。

④ 邢福义主编：《现代汉语》，高等教育出版社 1991 年版，第 522 页。

⑤ 刘焕辉：《言外之意面面观》，陆丙甫、李胜梅：《语言研究论集》，中国社会科学出版社 2001 年版，第 147 页。

⑥ 同上书，第 149 页。

　　另外，一些相关的修辞研究著作，也涉及"言外之意"问题。如马惠玲《言意关系的修辞学阐释——汉语"双重意义修辞"研究》，从语义角度探讨了汉语双重意义的类型及产生的文化因素等。书中"双重意义"是指"语表意义"和"语内意义"，其中"语内意义"虽然主要是指"多义""同义""反义"等类别，但已涉及"言外之意"的讨论。虽然这和"言外之意"的研究有很大区别，但书中对"双重意义"的建构和理解的相关分析，对"言外之意"修辞现象的研究仍有很大的启发意义。

　　以上概述，主要是从代表性人物及一些相关观点来回顾"言外之意"修辞现象的研究状况。下面，我们再从国内论文方面来看"言外之意"修辞现象的研究情况。

　　从知网中搜索的结果来看，探讨"言外之意"的博士论文尚未发现，相关硕士论文共有六篇。这六篇论文，涉及修辞学、语用学及对外汉语教学三个方面。主要探讨了"言外之意"的形成条件、表达效果、理解策略及文化因素等。这六篇论文具体为：

　　2002年云南师范大学陈萍的硕士论文《艺术语言的"言外之意"》，从艺术语言"言外之意"的特点、产生原因、理解等方面作了研究。2003年广西师范大学邱凌的硕士学位论文《言外之意的语境初探》，对制约"言外之意"表达、理解的语境作了分析。2004年曲阜师范大学刘金文的硕士学位论文《言外之意探析》，主要研究了"言外之意"的成因、实现两个方面。其中在"实现"部分从语境、语用推理方面作了探讨。2007年北京语言大学周之畅的硕士论文《对外汉语教学中的言外之意现象的考察》，从对外汉语教学角度对"言外之意"的理解作了调查分析。2008年华中师范大学李喜仁的硕士学位论文《言外之意的生成及其理解策略》，从"言外之意"生成的原因、条件及理解作了探究。其中在生成条件中，侧重从社会心理、语言符号等方面作了分析；在理解方面从语境、联想及言语生命意向信息等方面作了探讨。2009年浙江大学朱全红的硕士学位论文《曹禺〈雷雨〉言外之意的语用学分析》，从语用学角度探讨了《雷雨》中"言外之意"的表达方式、特点、效果、原因及语用价值。

　　综上所述，国内对"言外之意"修辞现象的研究已有了相当的成果，在表达和接受两方面也都有相关的探讨。但将"言外之意"的表达和理解联系起来进行系统研究的专著，尚未出现。

（二）国外研究现状

在国外的相关研究中，对"言外之意"研究有着重要启发意义的，主要是 Austin 的"言语行为"理论、Grice 的含意理论以及关联理论的相关观点。虽然这些研究是偏重于会话含意方面的探讨，但对于"言外之意"修辞现象研究仍有着借鉴、启发作用。下面，我们分别对这三种理论在"言外之意"修辞现象研究方面的影响作介绍。

首先，Austin 的"言语行为"理论，对"言外之意"修辞现象研究中注重语境的作用，有着较大的启发。

"言语行为"理论是英国语言哲学家 Austin 提出的，他指出语言具有行事的功能，也就是说"说话就是做事"。在说一句话时，同时实施了三种行为，即以言指事行为（locutionary act）、以言行事行为（illocutionary act）和以言成事行为（perlocutionary act）。其中"以言行事行为"，可以采取直接的方式，也可以采取间接的方式。Austin 的"言语行为"理论，让我们从一个新的视角看待言语活动，言语具有实施行为的效力。

后来，Searle 在 Austin"言语行为"理论的基础上，提出了"间接言语行为"说，认为出于礼貌原则，人们有时不会直接说出意思。同时，在"间接言语行为"中，又分为"规约性间接言语行为"和"非规约性间接言语行为"。"规约性间接言语行为"的特点为："通过社会或文化的规约，某些言语行为已固化为另一种言语行为，某些语言结构上的特征可以帮助人们判断这一类间接言语行为。"① 而"非规约性言语行为"的特点："没有固化为另一种言语行为，听话人无法从语言形式本身推断说话人想要表达的意义，话语的意义只能借助语境才能确定"②。

Austin 和 Searle 的理论，揭示了"言语"之外所具有的某些特点和效力。特别是 Searle"间接言语行为"中的"非规约性间接言语行为"，

① 何自然、陈新仁编著：《当代语用学》，外语教学与研究出版社 2004 年版，第 66 页。
② 同上书，第 67 页。

指出了真实的表达内容是依托于言语之外的，需联系语境才能获得。"言语行为"理论强调"言外"可以传"意"的特点，与"言外之意"修辞现象的特点具有相通之处，同时也对我们研究"言外之意"修辞现象时注重语境在表达和理解中的作用，有着很好的启发。

其次，"会话含意"理论的相关研究，也为研究"言外之意"提供了借鉴。

"会话含意"理论，最早是由美国语言哲学家 Grice 提出。Grice 于"1967 年在哈佛大学举办的题为威廉·詹姆斯系列讲座中提出的，后来于 1975 年部分发表在《逻辑与会话》一文中"①。"含意"即 implicature，是 Grice 在此文中杜撰出来的，"表示'隐含之义'（What is implicated 或 What is implicitly covenyed），与'所说内容'（What is said）相对"②。

Grice 将"含意"分为两种：常规含意和会话含意。常规含意，主要体现在词的特殊用法中。而会话含意，主要是在语境中推导出来。同时，又将"会话含意"分为"一般会话含意"和"特殊会话含意"，并以"是否违背合作原则"作为区分"一般会话含意"与"特殊会话含意"的标准。违背了合作原则的某些准则，那就是"特殊会话含意"。

Grice 对会话含意类别的划分，为我们区分"言内义""言外义"以及处于"言外"与"言内"边界的一些现象，提供了一种参考。我们认为："言内义"大致相当于"常规含意"；而处于"言外"与"言内"中间状态的可以相当于"一般会话含意"。而"特殊会话含意"与"言外之意"既有联系也有区别。二者的联系在于：都强调了语境在表达和理解中的基础作用。二者的区别在于："特殊会话含义"主要是从是否违背"合作原则"的角度，来探讨"意义"的理解如何实现。表达者与接受者之间是通过话轮的转换、衔接来实现意义的表达和理解。而"言外之意"则是从"意"如何寄托于"言外"，可以实现怎样的表达效果的角度来界定的。"言外之意"的表达不仅是为了意义能被理解，更多的是能给人带来美的感受，体验到"含蓄隽永"的美感和思

---

① 鲍明捷编：《含意理论与话语推断》，中国科学技术大学出版社 2009 年版，第 3 页。

② 何自然、陈新仁编著：《当代语用学》，外语教学与研究出版社 2004 年版，第 91 页。

而得之的快感；而且表达者与接受者之间并不一定是通过话轮衔接形式实现，很多时候表达者与接受者也并不是处于同一现场，如文学艺术中的"言外之意"，其表达者与理解者就可以处于不同的时空。从修辞学的角度来看，"特殊会话含意"大致相当于我们所说的"消极修辞"现象，而"言外之意"则是一种积极修辞现象。

虽然 Grice 以违背"合作原则"来判定"特殊会话含意"，并不是一种较合理的方法；但其对语境作用的强调，为我们研究"言外之意"时注重语境因素的作用，提供了一个较好的视角。

最后，Sperber 和 Wilson 提出的"关联理论"，对"言外之意"理解规律的探究也有着重要的启发意义。

关联理论所提出的"认知语境"概念，强调了语境在交际双方心理的建构，认为理解的实现是"关联优选"的结果。这些观点对我们在研究"言外之意"理解时注重心理因素都很有启发意义。

以上国外的相关探讨，多是从语用学的角度，从"含意"推导的角度来研究的；虽然如此，但仍可以为我们"言外之意"的研究提供一定的理论借鉴。

纵观国内外的研究状况，可以看出："言外之意"修辞现象在许多领域都备受关注，是一个很有研究价值的课题。虽然前人对"言外之意"修辞现象已有相当的探究，但并未出现系统性的研究。正如刘焕辉在中国修辞学会成立 20 周年国际学术会议上所说："由于这一现象涉及许多非语言的异质因素，目前这方面的研究大都停留于修辞技巧（特别是辞格）的分析与修辞效果的赏析阶段，缺乏集中、系统的深入探讨。"① 这一现状到目前仍未改变。特别是在"言外之意"理解研究方面，尚为薄弱。较多的对"言外之意"接受方面的研究都采用了语用学中格赖斯会话原则中的"合作原则"来分析，"这虽然也能说出一些道道儿，但总给人以隔靴搔痒之感，跟汉语特点和汉语言学的学术传统总隔着点儿什么，不能揭示这言外之'意'是怎么生成的，更不能提

---

① 刘焕辉：《言外之意面面观》，陆丙甫、李胜梅：《语言研究论集》，中国社会科学出版社 2001 年版，第 139 页。

供如何着手分析的操作方法"①。

因此，在借鉴前人已有的研究成果和与之相关的理论的基础上，我们尝试性地探究"言外之意"修辞现象的表达和理解规律，以期整体地把握这种修辞现象，这也是本书试图突破前人的地方。

第三节　研究内容、方法、目的和意义

一　研究内容

本书所探讨的"言外之意"修辞现象，是狭义的。也就是说，是以表达者有此"言外之意"而接受者也能恰切地实现理解的，这个范围内的现象为研究对象。

同时还需要指出的是：这个范围内的"言外之意"修辞现象，是需要接受者思而得之的一种言语现象，不包括已经固化为习以为常的语言现象的这部分。

此外，本书研究的"言外之意"修辞现象包括日常言语交际中的"言外之意"修辞现象和文学语言中的"言外之意"修辞现象。虽然这两类"言外之意"修辞现象存在着差别：前者侧重于实用，而后者侧重于审美；前者的表达者与接受者处于修辞活动的同一时空；而后者的表达者和接受者可能会处于不同的时空。但对于我们研究者而言，我们都是站在第三者的角度去分析其建构和解构。在研究时，我们可以探究这两类在建构和解构方面的共性，而不具体探讨其个性；因此，本书是对这两类"言外之意"修辞现象共同的存在理据及表达和理解时的共同规律的探究。

"言外之意"修辞现象在汉语中有着悠久的历史且涉及较多领域。在时间上，从古延续、发展至今；从影响的范围来看，涉及哲学、美学、语言学等众多学科；从其出现的文体特征来看，在口语体和书面语体中都大量存在。因此，要对"言外之意"修辞现象进行探究，就需

---

① 刘焕辉：《言外之意面面观》，陆丙甫、李胜梅：《语言研究论集》，中国社会科学出版社 2001 年版，第 147 页。

要对这些浩瀚的语料进行爬梳。

为了在较大程度上探寻"言外之意"修辞现象的表达规律及理解规律，本书的研究是以古今汉语中，各种文体中出现的典型的"言外之意"修辞现象为研究语料。

本书研究语料的选取，是本着典型性及全面性的原则，从口语语体和书面语体中寻找。口语体中，以外交纪实中的相关对话及近几年央视较有代表性的访谈类节目及电影为选材范围；书面语体中，以诗、词、散文及小说、戏剧中的对话为选材范围。诗、词中的语料主要来源于《全唐诗》《全宋词》；散文语料来源于古代诸子散文和现代代表作家的一些作品；小说中的语料来源主要是一些代表作家作品中的人物对话；戏剧、电影也以具有一定代表性和典型性的为取材对象；此外，还涉及古代的语录体、纪传体等。

二 研究方法

本书的研究方法主要有以下四种：

第一，归纳法。

归纳法是由个别的现象、事例归纳出一般结论的推理方法。在本书的研究中，为了较全面地了解"言外之意"的表现形式，概括"言外之意"的类型，我们以古今汉语各文体中大量、典型的"言外之意"修辞现象为研究语料，对这些语料进行分析、概括。依据辞面与辞里实现连接方式的不同，将"言外之意"修辞现象分为三种类型，即"重合包孕"式、"相交关涉"式、"相离牵引"式。归纳法是我们在概括"言外之意"修辞现象表现类型时运用的主要方法。

第二，阐释法。

阐释法是对现象或结论进行原因说明的一种分析方法。在本书的研究中，运用阐释法对"言外之意"修辞现象存在的理据探索、生成机制及理解规律进行了详细分析。通过阐释、分析，指出了"言外之意"修辞现象的存在与哲学、语言、文化、审美都有着密切联系。在对"言外之意"修辞现象生成机制的阐释中，指出了语境因素、心理因素、逻辑因素及修辞主、受体因素四个方面是影响"言外之意"修辞现象表达的重要因素。而在"言外之意"理解规律的分析中，指出了"言外之意"修辞现象的理解过程，就是接受者通过语境重译实现与表达者语境互享的过程；在"语境重译"的基础上，实现"言外之意"的理解。

第三，"多学科结合和交融"①的研究方法。

"言外之意"修辞现象，古往今来都备受众多领域的广泛关注，且其产生和运用与逻辑学、美学、语言学等多个学科都有着密切关系。因此，我们在研究时，以修辞学为基本立足点，结合逻辑学、语言学、美学、哲学、心理学、阐释学等多个学科的理论与方法，多角度、多层次地对"言外之意"修辞现象进行了较为系统的分析。

第四，调查统计分析的方法。

为了更客观地分析"言外之意"理解过程中的影响因素和理解规律，我们采用便利抽样调查的方法，做了数据统计和分析。这在一定程度上减少了研究中的主观性，使本书的研究更具客观性。

三　研究目的和意义

（一）研究目的

本书的研究目的，主要有以下两个方面：

第一个方面是探究"言外之意"修辞现象得以存在的理据。"言外之意"修辞现象在古今汉语各文体中都大量存在，其旺盛的生命力及广泛的影响力，都与其得以存在的坚实的理论基础有关。虽然"言意之辨"为其出现奠定了哲学基础，但并未将其得以存在的理论基础的全貌展现出来。因此，本书从哲学、语言、文化、审美四个层面探讨了"言外之意"修辞现象存在的必然性和必要性。

第二个方面，也是本书研究的主要目的，是探究"言外之意"修辞现象表达和理解的规律。通过对古今大量典型语料的梳理，归纳"言外之意"的表现类型，探究这些类型的表达和理解所涉及的因素及规律。以期通过本书的探究，能对"言外之意"修辞现象有一个系统的把握。

（二）研究意义

"言外之意"修辞现象的研究，在理论上和实践上都有着重要意义。

---

① 宗廷虎：《论百年来与时俱进的汉语修辞学研究方法》，《福建师范大学学报》（哲学社会科学版）2003 年第 6 期。

1. 理论层面的意义

主要有以下两个方面的意义：

第一，在一定程度上，有利于"言外之意"修辞现象研究的深化。

"言外之意"修辞现象历来备受人们的关注，对它的研究自古至今未曾中断过。

虽然国内外已有的相关研究，也从不同角度和不同程度对"言外之意"修辞现象作了相关的探讨，但对"言外之意"修辞现象存在理据的探讨，以及将其表达和接受结合起来，探究其表达机制和理解规律的研究尚未出现。因此，选择"言外之意"修辞现象作为研究课题，系统地探究这一修辞现象的表达机制和理解规律，在一定程度上，可以深化"言外之意"修辞现象的研究。

第二，"言外之意"修辞现象的研究，能丰富修辞学研究的内容。

"言外之意"是汉语中较突出的一种修辞现象。本书对"言外之意"修辞现象存在理据、生成机制及理解规律的系统探究，是对修辞学研究内容的丰富。其中，在探讨"言外之意"理解规律时所提出的"语境重译"的概念，以及对影响"语境重译"实现的相关因素的探讨，在"言语理解问题"的研究方面，相对于接受美学及关联理论的探究而言，是有着一定程度的发展的。这也可以为修辞接受的研究提供一定的借鉴。这可以说是对修辞学研究内容的丰富。

此外，在研究方法中，除了采用归纳法、阐释法及"多学科结合和交融法"等研究方法外，还运用了抽样调查的方法。本书对抽样调查法的运用，在一定程度上减少了研究中的主观性，有利于客观地探究"言外之意"理解规律，这也可以说是对修辞学研究方法的丰富。

2. 实践方面的意义

主要体现为以下三个方面：

第一，有助于人们系统地了解"言外之意"修辞现象，为实践中"言外之意"的表达和理解提供一定的方法借鉴。

在表达方面，本书探究了"言外之意"的生成机制，指出语境、心理、逻辑及修辞主体、修辞受体因素对其生成都起着重要作用。其中，起着基础和关键作用的是语境因素。因此，表达者在表达时首先就要充分适应和利用语境因素。在以上分析的基础上，我们总结了"言外之意"表达的规律，即："言外之意"的表达是表达者适应具体题旨、情境，调用适宜具体语境的相关心理因素或逻辑因素，选用恰当的语言文字来表达的结果。本书对"言外之意"表达规律的探究，可以为人们运用"言外之意"修辞现象进行相关思想内容的表达，提供一定的方法借鉴。

在理解方面，探究了"言外之意"理解的过程、影响因素，在此基础上指出："言外之意"理解的过程就是接受者的"语境重译"过程。而"语境重译"的实现又与"集体无意识""个人无意识"及"个人能动性"有关。因此，对于接受者来说，要提高"言外之意"的理解率，就需要在理解时发挥个人能动性，同时注意平时的知识积累。个人能动性发挥程度越大，"个人无意识"积累越丰富，"言外之意"理解的可能性也就越大。这也为提高"言外之意"理解的可能性提供了方法。

此外，对"言外之意"理解规律的探讨，还可以为人们理解"言外之意"修辞现象提供一定的方法借鉴。尤其对于外交语言中"言外之意"修辞现象的判定和理解有一定积极意义。

第二，有利于人际关系的和谐。

"言外之意"修辞现象的运用，对于和谐人际关系有着积极的作用，正所谓"良言一句三冬暖，恶语伤人六月寒"。在一些特定的情况下，既要明确传达特定的思想内容，又不让接受者尴尬，"言外之意"便是最佳的选择。

如在外交场合中，既要表明我国的立场，维护我国的国家利益，又要不失风范，维护国家形象，这时"言外之意"就是最佳的选择。在外交语言中，"言外之意"修辞现象的大量存在，就是最好的说明。

对"言外之意"修辞现象的研究，有助于人们了解和运用这种修辞现象，使人们的语言表达更艺术，使人际关系更和谐。

第三，呈现修辞之美。

在"言外之意"修辞现象研究过程中，回溯了前人对"言外之意""韵外之致"的执着追求。本书对"言外之意"大量例子的分析中，也指出了其具有的审美韵味。这些都证明了"言外之意"修辞现象呈现着修辞之美：含蓄蕴藉、隽永深刻。它不仅能"达意"，而且能给人美的享受。

　　这些都启发着我们在言语交际中，自觉地运用这种修辞现象。

第四节　本书研究概况及创新点

一　研究概况

　　本书共分为五章。第一章为"引言"部分，界定了"言外之意"修辞现象的概念，回溯了"言外之意"修辞现象的历史探究及国内外研究现状，阐明了本书的研究对象、目的、方法及创新点等。

　　第二章"'言外之意'修辞现象理据探究"，从哲学、语言、文化、审美四个层面探讨了"言外之意"修辞现象存在的必然性和必要性。首先，哲学中的"言意之辨"，指出了"言"与"意"之间是"不尽之尽"的关系。"言""意"这种关系为借助于"言"，从"言外"来传"意"的"言外之意"修辞现象的出现，提供了可能性，也指出了必然性。其次，审美层面中，对"韵外之致"的美学追求，以及汉文化中对委婉心理的推崇及对"具象托思"思维方式的青睐，为"言外之意"这种借助于中介的"言"来传"意"，且有着含蓄蕴藉、余味曲包修辞效果的修辞现象的产生，指出了必然性和必要性。而语言学中所指出的"能指"与"所指"的离合性，又为"言外之意"修辞现象的产生提供了工具保障。

　　第三章"'言外之意'修辞现象的生成机制"，从语境、心理、逻辑及修辞活动主、受体因素四个方面探讨了"言外之意"的生成机制。认为在这四个因素中，语境因素是最基础和关键的因素；而修辞主体的主动性和修辞受体的能动性以及调用的相关心理因素或逻辑因素，都是"言外之意"修辞现象产生的必要性因素。并且认为"言外之意"修辞现象的产生，就是修辞主体为适应具体的"题旨"、适应具体的"情境"而调用相关心理或逻辑因素，选择恰当的语言文字进行表达的结果。

　　第四章"'言外之意'修辞现象类型及涉及因素分析"，依据辞面和辞里在语言形式上连接方式的不同，将"言外之意"修辞现象概括为三种类型："重合包孕"式、"相交关涉"式、"相离牵引"式；并对各个类型所涉及的相关因素作了探讨，也就是具体探讨了各种类型的生成机制。

第五章"'言外之意'修辞现象的理解探究"，以第四章所概括的"言外之意"修辞现象类型为基础，从思维参与方式的角度，指出了："言外之意"的理解过程就是推理过程。同时，依据推理实现方式的不同，将其理解概括为"显性推理"和"隐性推理"两个类别。在此基础上，详细分析了影响这两种推理实现的因素。从而进一步指出：这些影响推理实现的因素，就是影响接受者与表达者语境互享的因素。接受者实现与表达者表达语境的互享，是实现理解的关键。强调指出，"言外之意"的理解过程，就是接受者通过"语境重译"来较大程度地实现与表达者语境互享的过程。认为"语境重译"的实现与"集体无意识""个人无意识"及"个人能动性"有关。"集体无意识""个人无意识"积累越丰厚，"个人能动性"发挥程度越大，"语境重译"也就越有可能，"言外之意"理解的可能性也就越大。因此，"言外之意"修辞现象的理解，就是接受者调用"集体无意识""个人无意识"的积累，发挥"个人能动性"，实现相应的语境重译；在"语境重译"的基础上，实现"言外之意"的理解。

本书的探究不仅分析了"言外之意"能被理解的原因，解决了"为什么"的问题，还探究了实现理解的方法，回答了"怎么样"的问题。这在"言语理解问题"研究方面，相对于接受美学及关联理论侧重于解释理解实现的原因（即解释"为什么"的问题）而言，本书的探究是有一定程度的发展和深化的。

二　创新点

主要有以下三点：

第一，比较全面地探究了"言外之意"修辞现象存在的理据。指出了哲学、语言学、文化、美学四个方面是"言外之意"修辞现象得以存在的理论基础，也就是其存在的理据。

第二，对"言外之意"修辞现象的生成机制作了系统的分析。从语境因素、心理因素、逻辑因素及修辞主、受体因素四个方面，探究了

"言外之意"修辞现象的生成机制。

第三，对"言外之意"修辞现象的表现类型作了概括，并对其理解规律作了较为系统的探究。

首先，依据"言外之意"修辞现象辞面与辞里连接方式的不同，也就是表达方式的不同，将"言外之意"修辞现象概括为"重合包孕"式、"相交关涉"式及"相离牵引"式三种类型；其次，探究了其理解规律。提出了"语境重译"的概念，并分析了影响"语境重译"的因素及实现过程，这就不仅探讨了理解实现的原因，还探讨了理解实现的方法。虽然是针对"言外之意"理解提出的，但对一般"言语理解问题"的研究也有着一定程度的发展，也可以为其提供一定借鉴。

第二章 "言外之意"修辞现象理据探究

"言外之意"修辞现象，自古至今都备受众多领域的广泛关注，形成了丰富的表现形式和探究资源。"言外之意"修辞现象之所以具有如此强大的生命力，是源于其坚实的理论基础。探究"言外之意"修辞现象存在的理据，既可以为研究"言外之意"的表达提供理论来源，也可以为研究"言外之意"的接受提供理论基础。

具体来说，"言外之意"修辞现象得以存在，既是哲学上"言"对"意"的"不尽之尽"的必然结果，也是汉文化中"具象托思"思维方式及"委婉心理"潜在影响的结果，更是美学上"韵外之致"审美追求的必然要求；同时，语言学研究中所指出的"言意可分离性"又为其表达提供了工具性的保障。

对于"言外之意"理解方面的研究来说，哲学、美学及文化方面的理据，为可以从"言外"，乐于从"言外"去理解"言外之意"，具备了必要性和需求性；而语言学方面的理据又为其理解的实现提供了可能性。

下面我们分别从哲学、语言、文化及审美四个方面，分别详细探究其存在的理据。

第一节　哲学基础

"言外之意"修辞现象存在的哲学依据，主要体现在先秦及魏晋时期的"言意之辨"中。这些探讨主要涉及"言尽意"和"言不尽意"两个方面的观点。"言"具有"尽意"的功能，但"言"有时又是不能

"尽意"的；"言"与"意"之间有着"不尽之尽"的关系。"言"
"意"的这种关系，为借助于"言"，但又不拘泥于"言"，从"言外"
去理解"意义"的"言外之意"修辞现象的产生，指出了必要性和必
然性；这也就是"言外之意"修辞现象存在的哲学依据。

下面，我们分别对先秦及魏晋时期"言意之辨"的内容作概述。

一　先秦时代的"言意之辨"

先秦时代"言意之辨"的观点，主要体现在儒家、道家、墨家代表
人物及相关著作的讨论中。

儒家"言意之辨"的观点，集中体现在孔子、孟子等人的观点及儒
家经典《周易》中。

儒家代表人物孔子，对言意关系存在着辩证的认识。"一方面，孔
子的基本倾向是相信和肯定语言能充分表达人的思想、意见，肯定言意
之间的一致性，表现出一种'言尽意'的意向；但另一方面，在某些
场合，特别是涉及一些形而上的问题时，孔子似乎又感到了语言的局限
性，而表现出某些'言不尽意'的困惑。"① 对此，朱立元在《先秦儒
家的言意观初探》一文中有详尽的论述。朱立元认为，孔子既是"言
尽意"的始祖，也是"言不尽意"的始祖。我们认同这样的看法，这
也是对孔子言意观的客观评价。孔子虽未对言意关系形成系统的论述，
但在这吉光片羽中，亦触及了"言意之辨"的核心内容，让人看到了
言意之间的复杂关系。

继孔子之后，孟子也认同"言尽意"的观点。孟子认为可以从表达
者的言辞推知其内在的思想内容，即"诐辞知其所蔽，淫辞知其所陷，
邪辞知其所离，遁辞知其所穷"（《孟子·公孙丑》上）。但同时也认识
到了言和意之间的复杂关系，因而提出了"言近旨远"说和"以意逆
志"说。

"言近旨远"说，见于《孟子·尽心下》，即：

> 言近而旨远者，善言也。守约而施博者，善道也。君子之言，

---

① 朱立元：《先秦儒家的言意观初探》，《复旦学报》（社会科学版）1994 年第 4 期。

不下带而道存焉。

　　朱熹对此的注为："古人视不下于带，则带之上，乃目前常见至近之处也。举目前之近事，而至理存焉，所以为言近而指远也。"[1] "言近旨远"即以浅近的语言表达深远的意旨，这也就是"善言"了。

　　"以意逆志"说，涉及的是言语理解的问题，见于《孟子·万章上》：

　　　　故说诗者不以文害辞，不以辞害志；以意逆志，是为得之。如以辞而已矣，云汉之诗曰："周余黎民，靡有孑遗。"信斯言也，是周无遗民也。

　　朱熹对此的注为："言说诗之法，不可以一字而害一句之义，不可以一句而害设辞之志，当以己意迎取作者之志，乃可得之。若但以其辞而已，则如云汉所言，是周之民真无遗种矣。惟以意逆之，则知作诗者之志在于忧旱，而非真无遗民也。"[2] 可见，在孟子看来，要理解表达者的真实意图，接受者就不能局限于字面意思，而是要联系表达者的相关背景来作整体的理解。

　　孟子的这两种观点，涉及了"言"和"意"的复杂关系，即"意"并不是流于"言"的表面，即不是通过字面意义来表达的，而是存在于言辞的深层。表达者可以通过浅显的辞面来表达深远的意旨。对于接受者来说，在理解时就要透过言辞表面去理解深层的思想内容。表达者的"言近旨远"，理解者的"以意逆志"，实际都涉及"言外之意"的问题。这对我们研究"言外之意"，有重要的启发意义。下面我们以杜甫的《叹庭前甘菊花》一诗，来分析孟子的上述观点：

　　　　檐前甘菊移时晚，青蕊重阳不堪摘。明日萧条醉尽醒，残花灿漫开何益？篱边野外多众芳，采撷细琐升中堂。念兹空长大枝叶，

---

① （宋）朱熹：《四书章句集注》，中华书局1983年版，第372页。
② 同上书，第306—307页。

结根失所埋风霜。（唐·杜甫：《叹庭前甘菊花》）

此诗辞面是在写菊花，但诗人是通过写菊来写自己与之相同的遭遇，借写菊来抒发忧愤之情。表达者以"言近旨远"的形式来表达，理解者也就不能拘泥于字面，而要"以意逆志"，联系表达者表达时的具体情境来理解，否则很难理解表达者所要表达的思想内容了。

此诗是杜甫困居长安时即天宝十三年（754年）所作，再联系杜甫的生平，就可以从辞里理解到此诗所要传达的真实内容了。辞面是写庭前菊花因移栽晚而错过重阳赏菊佳节，却使野外杂花上堂入室；叹惜菊花因扎根错位遭受风霜，得不到赏识。但实际是借写菊来传达"错失机会，而使小人得志的感慨"这样的"言外之意"。因此，清人杨伦在《杜诗镜铨》卷二中说："此公自喻负经济才，过时而无以自见，反不如小人之见用也。"①

诗人借菊发挥，一方面是诗歌含蓄蕴藉特点的要求；另一方面，涉及政治方面的敏感问题，也不能直言其事。所以，诗人以物抒怀，聊以书愤。

由上例的分析可以看出，孟子的"言近旨远"说及"以意逆志"说，对"言外之意"的表达和理解都有着重要的启发作用。

儒家的言意观除了孔、孟二人直接表述的观点外，在儒家经典《周易》中也有表现。在《易传》中，对言意关系也有着辩证认识，即"言"对"意"的"不尽之尽"②。《易传·系辞上》有言：

子曰："书不尽言，言不尽意。"然则圣人之意，其不可见乎？子曰："圣人立象以尽意，设卦以尽情伪。系辞焉以尽其言，变而通之以尽利，鼓之舞之以尽神。"

在孔子看来，书面文字并不能完全记录语言，语言也不能完全传达旨意。那么，为什么这样呢？《周易正义》对此曾有过这样的解释：

① （唐）杜甫著，（清）杨伦笺注：《杜诗镜铨》，上海古籍出版社1998年版，第59页。
② 王振复：《周易的美学智慧》，湖南出版社1991年版，第190页。

"书所以记言，言有烦碎。或楚夏不同、有言无字，虽欲书录，不可尽竭于其言，故云'书不尽言'也"①、"意有深邃委曲，非言可写，是'言不尽意'也"②。语言与文字间的不对应给书写记录带来困难，同时对于幽深难明的主观情思，抽象的语言是难以将其描述、表达出来的。因而，从书写方式及语言的局限这两方面，谈到了"意"难"尽"的问题。

而如何解决"意"难"尽"的问题，孔子认为《周易》采用了"象"这个中介。正如清人陈梦雷所说："言之所传有尽，象之所示无穷。立象尽意，指伏羲所画之卦爻，包含变化无有穷尽，虽无言而凶吉同患之意悉具于中，所谓尽意也。……六十四卦之中，善恶真妄无所不具，所谓以尽情伪也。"③ 这就是说，因语言表达是有限的，那么就可以借助于直观而又寓意丰富的"象"，将"意"的变化无穷及幽昧深邃表现出来。因而，正如晚清著名易学家尚秉和在《周易尚氏学》中对此的解释："意之不能尽者，卦能尽之；言之不能尽者，象能尽之。故'立象以尽意，设卦以尽情伪'。"④ 所以，通过"立象"，就能实现"鼓之舞之以尽神"，也就是《周易正义》所说："圣人立象以尽其意，系辞则尽其言，可以说化百姓之心；百姓之心自然乐顺，若鼓舞然，而天下从之，非尽神其孰能与于此？"⑤

虽然"立象"方式可以解决"尽意"的问题，但卦象的内容要被传达，仍需要借助语言这个表达工具。所以，对具有广泛象征意义的卦象进行说明的爻辞，也应符合卦象的特征。因而，爻辞的语言就有这样的特点：

---

① 黄寿祺、张善文撰：《十三经注疏·周易译注》，上海古籍出版社 2004 年版，第 526 页。

② 同上。

③ （清）陈梦雷撰：《四库全书选集　周易浅述（第一册）》，上海古籍出版社 1983 年版，第 1067—1068 页。

④ 转引自黄寿祺、张善文撰《十三经注疏·周易译注》，上海古籍出版社 2004 年版，第 527 页。

⑤ 同上书，第 527 页。

其称名也小，其取类也大，其旨远，其辞文，其言曲而中，其事肆而隐。(《周易·系辞下》)

这就是说，爻辞所言称的事物名称虽小，但所喻的事类却广大。《正义》对此的解释为："近道此事，远明彼事，是其旨意深远"①；"不直言所论之事，乃以义理明之，是其辞文饰也"；"变化无恒，不可为体例，其言随物屈曲，而各中其理"；"其《易》所载之事，其辞放肆显露，而所论义理深而幽隐也"。总的来说，爻辞的语言具有"言近而旨远"的特点。而其特点与卦象象征的广大相吻合。从这个角度来说，"言"又是能"尽意"的。

由上述观点的分析，可以看出：在《周易》的"言意观"中，"言"是不能"尽意"的，"言""意"之间，需要借助"象"这个中介来曲折地"尽意"。这也就是"言"对"意"的"不尽之尽"。

但同时"象"毕竟和主观之意是有区别的，"无论内蕴怎样丰富深刻的美与艺术之意象，它与其客观原型与心理模型之间永远不是同构对应关系，'立象'不能'尽意'即'言不尽意'是颠扑不破的美与艺术真理"②。"立象"是能"尽意"的，又是不能"尽意"的。从这个角度来说，"言"对"意"也是"不尽之尽"。因此，《周易》的"言意观"是辩证的"言意观"。

《周易》辩证的"言意观"及"立象尽意"方式的运用，对后来的"言意之辨"有着深远影响；同时也为"意"可以寄托于"言外"，也就是为"言外之意"修辞现象的产生，奠定了哲学基础。

综上所述，儒家在语言与思维关系的探讨中，看到了"言"与"意"的辩证关系，并提出可以将"言"寄托于"言外"。这为我们"言外之意"修辞现象的研究奠定了哲学基础。

与儒家辩证的言意观不同，道家在言意关系上，主要倾向于"言不尽意"的观点。这主要以老庄的观点为代表。

---

① 黄寿祺、张善文撰：《十三经注疏·周易译注》，上海古籍出版社 2004 年版，第 549 页。

② 王振复：《周易的美学智慧》，湖南出版社 1991 年版，第 188 页。

老子认为"言"在传达"意"时存在着局限。而"庄子的言意观却是对老子言意观的全面继承与发展。这种继承关系，首先也是最根本的，表现在他与老子一样，在哲学上亦基本持'道'本体论，且基本倾向于'道无'论；他也是从'道无'的本体论出发引出其言意观的"①。

但庄子对"言""意"做了层次的区分，即"大知闲闲，小知间间；大言炎炎，小言詹詹"（《庄子·齐物论》）。"庄子把知分为大知和小知，并与大言和小言相对应，实际上也确定了大知和小知各自的范围，大知能直接体道悟道，小知则只限在形下名理范围内认知。"② 因此，"大言"即是言道之言，即"至言"，"去言"；"小言"即是言名理之言，日常语言。而与"言"相对应，要传达的"意"也分为"体道之意"和"名理之意"。这也就如《庄子·秋水》所说：

可以言论者，物之粗也；可以意致者，物之精也；言之所不能论，意之所不能致者，不期精粗焉。（战国·庄周：《庄子·秋水》）

"物之粗""物之精"，是可以言论和以心意致得的；而对于"不期精粗"的"体道之意"是不能言论和不能意识到的。由此可以看出：庄子认为名理范围的"意"是可以言论的；而对于形而上的"意"（即"道"）是不能用语言表达的，即"言不尽意"。而对于不能言论的"道"，庄子认为可以通过"得意忘言"的方式获得。即如《庄子·外物》中所言：

荃者所以在鱼，得鱼而忘荃；蹄者所以在兔，得兔而忘蹄；言者所以在意，得意而忘言。

这段话是说，"言"是"得意"的工具，要领会"意"就应借助于

① 朱立元、王文英：《试论庄子的言意观》，《上海社会科学院学术季刊》1994 年第 4 期。

② 同上。

"言"又不拘泥于"言"。"当'言'作为人们认识客观的工具为主体所接受时,会在主体意识中形成一个纯理性的'意',而当认识主体超越客观世界进入到另一个超验的想象空间时,'言'的工具作用就已不复存在了。但'忘言'并不是对'言'的终极否定,主体还要借助于有限言辞的帮助才能最终进入到一个理想的超验的美的世界中去,'言'只是言说主体与听说主体之间的中介与桥梁。也就是说主体接受者在理解'意'的时候,不应拘泥于言辞所表达的范围,而应由此去领会和把握意'言外'的部分,从而获得更为丰富和完整的'意'。"[①]

可见,庄子在"言""意"区分的基础上,从语言不能传达"道"的角度提出了"言不尽意"及"得意忘言",这不仅对魏晋时期的"言意之辨"特别是王弼的言意观产生了重要影响;而且"言不尽意"及"得意忘言"也成为中国哲学、美学、诗学等中"言外之意"理论的重要源头之一。而庄子"言意观"中所突出强调的"意"借助于"言",但不拘泥于"言"的观点,更为"言外之意"修辞现象的表达和理解都提供了哲学依据。

先秦"言意"关系的探讨,除了儒家辩证的"言意观"及道家"言不尽意""得意忘言"的"言意观"以外,还包括墨家一些很有价值的观点。

墨家在言意关系上,倾向于"言尽意"。在墨家经典《墨经》中,曾指出"执所言而意得见"(《墨子·经上》)。同时,墨家还指出了"言""意"与客观事物间的关系,即《墨子·经上》所言:

> 举,拟实也。
> 言,出举也。

这里的"举",训为"意"[②]。也就是说,"举"即"意",是对客观事物的模写或反映,而"言"是将人头脑中的这种模写或反映表达

---

① 王薇:《庄子的言意观》,《东北师范大学学报》(哲学社会科学版) 2008 年第 5 期。

② "举"字释义见胡奇光《〈墨经〉语言学理论探讨》,见上海市语文学会编《语文论丛(第 2 辑)》,上海教育出版社 1983 年版,第 63 页。

出来。墨家关于这三者关系的认识，钱锺书认为这与近代西方语言学中提出的"思想""符号""客观事物"的"语义三角"关系相似，即："'思想'或'提示'、'举'与'意'也，'符号'、'名'与'文'也，而'所指示之事物'则'实'与'物'耳。"①

可见，墨家的这些观点，体现了先秦时代我们先哲对"言意"关系更深一步的认识。

综观先秦的"言意之辨"，虽未形成系统，但已论及言意的重要关系，即"言"能"尽意"和"言"又"不尽意"这样两种情况。此外，《周易》在对言意辩证关系认识的基础上，还提出和运用了"立象尽意"的方法。这些都为魏晋时期哲学上的"言意之辨"作了铺垫。而先秦的"言意之辨"，则成为"言外之意"修辞现象存在和发展的直接的哲学源头。

二　魏晋时期的"言意之辨"

"言意之辨"虽然早在先秦时期就散见在诸子哲学思想中，"但对言意关系进行深入辨析，并在社会上获得广泛影响，还是在魏晋时代"②。

魏晋时期的"言意之辨"较先秦而言，更明朗化、系统化和持久化。主要也涉及"言不尽意"和"言尽意"两种鲜明的观点。

持"言不尽意"观点的，主要以荀粲、王弼等为代表。但王弼的影响较大。

王弼的言意观主要是在继承和发展庄子"得意忘言"及《周易》"立象尽意"观点的基础上形成的，突出表现在对言、意、象关系的探讨中。这主要表现在其《周易略例·明象》篇中，即：

> 夫象者，出意者也；言者，明象者也。尽意莫若象，尽象莫若言。言生于象，故可寻言以观象；象生于意，故可寻象以观意。意以象尽，象以言著。故言者所以明象，得象而忘言；象者所以存

---

① 钱锺书：《管锥编（第四册）》，中华书局 1979 年版，第 1177 页。
② 曾祖荫：《中国古代美学范畴》，华中工学院出版社 1986 年版，第 194 页。

意，得意而忘象。犹蹄者所以在兔，得兔而忘蹄；荃者所以在鱼，得鱼而忘荃也。……得意在忘象，得象在忘言。故立象以尽意，而象可忘也；重画以尽情，而画可忘也。①

在此段话中，"言"，指语言形式；"象"，指"意"的直接表现形式；"意"是圣人之意。因王弼"意"的观念是"综合、吸取并扬弃了《周易》的'意'和庄子关于'道'的观念而形成的高一层范畴。在魏晋人眼里，一方面'意'不离开具体言、象，郭象解庄'求之于言意之表，而入乎无言无意之域'，体现了魏晋人的思想轨迹；另一方面又具有玄远的特点，染上了庄子'道'之精深微妙、不可言传、只可意会的色彩，其'言不尽意'实际上有似于庄子的'言不尽道'"②。因此，在王弼的言意观中，"意"是抽象的、形而上的。具体的语言形式对于抽象、玄远的"意"而言，是"不能尽"的。

但王弼言意观的主要内容，并不在"言不尽意"；而是在探讨"言""象"与"意"的关系方面。王弼认为："言""象"是"意"外化的形式；"意"是"言""象"存在的依据和目的。"言"并不只是为了"明象"，因为"象生于意"，所以"言"最终是为了"明意"；而"象"也是为了"明意"。所以，"言""象"表现"意"但又不同于"意"。因"意"是最终的目的，所以就不能拘泥于"言""象"；只有忘掉具体的"言""象"才能"得意"，即"得意忘象""得象忘言"。

王弼的言意观，既看到了"言不尽意"的一面，也谈到了"言"如何曲折实现"尽意"的一面。这是对《周易》辩证言意观的发展。其中王弼对"言""象""意"关系的探讨，对"言外之意"修辞现象表达时，借助于具体的事物或事件来传达思想内容，有着重要的启发。如下面这个例子：

凌波不过横塘路，但目送、芳尘去。锦瑟年华谁与度？月桥花

---

① 郁沅、张明高编选：《魏晋南北朝文论选》，人民文学出版社1996年版，第68页。

② 刘绍瑾：《庄子与中国美学》，广东高等教育出版社1989年版，第168页。

院，琐窗朱户，只有春知处。　　碧云冉冉蘅皋暮，彩笔新题断肠句。试问闲愁都几许？一川烟草，满城风絮，梅子黄时雨。（宋·贺铸：《青玉案》）

此词中，对于难以道明的"愁"的抒发，就是借助于具体景物的描写来表达的。那份化解不了的愁绪，就像满地轻烟缭绕的芳草，满城随风飘扬的柳絮，黄梅时节连绵的阴雨。借助于"一川烟草""满城风絮""梅子黄时雨"将难以言尽的愁绪都形象地展现出来。这种表达不仅能"尽意"，而且还能留给人无穷的想象和美感。正如宋人黄庭坚在《寄贺方回》中称赞道："解道江南断肠句，只今惟有贺方回。"① 也如宋人罗大经在《鹤林玉露》卷七中所说："贺方回云：'试问闲愁都几许，一川烟草，满城风絮，梅子黄时雨。'盖以三者比愁之多也，尤为新奇，兼兴中有比，意味更长。"② 而贺铸的这种成功表达，也让他获得"贺梅子"的美名，如清人刘熙载《艺概》中所说："其末句好处全在'若问'句呼起，及与上'一川'二句并用耳。或以方回有'贺梅子'之称，专赏此句误矣。"③

可见，借助于具体事物形象地表达的思想内容，不仅能尽意，而且给人无穷的回味和审美的享受。

由上面的分析可以看出，王弼对"言""意""象"的探讨，对于"言外之意"的表达和理解都有着重要意义。

魏晋时期的"言意之辨"除了以王弼等为代表的"言不尽意"观外，还有"言尽意"观。

而持"言尽意"观点的，主要以欧阳建为代表。在《全晋文》的《言尽意论》这段文字中，记载了他对"言尽意"的论述。他指出：人们用名称和语言来辨物定理，而且"名逐物而迁，言因理而变"，因而言称和事物可以保持一致，所以"言"是可以"尽意"的。

欧阳建"言尽意"观是对语言的名理作用的肯定。这和荀粲、王弼

---

① （明）陈耀文辑：《花草粹编下》，河北大学出版社2007年版，第565页。

② 上疆村民重编，唐圭璋笺注：《宋词三百首笺注》，中华书局出版社1958年版，第111页。

③ 同上。

关于形而上领域的"言不尽意"并不是同一层面的探讨。但这场"言意之辨"仍具有重要意义，它使"哲学上的言意之辨向文学创作中的言意美学范畴的转化"①。经过唐宋时期的发展及明清时期的广泛运用，"形成了具有我国民族特色的言意理论体系"②。

综上所述，发端于先秦并在魏晋时期产生广泛而深远影响的"言意之辨"，其实质是在哲学层面对语言和思维，即"言"与"意"的关系所作的探讨。探讨的内容主要包括三个方面：一是"言"作为表达工具，与"主观之意"及"客观之物"有着本质的不同。二是"言"具有"尽意"的功能，但有时又是"不尽意"的。三是"意"可以寄托于"言外"，可以通过"象"这个中介来实现。

由此可见，语言可以表达思维的成果，但语言与思维发展并不是同步的，对于形而上的思维内容，是"言不尽意"的。同时，对于思维的幽深微妙处，也是"言不尽意"的。然而，正因为"言不尽意"的存在，才推动语言的不断发展，才寻找"言外""尽意"的方式。这也就为"言外之意"修辞现象的产生奠定了哲学基础，从哲学层面指出了"言外之意"修辞现象存在的必然性和必要性。

第二节 语言学基础

"言外之意"修辞现象的出现，是修辞主体为"适应题旨和情境"③而调动"语言文字的一切可能性"④进行表达的结果。语言文字所具有的特点，也为"言外之意"修辞现象的存在提供了可能性。

语言是一种符号系统。根据美国实用主义哲学家皮尔士对符号的分类，符号可以分为三类，即："图像符号（icon）、指索符号（index）和象征符号（symbol）。"⑤ 在所分的这三类中，语言属于象征符号类

---

① 曾祖荫：《中国古代美学范畴》，华中工学院出版社1986年版，第190页。

② 同上。

③ 陈望道：《修辞学发凡》，上海教育出版社2006年版，第8页。

④ 同上。

⑤ 温端政、沈慧云主编：《语文新论：〈语文研究〉15周年纪念文集》，山西教育出版社1996年版，第177页。

别，即"它与所指涉的对象之间的关系是约定俗成的，并没有什么必然的联系"①。这和索绪尔关于语言符号的认识一致，即语言符号的能指和所指之间的关系是任意的，约定俗成的。

"语言符号是一种两面的心理实体。"② 它"连接的不是事物和名称，而是概念和音响形象"③。概念是基于我们对事物的经验和认识，是心理层面的；而和概念联系的音响形象也不是客观的、物质的声音，而是我们心理层面可以感觉的声音，因而语言符号是建构在心理层面的。

语言符号能指与所指的任意性及语言符号建立在心理层面的特点，为"言外之意"的表达及理解提供了两个方面的可能性：一是能指与所指的任意性，为借助于语音来传达"言外之意"提供了可能；二是语言的符号性，为言意分离的"言外之意"的出现提供了可能。

一　"音义可分离性"

能指与所指联系的任意性有两重含义：第一，指语言在联系人的心理层面与客观外在世界时所体现的任意性。第二，指在语言运用中，人们为了满足某种需求，可以对语言与客观外部世界的联系作主观性选择。如汉语民俗文化中，过年吃"鱼"的习俗。这是因为"鱼"联想到"余"，而不是"愚"。"年年有鱼"，即代表"年年有余"。把完全没有联系的现象等同起来，以满足祈福和求财心理。这也就是人们运用语言时，主观地将音、义分离，以满足某种心理需求的体现。

可见，语言能指与所指联系的任意性，为人们主观地分离音、义间约定俗成的联系提供了可能。这就是"言外之意"修辞现象中，"以音传义"式得以存在的基础。

二　"言意的离合性"

言意关系是形式与内容的关系，是语言工具与人的主观意旨的关

---

①　温端政、沈慧云主编：《语文新论：〈语文研究〉15 周年纪念文集》，山西教育出版社1996 年版，第 177 页。

②　［瑞士］索绪尔：《普通语言学教程》，高名凯译，商务印书馆 1980 年版，第 101 页。

③　同上。

系；二者之间并不是一一对应的，表现出离合性。这种离合性也就是语言与思维矛盾的体现。

语言是思维活动的重要工具之一，语言可反映思维活动的过程，巩固思维活动的结果；但语言约定俗成的工具性，使其与思维的主观、抽象性的发展呈现不一致的步调。这在哲学上的"言意之辨"中，有着深刻反映。

语言与思维的矛盾关系，主要体现在两方面：一是从思维层面来讲，语言对于思维形而上部分的表达，是难以"尽意"的。如老庄"言不尽意观"中的相关观点。二是从思维精深度来看，语言也达不到思维的深邃度。这正如《周易正义》所说："意有深邃委曲，非言可写，是'言不尽意'也。"可见，语言与思维的发展并不是同步的，语言表达的有限性与思维活动的丰富精深之间的矛盾，使言、意之间呈现出离合性关系。

而言意的这种离合性关系就为"言外之意"的表达和理解提供了可能。

正因言意之间是可分离的，表达者在表达时才能使辞面与辞里出现分离，才能借助于辞面来传达辞面意义以外的内容。这为"言外之意"的表达提供了可能。如孟子的"言近旨远"说，就是辞面与辞里分离的体现。

此外，言意的离合性关系为"言外之意"的理解也提供了可能性。正因为"言""意"具有可分离性，接受者才能借助语言形式来探究其背后的深层意义，才有可能实现"言外之意"的理解。也正如庄子的"得意忘言"说所言，要"得意"需"忘言"，辞面与辞里需要分离开来，才能"得意"。

由以上分析可以看出，语言能指与所指联系的任意性及"言""意"的可分离性，为"言外之意"修辞现象的存在提供了可能性。这种任意性和可分离性，既是"言外之意"表达的语言基础，也是接受者通过"言"来理解"言外"之意的语言基础；这为"言外之意"修辞现象的存在提供了工具保障。

第三节　文化基础

"言外之意"修辞现象在汉语中备受青睐,与其植根于汉文化的土壤有着密切关系。汉文化的培育,是其得以产生并枝繁叶茂的根源之一。具体来说,"言外之意"修辞现象主要与汉民族的"具象托思"的思维方式及"委婉心理"密切相关。下面我们分别作分析。

一　"具象托思"思维方式的影响

"具象托思"的思维方式,最早源于《周易》。在《周易》中,认为抽象的语言难以将卜筮者内心的体会、情感或所发现的幽深事理完整地表达出来,所以就需要设立卦象来表达。而所设立的卦象,"不仅是'意'的媒介,而且直接就是'意'的感性显性和外射"①。也就是说,"象"是融合着"意"的"意象"。同时,"象"具有直观的象征性。如《周易·系辞下》中所说:"《易》者,象也;象也者,像也。"因此,"立象尽意"就是通过融合着"意"的"象",来直观、比拟地将"意"表现出来。

通过融合着主观情感的具体表象将内心的思想、情感、审美体验等表现出来,这即是运用了"具象托思"的思维方式。"具象托思"的思维方式,体现了思维的整体性、直观性、比附性。

"具象托思"的思维方式,在传统文学艺术的审美范畴中,突出体现在"意象"论、"意境"论中。

"意象"发端于《周易》,而"将'意象'正式列入美学范畴的是在魏晋南北朝时期,其中尤以刘勰为代表"②。刘勰在《文心雕龙·神思》篇中,在讨论艺术构思时,指出"独照之匠,窥意象而运斤。此盖驭文之首术,谋篇之大端"。这指出了"意"与"物"相融合的审美意象,是作家用语言创造艺术形象的前提。

随着"意象论"的发展,到唐代出现了"意境论"。"意境"最早

① 王振复:《大易之美:周易的美学智慧》,北京大学出版社2006年版,第120页。

② 邱明正:《审美心理学》,复旦大学出版社1993年版,第350页。

是唐代王昌龄在《诗格》中提出的，是与"物境""情境"并列提出来的三境之一。随后，唐代司空图《二十四诗品》、宋代严羽《沧浪诗话》等作品中的相关论述对其内容都作了具体的充实。到了清末民初，王国维《人间词话》发展为"境界"说，认为"境界"是词艺术的最高追求。"意境"便成为"中国文化史上最中心也最具有世界贡献的一方面"①。

而"意境"和"意象"所不同的是："它是主体心灵突破了意象的域限所再造的一个虚空、灵奇的审美境界。"② 也就是说，"意象"是"意"融于"象"中；而"意境"虽是由"意象"构成，但却是超越"意象"而营造的一个新的艺术境界。这个境界是对其组成因素——"意象"整体把握后的创造，更强调"意象"间的整体性、联系性。因而"意境"强调的是"象外之境"。

虽然"意境"与"意象"有着不同，但是它们所运用的思维方式，与《周易》中的"立象尽意"一脉相承，都是一种"具象托思"的思维形式，都强调思维的直观性、整体性、悟性。

"意象""意境"及其运用的"具象托思"的思维方式，对"言外之意"修辞现象的影响是很深远的。

首先，"意象""意境"本身就是"言外之意"修辞现象构成方式之一。特别是在诗词中，许多"言外之意"都是通过"意象"或"意境"的营造来表达的。

如：

　　玉阶生白露，夜久侵罗袜。却下水晶帘，玲珑望秋月。（唐·李白：《玉阶怨》）

诗中采用白描手法，选取几个典型的场景：更深露重，露水浸湿了罗袜，主人公返回室内，放下帘栊，明亮的月光却从门帘缝隙中投射进

---

① 宗白华：《中国艺术意境之诞生》，宗白华：《美学散步》，上海人民出版社1981年版，第68页。

② 朱立元：《美的感悟》，华东师范大学出版社2001年版，第230页。

来，让这位难眠之人痴痴凝望。诗的题目为《玉阶怨》，但诗中却未见一"怨"字。而是将"怨"化作具体场景的描写。因此，正如《分类补注李太白诗》中所说："无一字言怨，而隐然幽怨之意见于言外。"①也如近人俞陛云《诗境浅说续编》中所说："题为玉阶怨，其写怨意，不在表面，而在空际。二句云'露侵罗袜'，则空庭之久立可知。第三句云'欲下晶帘'，则羊车之绝望可知。第四句云'隔帘望月'，则虚帷之孤影可知。不言怨而怨自深矣。"② 此诗所传达的"言外之意"，是从整幅画面的渲染和描写中体现出来；这也正是运用"具象托思"思维方式的结果。

其次，"具象托思"思维方式的运用，为"言""意"间的联系建立了中间桥梁，即借助某种具体的中介来传达思想内容。如上面这个例子中，"怨"这种情感，抽象难诉，但借助于具体的场景："更深露湿袜""返室望秋月"，就将内心的忧愁形象地表现了出来。此外，"言外之意"表达有时并不一定借助具体的"象"，但这种借助中介来表达意旨的思维方式，就是"言外之意"修辞现象表达时所运用的思维方式。所有"言外之意"所借助的"言"，都是表达"言外"之"意"的中介。

最后，"具象托思"的思维方式所体现的思维的整体性，也是"言外之意"表达和接受时的基本思维特征。也就是说，要成功地表达和理解"言外之意"，就要对具体语境因素及辞面因素作综合、整体的把握。表达者在表达时，要考虑"题旨情境"，在适应题旨情境下，调用相关心理或逻辑因素，选择恰当的语言形式来表达。"言外之意"的表达是修辞主体综合考虑了这些因素的结果。而接受者在理解时，也是综合分析语境、辞面，调用相关心理或逻辑因素，进行理解的结果。其理解过程也体现着思维的整体性。如上面这个例子中，诗歌所要表达的"言外之意"，是由这些场景和片断整体组合起来的，是一幅完整的画。对其"言外之意"的理解，也是在对整幅画的体悟中才能领会。

----

① （清）蘅塘退士编选，张忠纲评注：《唐诗三百首评注》，齐鲁书社 1998 年版，第 412 页。

② 俞陛云撰：《诗境浅说续编》，开明书店 1950 年版，第 11 页。

下面，我们再以一个例子来分析"言外之意"表达和理解时，所体现的整体性思维。

如唐诗中被传为佳话的一组诗：

> 洞房昨夜停红烛，待晓堂前拜舅姑。妆罢低声问夫婿，画眉深浅入时无？［唐·朱庆馀：《近试上张籍水部》（一作闺意献张水部）］
>
> 越女新妆出镜心，自知明艳更沉吟。齐纨未是人间贵，一曲菱歌敌万金。（唐·张籍：《酬朱庆馀》）

朱庆馀的这首诗，从诗文题目中可以看出是一首干谒诗。所谓"干谒诗"，是指唐代科举考试前，考生为了得到当时政治上或文坛上有名望之人的赏识，常将自己平时所作诗文抄写下来，呈现给有名望之人，借此提高自己的知名度，增加考中或直接举荐的机会。

张籍是当时的水部员外，又是有名的诗人。朱庆馀在考试之前，将这首诗呈献给张水部，一则是展现自己的才华，希望得到他的赏识，提高自己的知名度，增加考中的机会。二则是想借此探知张水部对自己的评价。在综合考虑了这些因素后，朱庆馀就写下这首诗，征询张水部的意见。

辞面是写洞房花烛夜后，新婚女子第二天一早要到堂前拜见舅姑，但不知自己所画眉毛的深浅是否合乎现在的流行样式，所以"低声问夫婿"，娇羞之态尽显。诗中朱庆馀以"新娘"喻自己，以"夫婿"喻张籍，以"舅姑"喻主考官；以"画眉深浅入时无"的忐忑和娇羞，将自己的期待和临考时的不安，含蓄地表达出来。

而张籍作为水部员外郎，而且又是有名的诗人，联系当时的语境，即唐代"干谒诗"的风气及临近考试这个具体情境，以及诗文辞面所传达的忐忑和试探，综合把握这些因素后，自然也就能理解其"干谒"的"言外之意"了。

因此，张籍看了朱庆馀的赠诗后，也同样以含蓄的方式，来表明自己的看法和评价。张籍酬答的诗中，借称赞越女的明艳及菱歌的无价，来喻指朱庆馀才华过人，且称赞他写给自己的这首好诗更是能抵万金，以此传达了"对朱庆馀才华的肯定"这样的"言外之意"。

而作为呈诗以达到"干谒"目的的朱庆馀来说,对张籍此酬答诗的"言外之意",自然就能理解了。张籍既肯定了他的才华,又给了他信心。朱庆馀"干谒"目的也就得到了完美的实现。

上面这组诗,其表达者和理解者,都借助"具象托思"的思维方式,成功地表达和理解了"言外之意"。其表达和理解都体现了思维的整体性。

由此可以看出,"具象托思"的思维方式,是"言外之意"修辞现象表达和接受时所运用的主要思维方式。

二　委婉心理的推崇

委婉心理,即是人们不喜直陈的一种心理特征。它根植于汉民族特定的社会历史文化土壤中,与汉民族文化密切相连。

关于委婉心理产生的文化根源,吴礼权在《委婉修辞研究》中曾从"政治礼法制度的制约""民族心理的引导""文学传统的推崇"这三个方面,作了较详细的分析。

除了吴礼权所分析的这三方面原因外,我们认为,委婉心理的产生还与汉民族生存的特定地理环境、生产方式和儒家"和谐"观的影响有关。

中华民族发源于黄河流域的内陆高原。由于水土资源丰富,我们民族较早进入了自给自足的以农耕为主的经济形态。

传统农业经济的一个重要特点,就是协作劳动,对群体有着较强的依赖性,看重群体关系。正如陈丽梅在《汉语谐音现象的文化蕴义》一文中所指出的"在古代生产工具落后,生产能力低下,个体力量有限的情况下,需要以家庭、宗族为单位协同劳动,以增强抵御自然灾害的能力。个体力量需要通过群体显示出来。为了自身生存,人们离不开群体,群体关系也备受人们重视……重群体,轻个体;重人际的、社会的'自我',轻内在的'自我'。正如孟子所说:'天时不如地利,地利不如人和。''人和'是维系小农经济的重要思想。人们要和谐相处,在社会生活中,对人就应忍让宽容、平和温良;对自己要不断完善,防止极端。体现在言语交际中,就应委婉含蓄,不要言辞激烈,不留余地,进而便形成了委婉的文化心理"①。

此外,儒家的"中庸""和谐"观也影响到委婉心理的形成。

《中庸》中阐释中庸之道时指出:"喜怒哀乐之未发,谓之中;发而皆中节,谓之和。中也者,天下之大本也;和也者,天下之达道也。"② 其意是说,人的喜怒哀乐等各种感情蕴藏于心中,不表露出来,即是"中";若此情感表露了出来,且符于节度,这就是"和"。"中"是天下的根本所在,"和"是天下普遍通行的准则。中庸之道在儒家的提倡下,就更突出了克己守礼、不走极端的特点。在维持人际关系方面,中庸之道也就突出强调了"人和"的重要性。这也就造就了"内敛""委婉"的民族心态。

汉民族传统的委婉心理体现在语言运用中,主要表现为"不喜直陈"的特点。

这就为出现婉转表意的修辞现象,奠定了心理基础。而婉转表意,除了典型的委婉修辞现象外,还体现在"言外之意"修辞现象中。若是出于"不能直陈""不便直陈",就形成了典型的委婉修辞现象。若还包括"不想直陈""不愿直陈",就产生了"言外之意"修辞现象。"言外之意"修辞现象和委婉修辞现象,既有交叉之处,又有不同之处。

可见,委婉心理所具有的含蓄蕴藉的特点,为"言外之意"修辞现象的产生奠定了心理基础。

委婉心理对"言外之意"表达和理解的影响,我们可以以外交语言中的"言外之意"修辞现象为例。"外交语言往往更委婉、含蓄、模糊。所谓委婉,就是有些问题不便或不能直说,就用婉转、含蓄的语言表达出来,在不失本意的情况下让对方领悟。因此,外交语言有时就不是直白式的一问一答,而是绕点弯子,声东击西,需要注意其字里行间,留意其弦外之音。"③ 这在古代外交和现代外交的语言运用中,都很常见。下面我们以《左传》中的一个例子来分析:

---

① 陈丽梅:《汉语谐音现象的文化蕴义》,云南师范大学出版社 2006 年版,第 24—25 页。

② (宋)朱熹撰:《四书章句集注》,中华书局 1983 年版,第 18 页。

③ 邹建华:《外交部发言人揭秘》,世界知识出版社 2005 年版,第 32 页。

逢丑父与公易位。将及华泉，骖絓于木而止。丑父寝于辖中，蛇出于其下，以肱击之，伤而匿之，故不能推车而及。韩厥执絷马前，再拜稽首，奉觞加璧以进，曰："寡君使群臣为鲁、卫请，曰：'无令舆师陷入君地。'下臣不幸，属当戎行，无所逃隐。且惧奔辟而忝两君。臣辱戎士，敢告不敏，摄官承乏。"丑父使公下，如华泉取饮。郑周父御佐车，宛茷为右，载齐侯以免。（《左传·成公二年》）

成公二年六月，齐晋陈师于齐国鞌。双方交战后，齐侯的车右逢丑父怕齐侯被擒，就和他交换了位置。因为逢丑父先前睡在栈车里，被蛇咬伤手臂［"伤"的注释参见郭锡良《古代汉语》（上）］，不能下去推车，被晋军追上。以上这幕就是晋国韩厥追赶上齐侯时，欲擒齐侯的一段话。韩厥说："寡君使群臣为鲁、卫请，曰：'无令舆师陷入君地。'"辞面是在说我们国君命令我们群臣来向您请求，不要使士卒深入齐国；但实际是在指责齐国侵犯鲁、卫两国。韩厥又说："下臣不幸，属当戎行，无所逃隐"，辞面是说下臣不幸，遇到了您的兵车，又没有可以逃避的地方。而实际是在说：既然碰到你了，就不能不战。委婉地表明决战之心。接着韩厥又说："且惧奔辟，而忝两君。"辞面是为齐侯着想，说怕自己逃跑会让齐侯及晋国国君蒙受耻辱；但实际上却是进一步表明自己决战之心。最后，韩厥说："臣辱戎士，敢告不敏，摄官承乏。"辞面是说自己并没有什么才能，但是既然我任此职，就只好勉强执行我要做的事了。韩厥这句话，实际是说"我现在就得俘虏你了"。

韩厥这段外交辞令，婉转、含蓄而不失礼节。辞面是说自己迫不得已，而实际是告诉齐侯他已被俘虏。齐侯作为交战一方的主帅，在当时情境下，是能听出韩厥委婉之词所传达的真实意思的。

当然，由委婉心理所形成的"言外之意"表达并不只存在于外交语言中，在其他领域的语言运用中，在不便或不想直说时，也会运用"言外之意"修辞现象来表达。因此，委婉心理也是"言外之意"修辞现象得以存在的重要因素。

第四节　审美基础

"言外之意"修辞现象的审美基础，主要体现在"韵外之致"审美特征的追求上。

"韵外之致"是唐代司空图在《与李生论诗书》一文中提出的。他指出："近而不浮，远而不尽，然后可以言韵外之致耳。"也就是说，诗歌描绘的形象具体可感，又意味深长。在此基础上，才能有"韵外之致"。"韵外之致"，"就是指语言文字之外，具有不尽的审美余味"①。而对此"余味"的追求，则成为中国美学的一个重要特征。

"韵外之致"的美学追求，最早在《周易》"意象观"中就有体现。"立象"中"象"是形式，"意"是内容；寻求"象"外所寄托的"意"，是"立象"的目的。这从某种意义上来说，可以说是"韵外之致"审美特征的萌芽。同时，对卦象进行说明的爻辞，也应具有"言近而旨远"的特点。其中"旨远"也是"韵外之致"的一种体现。

继《周易》之后，唐代出现的"意境论"及至后来由"意境论"发展形成的"境界说"，都对"韵外之致"极为推崇。可以说"韵外之致"是"意境""境界"的主要美学特征。对此美学特征的追求，在文学、书法、绘画等领域都有体现。

在文学领域，许多诗话谈到"意境"的特点时，都涉及了"韵外之致"这个美学特征。如唐代司空图在《二十四诗品》中对"意境"的特征作了具体的说明，即诗文以"不着一字，尽得风流"，"羚羊挂角，无迹可求"为上乘。而"意境美"应具有"韵外之致""味外之旨"的特点。到宋代严羽在《沧浪诗话》中谈到了"意境"的具体特征，即"盛唐诸公惟在兴趣，羚羊挂角，无迹可求，故其妙处莹彻玲珑，不可凑泊，如空中之音，相中之色，镜中之象，言有尽而意无穷"②。这其实也指出了"韵外之致"的美学特征。到清末民初，王国维《人间词话》中，发展为"境界"说，认为："词以境界为最上，有

---

① 曾祖荫：《中国古代美学范畴》，华中工学院出版社1986年版，第209页。
② （宋）严羽撰：《沧浪诗话》，中华书局1985年版，第6—7页。

境界，则自成高格。"① 而词的"境界"，从美学特征来说，即是追求"韵外之致"。

此外，在绘画艺术中，"韵外之致"的美学追求，主要体现为对"神韵"的追求。如晋朝著名画家顾恺之所提倡的"以形传神"，认为"四体妍蚩，本无关妙处，传神写照，正在阿堵中"②。此后，南齐谢赫在《古画品录》中提出了有名的绘画"六法"，而"六法的第一条是'气韵生动'，这是谢赫绘画理论的核心"③。而唐代张彦远在《历代名画记》卷一《论画六法》中对"气韵生动"也给予了高度评价，即："今之画，纵得形似而气韵不生；以气韵求其画，则形似在其间矣。……若气韵不周，空陈形似。……得其形似，则无其气韵。具其彩色，则失其笔法。岂曰画也？"④ 到宋代，苏东坡在《书鄢陵王主簿所画折枝二首》中指出："论画以形似，见与儿童邻。"沈括在《梦溪笔谈》第十七卷《书画》中也指出："书画之妙，当以神会，难可以形器求也。"⑤ 清代董棨在《养素居画学钩深》中也说："画贵有神韵，有气魄，然皆从虚灵中得来，若专于实处求力，虽不失规矩而未知入化之妙。"⑥ 这些论说，共同关注的都是绘画中"神韵"的美学特征。而此美学特征所要达到的审美境界即是要有韵味，也就是要有"韵外之致"。因此，"韵外之致"也是绘画艺术中的一大审美追求。

在书法艺术中，"韵外之致"主要体现在"虚"与"实"的搭配中。如清代书法家朱和羹在《临池心解》中说："作行草最贵虚实并见。笔不虚，则欠圆脱；笔不实，则欠沉着。专用虚笔，近似油滑；仅用实笔，又形滞笨。虚实并见，即虚实相生。书家秘法：妙在能合，神在能离。离合之间，神妙出焉。此虚实兼到之谓也。"⑦ 现代美学家、哲学家宗白华也曾说："字的结构，又称布白，因字由点画连贯穿插而

① 王国维：《人间词话》，江苏文艺出版社 2007 年版，第 1 页。
② （南朝宋）刘义庆：《世说新语·巧艺》，上海古籍出版社 1996 年版，第 606 页。
③ 曾祖荫：《中国古代美学范畴》，华中工学院出版社 1986 年版，第 82 页。
④ （唐）张彦远撰：《历代名画记》，辽宁教育出版社 2001 年版，第 13 页。
⑤ （宋）沈括撰：《梦溪笔谈》，辽宁教育出版社 1997 年版，第 92 页。
⑥ 俞剑华编：《中国画论类编》，人民美术出版社 1957 年版，第 255 页。
⑦ 杨素芳、后东生编：《中国书法理论经典》，河北人民出版社 1998 年版，第 541 页。

成，点画的空白处也是字的组成部分，虚实相生，才完成一个艺术品。空白处应当计算在一个字的造形之内，空白要分布适当，和笔画具同等的艺术价值。所以大书法家邓石如曾说书法要'计白当黑'，无笔墨处也是妙境啊！"① 以"实"衬"虚"，于"实"处见"虚"，此"虚"即是审美中的"韵外之致"。

纵观以上论述，"韵外之致"在文学、绘画、书法等领域都有着共同的提倡，成为这些领域共同的美学追求。这种审美追求，对语言运用也产生了深远影响。"言外之意"修辞现象的出现，即是顺应了"韵外之致"审美需求的结果。"言外之意"所具有的含蓄蕴藉的特点，给接受者带来的"思而后得"的快感，都体现着"韵外之致"的美学特征；这也就使"言外之意"比一般直接的语言表达方式，更能带给人美的享受。下面，我们以一个例子来说明"韵外之致"的审美追求对"言外之意"表达和接受的影响。

如：

寥落古行宫，宫花寂寞红。白头宫女在，闲坐说玄宗。（唐·元稹《行宫》）

此诗短小精悍，意境深邃，含蓄隽永。其"韵外之致"审美特征的追求，主要体现在"以少总多"及"以乐景写哀"的表现方式中。

诗中二十个字，将地点、人物、动作及场景都表现出来，字少而意多。天宝末年进宫而幸存下来的白发宫人在冷清的上阳宫中回忆、谈论天宝遗事。辞面只写到此，但辞面所描绘的画面却能使人浮想联翩：宫女们年轻时的花容月貌，被禁闭在这冷清古行宫中的寂寞无聊。年年岁岁花相似，但岁岁年年人不同。年复一年，容颜憔悴，白发频添。这些年的凄苦与孤独，这些年不堪忍受的摧残和痛苦，都寄托在这短短的二十字中。因此，正如宋人洪迈在《容斋随笔》卷二中评论此诗时所说：

---

① 宗白华：《中国书法里的美学思想》，宗白华：《艺境》，北京大学出版社1987年版，第287页。

"语少意足，有无穷味。"① 而这"无穷味"即是诗歌所具有的"韵外之致"的审美特征，也是诗歌所要传达的"言外之意"。

同时，诗中的"无穷味"还包括"以乐景写哀"方式表现的内容。

在寂寥的古行宫，宫花正因春天的到来，竞相争艳，一片红花美景。而生活在其中的宫女却是白发苍苍，青春不再，一片迟暮之景。将这两幅场景组合在一起，就产生了强烈的对比："红花"与"白发"，"花值正春"与"人之迟暮"。在这对比中，由颜色反差所形成的强烈视觉冲击，及由"花开的热闹"与"人的冷清"所产生的强烈情感冲击，将白发宫女的悲凉、哀怨之情凸显出来。而这"悲凉、哀怨之情"正是诗人选择这些场景，产生渲染对比效果的真实目的，也就是此诗所要传达的"言外之意"。所以正如王夫之在《姜斋诗话》中所说："以乐景写哀情，以哀景写乐情，倍增其哀乐。"②

而在这悲凉、哀怨的情怀下，"闲坐说玄宗"，具体说什么，虽在辞面未见一字，但经过前面的渲染、凸显，在此情此境下，所说内容自然就与"幽怨之情"有关了。因此，如清人沈德潜在《唐诗别裁》中所说："'说玄宗'，不说玄宗长短，佳绝。只四语，已抵一篇长恨歌矣。"③

此诗凝练含蓄，余味无穷。留给鉴赏者的这份遐想和余味，就是该诗所体现的"韵外之致"审美特征。而正是此审美特征，使诗歌传达了丰富的"言外之意"。

可见，"韵外之致"的美学追求，为言语运用中"言外之意"的出现，奠定了美学基础。

纵观本节以上分析，可以得出这样的结论："言外之意"修辞现象的存在，有其存在的必要性和可能性。

其中，"必要性"主要体现在哲学、美学、文化方面。哲学上认为"言"对"意"是"不尽之尽"。要解决这个矛盾，就需借助于"言"，又不局限于"言"，于"言"外去领会"意"。因此，"言外之意"修

---

① （宋）洪迈著，夏祖尧、周洪武点校：《容斋随笔》，岳麓书社 2006 年版，第 15 页。

② （明）王夫之：《姜斋诗话笺注》，人民文学出版社 1981 年版，第 10 页。

③ （清）蘅塘退士编选，张忠纲评注：《唐诗三百首评注》，齐鲁书社 1998 年版，第 401 页。

辞现象就应运而生。在美学上,"韵外之致"的审美追求,必然要求语言表达具有蕴藉、余味之美,而"言外之意"修辞现象恰好符合这种审美需求,给言语交际带来美的享受。而文化中对委婉心理的推崇及"具象托思"思维方式的影响,对"言外之意"的产生也有着潜移默化的影响。

而"言外之意"产生的可能性,与语言符号的特征有着直接关系。语言符号"能指"与"所指"的离合性,为"言"外传"义"提供了可能。

综上所述,"言外之意"修辞现象的存在有着坚实的理论基础,是一种很值得研究的修辞现象。这些坚实的理论基础,正是下文研究"言外之意"表达和理解的理论基石。

第三章 "言外之意"修辞现象的生成机制

　　"言外之意"修辞现象的产生与语境、心理、逻辑及修辞活动中主、受体的因素密切相关。"言外之意"修辞现象是这些因素的有机构成体。在这些因素中，语境因素是最基础、最关键的因素，修辞主体的主动性和修辞受体的能动性以及调用的相关心理因素或逻辑因素，都是"言外之意"修辞现象生成的必要性因素。也就是说，"言外之意"修辞现象的产生，就是修辞主体为适应具体的"题旨""情境"，调用相关心理因素或逻辑因素，选择恰当的语言文字进行表达的结果。下面我们对影响"言外之意"修辞现象生成的这四个因素，分别作分析。

第一节　语境因素

一　语境的概念

　　语境在"言外之意"修辞现象的表达和理解中，都是一个至关重要的影响因素。关于语境的概念，国内外都有大量的探究。

　　在国外语境研究中，"语境作为语言学概念，是德国语言学家 Wegener 于 1885 年最先提出来的"[①]。而真正引起反响的是英国人类学家 Malinowski 于 1923 年在给奥格登和理查兹的《意义的意义》一书所写的补录中，对语境问题所作的论述，提出了"情景语境"及"文化语

---

① 朱永生:《语境动态研究》，北京大学出版社 2005 年版，第 3 页。

境"。因而,"国内外语言学家们讨论语境时一般都从 Malinowski 开始讲起"①。随后,伦敦功能学派的 Firth,接受了 Malinowski 的"情景语境"的观点,并作了重点研究。而 Halliday "继弗斯之后伦敦功能学派又一个在语境研究上作出贡献的人物"②,他提出了"语域"这一术语,具体包括"语场"(field)、"语式"(mode)和"语旨"(tenor)三个方面。随着语用学对语境研究的深入,语境的内容更为丰富和细致。语用学一般将语境的内容分为三个部分:"上下文语境""情景语境""民族文化传统语境"。③

在国内,语境概念最早见于陈望道 1932 年在《修辞学发凡》中提出的"题旨情境"说中。在"题旨情境说"中,"情境"和"题旨"虽然有着先后侧重之分,但都一起被提到了"第一义"的高度。成功的修辞就是为实现"题旨"而适应"情境"的结果。此外,在"题旨情境"说中,陈望道还对情境的构成要素,如写说时的自然环境、社会环境、说写者双方关系、语言表达习惯及体裁要求等作了阐析。"可以说,这是现代语言学中语境学理论的先声(比 T. R. Firth 提出语境理论早好多年)。"④ 这对后来的语境研究有着深远影响。

随后,20 世纪 60 年代初,王德春在国内最早提出要建立语境学,并把语境分为"主观因素"和"客观因素"两类。80 年代初,张志公主编的《现代汉语》中也对"语境"问题作了阐述。到 90 年代,"出现了西槙光正、冯广艺、王建华、周明强等学者的语境研究的专著和论文集"⑤。其中,冯广艺《语境适应论》,"强调了语境对语言的制约作用,从宏观语境、微观语境和伴随语境三个角度阐述了语境适应论"⑥。王建华、周明强、盛爱萍著的《现代汉语语境研究》中,从"言内语

---

① 朱永生:《语境动态研究》,北京大学出版社 2005 年版,第 3 页。

② 王建平:《语境研究的历史与现状》,西槙光正编:《语境研究论文集》,北京语言学院出版社 1992 年版,第 8 页。

③ 索振羽:《语用学教程》,北京大学出版社 2000 年版,第 23 页。

④ 陈光磊:《修辞论稿》,北京语言文化大学出版社 2001 年版,第 292 页。括号内的内容参见董达武《从现代语言学的走向看陈望道的修辞思想——纪念〈修辞学发凡〉出版六十周年》,《复旦学报》1992 年第 5 期。

⑤ 曹京渊:《言语交际中的语境研究》,山东文艺出版社 2008 年版,第 6 页。

⑥ 胡霞:《认知语境研究》,浙江大学出版社 2005 年版。

境""言伴语境""言外语境"三个方面，对语境作了分类。其中"言内语境"，"包括句际语境和语篇语境两种"，"是以语言形式存在的语境"①；"言伴语境"，"可分为现场语境和伴随语境"②；"言外语境"，"包括社会文化语境与认知背景语境"③。

从国内外早期的语境研究中可以看出，语境内容非常广泛，大致分为："与上下文有关的""与社会文化心理有关的"及"与具体情景有关的"三大部分。

随着语境研究的深入和发展，在认知语言学的研究中，提出了"认知语境"的概念。

"最早明确提出语境的认识角度是 Nelson, K. et al.（1985）和 French & Nelson（1985，in Nelson, K. 1991：200）。"④ 但他们没有给出明确的界定，因而"一般认为，最早从认知的角度来研究语境的是 Spebrer & Wilson（1986，2001），他们在《关联性：交际与认知》中提出了认知环境（cognitive environment）的概念"⑤。"认知环境"也就是我们所说的"认知语境"，即"语境是个心理概念，是听者对世界所形成的众多定识的一个子集。影响语句理解的当然是这些定识而非世界的实际情况"⑥。具体来说，"所谓认知语境，既包括了上下文这种语言意义上的语境（linguistic context，有时又叫 co-text），又包括了即时情景（situation［of utterance］）这种物质语境，还有个人特定的记忆、经历和对未来的期望所构成的心理语境以及社群知识、百科知识这些在不同程度上共有的知识语境。从心理表征（mental representation）的角度看，认知语境是人所调用的定识（assumption）之集合。……在交际时，这

---

① 王建华、周明强、盛爱萍：《现代汉语语境研究》，浙江大学出版社 2002 年版，第 91 页。

② 同上书，第 176 页。

③ 同上书，第 261 页。

④ 胡霞：《认知语境研究》，浙江大学出版社 2005 年版。

⑤ 同上。

⑥ ［法］丹·斯珀波、［英］迪埃珏·威尔逊：《关联：交际与认知》，蒋严译，中国社会科学出版社 2008 年版，第 19—20 页。

个认知语境总是处于动态的变化过程中"①。

从认知语境的界定中，可以看出它和以往语境概念的区别在于：

第一，强调了语境是一种心理假设，是外在客观世界及已有的知识在心理形成的表征。表达者从表达目的出发，在已有的知识储备中选取与临时具体语境相适应的部分来建构表达语境。而接受者是将接触的语境与自己所具备的知识储备相互作用后，形成心理假设；而这心理假设就是接受者所形成的语境。语境并不是摆在交际双方面前，共享、共同的；而是都掺入了各自的主观心理认知因素。因而相对于以往的语境概念而言，认知语境概念更强调"语境"是交际双方对外在语境因素的内化过程，是一个心理结构体，而不是客观外在的存在。

第二，认知语境概念对言语理解问题，更具有启发意义。表达者和接受者的语境都掺入了各自主观的心理因素，语境都是交际双方的心理假设。因而，交际中的理解过程，就是双方心理假设实现关联的过程。而这个关联，就是双方语境的互享。

综合上面的概述，可以看出：认知语境概念与以往语境概念的差别在于：各自的角度不同因而强调的内容也就不同。以往对语境的探讨更多是从语境包括的内容来谈，强调的是哪些因素影响着交际过程。而认知语境更多是从接受心理来谈，强调影响交际过程的这些语境因素是如何产生的。

鉴于认知语境与以往语境概念的差异，我们在研究时以研究目的不同来选用不同的语境概念。具体来说，在探讨"言外之意"修辞现象的生成机制及其表现形式时，我们选用以往的语境概念，从语境包括的内容，即社会背景、临时情景、上下文三个层面来探讨语境对"言外之意"生成的影响。而在探究"言外之意"理解机制时，我们采用认知语境的概念，即认为语境是表达者和理解者已有知识储备与临时情境信息在心理所形成的一系列假设，是一个动态生成过程。因认知语境更强调心理因素的作用，更有利于我们分析"言外之意"理解时的心理过程，所以我们在"言外之意"理解研究部分就采用认知语境的概念。

---

① ［法］丹·斯珀波、［英］迪埃珏·威尔逊：《关联：交际与认知》（前言），蒋严译，中国社会科学出版社2008年版，第14页。

二　语境的作用

我国对语境在修辞活动中作用的探究，有着悠久的历史。

最早孔子就分别从修辞活动的场合、交际对象、具体情境等方面对语境的作用有过精辟的论说。如孔子谈到社会环境对修辞的制约时曾说："邦有道，危言危行；邦无道，危行言孙。"（《论语·宪问》）即指修辞必须适应社会环境。同时孔子还指出，修辞要看对象，即"可与言而不与之言，失人；不可于言而与之言，失言。知者不失人，亦不失言"（《论语·卫灵公》）。另外，孔子还指出，修辞要观察情景，选择恰当的时机，即"侍于君子有三愆：言未及之而言谓之躁，言及之而不言谓之隐，未见颜色而言谓之瞽"（《论语·季氏》）。不该说时先说了，该说时不说和不看脸色就说，都是言谈时可能犯的过失。可见，孔子是非常看重修辞时的语境因素的。

除孔子外，荀子、韩非子等也对语境在修辞中的作用作了强调。如荀子提出修辞应"与时迁徙，与世偃仰"（《荀子·非相》），即修辞应与时代的变化及世俗的抑扬变化相适应。韩非子也曾说："凡说之难，在知所说之心，可以吾说当之。"（《韩非子·说难》）即谏说的关键在于了解谏说对象的心理，针对他的心理去说服他。此外，《战国策》也有不少涉及语境作用的言说。总的来说，都是强调修辞要因人因时因地而宜。到了清代随着戏曲文学的发展，在戏曲创作方面，也强调了修辞应注重语境因素的作用。如李渔所提出的戏曲创作中应摈弃"死法"，主张一切服从于具体的情境：

> 如填生旦之词，贵于庄雅，制净丑之曲，务带诙谐，此理之常也，乃忽遇风流放佚之生旦，反觉庄雅为非，作迂腐不情之净丑，转以诙谐为忌。诸如此类，悉难胶柱……岂有执死法为文，而能见赏于人，相传于后者乎？（清·李渔《闲情偶记·词曲部·结构第一》）

李渔在此指出了戏曲创作应符合具体人物的特点，不应固守成套。这也就是对适应语境的一种强调。

随着现代修辞学的发展，对语境作用的认识也愈加深入。如金兆梓在《实用国文修辞学》中指出："修辞学，其学唯何？曰取最适当之语，置诸最适当之地位，使作者之思想情感想象，皆易印人人之观听，而无晦涩疑似之虞，此修辞学之事也。"宋文翰在《国语文修辞法》"词的选用"一节中，专门探讨了词的选用"须合实体""须合情况""须合身份""须应内容需要"，这就是对语境因素的重视。

以上探讨都强调了语境在修辞表达中的作用，但是把语境"作为研究修辞规律的立足点"①，而提到第一义高度的，则是陈望道于1932年在《修辞学发凡》中提出的"题旨情境说"。陈望道指出：

> 我们从修辞的观点看来，觉得上述复杂的关系，实际不防综合作两句话：（1）修辞所可利用的是语言文字的习惯及体裁形式的遗产，就是语言文字的一切可能性；（2）修辞所须适合的是题旨和情境。语言文字的可能性可说是修辞的资料、凭藉；题旨和情境可说是修辞的标准、依据。②

并且在《修辞学发凡》中，明确地指出："修辞以适应题旨情境为第一义。"③

"题旨情境说"确立了修辞的根本原则和根本规律。正如陈光磊在《修辞论稿》中所指出的："一切修辞的形成都是运用语言文字适应题旨情境的结果，而这也正是分析修辞现象前因后果的立足点。……揭示了修辞最根本的规律，确立了修辞的极值原则。可以说，望道先生关于修辞极值原则的阐述，是中国修辞学在20世纪一项最重大的理论成果，也是中国修辞学对现代世界修辞学最有价值的一份贡献。"④ 宗廷虎也指出："《发凡》提出了著名的'修辞以适应题旨情境为第一义'说，

---

① 宗廷虎、李金苓：《中国修辞学通史·近现代卷》，吉林教育出版社1998年版，第417页。
② 陈望道：《修辞学发凡》，上海教育出版社2006年版，第8页。
③ 同上书，第10页。
④ 陈光磊：《修辞论稿》，北京语言文化大学出版社2001年版，第293页。

被后人誉为揭示了'一切修辞规律中的总规律'。"①

继陈望道提出"题旨情境说"之后，学术界对语境的研究也愈加丰富和深入。我们认为，这些研究都是对"题旨情境说"这一修辞总规律和总原则的丰富和发展。因此，对于"言外之意"修辞现象的生成而言，语境仍是"第一义"的。

"适应题旨情境为第一义"是"言外之意"表达的总规律。"言外之意"的生成就是表达者适应"题旨""情境"，调用相关心理或逻辑因素，运用恰当的语言文字进行表达的结果。表达者对"情境"的适应，具体来说，可以有两个方面：一是如前面众多探究中所指出的，表达时要因时因人因地而宜，充分考虑语境因素，采用适合语境的语言形式去表达。二是利用语境因素去表达。也就是说，对语境的适应不是被动的，而是可将语境作为表达时利用的条件。许多"随情应境"式"言外之意"就是利用语境来表达的。但这种对语境的利用，从本质上来说，也是一种适应，也是对语境适应的结果。

因此，语境在"言外之意"修辞现象的生成中起着基础而关键的作用。表达者只有充分适应了"情境"，才能实现"题旨"表达；而接受者只有依据"情境"，才有可能实现对"题旨"的理解。因此，对于表达者和理解者来说，对"情境"的适应或分析都是首要的，而对"题旨"的适应或理解都是最终目的。"修辞以适应题旨情境为第一义"是修辞活动根本的原则和方法，也是"言外之意"修辞现象生成的最根本的规律。

三 从语境角度体现的"言外之意"

因语境在"言外之意"修辞现象生成中起着基础性的作用，这就使"言外之意"修辞现象在语境所包括的内容，即社会文化背景、具体情景及上下文三个方面都有着丰富的体现。

（一）由社会文化背景体现的

这类"言外之意"的特点是，表达者在表达时借助于相关的文化知

---

① 宗廷虎、李金苓：《中国修辞学通史·近现代卷》，吉林教育出版社 1998 年版，第415 页。

识（如词的文化义、典故等）或社会背景因素来表达。接受者在理解时，需要结合相关的文化知识（如词的文化义、典故等）或社会背景才能实现"言外之意"的理解。

下面，我们分别从词的文化义、典故及社会背景三个角度来举例分析。

1. 以"词"的文化义体现的"言外之意"

以词的文化义体现的"言外之意"，即此类"言外之意"的表达主要通过词的文化义来实现。理解时首先要了解词的文化义，再联系具体语境才能实现"言外之意"的理解。

如张炜《秋天的愤怒》这部小说中，村民荒荒被村长肖万昌暗算，拉去民兵连挨了一顿打。回来后，发现自己的烟田是肖万昌的女婿李芒在帮忙照管。荒荒原以为李芒是肖万昌的女婿，会和肖万昌一样仗势欺人；但当荒荒看到正在帮自己管烟田的李芒时，顿时觉得错怪了他。于是有下面的对话：

> 荒荒一直在原地呆站着。
> 李芒指指他瓣着的杈子说："荒荒，你回来了，你就接着做吧！我要回自己的烟田去了，你有事情，就喊我好了。"
> "芒兄弟……"
> "有事么？"
> "芒兄弟……"
> 李芒不解地望着他。
> 荒荒上前半步，嗫嚅说："你这个人……不是……'驸马'！"
> 李芒心中立刻涌起一股滚烫的热流，但他没有做声。他只是低着头，默默地走出了荒荒的土地。（张炜《秋天的愤怒》）

此例中，荒荒说"你这个人……不是……'驸马'"这句时，是在他挨打归来，亲眼看到李芒在帮自己管理烟田时所说。而荒荒以前一直以为李芒是肖万昌的女婿，会和肖万昌一样欺压群众。但此时的这幕让他既懊悔又感动。荒荒为将这份感激和以前的错怪都表达出来，就选用"驸马"这个词的文化义来表达。

"驸马"在《现代汉语词典》中的解释是:"汉代有'驸马都尉'的官职,后来皇帝的女婿常做这个官,因此驸马成为皇帝的女婿的专称。"驸马因帝王女婿的身份,备受皇帝宠信,较有权势。荒荒用"驸马"这个词,指明了李芒的身份,更重要的是以此表明他对李芒以前的看法。"驸马"是皇帝的女婿,而李芒也是土皇帝肖万昌的女婿。"驸马"备受宠信,极有权势。所以,荒荒以为李芒会依仗他与肖万昌的关系,仗势欺人。但一句"你这个人……不是……'驸马'",表明了荒荒看法的改变。这句话并不是说李芒不是帝王的女婿,也不是否定李芒作为肖万昌女婿的身份,而是在否定他对李芒以前的看法。借"驸马"这个词的文化义,来传递"李芒作为土霸王肖万昌的女婿,和肖万昌并不是一路人,并未仗势欺人,作威作福"这样的"言外之意"。

荒荒在当时的情境下,运用了"驸马"这个词的文化义,契合了当时的情境和李芒的身份,将真实的意思借此表达出来。而听话人李芒也在具体的情境中,依据"驸马"这个词的文化义,理解了荒荒表达的"言外之意",即荒荒对他的认可,所以听后"心中立刻涌起一股滚烫的热流"。

2. 以典故体现的"言外之意"

以典故来表达的"言外之意",即"言外之意"的表达主要通过典故来实现。理解时首先要了解典故的意义,再联系具体语境才能实现"言外之意"的理解。如下面这个例子:

《红楼梦》第四十九回,黛玉犯病时,宝钗去探望。宝钗对其悉心关怀,又说了些贴心的话;使黛玉如遇知己。二人冰释前嫌,亲如姐妹,而宝玉却并不知情。之后,在众姐妹聚集时,湘云打趣黛玉,宝钗却帮着黛玉说好话。宝玉见二人关系"竟比他人好十倍",心中甚是不解。过后,宝玉借问黛玉《西厢记》中句子意思为由,来探听黛玉和宝钗和好的原因。所以有下面一段对话:

　　宝玉笑道:"那《闹简》上有一句说的最好:'是几时孟光接了梁鸿案?'这句最妙。'孟光接了梁鸿案'这七个字不过是现成的典,难为他这'是几时'三个虚字,问的有趣。是几时接了?你说说我听听。"黛玉听了,禁不住也笑起来。……因把说错了酒令,宝钗怎样说他，连送燕窝病中所谈之事，细细的告诉宝玉，宝玉方知原故。因笑道："我说呢！正纳闷'是几时孟光接了梁鸿案'，原来是从'小孩儿家口没遮拦'上就接了案了。"（清·曹雪芹，清·高鹗《红楼梦》第四十九回）

宝玉所说"那《闹简》上有一句说的最好：'是几时孟光接了梁鸿案？'"这句话涉及两个典故，是对这两个典故的反用。

首先，"孟光接了梁鸿案"是对典故"举案齐眉"的反用。典故出自《后汉书·梁鸿传》：梁鸿"为人赁舂，每归，妻为具食，不敢于鸿前仰视，举案齐眉。"是说东汉书生梁鸿读完太学后，回家务农；与当地孟财主的女儿孟光结婚。婚后，他们抛弃孟家富裕的生活，到霸陵山隐居，过着清贫的生活。梁鸿给人做短工，每次回家，孟光都把送饭的托盘举得和眉毛一样高，从不摆小姐架子，以此表示对丈夫的尊重。此典故是用于指妻子对丈夫的尊重。典故中是孟光举案，梁鸿接案；而"孟光接了梁鸿案"，是反用典故，是表示丈夫对妻子表示尊重，表示一种反常。

其次，宝玉反用的这个典故，又是出自"闹《简》"。这就需要了解"闹《简》"这个典故。"闹《简》"，是出自《西厢记》《闹简》一折。《西厢记》第三本第二折"［三煞］他人行别样的亲，俺根前取次看，更做道孟光接了梁鸿案。别人行甜言美语三冬暖，我根前恶语伤人六月寒。我为头儿看：看你个离魂倩女，怎发付掷果潘安"。这是红娘抱怨莺莺的话。红娘为莺莺和张生传书信，但莺莺却对红娘遮遮掩掩，弄虚作假。以前是张生给莺莺写信约会，反遭莺莺怒骂，连带责骂红娘。现在反过来是莺莺给张生写约会信，关系颠倒。可是莺莺还是瞒着红娘，让她传信，却又不让她知道自己心里所想。因而，红娘抱怨的是，明明跟张生好上，却故意欺瞒我，弄得自己两头都不是。

宝玉用此典故，首先是指关系的一种反常；其次是以红娘自比，二人关系明明好转，自己却不知道。

宝玉用这两个典故，是对黛玉和宝钗二人一改往日芥蒂，亲如自家姐妹的不解，想以此探听事情原委。宝玉之所以这样用典，是因为，首先，宝玉考虑到了黛玉的多心敏感，如果直接问难免会落得没趣；其次，黛玉对这两个典故是熟知的，所以反用这两个典故，黛玉是能理解的；最后，黛玉与宝钗和好后，是第一次当着宝玉和众姐妹的面，互相袒护。而之前二人关系并不友好，且宝玉常常被黛玉奚落，说他见了姐姐就忘了妹妹。而今，黛玉自己却和宝钗亲似姐妹。所以，当眼前友好的这幕被往常受奚落的宝玉看到时，宝玉的纳闷黛玉也是能明了的。因此，三人间的微妙关系及黛玉的敏感聪慧，便使宝玉选用了用典的形式来表达他的真实意图。

而黛玉本来心里也知晓自己和宝钗的关系变化但宝玉却不知，见委屈的宝玉如此说，自然就能明白他的"言外之意"了。

因而，当宝玉问"是几时接了"时，辞面是在说典故之事，但实质却是借梁鸿孟光的典故及《西厢记》的典故，传达"言外之意"，即："以往你总是打趣我'见了姐姐，就忘了妹妹'，而现在你们二人和好了，我却不知道，就像红娘一样，被落单了。"

所以，"黛玉听了，禁不住也笑起来，因笑道：'这原问的好。他也问的好，你也问的好。'宝玉道：'先时你只疑我，如今你也没的说了'。"之后，黛玉就将事情的原委一一告知了宝玉。宝玉的"言外之意"成功地被黛玉所理解，也就从黛玉处明白了事情的原委。

3. 依托社会背景表达的"言外之意"

依托社会背景表达的"言外之意"，是以具体的情境或社会背景为依托来表达的，在辞面常表现为完整的语篇形式，常见的如诗歌、寓言等。对此"言外之意"的理解，最基本且重要的因素是了解其表达时的相关社会背景；如果缺乏对相关背景的了解，就很难实现"言外之意"的理解。

此类"言外之意"，我们可以称为"托物言志"式，即：辞面是写物或人，而辞里是抒发表达者与之相似的遭遇和情感。辞面与辞里是以社会背景为连接纽带，在此纽带的作用下建立起相似性联系，通过辞面描写事物或人物的相关遭遇来寄托自己的真实情感。

此类"言外之意"修辞现象，早在《诗经》的《国风》及屈原的《离骚》中就已出现。

在《国风》中，这种"言外之意"修辞现象主要起着微言教化的作用。如《毛诗序》中指出"风，风也，教也。风以动之，教以化之"。郑玄《毛诗正义》对此注说："风训讽也，教也。讽谓微加晓告，教谓殷勤诲示。"① 而这种教化作用即表现为讽谏，即"上以风化下，下以风刺上，主文而谲谏，言之者无罪，闻之者足以戒，故曰风"②。《毛诗正义》曰："风者，若风之动物，故谓之'譬喻，不斥言也'。""其作诗也，本心主意，使合于宫商相应之文，播之于乐，而依违谲谏，不直言君之过失，故言之者无罪。人君不怒其作主而罪戮之，闻之者足以自戒。人君自知其过而悔之，感而不切，微动若风，言出而过改，犹风行而草偃，故曰'风'。"③ 表达者委婉劝谏，接受者从微言中听出大义，这就是"言外之意"修辞现象表达和理解特点的体现了。

而在《离骚》中，这类"言外之意"修辞现象也很常见。如王逸在《离骚经序》中所说："《离骚》之文，依《诗》取兴，引类譬喻。故善鸟香草，以配忠贞；恶禽臭物，以比谗佞；灵修美人，以媲于君；宓妃佚女，以譬贤臣；虬龙鸾凤，依托君子；飘风云霓，以为小人。其词温而雅，其义皎而朗，凡百君子，莫不慕其清高，嘉其文采，哀其不遇，而愍其志焉。"④

可见，《国风》和《离骚》中，此类"言外之意"修辞现象是大量存在的。"风骚"对"言外之意"修辞现象的推崇，对后世文学产生了深远的影响。特别是文人遭遇困顿时，往往在行文中就会出现此类"言外之意"修辞现象。

此类"言外之意"修辞现象，在表达时除了借助"物"来抒发情怀外，也常常借写人来自喻。如下面这个例子：

美人出南国，灼灼芙蓉姿。皓齿终不发，芳心空自持。由来紫宫女，共妒青蛾眉。归去满湘沚，沉吟何足悲。［唐·李白《古风》（其四十九）］

---

① （汉）毛公传、（汉）郑玄笺、（唐）孔颖达等正义黄侃经文句读：《十三经·注疏之三·毛诗正义》，上海古籍出版社 1990 年版，第 15 页。

② 同上书，第 18 页。

③ 同上。

④ 曹顺庆主编：《两汉文论译注》，北京出版社 1988 年版，第 398—399 页。

此诗，在辞面上是写美人美貌高洁，受人嫉妒，失宠归去。但此诗的写作背景是诗人在翰林院供职后，感受到文人相轻的悲凉，在遭人谗言后，意欲离开长安时所作。所以此诗并非为美人而写，而是借写美人的遭遇来表达"品质高洁、遭人嫉妒，难以取悦于君王"这样的"言外之意"。正如宋人张戒在《岁寒堂诗话》卷上中说："《国风》云：'爱而不见，搔首踟蹰。''瞻望弗及，伫立以泣。'其词婉，其意微，不迫不露，此其所以可贵也。……李太白云：'皓齿终不发，芳心空自持。'皆无愧于《国风》矣。"①

当然，"托物言志"式，除了用以抒发"风骚"类的怀才不遇或悲苦遭遇外，还可以传达更广的意图。如唐代作为美谈的一组诗：

> 章台柳，章台柳，昔日青青今在否，纵使长条似旧垂，也应攀折他人手。（韩翃·《章台柳》）
> 杨柳枝，芳菲节，所恨年年赠离别，一叶随风忽报秋，纵使君来岂堪折？（唐·柳氏《杨柳枝》）

这组诗歌的写作缘由，见于唐许尧佐《柳氏传》中的记载：韩翃得爱姬柳氏后，中进士后回家省亲，柳氏留长安。安史之乱，两京皆陷。柳氏惧为乱兵所辱，乃剪发毁形，栖居尼庵中。长安收复，翃乃遣人寻访柳氏，因作此词。

韩翃在战乱后再回长安寻找爱姬。经历了世事沧桑后，心中那份日夜的思念，而今又化为世事难料的担心。想见又怕见，不知昔日的爱姬是否容颜依旧，即便容颜依旧，是否已嫁为人妻。种种揣测和不安，日夜梦魂牵绕的思念与期盼，使韩翃选择了写物传情的方式来表达。

韩翃的诗，辞面是写担心昔日青青的杨柳枝，而今是否葱绿如故；即便如故，但恐已为他人所攀折。借辞面的"写柳"，将内心的这份担心、期盼、不安都含蓄而淋漓地寄寓其中。而韩翃内心的这种复杂情感，就是诗歌所要传达的"言外之意"。

而柳氏的答诗，也是借写柳的方式作应答。柳氏沦陷长安后，被逼

---

① （宋）张戒撰：《岁寒堂诗话》，中华书局1985年版，第4页。

无奈，剪发毁形，苟且度日。这段难熬的岁月，有着多少离别的伤痛和对韩翃的深切思念；而今容颜已毁，人非昔日，韩翃是否还会对自己疼爱如故？这些忐忑不安的猜测和内心翘首期待的相聚，让柳氏也欲见又怕见。

因此，柳氏的答诗，辞面是写常常用以赠离别的杨柳枝，在秋风凋零后，不知是否还有人愿意攀折。在当时的情形下，借此将自己现在的状况和内心的担忧都寄托其中。这也就是柳氏此诗所要传达的"言外之意"。

因此，二人的诗，从辞面看都是在写柳条。但联系二人相爱又离别，不知现在对方是何处境，欲见又情怯的心境下，彼此的这份担忧、牵挂和不安的猜测就成为辞面所寄托的内容了；这也就是两首诗所传递的"言外之意"。因而，如钟惺《名媛诗归》中说："直激痛楚，绝不宛曲，可想其胸怀郁愤。"①

由辞面到辞里，相关背景知识是桥梁。如果没有对二人经历的相关了解，就无从获得辞里，也就是无法理解其表达的"言外之意"。

（二）由临时情景体现的"言外之意"

此类"言外之意"，我们可以称为"随情应境"式，即辞面是写一事，辞里是另一事。辞面与辞里的连接桥梁是具体的临时情境。通过临时情境中的相关或相似联系，来实现"言外之意"的理解。

此类"言外之意"表达和理解的关键因素是临时具体的语境，如果缺乏对具体情境的了解，就无法理解"言外之意"。

此类"言外之意"的表现形式也较丰富。下面，我们以借诗表意和借题发挥这两个小类为例，举例分析。

首先，体现为在具体语境中借诗表意。如：

> 文帝尝令东阿王七步中作诗，不成者行大法。应声便为诗曰："煮豆持作羹，漉菽以为汁。其在釜下然，豆在釜中泣。本自同根生，相煎何太急！"帝深有惭色。（南朝·刘义庆《世说新语·文学》）

---

① 赵亚丽、苏占兵编著：《婉约词赏读》，中国华侨出版社 2008 年版，第 4 页。

诗文是以拟人手法写豆、萁本为同根生，但相却互相残害。东阿王曹植作此诗的具体情境是："文帝尝令东阿王七步中作诗，不成者行大法。"在这样的情境下，面对哥哥曹丕的这种刁难和残害，曹植怨不敢言。但要打动狠毒的哥哥，绝处逢生，最好的就是大打亲情牌。在这个危难关头，没有什么比亲情更能让曹丕心慈手软的了。

所以，曹植选择了"豆"和"萁"作为诗歌的描写内容。辞面是说同根而生的豆、萁互相残害。但联系当时的具体情境，兄弟之间的自相残杀与豆、萁之间的自相残害就有了相似性。在此相似性的联系下，由辞面写的豆、萁，转而联想到辞里，即写兄弟。由辞面的"相煎何太急"的感慨和诘难，传达出曹植对曹丕骨肉相残、残酷无情的不满。这也就是此诗的"言外之意"。

而怀着杀戮之心的文帝曹丕，在此情此景中，自然也能从弟弟曹植的诗中联想到现在他们兄弟俩的状况与"豆""萁"状态相似。这就触动了曹丕心中那根亲情弦。所以，听了弟弟的这首诗后，"帝深有惭色"，曹植也得以绝处逢生。

曹植以此诗来成功地传达了"言外之意"。这种成功的传达，是他善于利用具体情境，而又选择了适应具体情境的表达形式进行表达的结果。可见，"言外之意"表达的成功，对"情境"的适应是非常关键的。

其次，"随情应境"式"言外之意"，很多时候还表现为在临时情景中，借题发挥。如《红楼梦》中的这一段：

黛玉听见宝玉奚落宝钗，心中着实得意，才要搭言也趁势取个笑儿，不想靓儿因找扇子，宝钗又发了两句话，他便改口笑道："宝姐姐，你听了两出什么戏？"宝钗因见黛玉面上有得意之态，一定是听了宝玉方才奚落之言，遂了他的心愿。忽又见他问这话，便笑道："我看的是李逵骂了宋江，后来又赔不是。"宝玉便笑道："姐姐通今博古，色色都知道，怎么连一出戏的名儿也不知道，就说了这么一套。这叫'负荆请罪'。"宝钗笑道："原来这叫'负荆请罪'，你们通今博古，才知道'负荆请罪'，我不知什么叫'负荆请罪'。"一句话未说，宝玉、黛玉二人心里有病，听了这话，早把脸羞红了。凤姐这些上虽不通，但只看他三人的形景，便知其意，便也笑问人道："<u>这们大热的天，谁还吃生姜呢？</u>"众人不解，便说道："没有吃生姜的。"凤姐故意用手摸着腮，诧异道："<u>既没人吃生姜，怎么这么辣辣的？</u>"宝玉黛玉二人听见这话，越发不好过了。（清·曹雪芹，清·高鹗《红楼梦》第三十回）

在这段文字中，有两处是表达"言外之意"。第一处是宝钗所说的"负荆请罪"，第二处是凤姐所说的"吃生姜"两句。

首先，宝钗所说的那句，涉及"负荆请罪"的典故。这个出自《史记·廉颇蔺相如传》：武将廉颇，立下赫赫战功，但却位列在渑池会上凭一张嘴获功劳的蔺相如之下；因而廉颇传话说，若见到蔺相如就让他下不来台。但后来廉颇明白了蔺相如之所以忍辱躲避，是深明大义，以国为重之后，非常惭愧，就背负荆条主动请罪。此典故后多用于表示主动向人认错、道歉。此处所说的"李逵骂了宋江，后来又赔不是"，是指《水浒传》中李逵大闹忠义堂而又向宋江赔罪的典故。

而此处，宝钗用这个典故来表达"言外之意"，是在当时情境下借题发挥。具体情景是：宝玉因张道士提亲之事，心里正不快；黛玉也因"金石良缘"之说，心存戒心。因一句无心的话，惹来二人真心却以假话探，闹出口角。后宝玉主动赔不是，二人和好。和好后，二人被凤姐儿拉到贾母处，碰巧宝钗也在。宝玉搭讪，问宝钗为何没去看戏，宝钗说自己怕热，宝玉随口将她比作体胖的杨贵妃，冒犯了宝钗；而黛玉见宝玉奚落宝钗，心里甚是得意。宝钗看出了黛玉的得意之色，心里甚为不满。

宝钗要在自己被宝玉奚落而让黛玉得意的尴尬处境中，转下风为上风，所选择的方式并不是直接发泄自己的不满；而是将自己的尴尬转为宝黛二人的尴尬，借问看戏之事的机会，将宝黛二人的尴尬之事重提出来。而重提此事，宝钗也没有选择直接说出的方式，这样不符合她大家闺秀的作风，也有损她的形象。于是宝钗故意说"李逵骂了宋江，后来又赔不是"，是在有意唤起宝黛二人生口角、闹翻又和好之事。但宝黛二人并未觉察她的意思。于是宝钗再借此发挥，说"你们通今博古，才知道'负荆请罪'，我不知什么叫'负荆请罪'"。宝钗此"言外之意"

的表达，表面上无关痛痒，实质上却直击痛处。

因此，刚刚和好的宝黛二人，即刻明白了宝钗的"言外之意"，即指"二人闹口角，宝玉赔不是，二人又和好"这样的"言外之意"。所以"宝玉黛玉二人心里有病，听了这话，早把脸羞红了"。

而凤姐虽然不知他们究竟为何事闹不快，但看宝黛二人"羞红了脸"，所以也借此打趣二人。辞面是在说吃生姜，脸上辣辣的，但在当时羞愧脸红的宝黛二人听来，这个"脸上辣辣的"特别刺耳，也正是这句"脸上辣辣的"，将凤姐的打趣意味体现出来，这也就是凤姐这两句话所要传达的"言外之意"。所以二人听后，"越发不好了"。

可见，由具体情境体现的"言外之意"，对具体情境的适应和利用是表达的关键；而对理解者来说，对具体情境的了解也是理解的关键。

（三）由上下文体现的

此类"言外之意"是指表达者在表达时，"言外之意"主要依托在辞面语言形式内部的语义、逻辑及上下文关系中；理解者主要通过对辞面语言形式的分析实现"言外之意"的理解。此类"言外之意"对语言形式之外的语境因素依赖性较弱。如：

> ［金梧桐］且把相思孽帐销，悔极翻成笑。我想他那样的丑貌，那样的蠢材，也勾得紧了，哪里再经得那样一副厚脸，凑成三绝。也亏他才貌风情，件件都奇到。<u>毕竟是伊家地气灵，产出惊人宝。</u>我想那个乳母，竟是我的恩人，若不是他引我进去相见啊，万一谬采虚声聘定了，把鸾凤效，兀的不是神仙魑魅同偕老。（清·李渔《风筝误》第十四出）

此例中，男主人公韩世勋本是想会佳人，却没料到所遇佳人竟是如此貌丑，于是就有上面这段独白。

韩世勋会佳人之事，都是风筝做的媒。韩世勋清明放风筝时，因风筝线断落到詹家，被詹家次女淑娟所得。淑娟见上有诗，就和上一首。风筝找回后，韩世勋见其上有和诗，心中甚喜；因此，又另做一风筝，再题诗其上，想借风筝传情，会得佳人。但这次，风筝却被詹家长女爱娟拾得，爱娟冒充上次题诗的淑娟，约韩世勋夜间相会。而詹家的两个女儿,差异甚大:长女爱娟,貌丑才劣,次女淑娟,聪慧端庄,才貌双全。

上面这段就是韩世勋如期赴约后,被容貌丑陋的长女爱娟所吓倒时的独白。韩世勋没料到所会女子竟如此貌丑;懊悔之时,对此女的大胆行为也恼怒不已。所以气急败坏之余,就以冷嘲热讽的形式,将其不满表达了出来。因而,"毕竟是伊家地气灵,产出惊人宝"这句,联系上文"那样的丑貌,那样的蠢材,也勾得紧了,哪里再经得那样一副厚脸,凑成三绝",可以看出,这并不是称赞,而是讽刺的话。即使不了解故事的缘由,但在上下文的信息中,也能解读出"讽刺其丑陋"这样的"言外之意"。

此类"言外之意"相对于前面两类而言,对辞面以外的语境依赖性相对较弱些,但并不是说不依赖语境,上下文也是语境的内容之一,所以,也是联系语境才能理解"言外之意"。

综上所述,社会文化背景、临时情境及上下文因素对"言外之意"修辞现象的表达和理解都起着基础性的作用。修辞主体的表达首先要适应特定的语境,在此基础上,再依据具体语境因素来调用相关心理因素或逻辑因素,选用恰当的语言文字进行表达。而接受者对"言外之意"的理解,也是以语境为基础,在分析和把握语境因素的基础上,调用相关心理或逻辑因素,来发现辞面与辞里之间的联系,由此实现"言外之意"的理解。

第二节 心理因素

"言外之意"修辞现象的表达除了适应"题旨情境"外,还需要调用相关的心理因素或逻辑因素。本节探讨"言外之意"修辞现象生成时主要调用的心理因素。

一 "言外之意"修辞现象所涉及的心理因素

"言外之意"的表达和理解,主要与心理学上的联想和注意有关。但因调用注意心理来表达及理解的"言外之意",常常是通过语气、语调、重音及体态语来实现的,而这些表达形式已经被人们所熟悉,已经成为一种语言现象，因此本书不再探讨。

因而，我们主要从联想这个心理因素来分析"言外之意"表达时，是如何调用相关联想进行表达的。

在具体分析之前，我们首先需要明确"联想"的概念及类型。

联想即"在现实对象刺激物的激发下由此及彼地将当前事物与同当前事物相关的另一事物搭挂联系起来，从而形成对客观事物的新认识和体悟"①。是"由一事物想起另一事物的心理过程"②，"是现实事物之间的某种联系在人脑中的反映"③。联想，主要分为"接近联想、相似联想、对比联想和关系联想"④ 四个类别。

"言外之意"修辞现象在表达和理解时，可以涉及联想的这四个类别。也就是说，与联想有关的"言外之意"修辞现象，可以分别体现在联想的这四个类别中。表达者具体选用哪个类别来表达，是依据"题旨情境"选择的结果。

二　从心理因素角度体现的"言外之意"

正如前面所指出的，本节所探讨的是表达和理解时主要与联想有关的"言外之意"修辞现象。因此，我们将主要通过联想来表达和理解的"言外之意"，统称为"联想引导"式。

所谓"联想引导"式"言外之意"是指：辞面与辞里主要是通过联想这个桥梁连接起来。表达者表达时将"言外之意"寄托于语境与辞面的某种联想关系中。而接受者在理解时，通过对辞面及语境的分析，产生相同的联想；在此联想的作用下，实现由辞面到辞里的连接，由此实现"言外之意"的理解。

因"言外之意"修辞现象的产生可以涉及联想的四个类别，因此，与联想有关的"言外之意"也分为四个类别，即"接近联想"式、"相似联想"式、"对比联想"式及"关系联想"式。下面，我们分别作分析。

---

① 吴礼权：《修辞心理学》，云南人民出版社 2002 年版，第 48 页。

② 同上。

③ 同上。

④ 彭增安：《隐喻研究的新视角》，山东文艺出版社 2006 年版，第 37 页。

（一）由"接近联想"体现的

"接近联想"式"言外之意"是指：通过接近联想将辞面与辞里联系起来的"言外之意"修辞现象。因"接近联想是把在时间上和空间上有关联的两种现象连结起来"①。因此，修辞主体在表达时，便将要表达的思想内容 A，借助于时空上与之接近的现象或事物 B 来说出。辞面是在说 B，而借助语境的作用，却能让人联想到 A。其中 A 与 B 之间产生的接近联想，既是表达的基础也是理解的基础。

如张寿臣相声《属牛》中：知府过生日，因其属鼠，知县就送了一金鼠贺寿。

（知府）"哎呀，你怎么这么用心哪？你就知道本府我是属鼠的！哈哈，就打一个金鼠。好！用心！啊，下月太太生日，太太比我小一岁。"

"太太比您小一岁？那……"

"啊！属牛的。"

弄去吧！小一岁，属牛的，你给弄个金牛得多少钱哪？

知府收到知县送的这只金鼠时，甚是开心；但其贪得无厌，并不知足。"自己"过生，知县送金鼠；下个月太太过生，要是他送一金牛就好了。但作为知府，公开索要又会影响他的清誉，不说又怕知县不知道下个月是太太的生日，也怕他不知道太太的属相。想要知县送礼又不能落人话柄。于是，知府就利用当时的语境，说了与所要表达的意思有着接近关系的话，即："下个月太太生日，太太比我小一岁。"

这句话，从辞面上看，似乎只是在告诉知县太太过生的事情。但这句话在当时的语境下说出，就引发着辞面的接近联想。"你就知道本府我是属鼠的！哈哈，就打一个金鼠。"那么"下月太太生日，太太比我小一岁"，依据属相的生肖排列，鼠之后是牛；在此联想下，由辞面联想到辞里，也就是"言外之意"，即："弄去吧！小一岁，属牛的"，

---

① ［苏］B. B. 波果斯洛夫斯基等主编：《普通心理学》，魏安庆等译，人民教育出版社 1979 年版，第 225 页。

"你给弄个金牛得多少钱哪?"

　　知府的这种贪婪索要,是适应了当时的语境,并利用语境来引发辞面的接近联想,进而传达"言外之意"的结果。辞面上什么都没说,但其用意却很明显。

　　(二)由"相似联想"体现的

　　"相似联想"式"言外之意"是指:通过相似联想将辞面与辞里联系起来的"言外之意"修辞现象。因"类似联想是把具有类似特征的两种现象联系起来,从而只要一提到其中一个就会想起另一个"①。因此,表达者在表达时,便将要表达的思想内容 A,借助于时空上与之相似的现象或事物 B 来说出。辞面是在说 B,而借助语境的作用,却能让人联想到 A。其中 A 与 B 之间相似性,既是表达的基础也是理解的基础。

　　与相似联想有关的"言外之意",与修辞格中的"比喻"有相通之处,即"思想的对象同另外的事物有了类似点,说话和写文章时就用那另外的事物来比拟这思想的对象的"②。但与相似联想有关的"言外之意"比"比喻"具有更广的范围,因为此类"言外之意"除了传达比喻所具有的形象性、生动性外,还可以传达委婉或讽刺等内容。而且此类"言外之意"中所涉及的"类似点",是在一定题旨驱使下,在特定语境中产生;相对于一般比喻而言,对语境的依赖性更强。

　　对与相似联想有关的"言外之意"类别的划分,可以从其涉及事情或现象的多少这个角度,将其分为两类:一类是以依靠相似性联想来说一件事,一种现象,而所说的这一件事或一种现象就是要表达的"言外之意",我们称为"以此代彼"式;另一种是说两件事、两种情况。辞面是"一种",辞里是"另一种";而"言外之意"就是借助辞面来实现的"另一种",我们称为"以此喻彼"式。下面我们分别作分析。

　　1."以此代彼"式

　　此类"言外之意",辞面与辞里所说的是同一件事,辞面是对辞里

---

　　① 〔苏〕B. B. 波果斯洛夫斯基等主编:《普通心理学》,魏安庆等译,人民教育出版社1979 年版,第 225 页。

　　② 陈望道:《修辞学发凡》,上海教育出版社 2006 年版,第 68 页。

的形象表达，二者之间通过相似性联想联系起来。表达者在表达时，借助于具体语境，将要表达的思想内容通过形象化的辞面表述出来。在而对于处于同样具体语境中的接受者来说，在语境触发下，引发对辞面的相似联想来实现"言外之意"的理解。

如电影《天下无贼》中两位贼老大的以下对话：

黎叔：想交你这个朋友。可否赏光到我的包厢一叙。

王（贼）：道不同不相为谋，不是一路上的鬼，还是各走各的路吧！傻小子的六万块钱姓王了。喊你一句黎叔，卖我一个面子吧！

黎叔：兄弟放心，黎叔不是吃火轮的。<u>登车前已经有了交代：这趟车不打猎。那只羊是你的了。</u>

王（贼）：要是没猜错，那两位是你的弟兄吧？

黎叔：是跟着在下吃饭的。

王（贼）：吃你的饭，没听你的话。

黎叔：怎么讲？

王（贼）：<u>你前脚探完营，他们后脚就来圈羊了。</u>

黎叔：有这事？（转身盯两位手下）<u>瞧着意思，我兄弟没圈着羊，倒让牧羊犬给咬了?!</u>

王（贼）：<u>牧羊犬？不敢当！只是饿极的狼！谁跟我抢食，我就跟谁玩命！</u>

黎叔：哎，我本将心向明月，奈何明月照沟渠呀！

黎叔与王贼的对话，表面是在说猎人打猎或狼猎取猎物，实质上是在争夺傻根包里的那六万块钱。

王贼和黎叔之所以以狼猎羊的话来传达"言外之意"，进行暗地较量，是因为他们都是贼，不能光明正大地说出抢钱之事；而且两位又是道上的高手，不像之前那几位高呼打劫的小辈，所以在言辞之间自然也就要显示各自的气度。

因此，二人将实质性的问题，借形象化的辞面说出。在这特定语境下，辞面与辞里之间就存在了相似性，这种相似性对于双方来说，都是共知的。因而在相似性的基础上，只说辞面，实际就传达了辞里，也就传达了"言外之意"。

2. "以此喻彼"式

此类"言外之意"，是通过相似联想说两件事：一为辞面之事，为辞里之事，两件事共用一个辞面。但辞面之事与辞里之事间存在相似性联系，通过这种相似性的联想，就能由辞面联想到辞里，而辞里之事就是要传达的"言外之意"。如下面这个例子：

冬，梗阳人有狱，魏戊不能断，以狱上。其大宗赂以女乐，魏子将受之。魏戊谓阎没、女宽曰："主以不贿闻于诸侯，若受梗阳人贿莫甚焉。吾子必谏！"皆许诺。退朝，待于庭。馈入，召之。比置，三叹。既食，使坐。魏子曰："吾闻诸伯叔，谚曰：'唯食忘忧。'吾子置食之间三叹，何也？"同辞而对曰："或赐二小人酒，不夕食。馈之始至，恐其不足，是以叹。中置，自咎曰：'岂将军食之而有不足？'是以再叹。及馈之毕，<u>愿以小人之腹为君子之心，属厌而已。</u>"献子辞梗阳人。（《左传·昭公二八年》）

在梗阳人的案件中，诉讼一方为强大宗族，魏戊不能审理，就上报给魏舒（魏献子）。诉讼方中强大的一方，以女乐贿赂魏献子，魏献子正打算收下。魏戊知道后，赶紧找阎没、女宽劝阻此事，认为这有损魏献子素来的廉政名节。阎没、女宽应允了。

二人便寻找了魏献子请他们吃饭的机会，在吃饭时连连三叹。魏献子问其缘故，二人回答说：刚开始是担心吃不饱而叹息，中间是出于自责，自责贪心不足而叹息；而现在吃饱了，我们觉得应该把小人之腹的感受告诉您，吃饱喝足后再好的东西都不需要了，我们觉得君子之心应该和小人之腹一样容易满足吧。

从辞面上看，二人从头到尾都在谈吃饭的事以及吃饭过程中的各种感受和最后的感想，对劝谏魏献子拒绝贿赂这件事却只字不提。但听完二人谈论吃饭之事后，魏献子就从二人的话中听出了"劝谏其拒纳贿，不能太贪心"这样的"言外之意"，最后"献子辞梗阳人"。

阎没、女宽采用"言外之意"的方式来实现劝谏的目的，其因有二：一则，二人是在魏献子打算接受贿赂的情况下，去阻止受贿一事，从情感上来说，会引起魏献子不愉悦的情绪。如果劝谏方式不适当，不仅达不到劝谏目的，反而会招来不测之祸。二则，魏献子受贿一事，并不是件能见光的事。从魏献子的身份、面子的角度，二人也不能公然指出。所以他们采用蕴含"言外之意"的表达方式来表达，就是充分分析和把握了具体情境的结果。

于是二人选择魏献子请他们吃饭的时机，利用当时情境，借吃饭之事所引发的"小人之腹，属厌而已"的感慨，来实现劝谏的目的。

而魏献子又是如何听出二人所要表达的"言外之意"的呢？这即从二人所感慨的"愿以小人之腹为君子之心，属厌而已"这句中听出了"弦外之音"。二人此句虽是在说他们揣测"君子之心"就如"小人之腹"一样，能知足，不会贪心。但这句话，对于打算接受大宗贿赂的魏献子来说，"属厌"，即指向受贿这件事。魏献子在"二人谈论的吃饭之事"与"自己打算受贿之事"之间发现了相似性，在此相似性的联想下，由辞面获得对辞里的理解，也就是明白了二人的真实所指："属厌而已"，要容易满足，自然就是劝其舍弃受贿了。

所以，最终魏献子辞掉了大宗的贿赂。而二人巧妙地将要表达的意思寄于言外，既不触犯魏献子，也达到了劝谏的目的；实现了"两全其美"的修辞效果。

此外，在以相似联想来说两件事的"言外之意"修辞现象中，还包括大量的托物言志的语篇或语段，如前面"依托社会背景表达的'言外之意'"的分析中所包含的"风骚"一类，就是在特定语境下借物表怀。因前面已有分析，这里就不再详述。

（三）由"对比联想"体现的

"对比联想"式"言外之意"是指：通过对比联想将辞面与辞里联系起来的"言外之意"修辞现象。因"对比联想是两种对立的现象联系在一起"①。因此，表达者在表达时，便将要表达的思想内容 A，借助于时空上与之有着对立关系的现象或事物 B 来说出。辞面是在说 B，而

---

① ［苏］B. B. 波果斯洛夫斯基等主编：《普通心理学》，魏安庆等译，人民教育出版社1979 年版，第 225 页。

借助语境的作用，却能让人联想到 A。其中 A 与 B 之间的对比关系，既可以是事物固有的，也可以是语境临时赋予的。这种对比关系，既是表达的基础也是理解的基础。我们以下面这个例子分析说明。如：

> 国破山河在，城春草木深。感时花溅泪，恨别鸟惊心。烽火连三月，家书抵万金。白头搔更短，浑欲不胜簪。（唐·杜甫《春望》）

杜甫此诗作于安史之乱时。公元 756 年六月，安史叛军攻下长安。七月，杜甫听说肃宗在武灵即位，就把家小安顿在鄜州，去投奔肃宗；不料途中被叛军所俘，被带到长安。此诗即是杜甫被困长安时作。诗人眼见战乱时的萧条、破败，饱受家人远隔、音信难知的痛苦，在忧国思家的沉痛中，借描写破败之景及为人之悲痛所感染的花鸟，来抒写心中的忧郁和哀伤。

诗中虽然只写了破败的城池、疯长的荒草，以及被人之悲痛所感染的花鸟；但因此触发的今昔对比，物、人对比，就能将国破家散、颓败荒凉、流离失所的悲痛之情寄托于言外了。正如宋人司马光在《温公续诗话》中所说："古人为诗，归于意在言外，使人思而得之，故言之者无罪，闻之者足以戒也。近世诗人，惟杜子美最得诗人之体。如'国破山河在，城春草木深。感时花溅泪，恨别鸟惊心。'山河在，明无余物也；草木深，明无人也。花鸟，平时可娱之物，见之而泣，闻之而悲，则时可知矣。他皆类此，不可遍举。"[①] 可见，通过辞面所引发的对比联想来表达思想内容，比直接的情感抒发更蕴藉，更耐人回味。

此外，"对比联想"式"言外之意"，除了借助于事物的对比描写来体现外，还可通过某些副词更明确地体现出来。如：

2003 年 1 月 2 日的《杨澜访谈》节目中，在上海采访国际钢琴家李云迪时，有这样的对话：

> 杨澜：你学钢琴两年后就在自己的作文里写下：我要成为世界

---

① （清）何文焕辑：《历代诗话上下》，中华书局 1981 年版，第 277—278 页。

上最好的钢琴家。是吧？

李云迪：当时写的是想成为钢琴大师。其实那时还真不知道钢琴大师意味着什么。

杨澜：意味着什么？

李云迪：没有概念。当时觉得钢琴大师好像很伟大喽，肯定是。

杨澜：现在就不伟大了吗？

李云迪：因为是大师嘛，至少有个"大"字，当时觉得这个东西应该是很伟大的。

杨澜：现在怎么想？

李云迪：自然只是一个称呼而已，对一个伟大音乐家的尊称。
（杨澜等编著《杨澜访谈录》）

国际钢琴家李云迪在回忆最初学钢琴时，说"当时觉得钢琴师好像很伟大"。杨澜立刻从这句话中读出了另一层意思："当时"就意味着与"现在"对比；"当时觉得伟大"，那"现在"应该与当时的想法有所不同了。所以杨澜追问"现在就不伟大了吗?"的确，已是国际钢琴家的李云迪，"现在"的看法已与"当时"有了差异，认为"只是一个称呼而已，对一个伟大音乐家的尊称"。

（四）由"关系联想"体现的

"关系联想"式"言外之意"是指：通过相关关系的联想将辞面与辞里联系起来的"言外之意"修辞现象。因"关系联系"是"反映事物之间的种与属，部分与整体，主体与宾体，原因与结果等关系的联系"①，因此，表达者在表达时，便将真实意图 A，借助于时空上与之有着某种关系的现象或事物 B 来说出。辞面是在说 B，而借助语境的作用，却能让人联想到 A。其中 A 与 B 之间的这种关系，既是表达的基础也是理解的基础。

具体来说，此类"言外之意"又依据"关系"类别的不同而分为以下四个小类。

---

① 邱明正：《审美心理学》，复旦大学出版社 1993 年版，第 180 页。

1. 由种属联想体现的

此类"言外之意"，其辞表与辞里间存在种属关系，其语表往往是现象，而其实质就是修辞主体要表达的思想内容。修辞主体在表达时，虽然只说出了现象，但在具体语境下，却能从辞面中引发种属联想，进而实现"言外之意"的理解。

如：

> 文德皇后既葬。太宗即苑中作层观以望昭陵，引魏徵同升。徵熟视曰："臣眊昏，不能见。"帝指示之。徵曰："此昭陵耶？"帝曰："然。"徵曰："臣以为陛下望献陵，若昭陵，则臣固见之矣。"帝泣，为之毁观。（明·冯梦龙《智囊·语智部·善言》）

长孙皇后（谥号文德）去世后，安葬在昭陵。太宗悲伤不已，为观望皇后的陵墓，在苑中修建了高达数层的楼观。一次，魏徵与太宗一同登上楼观，太宗本想和他观望昭陵；但魏徵看了很久，说："臣老眼昏花，看不见。"太宗就将昭陵指给他看。不料魏徵却说："我以为您说的是先帝的献陵；如是看昭陵，我早就看到了。"太宗听后，虽然潸然泪下，但最终却令人拆毁了这座观望昭陵的楼观。

太宗思念长孙皇后，费尽心思建了楼观来观望其陵墓，为何因魏徵的一句话就令人拆毁？这就不得不佩服魏徵说此话的高明之处。太宗作为一国之君，若长久沉浸在长孙皇后去世的悲痛中，这于社稷江山很不利。但若此时直接劝阻，又会有不近人情之嫌；弄不好，会惹怒龙颜；劝阻不了，反而滋长太宗的悲痛情绪。如何让太宗从悲痛回到现实，恢复励精图治的精神面貌？魏徵只说"以为您是在观望先帝的献陵"，即"以为您修建此楼观的目的是观望先帝的献陵"。而魏徵所说的这个行为，对于一国之君的太宗来说，却有着特殊的意义，即：观先帝之陵，追思先帝，不忘祖训，励精图治，使祖辈们的基业千秋万代传承下去。

但现实中，太宗却不是在观先帝之陵。因此，魏徵借"望献陵"这个行为，传递着"希望您能以祖业为重，以社稷江山为重"这样的"言外之意"。所以太宗听后，虽然难消伤痛，但最后还是令人拆掉了观望昭陵的楼观；重新回到治国安邦的现实中。

　　这也就是魏徵在当时语境下，调用了种属关系联想来表达的结果。太宗从魏徵的话中，也引发了种属联想，由此理解了魏征的"言外之意"。

　　2. 由因果联想体现的

　　此类"言外之意"的辞表与辞里间存在因果关系。可以表现为：辞表为原因，而修辞主体所要表达的思想内容是结果；或者辞表为结果，而修辞主体所要表达的思想内容是原因。表达者在表达时，虽然只说出了原因或结果，但在具体语境下，却能从辞面引发因果联想，进而实现"言外之意"的理解。

　　下面，我们以《雷雨》中的以下对话为例：

　　（中门轻轻推开，繁漪回头，鲁贵缓缓地踱进来。他的狡黠的眼睛，望着周太太笑着。走进来。）

　　鲁贵　（弯了弯腰）太大，您好。

　　繁漪　（略惊）你来做什么？

　　鲁贵　（假笑）给您请安来了，我在门口等了半天。

　　繁漪　（镇静）哦，你刚才在门口？

　　鲁贵　对了，（诡秘地）我看见大少爷正跟您打架，我——（假笑）我就没敢进来。

　　繁漪　（沉静地不为所迫）你来要做什么？

　　鲁贵　（有把握地）我倒是想报告给太太，少爷今天晚上喝醉了，跑到我们家里去；太太既然是也去了，那我就不必多说了。

　　繁漪　（嫌恶地）你现在想怎么样？

　　鲁贵　（倨傲地）我想见见老爷。

　　繁漪　老爷睡觉了，你要见他什么事。

　　鲁贵　没有什么，要是太太愿意办，不找老爷也可以——（意在言外地）都看太太怎么办了？

　　繁漪　（半晌，忍下来）你说吧，我也可以帮你的忙。

　　鲁贵　（重复一遍，狡黠地）要是太太愿做主，不叫我见老爷，多麻烦（假笑）那就大家都省事了。

　　繁漪　（仍不露声色）什么，你说吧。

　　鲁贵　（谄媚地）太太做了主，那就是您积德了。——我们只是求太太还赏饭吃。

　　繁漪　（不高兴地）你，你以为我——（转缓和）好，那也没有什么。

　　鲁贵　（得意地）谢谢太太。（伶俐地）那么就请太太赏个准日子吧。

　　繁漪　（爽快地）你们在搬了新房子后一天来吧。（曹禺《雷雨》第四幕）

　　周萍在三年前曾与后母繁漪私通。后来四凤的出现，为他沉闷的生活带来了生气。周萍爱上了四凤，一心想摆脱后母繁漪的干扰。以上这幕就发生在周萍准备带四凤出逃，却被繁漪发现之时。繁漪以他们之间的这种乱伦关系来要挟他，要他也把她带走，周萍不从，二人争吵起来。繁漪于是将三年前的丑事又抖了出来。而这一切被候在门外的鲁贵听得清清楚楚，所以当周萍与繁漪争吵而摔门出去后，鲁贵就悄悄进来，以刚才所听到的话来要挟，以期实现自己被周家重新雇佣的目的。

　　鲁贵为实现自己的目的，说了几句很有分量的话：第一句是"我在门口等了半天"，第二句是"我想见见老爷"，第三句是"不找老爷也可以都看太太怎么办了？"

　　第一句"我在门口等了半天"，从辞面上看，是告诉太太他在门口已经很长时间了。而等在门口，与能听到屋里的动静之间就存在着因果关系了，也就是说，对于屋内刚才的动静就应该有所耳闻了。而刚才屋内，太太刚刚正和周萍在争吵，并抖出了他们的暧昧之事。因而"等在门口"与"听到他们的私事"之间就有着因果联系。在这说话人和听话人共知的因果联系中，鲁贵在辞面虽然只说了原因，但作为当事人——太太自然就能从原因联想到结果，也就是鲁贵此话的"言外之意"，即"知道了太太和周萍的丑事"。

　　而第二句"我想见见老爷"，是鲁贵说出他知道周萍偷跑到他家和四凤约会，带四凤走；而太太也跟着跑到他家，侦探周萍和四凤的事。如果让老爷知道太太和周萍之间的事，以及太太也想和周萍私奔之事，老爷就绝不会轻饶她。因而鲁贵说"想见见老爷"这个事件与"见后告诉老爷太太与周萍之事"这个结果之间就有着必然的因果联系了。所以，鲁贵虽然在辞面只说了事件，但作为当事人的太太，自然会从事件中联想到后果，即"他们之间的事被老爷知道后的严重后果"。而这后果，就是鲁贵所要借辞面传达的"言外之意"。

同样，第三句"不找老爷也可以都看太太怎么办了？"也是利用了说话人和听话人共知的因果关系。虽然鲁贵在辞面只说了事情状态，但通过因果关系的联想，其后果对于当事人——太太也是非常明确的。这后果就是鲁贵借辞面要传达的"言外之意"，即"你如果处理不好，我就去告发你"。

繁漪听后虽然很厌恶，但也被逼无奈地答应了再次雇佣他，说"你们在搬了新房子后一天来吧"。

在以上的对话中，鲁贵有三处"言外之意"的表达。在这三处表达中，鲁贵都较好地把握了语境和分寸，既从辞面上尊重了繁漪作为女主人的身份和面子，又让繁漪知道自己手中的把柄。不动声色地要挟繁漪，最后如愿以偿。因此，鲁贵表达目的的实现，是适应"情境"的结果，也是充分调用因果联想的结果。

3. 由主从联想体现的

此类"言外之意"的辞面与辞里之间是主宾关系。辞面写与主体相关的事物或事情，而辞里即是主体，也就是要表达的"言外之意"。表达者在表达时，虽然只说出了与主体相关的事物或事情，但在具体语境中，却能从辞面中引发主从联想，进而获得"言外之意"的理解。

如张恨水《啼笑因缘》的第七回，男主人公家树在书中留了自己所爱慕的凤喜的照片，无意中被表哥表嫂发现。因凤喜和表哥、表嫂一直想给家树撮合的何丽娜长得极像，所以，他们都以为那相片是何丽娜留给家树的。但家树又不想让他们知道他和凤喜的事，所以也没否认，想就此蒙混过去。而恰在此时何丽娜来访。于是就有下面的对话：

　　原来家树坐的地方正和这张沙发邻近，此刻只觉一阵阵的脂粉香气袭人鼻端。只在这时候，就不由得向何丽娜浑身上下打量了一番。当他的目光这样一闪时，伯和的眼光也就跟着他一闪。何丽娜似乎也就感觉到一点，因向陶太太道："这件衣服不是新做的，有半年不曾穿了，你看很合身材吗？"陶太太对着她浑身上下又看了一看，抿嘴笑了一笑，点点头道："看不出是旧制的。<u>这种衣服照相，非站在黑幕之前不可，你说是吗？</u>"问着这话，又不由得看了家树一眼。家树通身发着热，一直要向脸上烘托出来，随手将伯和手上的晚报接了过来，也躺在沙发上捧着看。何丽娜道："除了团体而外，我有许多时候没有照过相了。"陶太太顿了一顿，然后笑道："何小姐！你到我屋子里来，我给你一样东西看。"于是手拉着何小姐一同到屋子里去。（张恨水《啼笑因缘》）

陶太太之所以这样说，是想借此探知何丽娜送家树照片的事，也就是想探听他们是否确认了男女朋友关系；但顾及二人交往才刚刚开始不久，而何丽娜又是大家闺秀，所以陶太太不便直接询问。于是陶太太便借说衣服之机，来试探何丽娜。因而陶太太便说"这种衣服照相，非站在黑幕之前不可"，是想通过只说事件行为来表达"我见过你送给家树的那张照片了"这样的"言外之意"。

陶太太的这句话，是借说穿这衣服照相的行为来指照片中的人；在特定语境中，调用了主从联想来表达的"言外之意"。

而此"言外之意"，对于知情的家树而言，调用相关的主从联想，就能由辞面实现对辞里的理解，因而一听此话，"家树通身发着热，一直要向脸上烘托出来"。

但对于不了解实情的何丽娜，就只理解了其字面意义，只说"除了团体而外，我有许多时候没有照过相了"。以为陶太太是在夸她穿着衣服照相好看。

因此，陶太太在特定语境下，调用主从联想来表达的"言外之意"，对于知情者来说，是不难理解的，正如家树当时的反应。而且这句话也是很适合语境的：既维护大家的面子，又暗地打趣。即便对于不知情的何丽娜来说，也没造成尴尬。

4. 由偏全联想体现的

此类"言外之意"的辞面与辞里之间是局部与整体的关系。辞面是"部分"，辞里是"整体"，而此"整体"就是要表达的"言外之意"。表达者在表达时，虽然只说出了"部分"，但在具体语境下，却能从辞面引发偏全联想，进而实现"言外之意"的理解。此种"言外之意"，具有"在'一'中蕴含着'十'，在有限中体现着无限"① 的修辞效果。

如下面这个例子：

> 山围故国周遭在，潮打空城寂寞回。淮水东边旧时月，夜深还过女墙来。（唐·刘禹锡《石头城》）

此诗是刘禹锡《金陵五题》的第一首，作于唐敬宗宝历二年（826年）。诗人路过金陵，目睹其残破，而又正值唐朝国势衰微，叹今思昔之余，将无限悲慨之情寄予诗中。

石头城，即今南京市，曾是战国时代楚国的金陵城，三国时吴国孙权改为石头城，六朝曾定都于此。此城在六朝时都是繁华的中心，到唐初被废弃。而今诗人所能见到的只有：周遭的群山、冷寂的潮水、曾照六代繁华的秦淮月；往昔的青山依旧在，而六代繁华却已付诸东流。因而，辞面虽只描写了山、潮、月这几种事物，但却在这些事物所见证的往昔与现在对比中，凸显出今天的破败与往日繁华的对比，由这些对比来传达"兴衰感慨"这样的"言外之意"。

因而，正如明人王鏊在《震泽长语》中所说："'潮打空城寂寞回'，不言兴亡，而兴亡之感溢于言外，得风人之旨。"② 也如清人沈德潜在《唐诗别裁集》卷二十中所说："只写山水明月，而六代繁华，俱归乌有，令人于言外思之。"③ 也如近人俞陛云在《诗镜浅说续编》中所说："前二句'潮打''山围'，确定为石城之地。兼怀古之思。非特用对句起，笔势浑厚也。后二句谓六代繁华，灰飞烟灭，惟淮水畔无情明月，夜深冉冉西行，过女墙而下。清辉依旧，而人事全非。登城吟望者，宜叹息弥襟矣。"④ 可见，辞面虽未直接写对盛衰的感慨，但将这种感慨通过几个典型的事物凸显出来；于无言处胜有言，比直接抒发更

---

① 曾祖荫：《中国古代美学范畴》，华中工学院出版社1986年版，第236页。

② 陈伯海编：《唐诗汇评中》，浙江教育出版社1995年版，第1844页。

③ 同上。

④ 同上。

隽永深沉。所以后人读此诗时，由辞面所描写的事物，引发偏全联想，由此体会到那份深沉的感慨。

综合上面的分析，可以看出：与联想有关的"言外之意"修辞现象，相关联想的调用，既是表达的关键也是理解的关键。表达者在适应"题旨情境"的情况下，调用相关的联想，选择恰当的语言形式来表达。而理解者通过对辞面内容的分析，联系具体语境，产生某种联想；在此联想的连接下，实现"言外之意"的理解。其中所调用的联想因素，是辞面与辞里连接的桥梁，也就是此类"言外之意"表达和理解的关键因素。

第三节　逻辑因素

"言外之意"修辞现象的表达除了调用相关心理因素外，在具体情境中还可以根据表达的需要，调用相关的逻辑因素来表达。也就是说，逻辑因素也是"言外之意"修辞现象产生的重要因素之一。在理解以调用逻辑因素来表达的"言外之意"时，接受者除了把握具体的语境因素外，相应逻辑推理的调用也是实现"言外之意"理解的关键。

一　"言外之意"修辞现象所涉及的逻辑类型

语言与逻辑有着密切联系。因为逻辑是："研究思维的形式及其规律以及逻辑方法的科学。"[1] 而"思维与语言的密切关系，决定了人们进行思维的过程同时也是使用语言的过程，或者说，思维活动与语言活动本来就是同一个过程。……语言与思维不可分离。"[2] 因此，运用语言进行交际的活动，包括修辞活动，与逻辑思维就有着密切联系。这种密切的联系，在一定语境下，通过语境的作用，就可以产生"言外之意"。因而，"言外之意"修辞现象普遍存在于逻辑推理各类型中。

二　"言外之意"在逻辑推理中的体现

逻辑推理的各种类型，可以借助语境的作用来实现"言外之意"的

---

① 何向东主编，袁正校等副主编：《逻辑学教程》，高等教育出版社 1999 年版，第 3 页。
② 同上书，第 2 页。

表达。"言外之意"可以体现在逻辑推理的各类型中，即可体现在演绎推理及归纳推理中。

（一）与演绎推理有关的

"言外之意"在演绎推理中，主要体现在复合判断的推理、性质判断推理的三段论及假说演绎推理中。具体为：

1. 与复合判断推理有关的"言外之意"

具体体现在联言、选言、假言推理中。

（1）与联言推理有关的"言外之意"

联言推理，"是前提或结论为联言命题的推理"①，即是前提或结论为"反映若干事物情况同时存在的命题"② 的推理。其推理形式主要有两种分别：

第一种为分解式：

"p 并且 q

所以，p

也可以把这个形式用下列符号表示：

$(p \land q) \to p$"③

第二种为组合式：

"P

q

r

所以，p 并且 q 并且 r

也可以把这个形式用下列符号表示：

$(p, q, r) \to p \land q \land r$"④

"言外之意"在联言推理的上述两种类型中都有分别体现，下面各举一例作分析。

体现在联言推理第一种格式中的"言外之意"，如：

---

① 《普通逻辑》编写组：《普通逻辑》（第5版），上海人民出版社2011年版，第32页。

② 同上书，第29页。

③ 同上书，第32页。

④ 同上书，第33页。

1957 年 1 月 7 日，周恩来在贺龙、王稼祥等人陪同下，乘专机到达莫斯科。

周恩来把话题引到对待兄弟党、兄弟国家的态度上。他说：维护兄弟党的团结，加强以苏联为首的社会主义阵营的团结，是我们义不容辞的义务和责任。在这个问题上，不能有大国主义，特别是各国各党的内部事务，应由他们自己去处理，有意见可以商量，不能搞外部压力，干涉兄弟国家内政。赫鲁晓夫同志，在波兰问题上，你们处理得不够好。我们认为波兰事件是人民内部矛盾，波兰完全有能力自己解决。我们不赞成派苏联军队进驻波兰。

周恩来真诚和善意的批评，赫鲁晓夫听后按捺不住了。他不顾外交礼节，粗暴地破口大骂起东欧兄弟国家的领导人，甚至他们的夫人，说他们要了苏联的金子，还要骂苏联，同西方勾勾搭搭，是"狗屎""坏蛋""像驴一样"。周恩来当即严肃地忠告说："赫鲁晓夫同志，对兄弟党的领导人不能这样，有什么话当面讲，不能在背后随便怀疑别人，这不利于兄弟党的团结。"

赫鲁晓夫暴跳如雷，完全不顾自己的身份，瞪起眼睛对着周恩来耍起无赖："你不能这样跟我说话。无论如何，我出身工人阶级，而你是资产阶级出身。"

周恩来表情严肃而又巧妙地回敬了一句："是的，赫鲁晓夫同志，你我有共同的地方，我们都背叛了自己出身的阶级。"

尽管双方争吵了起来，周恩来却不想把事情搞僵，因为他此行的目的不是争吵，而是诚心帮助赫鲁晓夫认识和改正错误，所以他还是通过各种场合对赫鲁晓夫进行耐心的规劝。（童小鹏：《风雨四十年第 2 部》）

周恩来巧妙地回敬的这句话："赫鲁晓夫同志，你我有共同的地方，我们都背叛了自己出身的阶级。"包含了两个命题：

"我背叛了我的阶级"（P）并且"你也背叛了你的阶级"（q）

所以，"你也背叛了你的阶级"（q）

所以，"你"没有站在工人阶级的立场，而是站在了资产阶级的立场。

用公式形式化表示为：

（p∧q）→p

因此，周恩来用此蕴含联言推理的表达方式，含蓄地指出赫鲁晓夫在处理波兰问题方面的不恰当，这也就是周恩来所要表达的"言外之意"。

体现在联言推理第二种格式中的"言外之意"，如：

> 苏秦之楚，三日乃得见乎王。谈卒，辞而行。楚王曰："寡人闻先生，若闻古人。今先生乃不远千里而临寡人，曾不肯留，愿闻其说。"对曰："楚国之食贵于玉，薪贵于桂，谒者难得见如鬼，王难得见如天帝。今令臣食玉炊桂，因鬼见帝。"王曰："先生就舍，寡人闻命矣。"（汉·刘向集录《战国策·苏秦之楚》）

苏秦到楚国后，等了三天才有机会被楚王接见。苏秦和楚王谈完话后，就要告辞回去。楚王就问苏秦急着要走的原因。苏秦回答说："楚国的饮食比宝玉还贵，柴火比桂木还贵，传达的人像鬼一样难以看见，大王您像天帝一样难得拜见。如今您让我吃着宝玉，烧着桂木，靠着鬼去见天帝。"在苏秦的这番回答中，以联言推理的形式，传达了"言外之意"。具体形式为：

"楚国之食贵于玉，薪贵于桂"（p）

"谒者难得见如鬼"（q）

"王难得见如天帝"（r）

所以，p并且q并且r。

用公式表示，即为：（p，q，r）→p∧q∧r。

以此来传达了"自己在楚国的待遇差，受到冷落"这样的"言外之意"。

（2）与选言推理有关的"言外之意"

选言推理即"前提中有一个是选言命题，并且根据选言命题选言肢

间的关系而推出结论的推理"①。与选言推理有关的"言外之意"具体
体现为以下两种类型：

①　与相容的选言推理有关的"言外之意"

相容的选言推理，即"前提中有一个相容的选言命题的选言推
理"②。其推理形式为：

"或 p，或 q

非 p

所以，q

也可以把这种形式用下列符号表示：

（（p∨q）¬ p）→q

公式中的'¬ '表示'非'（即'否定'）"③

由此类推理体现的"言外之意"，如：

　　　黄昏鼓角似边州，三十年前上此楼。今日山川对垂泪，伤心不
独为悲秋。（唐·李益《上汝州郡楼》）

　　此诗借重登故楼，抒发物是境非的感慨。诗中的"言外之意"，体
现在"伤心不独为悲秋"句中，尤其体现在"不独"二字中。

　　"伤春悲秋"是文人雅士赋诗言志中恒久不变的主题。但此诗句中
却说"伤心不独为悲秋"，那么除了"悲秋"，还有什么更重要的原因
令诗人"伤心"？我们联系整首诗来看：黄昏时军中阵阵鼓角声不断向
此楼中传来，这种紧张气氛如同不断受侵扰的边州一般，弥散着浓郁的
战火味；而三十年前，诗人也登临过此楼，昔时的情境与此时战味浓
厚、民生不宁的境况却大不相同。依据这个语境，我们可以推测："伤
心"是更为社稷、民生安定而担心、伤心。

　　而这份深沉的悲伤和不安，并不是一个"悲"字就能表达的。因
而，诗人将这份情感隐藏在辞面的逻辑推理中，在具体语境下，由"不

---

① 《普通逻辑》编写组：《普通逻辑》（第 5 版），上海人民出版社 2011 年版，第 38 页。

② 同上。

③ 同上书，第 39 页。

独为悲秋"去推知；让鉴赏者通过推理去感受诗人那种无法言说、难以说尽的沉痛。所以，正如清人黄叔灿在《唐诗笺注》中所说："'似'字见风尘满地，三十年中，乱离飘荡，山川如故，风景已非。'伤心不独为悲秋'，俱含在内。"①

鉴赏者在鉴赏时，联系辞面，由"伤心不独为悲秋"，可以推断，"伤心"的原因，其过程为：

或"国家不安定、民生不太平"（p），或"秋"（q）

"并非仅仅为悲秋"（非 p）

所以，"社稷、民生安定"（q）

即：（（q∨p）¬ p）→q

由此可推断，伤心更是因为国家的不安定、民生的不太平。

诗人这种于无言处胜有言的成功表达，是营造辞面语境及运用逻辑推衍的结果。

② 与不相容的选言推理有关的"言外之意"

不相容的选言推理，即"前提中有一个不相容选言命题的选言推理"②。其推理形式有两种，分别为：

第一种类型：

"要么 p，要么 q

P

所以，非 q

也可以把这种形式用下列符号表示：

（（p∨q）∧p）→¬ q"③

由此类推理体现的"言外之意"，如：

> 庄子钓于濮水，楚王使大夫二人往先焉，曰："愿以境内累矣！"庄子持竿不顾，曰："吾闻楚有神龟，死已三千岁，王巾笥而藏之庙堂之上。此龟者，宁其死为留骨而贵乎？宁其生而曳尾于

① 陈伯海编：《唐诗汇评中》，浙江教育出版社1995年版，第1485页。
② 《普通逻辑》编写组：《普通逻辑》（第5版），上海人民出版社2011年版，第40页。
③ 同上。

涂中乎?"二大夫曰:"宁生而曳尾涂中。"庄子曰:"往矣! <u>吾将曳尾于途中。</u>"(战国·庄周《庄子·秋水》)

楚王派大夫二人来请庄子到朝为官。庄子厌恶官场生活,自然不会去。但庄子并未直接回绝,而是用形象的比喻设置了两种情况,即"死而藏之庙堂留骨而贵"和"宁其生而曳尾于涂中",并让二人选择哪种更好。不用说,"好死不如赖活着",谁都会选择后者。所以庄子再顺着二人的话,表明了自己的态度。

庄子虽未直接回绝,但二人通过分析辞面所蕴含的不相容选言推理,便能推知庄子的言外之意。二人的理解过程为:

要么"生而曳尾于涂中"(p),要么"死而藏之庙堂留骨而贵"(q)

"生而曳尾于涂中"(p)

所以,不"死而藏之庙堂留骨而贵"(非 q)

即:((p∨q)∧p)→¬q

在这两种不可能同时存在的情况中,庄子选择了"曳尾于途中",那么"言外之意"即是不愿"死而藏之庙堂留骨而贵",以此表达了"不愿为官"这样的"言外之意"。

再看不相容选言推理的第二种类型,其推理形式为:

"要么 p,要么 q

非 p

所以,q

也可以把这种形式用下列符号表示:

((p∨q)∧¬p)→q"[1]

由此类推理体现的"言外之意",如:

　　　故交君独在,又欲与君离。我有新秋泪,<u>非关宋玉悲</u>。(唐·畅当《别卢纶》)

诗人与唯一在世的故交分别,那份难舍难分的忧伤用一"悲"字是

---

① 《普通逻辑》编写组:《普通逻辑》(第 5 版),上海人民出版社 2011 年版,第 40 页。

难以言尽的。因此,诗人在辞面将离别之痛,通过相关逻辑关系表达出来。辞面只说出逻辑关系的一部分,而将要表达的真实情感留在省略的那部分逻辑关系中。通过辞面语境的描述,让人通过逻辑推衍去体会诗人这份沉痛的离别。

对于鉴赏者来说,要理解诗人的"言外之意",也是运用逻辑推衍的结果。其理解的过程为:诗中"秋泪",让人最容易想到的是"宋玉悲秋"。但诗人却说"非关宋玉悲",那又是为何?再联系诗歌的前两句:"君独在""与君离",这种离别的不舍、悲伤自然就会使人垂泪。因而"秋泪"既然"非关宋玉悲",那就是明确地指是为"友人离别而悲"了,这也就是此诗所蕴藏的"言外之意"。所以,对此"言外之意"的理解,是运用不相容选言推理来推衍的结果。其推理过程为:

"我有新秋泪"的原因:

要么"悲秋"(p),要么"友人离别"(q)

"非关宋玉悲"(非 p)

所以,"友人离别"(q)

即:$((p \lor q) \land \neg p) \rightarrow q$。

由此推出"为友人离别而悲"这样的"言外之意"。

诗人通过蕴含不相容选言推理的表达形式,在特定语境中,将这份离别的哀伤,于"非关宋玉悲"中含蓄地寄托出来,其哀伤、不舍、担忧之情淋漓尽显。

(3)与假言推理有关的"言外之意"

① 与充分条件假言推理有关的"言外之意"

充分条件假言推理即"一个前提为充分条件假言命题,另一个前提和结论为性质命题的假言推理"①。其推理规则为:

"(1)如果承认前件就承认后件。(2)如果否认后件就否认前件。"②

根据这两条规则,就有两种推理形式,分别为:

第一种类型:承认前件就承认后件,即:

---

① 《普通逻辑》编写组:《普通逻辑》(第 5 版),上海人民出版社 2011 年版,第 49 页。

② 金岳霖主编:《形式逻辑》,人民出版社 1979 年版,第 184 页。

"如果 p，则 q

P

所以，q

这种形式也可以用符号表示如下：

（（p→q）∧p）→q"①

由此类推理体现的"言外之意"，如：

> 景公使圉人养所爱马，暴死。公怒，令人操刀解养马者。是时晏子侍前，左右执刀而进，晏子止而问于公曰："尧舜支解人，从何躯始？"公矍然曰："从寡人始。'遂不支解。公曰：'以属狱。"晏子曰："此不知其罪而死，臣为君数之，使知其罪，然后致之狱。"公曰："可。'晏子数之曰："尔罪有三，公使汝养马而杀之，当死罪一也；又杀公之所最善马，当死罪二也；<u>使公以一马之故而杀人，百姓闻之必怨吾君，诸侯闻之必轻吾国，汝杀公马，使怨积于百姓，兵弱于邻国，汝当死罪三也。</u>今以属狱。"公喟然叹曰："夫子释之！夫子释之！勿伤吾仁也。"（春秋·晏婴撰：《晏子春秋·景公所爱马死欲诛圉人　晏子谏第二十五》）

晏子在劝谏景公时，巧妙地设置了一个前提，即：为一马而杀人会导致"百姓闻之必怨吾君，诸侯闻之必轻吾国"这样的后果。随后晏子又说出了一个小前提"今以属狱"，即"以一马之故而杀人"，而在此大、小前提下，其结论就非常明了了，而结论就是晏子所要表达的真实内容。其推理过程为：

如果"以一马之故而杀人"（p），则"怨积于百姓，兵弱于邻国"（q）

"以一马之故而杀人"（p）

所以，"怨积于百姓，兵弱于邻国"（q）

即：以（（p→q）∧p）→q 这种逻辑推理形式，传达"言外之意"。

---

① 《普通逻辑》编写组：《普通逻辑》（第 5 版），上海人民出版社 2011 年版，第 50 页。

所以景公明白了"以一马之故而杀人",就会造成很严重的后果,喟然叹曰:"夫子释之!夫子释之!勿伤吾仁也。"晏子以此保全了养马人的性命,达到了劝谏的目的。

再来看充分条件假言推理的第二种类型:否认后件就否认前件,即:

"如果 p,则 q

非 q

所以,非 p

这种形式也可以用符号表示如下:

$((p{\rightarrow}q)\wedge\neg q){\rightarrow}\neg p$"①

由此类推理体现的"言外之意",如:

> 齐庄公朝,指殖绰、郭最曰:"是寡人之雄也。"州绰曰:"君以为雄,谁敢不雄?然臣不敏,平阴之役,先二子鸣。"(《左传·襄公二十一年》)

齐庄公指着殖绰、郭最说,此二人是我的勇士。州绰听后并没有直接反驳。如果直接反驳庄公,不仅会因不尊重庄公而惹得不快,而且还很可能会落得妒才的话柄。在这种情况下,最好的反驳就是:事实胜于雄辩,也就是用事实说话。

因此,州绰只说出了自己在平阴之役中,先二子而取胜的事实。虽然并未对庄公刚才所说的话作评论,但州绰这句话,借助了当时的语境,运用了充分条件假言推理的逻辑关系来表达。在辞面只说出此逻辑关系中的一部分(即小前提),省略了另一部分(大前提)。听话人庄公依据常识补充出大前提,再联系州绰所说的这个小前提,就能推知结论,而结论就是州绰所要表达的真实内容,也就是"言外之意"。

因而庄公对州绰所要表达的"言外之意"的理解过程为:首先,依据常识补充出大前提,即"如果雄,那么战争中就该先鸣"。再联系州绰所说的小前提,即"然臣不敏,平阴之役,先二子鸣",进而推知结

---

① 《普通逻辑》编写组:《普通逻辑》(第5版),上海人民出版社2011年版,第50页。

论,即"殖绰、郭最非雄"。其推理过程为:

如果"雄"(p),则"先鸣"(q)

"并未先鸣"(非q)

所以,"不雄"(非p)

即:((p→q)∧¬q)→¬p。

因而,州绰通过在辞面设置充分条件假言推理,向齐庄公表明了自己对殖绰、郭最两位的看法和评价;也就是"州绰并不认为二位雄"这样的"言外之意"。

此外,此逻辑推理形式,还常用于"正话反说"或"反话正说"的表达中,通过这种"正话反说"或"反话正说"的表达形式来传达"言外之意"。如:

凉风吹夜雨,萧瑟动寒林。正有高堂宴,能忘迟暮心。军中宜剑舞,塞上重笳音。<u>不作边城将,谁知恩遇深?</u>(唐·张说《幽州夜饮》)

"不作边城将,谁知恩遇深",这句中"谁"这个疑问代词,与前面的否定副词"不"连用后,整个句子不是表疑问,而是表示一种反诘语气,即"不作边城将,谁知道恩遇深呢!"蕴含的意思是:"如果作边城将,就知恩遇深。"而"恩遇深"就能体会到慰藉感和幸福感。

但联系诗歌前面的描述,并未体现"恩遇深"。诗句中"凉风""夜雨""寒林""迟暮",烘托着悲凉而惨淡的气氛。在此氛围中,"吹笳""舞剑"的娱乐就并不是酣畅淋漓的欢快,而是一种苦中作乐而已。

这种苦中作乐、苦更浓的悲凉,如果用语言直接表述出来,那就大减其味了。所以,诗人采用了正话反说的方式,不言"苦"和"悲",却言"恩遇深",将真实的情感留在这种逻辑矛盾中。而鉴赏者联系诗歌的前几句,就能在逻辑推理中领会到那份苦不堪言的悲凉。鉴赏时的具体推理过程为:

如果"恩遇深"(p),则"体会慰藉感和幸福感"(q)

悲凉和惨淡(非q)

所以，并不是"恩遇深"（非 p）

即：（（p→q）∧¬q）→¬p

可见，"恩遇深"是从反面来说，委婉表达了"边城将"内心的不满，即"作边城将，并不是一种恩遇，而是一种苦难"。正如清姚鼐《今体诗钞》中对此诗的评论："托意深婉。"① 也如清人沈德潜在《唐诗别裁》中所说："此种结，后惟老杜有之，远臣宜作是想。"②

此外，充分条件假言推理的否定后件式，还常用于反驳中的"言外之意"表达，即我们常说的归谬法，即"反驳中经常使用的一种逻辑方法。为了反驳命题 p，我们先假定 p 真，并从这种假定中推出一个（或一系列）显然荒谬的命题 q；然后，从命题 q 的假必然推出命题 p 的假"③。

由此类推理体现的"言外之意"，如：

七十年代末的一次外贸谈判中，中方代表曾拒绝了一位西方商人的无理要求。外商对中方谈判代表说：

"代表先生，先生肤色发黄，是营养不良造成思维紊乱吧？"

中方代表立即反击道："先生，我可不会因为你是白种人，就说你严重失血，造成思维紊乱。"（王锐编著：《外交脱口秀》）

外商所说的"肤色发黄，是营养不良造成的"，依据常识，就可以判断出这是无稽之谈，是外商有意侮辱我国人民。但鉴于是在外交场合，面对这种问题时，既要有力还击，又要不失风度。因而睿智的我方代表，顺着对方的思路，以其人之道还治其人之身，让其自尝后果。其表达时和对方理解时所运用的推理形式为：

如果是白种人（p），那是因为严重失血造成，也由此会思维混乱（q）。

但事实上，白种人（p）是肤色的不同，与严重失血及思维混乱无关（非q）。

---

① （清）姚鼐编选，曹光甫校点：《今体诗钞1》，上海古籍出版社1972年版，第15页。

② （清）沈德潜选编，李克和等校点：《唐诗别裁集》，岳麓书社1998年版，第211页。

③ 《普通逻辑》编写组：《普通逻辑》（第5版），上海人民出版社2011年版，第370页。

所以，以上推理荒谬。

以上荒谬的推理形式正是外商表达时所运用的逻辑推理形式，因此，借此说明了"外商所说之荒谬"这样的"言外之意"。因而，我方代表不露痕迹地反驳了对方，维护了我国的尊严，也体现了我方代表的睿智。

② 与必要条件假言推理有关的"言外之意"

必要条件假言推理即"一个前提为必要条件假言命题，另一个前提和结论为性质命题的假言推理"①。其推理的规则为：

"（1）否认前件就否认后件。（2）承认后件就承认前件。"②

根据推理规则，相应的推理有两种形式，分别为：

第一种：否认前件就否认后件，即：

"只有 p，才 q

　非 p

所以，非 q

这种形式可以用符号表示如下：

（（p←q）∧¬ p）→¬ q"③

由此类推理体现的"言外之意"，如：

> 秦王与中期争论不胜，秦王大怒，中期徐行而去。或为中期说秦王曰："悍人也，中期适遇明君故也，向者遇桀纣，必杀之矣。"秦王因不罪。（汉·刘向集录：《战国策·秦策五》）

中期与秦王争辩，惹怒了秦王。为了替中期开脱，这位说客就要把握秦王当时的心理。如果直接为中期说好话，很可能会火上浇油，不但帮不了中期，还有可能把事情弄得更严重。但作为君王，都有一根软肋，即都想被臣民称颂为像尧舜那样的明君，都害怕被指责为像桀纣那样的暴君。因而这位说客在充分把握了秦王的这种心理后，用"言外之

---

① 《普通逻辑》编写组：《普通逻辑》（第 5 版），上海人民出版社 2011 年版，第 51 页。

② 金岳霖主编：《形式逻辑》，人民出版社 1979 年版，第 187 页。

③ 《普通逻辑》编写组：《普通逻辑》（第 5 版），上海人民出版社 2011 年版，第 52 页。

意"的表达形式，为中期开脱了罪名。

这位说客所说的"悍人也，中期适遇明君故也，向者遇桀纣，必杀之矣"。表面上是站在秦王的一边来指责中期，但在这句话中，这位说客却设置和运用了必要条件假言推理。在辞面，只说出了此推理的一个部分（大前提），而省略的那部分（即小前提），就留给秦王去决定、去补充。如果秦王决定杀中期（小前提），那么依据说客所说的大前提，就可以推出这样的结论：秦王是暴君；若秦王决定不杀中期（小前提），那么依据说客所说的大前提，推出结论为：秦王就不是暴君。

在说客的这种表达中，秦王运用必要条件假言推理的知识，依据说客所说的大前提，补充出小前提（也就是秦王自己的决定），就能推知说客所要表达的"言外之意"了。其具体的推理过程为：

只有"桀纣那样的暴君"（p），才"随意杀人"（q）

"您是明君，非暴君"（非 p）

所以，"不会随意杀人"（非 q）

即：$((p \leftarrow q) \land \neg p) \rightarrow \neg q$。

因而，秦王若想做明君，那就得宽恕中期，不再和他计较。这也就是说客借助蕴含必要条件假言推理的表达方式来传达的"言外之意"。

再来看必要条件假言推理的第二种类型：承认后件就承认前件，即：

"只有 p，才 q

q

所以，p

这种形式可以用符号表示如下：

$((p \leftarrow q) \land q) \rightarrow p$"[1]

由此类推理体现的"言外之意"，如：

晏子使楚。以晏子短，楚人为小门于大门之侧而延晏子，晏子不入，曰："使狗国者，从狗门入。今臣使楚，不当从此门入。"使者更道从大门入。（春秋·晏婴《晏子春秋·晏子使楚楚为小门

---

[1] 《普通逻辑》编写组：《普通逻辑》（第 5 版），上海人民出版社 2011 年版，第 52 页。

晏子称使狗国者入狗门第九》）

晏子使楚，楚人因其个矮而不尊重他，没请他从大门进，而是让他从侧门进。晏子作为齐国的使者，当然不会从侧门进。面对楚人的羞辱，晏子既要有力还击，又不能失齐国使者的风度。于是，晏子利用了当时的具体情境，巧妙地在辞面设置了必要条件假言推理：只说出此推理的大前提。在此前提下，若楚人还让他从侧门进，那就自取骂名。而对于听话人——楚人来说，从晏子这句蕴含着推理大前提的话中，运用逻辑常识就能推知其表达目的。因此，晏子表达时和楚人理解时的逻辑推理过程为：

只有"使狗国"（p），才"从狗门入"（q）

若"从狗门入"（q）

那么，"所出使的就是狗国"（p）

即：（p←q）∧q）→p。

晏子以此逻辑推理，传递了"如果从侧门入，那我出使的就是狗国"这样的"言外之意"。

因此，若楚人再执意让他从侧门入，那就等于自己的国家是狗国。所以，最后"使者更道从大门入，见楚王"。晏子在当时情境下，在表达中机智地运用了此逻辑推理，巧妙地传递了"言外之意"，维护了自己的尊严。

③ 与充分必要条件假言推理有关的"言外之意"

即"一个前提为充分必要条件假言命题，另一个前提和结论为性质命题的假言推理"①。其推理形式有四种，分别为：

第一种类型：

"肯定前件式：

当且仅当 p，则 q

P

所以，q

这种形式可以用符号表示如下：

---

① 《普通逻辑》编写组：《普通逻辑》（第 5 版），上海人民出版社 2011 年版，第 53 页。

（（p↔q）∧p）→q"①

由此类推理体现的"言外之意"，如：

> 魏文侯与士大夫坐，问曰："寡人何如君也？"群臣皆曰："君仁君也。"次至翟黄，曰："君非仁君也。"曰："子何以言之？"对曰："君伐中山，不以封君之弟，而以封君之长子。臣以此知君之非仁君。"文侯怒而逐翟黄，黄而出。次至任座，文侯问曰："寡人何如君也？"任座对曰："君仁君也。"曰："子何以言之？"对曰："臣闻之，其君仁其臣直。向翟黄之言直，臣是以知君仁君也。"文侯曰："善。"复召翟黄入，拜为上卿。（汉·刘向《新序·杂事第一》）

魏文侯与他的士大夫们闲坐时，问："我是怎样的一个君主？"臣子们都说："您是仁君。"但轮到翟黄时，翟黄却说："您并不是仁君"，并举出了魏文侯并非仁君的证据。由此惹得魏文侯大怒，赶翟黄出去；翟黄站起来就走了。接着轮到任座发表看法了。任座也说："您是仁君。"魏文侯听后心里很高兴，以为任座会褒扬他的丰功伟绩；不料，任座却说："臣闻之，其君仁，其臣直。向翟黄之言直，臣是以知君仁君也。"表面是褒扬，实质是提醒、批判他容不得臣子直言。因而，魏文侯听后，将赶出去的翟黄又召回，并给他加官以示褒奖。

魏文侯是如何从任座的话中听出其"言外之意"的？这就是一个逻辑推理过程，在任座的话中蕴含了充分必要条件假言推理的大前提，即

当且仅当"君仁"（p），则"其臣直"（q）

若"君仁"（p），

所以"臣直"（q），所以"所以不会怪罪翟黄"。

其推理过程为：（（p↔q）∧p）→q

而若不是这样，即：

当且仅当"君仁"（p），则"其臣直"（q）

---

① 《普通逻辑》编写组：《普通逻辑》（第5版），上海人民出版社2011年版，第53—54页。

若"翟黄不敢直言"（非 q），所以"君不仁"（非 p）

其推理过程为：（（p↔q）∧¬q）→¬p

因而，在"其君仁，其臣直"这个充分必要条件假言推理的大前提，存在两方面的推理，也就是借此表达的"言外之意"：若您能采纳翟黄对您的批判，那您就是仁君；如不这样，您就不是仁君。

任座的睿智表达，就在于他充分把握了魏文侯的心理。既尊重了他，维护了他的面子；又以明君的这个标准来提醒他，恭维他。因此，任座在当时具体语境下，在表达时运用了充分必要条件假言推理，说出大前提，而小前提就是魏文侯具体的做法。若其想为仁君，则会宽待翟黄；若其想为暴君，则严惩翟黄。因而，魏文侯听后，不仅召回了翟黄，还给予他褒奖。任座也以此话，既劝解了魏文侯，又为翟黄解了围，还使正直的翟黄得到了应有的回报。

下面看充分必要条件假言推理的第二种类型，即

"肯定后件式：

当且仅当 p，则 q

q

所以，p

这种形式可以用符号表示如下：

（（p↔q）∧q）→p"①

由此类推理体现的"言外之意"，如：

鲁哀公问于仲尼曰："吾欲小则守，大则攻，其道若何？"仲尼曰："若朝廷有礼，上下有亲，民之众皆君之畜也，君将谁攻？若朝廷无礼，上下无亲，民众皆君之仇也，君将谁与守？"于是废泽梁之禁，弛关市之征，以为民惠也。（汉·刘向《说苑·指武》）

鲁哀公问孔子（字仲尼）"我们国家弱小时就采取守的策略，若强大了就去攻打别的国家，你觉得这样的治国之道怎样？"孔子没有直接回答，但在孔子一番话后，鲁哀公却采取了与这两种策略不同的做法，

---

① 《普通逻辑》编写组：《普通逻辑》（第 5 版），上海人民出版社 2011 年版，第 54 页。

即"爱民""与民以惠"的"仁爱之政"。究竟孔子说了什么让鲁哀公转变如此之大？这就是孔子巧用逻辑推理表达了"言外之意"。

孔子说"若朝廷有礼，上下有亲，民之众皆君之畜也，君将谁攻？若朝廷无礼，上下无亲，民众皆君之仇也，君将谁与守？"这句话包含了充分必要条件假言推理，即：

如果"朝廷有礼，上下有亲"（p），则"民之众皆君之畜也，君将谁攻"（q）

如果"朝廷无礼，上下无亲"（非p），则"民众皆君之仇也，君将谁与守"（非q）

所以，当且仅当"朝廷有礼，上下有亲"（p），才能"民之众皆君之畜也，君将谁攻"（q），才能得人心，国家才能稳固、强盛。

在这样的前提下，如果您想国家稳固、强盛（q）

那么，就该"朝廷有礼，上下有亲"（p）。

因而，其逻辑推理过程为：$((p \leftrightarrow q) \wedge q) \to p$。

所以，鲁哀公从孔子的话中，听出了治国之道的大前提，也就是治国的根本；在此前提下，想要有所作为，那么依据其逻辑，就要采取"仁爱"之政。而劝其实施"仁爱"之政就是孔子借助逻辑推理想要传递的"言外之意"。

下面看充分必要条件假言推理的第三种类型，即

"否定前件式：

当且仅当p，则q

非p

所以，非q

这种形式可以用符号表示如下：

$((p \leftrightarrow q) \wedge \neg p) \to \neg q$"①

由此类推理体现的"言外之意"，如《晏子使楚》中，楚王见晏子身材矮小，故意侮辱晏子；而晏子则用机智的反驳，使楚王落得"害人终害己"的下场。具体见以下这段对话：

---

① 《普通逻辑》编写组：《普通逻辑》（第5版），上海人民出版社2011年版，第54页。

王曰："齐无人耶?"'晏子对曰："临淄三百闾,张袂成阴,挥汗成雨,比肩继踵而在,何为无人?"王曰:"然则子何为使乎?"晏子对曰:"齐命使,各有所主,其贤者使使贤王,不肖者使使不肖王。婴最不肖,故直使楚矣。"(春秋·晏婴《晏子春秋·内篇杂下·晏子使楚楚为小门 晏子称使狗国者入狗门第九》)

楚王嘲笑晏子矮小,就故意问道:"难道齐国没有人了吗?"其意是说,怎么就派你这么个矮个来,未免也太有损齐国形象了吧。晏子故意装作不知,顺着字面回答,说齐国人当然多了,"齐国都城临淄有上万户,人多得展开袖子就能把天变成阴天,汗挥洒下来就能成雨,肩靠肩,脚挨脚,怎么能说没人呢?"终于楚王沉不住气了,说出了真实的想法,"既然人那么多,怎么就派你来出使楚国呢?"话已经说到这份上了,晏子不能再打哈哈了。

于是晏子就在表达中,巧妙地运用了充分必要条件假言推理,说出此推理的大前提及小前提,而将结论,即晏子所要表达的"言外之意"留给楚王去推知。而对于听话者——楚王来说,在晏子所说话中,通过对其说出的大、小前提的推衍,自然很容易推出结论,由此也就明白了晏子的"言外之意"。而在他明白的这一刻,也是其万分悔恨的时刻,"损人不利己"啊!

下面,我们来看表达和理解时所涉及的逻辑推理。

晏子的话中,蕴含着充分必要条件假言推理,即"贤者使使贤王,不肖者使使不肖王",是对充分必要条件假言推理的演绎,即:

如果是贤者(p),就出使贤王(q);

如果是不肖者(非p),就出使不肖王(非q);

所以,当且仅当"贤者"(p),才能"出使贤王"(q)。

在这个大前提下,晏子又说"婴最不肖",那出使的自然就是不肖王了。其推理过程为:

当且仅当"贤者"(p),才能"出使贤王"(q)

"婴最不肖"(非p)

所以,"出使不肖王"(非q),即 $((p \leftrightarrow q) \wedge \neg p) \to \neg q$。

所以,晏子借必要条件假言推理来表达"楚王为不肖王"这样的

"言外之意"。

晏子以此随情应境的睿智表达，既维护了自己的尊严，也让楚王落得咎由自取的下场。

最后，充分必要条件假言推理的第四种类型，即

"否定后件式：

当且仅当 p，则 q

非 q

所以，非 p

这种形式可以用符号表示如下：

$((p \leftrightarrow q) \land \neg q) \to \neg p$"[1]

由此类推理体现的"言外之意"，如：

> 卫灵公襜被以与妇人游。子贡见公，公曰："卫其亡乎？"对曰："昔者夏桀、殷纣不任其过，故亡；成汤、文、武知任其过，故兴。卫奚其亡也！"（汉·刘向《说苑·权谋》）

卫灵公围着短裙与妇女在一起游乐。子贡拜见卫灵公，卫灵问："卫国将会灭亡吗？"子贡并未正面回答，而是说了一句既表明态度，又对其规劝的话。以此话所蕴含的逻辑推理来传递"言外之意"。此话所涉及的逻辑推理过程为：

当且仅当"不任其过的暴君、昏君"（p），则"会灭亡"（q）

"卫不会灭亡"（非 q）

所以，"您不是不任其过的暴君、昏君"（非 p）。其推理过程为：

$((p \leftrightarrow q) \land \neg q) \to \neg p$。

而非昏君、暴君，能知错就改，那就意味着"您能改过，不会像现在这般胡闹"这样的"言外之意"。子贡在此情形下说出这句话，既维护了卫灵公的尊严，也通过"言外之意"的传达实现了进谏的目的。

---

① 《普通逻辑》编写组：《普通逻辑》（第 5 版），上海人民出版社 2011 年版，第 54 页。

2. 与性质判断推理有关的"言外之意"

即此类"言外之意"的表达和理解，是在特定语境下，主要通过运用逻辑三段论来实现的。

三段论"是以两个包含着共同项的性质命题为前提而推出一个新的性质命题为结论的推理"①。三段论依据共同项出现位置的不同，形成四种推理形式，即四个格，但因"在三段论的第四格中，由于结论的主项在前提中为谓项，结论的谓项在前提中为主项，这种推理形式很不自然。因此，第四格的认识作用很小，在人们的思维实践中也很少用到"②，而"在亚里士多德的三段论体系中，只有第一、第二、第三格，而没有第四格"③，所以，在此我们只列举由三段论前三格所体现的"言外之意"。具体为：

第一格：所有 M 都是 P，S 是 M，所以，S 是 P

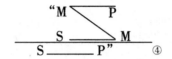

由此格体现的"言外之意"，如：

> 欧阳公家儿小名有僧哥者。一僧谓公曰："公不重佛，安得此名？"公笑曰："人家小儿要易长，往往以贱物为小名，如狗、马、牛、羊之类是也。"僧大笑。（明·冯梦龙《古今谭概·语部·辟僧》）

僧人问欧阳公为何自己不信佛，却要给自己儿子取小名为"僧

---

① 《普通逻辑》编写组：《普通逻辑》（第 5 版），上海人民出版社 2011 年版，第 173 页。

② 吴家国主编：《〈普通逻辑〉》教学参考书，上海人民出版社 1983 年版，第 190—191 页。

③ 袁野、张孝存、贝新祯主编：《简明逻辑实用辞典》，四川辞书出版社 1989 年版，第 258 页。

④ 《普通逻辑》编写组：《普通逻辑》（第 5 版），上海人民出版社 2011 年版，第 180 页。

哥"。欧阳公说"人家小儿要易长,往往以贱物为小名,如狗、马、牛、羊之类是也"。从辞面上看,似乎在解释为儿子取此小名的原因,但又未取"狗、马、牛、羊之类",而是取"僧"作小名;而僧听后却大笑。那么欧阳公此话究竟表达了什么意思?这即是欧阳公运用逻辑推理表达了"言外之意"。具体过程为:

为了小儿容易长,都会以贱物为小名。

我也是为了小儿容易长,所以,我也会为他取贱物作小名。所以,"僧"就是贱物名。

推理过程形式化为三段论第一格:

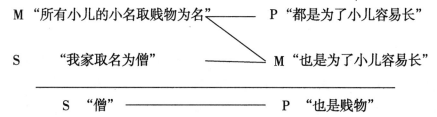

M "所有小儿的小名取贱物为名"———— P "都是为了小儿容易长"

S "我家取名为僧" M "也是为了小儿容易长"

———————————————————————

S "僧" ———————— P "也是贱物"

欧阳公以此戏谑地嘲讽了僧是贱物,僧人听出了其讽刺之意,不禁大笑起来。

第二格:所有P都是M,S不是M,所以,S不是P

"P———M
S———M
S———P"①

由此格体现的"言外之意",如林语堂《京华烟云》第三十八章,立夫关进了监狱,木兰冒险替他去向总司令部的司令官求情。有以下的对话:

木兰鼓起了勇气。"我能求您大力帮忙吗?"

"当然,像您这么美的女士。"

"请您把我这一次来拜访您的事,千万别泄露出去。"

————————————

① 《普通逻辑》编写组:《普通逻辑》(第5版),上海人民出版社2011年版,第180页。

司令官哈哈大笑说："你看这屋门不是锁着吗？"

"可真不是玩笑哇。"

司令官说："你什么意思？"话说着脸便郑重起来。

"您知道有一个大学教授，一个礼拜以前被捕的。他妻子到那个奉军司令官那儿去求人情。那个司令官并不是个正人君子——您知道进关来的那些奉军——那个司令官对高教授的妻子没怀好意，那个妻子不肯答应，她丈夫就被枪毙了。<u>我知道您这位司令官大不相同，所以才敢来见您。人都说吴大帅部下的军官都是受过良好教育的。</u>"那位司令官听着这个不相识女人做此非常之论，脸色渐渐变了。（林语堂《京华烟云》）

司令官在木兰刚进来之时，以为是一只主动送上门的羔羊；但木兰的这句"我知道您这位司令官大不相同，所以才敢来见您。人都说吴大帅部下的军官都是受过良好教育的"，却让司令官对其另眼相看，并变得严肃正直起来。木兰的这句表面轻松的话，让司令官从中听出了严重性，而这种"严重性"就是木兰要传达的"言外之意"。而此"言外之意"的表达和理解，就是运用逻辑推理的结果。

木兰所说的"人都说吴大帅部下的军官都是受过良好教育的"只说出了大前提的省略形式，但可以依据语境将大前提补充完整。而上下文具体语境为：有位大学教授的妻子为丈夫求情，但奉军司令官没安好心；结果教授妻子不从，教授被杀。而您和他们不同。因此，依据语境将大前提补充完整，即为：

"吴大帅部下的军官都是受过良好教育的，不会做出奉军司令那样影响声誉的事。"

这就是木兰此话的第一层意思。

在这个意思的基础上，也就是在这个大前提下，还隐含着另一层意思，即：

如果您敢对我胡作非为，那么您就不是吴大帅部下受过良好教育的军官，也就是，您就和奉军军官没什么差别。其推理过程为：

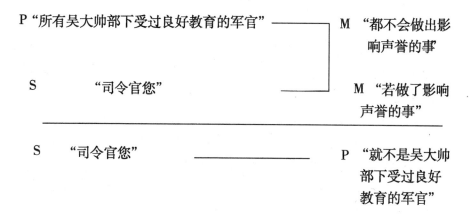

因此，推理结果，即"你就不是吴大帅部下受过良好教育的军官"。

而这句话在当时军阀割据的情形下，其严重的后果就是：败坏吴大帅军队的形象，也就和奉军无异；这必然会遭到严厉的惩罚。所以司令官听后认为是"非常之论"，意识到此话的分量和严重性；而这就是木兰此话所要表达的"言外之意"。

木兰一弱女子，深入虎穴去救立夫。既有着可嘉的勇气，更有着聪明的头脑。木兰明白对这种嚣张仗势的军阀，可怜哀求是没用的，那个教授的妻子就是个例子。而要让他们放人，等于夺食虎口。唯一办法就是找到有威慑力的筹码，让他们主动放人。而在直奉两派的两个司令官几乎同时在北京上任之时，各派对其各自的名声、威望都是很看重的。因此，木兰对此分析后，拿着这个筹码，从容不迫地走进了司令部。在言辞中，通过运用蕴含性质判断的表达，让司令去领会这个"言外之意"，这也就是木兰用来交换放人的筹码。因此，司令官从中听出这个"非常之论"，最后释放了立夫。

第三格：M 是 P，M 是 S，所以，有些 S 是 P

$$
\begin{array}{lll}
\text{"M} & & \text{P} \\
\text{M} & & \text{S} \\
\hline
\text{S} & & \text{P}
\end{array}
\text{"} ①
$$

---

① 《普通逻辑》编写组：《普通逻辑》（第 5 版），上海人民出版社 2011 年版，第181 页。

由此格体现的"言外之意"，如：

> 晏子将至楚，楚闻之，谓左右曰："晏婴，齐之习辞者也，今方来，吾欲辱之，何以也？"左右对曰："为其来也，臣请缚一人过王而行，王曰：'何为者也？'对曰：'齐人也。'王曰：'何坐？'曰：坐盗。'"晏子至，楚王赐晏子酒，酒酣，吏二缚一人诣王。王曰："缚者曷为者也？"对曰："齐人也，坐盗。"<u>王视晏子曰："齐人固善盗乎？"</u>晏子避席对曰："婴闻之，橘生淮南则为橘，生于淮北则为枳，叶徒相似，其实味不同。所以然者何？水土异也。今民生长于齐不盗，入楚则盗，得无楚之水土使民善盗耶？"王笑曰："圣人非所与熙也，寡人反取病焉。"（春秋·晏婴《晏子春秋·内篇杂下·楚王欲辱晏子指盗者为齐人晏子对以橘第十》）

楚王听闻晏婴善言辞，想借晏婴使楚之时乘机羞辱他。于是楚王就和左右的人商量了一个计策，伪造一个齐人犯盗窃罪的事实来证明齐人善盗，以此实现羞辱晏子和齐国人的目的。楚王依据这个伪造的事实，作出了这样的推理：

$$\frac{此\ 人\ 盗}{\underline{此\ 人\ 是\ 齐\ 人}}$$
$$所以，齐人\ 善盗。$$

用公式表示，即为：

$$\begin{array}{ccc} M\ "这个人" & \longrightarrow & P\ "是盗" \\ M\ "这个人" & \longrightarrow & S\ "是齐人" \\ \hline S\ "齐人" & \longrightarrow & P\ "是盗" \end{array}$$

楚王本想用此计谋算计晏子，所以故意"视晏子曰"。晏子当然领会了楚王的"言外之意"。在听出楚王所表达的"言外之意"后，机智的晏子立即用了个比喻的说法，使楚王侮辱晏子不成，反受其辱。最后楚王不得不服输,笑道:"寡人反取病焉。"

3. 与假说演绎推理有关的"言外之意"

假说演绎推理主要是"溯因推理"。"言外之意"修辞现象可以体现在"溯因推理"中。

溯因推理,即"从结果出发,根据一般性的知识,推测出事件发生的原因的推理方法"①。在逻辑形式上,"就是充分条件假言推理的肯定后件肯定前件式,它不是一个有效的推理形式,它不符合充分条件假言推理的规则:有前件的情况固然有后件情况,但有后件情况并不一定就有前件情况。所以,溯因推理的前提与结论之间的联系是或然性的"②。

其推理公式为:

"e

如果 h,那么 e

所以,h

'e'表示已知结果,'h'表示根据已知结果和一般的规律性知识推出的有关造成这一结果的原因,'如果 h,那么 e'表示据以推理的一般性知识。"③

由此类推理体现的"言外之意",如:

一次记者招待会上,记者问钱其琛:美国国会以 99 票通过要求政府在日内瓦提出反华提案,请问中方对此有何评论?

钱其琛答:如果将这个问题拿到日内瓦投票,我想绝对不是这个结果。

关于这个问题,钱其琛完全可以骂一下美国国会搞冷战思维,与中国人民为敌是不得人心的,其阴谋是绝对不能得逞的之类的话。但钱其琛不这么做,而是很含蓄地以这一句话回答记者提问。虽然短,显得轻描淡写,但对美国却有一种震慑作用,告诉美国,你这个提案不得人心,在日内瓦人权会上是通不过的。(邹建华

---

① 刘江编著:《逻辑学:推理和论证》,华南理工大学出版社 2004 年版,第 153 页。

② 同上。

③ 同上。

《外交部发言人揭秘》)

此例中，钱其琛所说"如果将这个问题拿到日内瓦投票，我想绝对不是这个结果"，是一个以否定形式体现的溯因推理。"绝不是这个结果"，即是对结果的一种断定。而作出这个断定的依据是因其具有的不合理性。因而，这个"不合理性"，就是所要传达的"言外之意"。其推理过程为：

如果"合理"（h），那么"会通过"（e）

而"绝不会通过"（非 e）

所以，非 h。

因此，"不合理"即是造成通不过的原因。

此例中是以溯因推理的否定用法，传达了"言外之意"，即美国此举的实质是一种阴谋。

钱其琛用此"言外之意"来作答，虽然"轻描淡写，但对美国却有一种震慑作用"。同时，这种沉着、礼貌的回答也维护了我国的国家形象。

（二）与归纳推理有关的

在归纳推理中，"言外之意"主要体现在类比推理中。

类比推理，虽然与其他推理不同，它"是一种由个别到个别的推理，或者是一种由普遍到普遍的推理。……但是其他的归纳推理都是由个别到普遍的推理"①。但是，"从另一方面来看，类比法的结论所断定的超出了前提所断定的范围，类比法的前提和结论之间的联系是或然性的。这又是和其他的归纳推理相同的。还有，类比法是提供假设的常用方法，和其他归纳方法有极密切的联系。根据这些理由，我们把类比法看作归纳法的一个部分"②。

因此，在类别推理中体现的"言外之意"，可以归入与归纳推理有关的"言外之意"类别中。此外，在类别推理中，还有一类特殊的类别：比喻推理，因其具有的推理性质，我们也一并归入此类型中讨论。

---

① 金岳霖主编：《形式逻辑》，人民出版社1979年版，第227页。

② 同上。

因此，"言外之意"就可从类比推理和比喻推理两个角度体现出来。

1. 与一般类比推理有关的"言外之意"

类比推理是"根据两个（或两类）对象在一系列属性上是相同（或相似）的，而且已知其中的一个对象还具有其他特定属性，由此推出另一个对象也具有相同的其他特定属性的结论"①。

其推理的方式为：

"A 对象具有属性 a、b、c、d，

B 对象具有属性 a、b、c，

所以，B 对象也具有属性 d"②

由此类推理体现的"言外之意"，如：

> 赵使人谓魏王曰："为我杀范痤，吾请献七十里之地。"魏王曰："诺。"使吏捕之，围而未杀。痤因上屋骑危，谓使者曰："与其以死痤市，不如以生痤市。有如痤死，赵不与王地，则王奈何？故不若与定割地，然后杀痤。"魏王曰："善！"痤因上书信陵君曰：<u>"痤，故魏之免相也。赵以地杀痤而魏王听之，有如强秦亦将袭赵之欲，则君且奈何？"</u>信陵君言于王而出之。（汉·刘向《说苑·善说》）

赵王以献七十里地为条件，让魏王替他杀掉范痤，魏王答应了。魏王派人捕捉范痤。范痤被魏王派来的人围住，他爬上屋顶，骑在屋脊上，对派来抓他的人说："拿死的范痤与赵国作交易，不如拿活的作交易。如果我死了，赵王不给君王割地，那君王也没办法，还不如先确定了割让的土地后再杀我。"魏王觉得有道理，也就答应了先不杀他。而范痤乘此机会向信陵君求救。但范痤作为能为魏国换来好处的筹码，从国家利益来看，信陵君也不会劝说君王放了他而不要赵国的割地。在这种情况下，范痤要让信陵君救自己，就得从信陵君的切身利益出发。而

---

① 《普通逻辑》编写组：《普通逻辑》（第 5 版），上海人民出版社 2011 年版，第 314 页。

② 同上书，第 314—315 页。

范雎恰好抓着了信陵君与自己的相同之处，告之以利害关系，最后信陵君答应为他去说情，救了他性命。

范雎在给信陵君的上书中，是将自己的状况与信陵君相比，通过类比来言明利害，而这利害关系就是"言外之意"，也就是信陵君之所以救他的理由。这个类比过程具体为：

A："我"是魏国以前的国相，曾居高位（a）；

赵国以割地为条件怂恿魏王杀掉我（b），

魏王听之（c）。

B：您信陵君，在魏国声誉甚高（a）；

秦国也用赵国的办法，以割地为条件怂恿魏王杀掉你（b）。

所以，魏王也会听之（c）。

即：A对象（"我"）具有属性a、b、c，

B对象（"您"）具有属性a、b，

所以，B对象（"您"）也具有属性c。

因此，如果"我"开了此先例，那也会危及您的安危，以后"您也会落得我这样的下场"。因而，信陵君"言于王而出之"。范雎机智地运用"言外之意"的表达方式，死里逃生。

2. 与比喻推理有关的"言外之意"

比喻推理，即"如果类比推理的前提是个比喻，结论是被比喻的抽象事理，就是比喻推理。……作为一种推理，仍然具有类比推理的某些逻辑推理的因素，作为一个比喻，又增加了类比推理所没有的形象性和表现力，它和一般类比推理比较，多了比喻的因素，它和一般的比喻比较，又多了推理的因素"①。

由此类推理体现的"言外之意"，如下面的例子：

　　　冬，秦饥，使乞籴于晋，晋人弗与。庆郑曰："背施无亲，幸灾不仁，贪爱不祥，怒邻不义。四德皆失，何以守国？"虢射曰："皮之不存，毛将安傅？"庆郑曰："弃信背邻，患孰恤之？无信患作，失援必毙，是则然矣。"虢射曰："无损于怨而厚于寇，不

① 张炼强：《修辞理据探索》，首都师范大学出版社1994年版，第331页。

如勿与。"庆郑曰:"背施幸灾,民所弃也。近犹仇之,况怨敌乎?"弗听。退曰:"君其悔是哉!"(《左传·僖公一四年》)

秦国遇饥荒,向晋国借粮,晋国没答应。而之前,秦国曾有恩于晋国。第一次是秦穆公派百里奚护送晋惠公夷吾回国即位;第二次是僖公十三年冬,也就是秦国此次向晋国借粮的前一年,晋国遇饥荒,秦国还借了粮食给晋国;向晋国运粮的船、车,自雍之绛络绎不绝。但到秦遇饥荒时,晋国却是如此态度。因而,晋大夫庆郑强烈地指责了这种做法,认为"辜负别人的恩德,是不亲善;幸灾乐祸,是不仁义;舍不得救济,是不祥;与邻国发生恩怨,是不义"。

但虢射却说,"皮之不存,毛将安傅?"从辞面上看,是说:如果连皮都不存在了,毛还能长在哪里?虢射说这句话,既是针对庆郑的指责来说的,也是联系当时国家实力对比情况来说的。秦是诸侯国中最强大的,借粮与秦,无疑养虎为患。因而,虢射说"皮之不存,毛将安傅"?在当时的语境中,用"皮、毛的轻重关系及依附关系"与"晋国的存在与仁义之举"相比,将"仁义"比作"毛",将"晋国的存在"比作"皮";在二者之间建立了相似性。因此,辞面只说"皮、毛关系",而在语境相似性的联系下,实际是指"晋国的存在比讲仁义更重要"这样的"言外之意"。

虢射坚持这样的看法,庆郑虽然动之以情,晓之以理,但仍没能说服虢射。最后,庆郑只能说"您会后悔的"。果然,晋国因这种失道寡助的行为受到了惩罚。在后来的韩原之战中,晋国为此付出了代价。

综合上面的分析可以看出:由逻辑因素体现的"言外之意",相应的逻辑推理和具体的语境因素一起构成了表达和理解的主要因素。表达者在具体语境中,通过调用相关的逻辑关系,运用恰当的语言形式来表达。而理解者通过对辞面所蕴含的逻辑关系的推理,联系具体语境来实现"言外之意"的理解。相关逻辑因素的运用是连接辞面与辞里的通道,在此通道的连接下,"言外之意"的表达和理解才能成功地实现。

第四节 修辞主体、修辞受体因素

"言外之意"修辞现象的表达和理解,还与修辞活动中修辞主体的主动性及修辞受体的能动性有关。修辞活动中，修辞主体的主动性以及修辞受体的能动性，为"言外之意"修辞现象的成功表达和理解提供了可能。这也是"言外之意"修辞现象得以广泛存在的重要而直接的因素。下面，我们分别对修辞主体和修辞受体两方面因素作分析。

一　修辞主体的主动性

关于"修辞主体"的概念，吴礼权在《修辞主体论》一文中作了界定，文中指出：并不是所有的写说者都是修辞主体，而是"只有那些能使自己的达意传情朝着尽可能圆满的目标努力的人，才能算是'修辞者'也就是'修辞的主体'。……如果他说写的当时，没有力图使自己的达意传情尽可能圆满的意愿，尽管他是有语言能力的人，此时他亦算不得是'修辞者'，亦即'修辞的主体'"①。

从修辞主体的概念中，我们可以看出，修辞主体在修辞活动中具有主动性和积极性。修辞活动就是修辞主体为实现一定的修辞目的而进行努力的一种言语活动。

而修辞主体的这种努力，最重要的体现就是对具体情境的适应。正如本章第一节"语境因素"中所指出的：对题旨情境的适应，是修辞活动的根本原则和方法。"凡是成功的修辞，必定能够适合内容复杂的题旨，内容复杂的情境"②，而对情境的关注，有两个很重要的方面：一是对接受者情况的了解；二是如何表达。

首先，修辞主体需要了解接受者的情况。修辞要看对象，要因人而异。"言外之意"的理解对接受者是有要求的，并不是所有的听话人都具备理解"言外之意"的能力。这就更需要表达者在表达时，考虑接受者是否具备相应的理解条件。因而，修辞主体的主动性，就首先体现在对接受者接受能力的观察判断中。具体来说，修辞主体对修辞受体是否具备理解能力的考虑，主要体现为以下两个方面：

第一，要考虑接受者是否具备相应的知识积累。如果接受者缺乏相应的知识积累，就可能导致"言外之意"理解的失败。如我们在"关

① 吴礼权：《修辞主体论》，《锦州师范学院学报》（哲学社会科学版）1999 年第 2 期。
② 陈望道：《修辞学发凡》，上海教育出版社 2006 年版，第 11 页。

于'言外之意'理解的调查报告"中，在对七个单位87名被调查人员的调查问卷中，访谈调查中第六题的调查结果就很好地证明了：接受者不具备相应的知识积累，就会在很大程度上导致"言外之意"理解的失败。我们将调查表格（表十一）（见附录：第326页）中的主要数据摘录如下：

第六题："这一去，可要蟾宫折桂了。"

单位 对比项		计算机与应用工程人员	药剂人员	军人	电力工程技术人员	政府行政办公人员	化工工程技术人员	报社编辑
总人数		10	10	15	10	15	15	12
正确理解的人数		0	0	3	2	7	5	10
追问后理解		0	0	0	0	0	0	0
正确理解总人数		0	0	3	2	7	5	10
误解	字面理解	0	0	0	0	0	0	0
	其他理解	0	3	4	0	0	0	0
	不理解	10	7	8	8	8	10	2
	总数	10	10	12	8	8	10	2

从上面这个表格中的调查数据可以看出：第一，不了解"蟾宫折桂"这个典故，是导致无法理解的主要原因。从"不理解"这一栏显示的数据，可以看出：除了少数是"其他理解"导致的误解外，大部分都是放弃，无法理解。第二，不了解这个典故，即使了解《红楼梦》中宝黛二人的关系及黛玉的性格，也无法猜测出黛玉此话的"言外之意"。即使调查者在调查时，通过"追问"，也就是在被调查者作出首次理解后，再让被调查者回溯语境，再思考；从调查结果所显示的数据来看，"追问后理解"仍未提高理解率。

因此，从这道题的调查结果可以看出，不具备相应的知识积累就会在很大程度上影响"言外之意"的理解。

第二，要考虑到接受者是否享有相应的语境信息或是否具备相应的语境分析能力。如果接受者对表达者表达时的语境缺乏了解，也会导致"言外之意"理解的失败。如元代徐仲由所写的《杨德贤妇杀狗劝夫》

这部戏剧的第十出《王婆逐客》中的这段:

> (见介)(净白)孙二,<u>你是瓶儿,是罐儿?</u>(小生)请问妈妈,瓶儿便怎么?罐儿便怎么?(净)<u>瓶儿有口,罐儿有耳朵。</u>你自到我家来,房钱饭钱,一些也不还我,怎么说?(小生)待小生写书回去与贤达嫂嫂,取些来还你。

王婆讨要房钱,却说了一通"瓶儿、罐儿"的话,孙二不明就里。王婆这番"言外之意"表达的失败,就是孙二不了解她说此话时所调用的语境。因此,语境的缺失导致了孙二无法理解王婆的"言外之意"。最后王婆不得不打开天窗说亮话,直接给他说明白了。

其次,修辞主体需要注意表达问题,即"怎样的说写:如怎样剪裁、怎样配置"①。这是体现修辞主体主动性的重要方面。

从一般语言交际活动来看,语言交际中,交际双方之间是一种"明示—推理"关系。也就是斯珀伯和威尔逊(1986)提出的"相关理论"的观点,即:"把语言交际看做是一种明示—推理的认知活动……从发话者的角度看,交际是一种明示(ostension),即通过话语引起听话者的注意,诱发他去思考。……从受话者的角度看,交际是一种推理过程,即受话者从发话者用明示手段提供的信息中推断出发话者的交际意图。"② 交际成功的一个先决条件,就是表达者表达时要给出充分的"明示"。在此"明示"下,接受者才有可能顺利地进行"推理"。

而"言外之意"修辞现象的表达和接受所具有的间接性,就使修辞主体在表达时,更要考虑到修辞受体的接受问题,给出充分的"明示"。因为修辞表达"从头就以传达给读听者为目的,也以影响到读听者为任务的。对于读听者的理解,感受,乃至共鸣的可能性,从头就不能不顾到。而尤以发表这一阶段为切要"③。因此,在表达时,修辞主体的换位思考非常重要。正如邵敬敏在谈"语言理解论"时所指出的:

---

① 陈望道:《修辞学发凡》,上海教育出版社 2006 年版,第 7 页。
② 赵艳芳:《认知语言学》,上海外语教育出版社 2001 年版,第 175 页。
③ 陈望道:《修辞学发凡》,上海教育出版社 2006 年版,第 6 页。

"表达者只有有意或无意地预设了另一个与自己相同的'我'，并认为另一个'我'能理解自己运用的语言工具及其所传输的信息时，这个人才可能进行表达。也就是说，表达者在表达以前首先是一个理解者，是自己所要表达内容的理解者，把自己作为可交际的对象，才有可能进入语言交际。"①

因而修辞主体表达时，就会考虑到接受者的接受程度，站在接受者的角度，对表达形式进行修改、润笔。如张春泉在《论接受心理与修辞表达》一书中，就通过问卷调查及改笔、改口等资料的分析，论证了在修辞活动中，修辞主体为考虑修辞受体的接受所进行的努力。

因此，修辞主体为了实现"题旨"的成功表达，就要考虑如何适应"情境"因素，调用哪些心理因素或相关语境因素，选用哪些恰当的语言形式进行表达。而修辞主体的这种主动性，为修辞受体理解"言外之意"提供了首要的而且重要的条件。

二　修辞受体的能动性

在修辞活动中，修辞受体并不是被动地、消极地参与交际活动，而是具有积极性和能动性。

修辞受体具有能动性的较好证明，是接受美学中对接受者能动性的研究。

接受美学，20世纪60年诞生于德国，后在世界其他国家引起广泛关注。接受美学突出强调的是接受者所具有的主观能动性。这种能动性主要体现在对文本的再创造和意义空白的填补方面。

接受美学关于接受者能动性的阐释，为我们提供了接受者具有能动性的有力证据。虽然言语交际（包括修辞活动）和接受美学中的审美活动有较大差异，但是接受美学所强调的接受者的能动性，在言语交际中仍然存在，只不过发挥能动性的方式不同而已。

具体来说，在言语交际中，特别是在修辞活动中，接受者的能动性并不是无限发挥的，而是限定于对表达者意义的理解的范围。也就是说"在语言理解中，听话者常常要对说话者的愿望和意图进行'猜测'，

---

① 邵敬敏：《汉语语义语法论集》，上海教育出版社2007年版，第55—56页。

也就是将说话人的愿望或意图编码为一定的主题结构,在语言交流的过程中去构造意义"①。因此,接受者对表达者意图的积极猜测,对语言形式的主动分析,都为理解修辞主体的意图提供了可能。

接受者所具有的能动性,对于"言外之意"修辞现象的理解而言,主要体现为以下几个方面:

(一) 知识积累触发理解的能动性

正如前面讨论修辞主体的主动性时所指出的:修辞主体在建构"言外之意"表达形式时,首先要考虑到接受者是否具备相应的理解条件和理解能力。因而作为"言外之意"的接受者,在修辞主体看来,是具有了一定理解条件的。从这个角度来说,修辞受体是具有相应的知识积累的。

另外,从接受者的思维特点来看,思维活动总是在一定经验印记的基础上进行的。这即是阐释学所说的"理解前结构"。

具体来说,在"言外之意"修辞现象的理解过程中,修辞受体的思维并不是一块白板,而"总是具有了某种思想、观念或思维方式"②。这是阐释学中,海德格尔在探讨"理解何以可能"时,所提出的"理解前结构",即"主体在进行具体的理解活动之前,主体的思维已经具有某种(先验的)结构或框架,且呈现为某种状态。这种'结构'或框架是一切理解、解释之所以可能的先决条件"③。海德格尔认为:"解释从来不是对先行给定的东西所作的无前提的把握。……任何解释工作之初都必然有这种先入之见,它作为随着解释就已经'设定了的'东西是先行给定了的,这就是说,是在先行具有、先行见到和先行掌握中先行给定了的。"④

继海德格尔之后,伽达默尔对人们在理解活动中,思维所具有的这种"理解前结构"加以认同,并提出了"成见"的观点,即"制约人

---

① 彭聃龄主编,谭力海副主编:《语言心理学》,北京师范大学出版社 1991 年版,第 141—142 页。

② 杨楹:《精神的脉络:思维方式的历史研究》,福建人民出版社 2001 年版,第 16 页。

③ 同上书,第 75 页。

④ [德] 马丁·海德格尔:《存在与时间》,陈嘉映、王庆节合译,生活·读书·新知三联书店 1987 年版,第 184 页。

之存在和理解的历史性因素、传统因素，与海德格尔所讲的'理解前结构'具有内在的一致性"①；并且认为这种历史、传统因素"并不是理解的对象，只是产生理解的条件"②。

以上阐释学中提出的"理解前结构"及"成见"的观点，都强调了已有的历史积淀对每次具体理解的作用。而这些积淀主要与社会历史文化、民族思维方式、民族心理及个人已有的生活积累有关。而这些积累也就影响着"言外之意"的理解。我们以下面这个例子予以说明：

> 《美洲华侨日报》曾登载过这样一则小故事：一位"老美"汉语学得不错，特别爱听用汉语演唱的歌曲。有一次，他和一位华人朋友一起欣赏一首香港歌曲。歌曲描述一位女子送丈夫出远门的情景。其中有这样两句唱词："虽然已经是百花开，路旁的野花不要采。"这位"老美"无论如何也想不出丈夫出门与采花有什么关系。后经华人朋友解释他才恍然大悟。原因何在？不就是因为这位"老美"受自身语言文化先决条件限制，不懂得"野花"在中国传统文化中的暗喻意义，因而对歌曲的内涵意义认识不周嘛！③

"老美"不理解"路旁的野花不要采"所要表达的"言外之意"，与"老美"不具有相关的文化知识积累有关。在"老美"的"前理解结构"中，其所受的文化熏陶中没有借"采野花"来暗指丈夫出轨这样的说法，因而就很难理解那两句唱词所要传达的"言外之意"了。

可见，修辞受体已有的知识积累，也是影响"言外之意"修辞现象理解的重要因素。

（二）积极心态激发理解的能动性

在"言外之意"修辞现象的理解过程中，修辞受体已有的知识积累

①　杨楹：《精神的脉络：思维方式的历史研究》，福建人民出版社 2001 年版，第 83 页。

②　[德] 汉斯－格奥尔格·加达默尔（Hans-Georg Gadamer）：《哲学解释学》，夏镇平、宋建平译，上海译文出版社 1994（编者导言）年版，第 2 页。

③　周玉忠编著：《英汉语言文化差异对比研究》，宁夏人民出版社 2004 年版，第 112 页。

只是为理解提供了可能；要将这种可能转变为理解的成功现实，还需要修辞受体以积极的心态，对辞面及语境进行综合分析。

修辞受体的积极心态主要是指在理解时所具有的良好情绪。"心理学研究表明：情绪情感能促进或阻止工作记忆、推理操作和问题的解决。这是因为由情感体验所构成的恒常心理背景或一时的心理状态，可以影响和调节知觉、记忆和思维等认知过程。日常生活也告诉我们：在心情良好的状态下，思路开阔，思维敏捷，解决问题迅速；而在心情低沉或郁闷时，则思路阻塞，操作迟缓，无创造性可言。"①

由此可以看出：拥有良好的情绪，有利于修辞受体调动已有的知识储备，积极地获取语境信息，进而更顺利地理解表达者所要表达的思想内容。而且，当修辞主体不具备相应的知识储备时，这种良好的情绪，会促使修辞受体依据语境及辞面，尽可能地进行猜测；这可以在一定程度上提高理解的可能性。这在我们第五章中"语境重译"部分将有详细论证，在此先不作详细分析。

从上面的论述可以看出：修辞活动中，修辞主体的主动性及修辞受体的能动性，为"言外之意"修辞现象理解的实现提供了可能性。"言外之意"能被修辞受体恰切地接受，既与修辞主体的主动性有关，也与修辞受体的能动性有关。

综合本章的分析可以看出："言外之意"修辞现象的产生，就是修辞主体为实现特定"题旨"的表达，适应具体的"情境"，调用相关心理或逻辑因素，选用恰当的语言形式进行表达的结果。

在表达过程中，最基础、最关键的因素是"题旨情境"因素。也就是说，"言外之意"表达总是为实现特定的"题旨"而产生的；而为了实现"题旨"的表达，也就必须适应具体的"情境"。而对"情境"的适应，既体现在表达时要符合具体的情境，因人因时因地而异；又体现在表达时对语境因素的充分利用方面。任何成功的"言外之意"表达首先都是充分适应"题旨情境"的结果。

在适应"题旨情境"的基础上，依据"题旨"的需要及"情境"

---

① 阴国恩、梁福成、白学军编著：《普通心理学》，南开大学出版社1998年版，第289页。

的特征，来调用相关的心理因素或逻辑因素，选用恰当的语言形式进行表达。而表达时，具体调用心理因素还是逻辑因素，选择哪些语言形式进行表达，这些都是依据"题旨情境"来选择的结果。具体题旨不同、情境不同，表达方式也就不同；由此"言外之意"的类型也就不同。

第四章 "言外之意"修辞现象类型与所涉及因素分析

"言外之意"是汉语中有着悠久历史和丰富表现形式的一种修辞现象。"言外之意"丰富表现形式的存在,正如第二章的分析中所指出的,是有着必要性、必然性和可能性的。也如第三章的分析中所指出的,表达者在具体表达时,因"题旨情境"的不同,所调用的心理或逻辑因素以及选用的语言形式也不同,由此也就呈现出较丰富的类型。

为了较全面地了解"言外之意"修辞现象的类型,本章在对古今汉语各文体中大量、典型的"言外之意"修辞现象例子梳理、分析的基础上,依据辞面与辞里实现连接的方式的不同,对其类型作出概括;同时对相关类型产生时所涉及的具体因素也作具体分析。本章试图通过概括和分析,能为我们运用"言外之意"修辞现象提供一定借鉴,也为后面进一步研究其理解规律提供基础。

在对"言外之意"进行类型概括和分析之前,我们先了解已有的相关研究。

对"言外之意"类型的概括,最有代表性的是钱锺书先生在《管锥编》中谈诗的语言时,谈到"言外之意"修辞现象时,对其所作的分类。钱锺书将"言外之意"修辞现象概括为"含蓄式"和"寄托式"两大类。这在前面"国内研究现状"中已有详述。钱锺书将"言外之意"划分为这两类,是以"言外之意"实现的不同途径为标准来划分的,这为本书划分"言外之意"的类型提供了借鉴。但因这种分类并未反映辞面与辞里连接的特点,因而钱锺书对"言外之意"的这种分类就相对比较笼统。

为了更详细地了解"言外之意"的表现形式，我们再从"言外之意"不同的表达方式，也即是辞里与辞里连接方式的不同来详细归纳其类别。

我们依据辞面和辞里在语言形式上连接方式的不同，将"言外之意"概括为以下三种类型："重合包孕"式、"相交关涉"式、"相离牵引"式。

在对每种类型进行具体探讨时，我们分别从每种类型中的典型类别，以及各自所涉及的相关因素两个方面作探讨。

第一节 "重合包孕"式的类型及所涉及因素

一 "重合包孕"式的主要类型

"重合包孕"式言外之意，是指用同一语言形式来同时表达两种意思或两件事情；辞面说的是一个意思，一件事，辞里又包含着另一个意思，另一件事。辞面与辞里在语言形式上是重合的，"言外之意"包含在辞面形式中。

此类"言外之意"修辞现象和汉语修辞格中的"双关"辞格有相同之处，只不过比"双关"的范围更广泛。这种类型的"言外之意"用图式表示为：

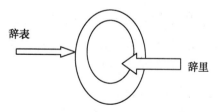

下面我们依据辞面与辞里实现重合所采用的不同方式，将"重合包孕"式概括为以下五个类别，即"以音传义"式、"同形传义"式、"比喻引申"式、"情景依托"式、"托物言志"式。以下作具体的分类分析。

（一）"以音传义"式

"以音传义"式"言外之意"，是指"言外之意"主要体现在词的语音形式中，通过语音这条纽带将辞面与辞里连接起来。由语音的相同或相似，联想到与辞面词语不同的另一词语，由此及彼地实现"言外之意"的表达。这种表达方式在汉语修辞中又称为"谐音"修辞现象。下面以三个例子予以分析。

例一：

> 绍兴初，杨存中在建康，诸军之旗中有双胜交环，谓之"二胜环"，取两宫北还之意。因得美玉，琢成帽环以进，高庙日常御裹。偶有一伶人在傍，高宗指环示之："此杨太尉进来，名二胜环。"伶人接奏云："可惜二胜环俱放在脑后。"高宗为之改色。此所谓"工执艺事以谏"者也。（明·冯梦龙《古今谭概·微词部》）

此例中，宋高宗本是给伶人展示杨太尉进献的宝贝，却因伶人的一句"二胜环俱放在脑后"而为之改色。宋高宗听出了何许"言外之意"，这就需联系当时的历史背景了。

北宋末年，即靖康二年，公元1127年三月底，金兵南下，掳走了宋徽宗、宋钦宗两帝，北宋灭亡，史称"靖康之变"。北宋灭亡后，高宗即位，改年号为"建炎"。从建炎元年（1127年）到绍兴八年（1138年）这十年间，宋高宗并没有采取积极抗金以迎回二帝的策略，而是辗转东南沿海各地，消极躲避。以上杨太尉进献"二胜环"一事，即发生在绍兴初年。杨太尉本想以此环来委婉劝谏高宗抗金，迎回徽、钦二帝；但高宗却没领会到杨太尉的意思。因此伶人说"可惜二胜环俱放在脑后"，是借音的相同来传达"言外之意"。

辞面是说将如此美玉放于脑后作帽环可惜了，但在当时众将士希望抗金迎回二帝的敏感时期，借"二胜环"这个词来引发与之同音的词的联想，即"胜"与"圣"同音，"环"与"还"同音；借"二胜环"来引发"二圣还"的联想。借助音相同来联想到与之同音的另一词，而联想到的另一词"二圣还"，就是要传达的"言外之意"了。因而，"可惜二胜环俱放在脑后"就是指可惜将迎回二圣、抗金血耻的事遗忘殆尽。高宗听出了伶人的"言外之意",所以"为之改色"。

例二:

> 有老年脱齿者,一日,赴友人宴,同席好诙谐,见其食时唇翕张,而中央之齿无矣,戏之曰:"天下固有无耻之徒耶?"其人笑而应之曰:"贤者然后'乐此',不贤者虽有'此'不乐也。"盖以"耻"叶"齿",以"乐此"叶"落齿"。(徐珂《清稗类钞·诙谐类·贤者乐此》)

此例中,同席之人借"耻"与"齿"的谐音,以"无齿"戏称为"无耻",将此老者无齿,用俗语"无耻之徒"来谐指。而老者也同样借"耻"与"齿"的谐音来回敬他,援用《孟子·梁惠王上》中的"贤者而后乐此,不贤者虽有此,不乐也"。借助音的相同,将两个不同的词联系起来。在此联系下,借助辞面就表达了"贤者才落齿,不贤者虽有齿,但不落"这样的意思,由此也就表达了"我是贤者,而你却不是"这样的"言外之意"。

例三:

> 纪文达宴于某尚书家,同座有某御史,亦滑稽者流,见一狗从庖前过,乃佯问曰:"是狼是狗?""侍郎"与"是狼"同音,意指文达也。文达急对曰:"是狗。"尚书问曰:"何以知之?"文达曰:"狗与狼有不同者二:一则视其尾之上下而别之,下垂是狼,上竖是狗;一则视其所食之物而别之,狼非肉不食,狗则遇肉喫肉,遇屎喫屎。"盖"上竖"与"尚书"同音,"遇屎"又与"御史"同音也。(徐珂《清稗类钞·诙谐类·是狼是狗》)

此例也是"以音传义"的典型。御史借"侍郎"与"是狼"同音,来打趣文达。表面说"是狼是狗",借助音的相同,表达的是"侍郎是狗",即"骂纪文达是狗"这样的"言外之意"。而纪文达也用"以音传义"的方式,骂了尚书和御史两人。借"上竖"与"尚书"同音,"遇屎"又与"御史"同音;以"上竖是狗",指"尚书是狗",而以

"遇屎喫屎"指"御史喫屎"。诙谐大笑之余，不得不为御史与纪文达二人深厚的语言功底所折服。

此外，"以音传义"式"言外之意"修辞现象在诗歌、民俗及歇后语中也大量存在，这在传统修辞格研究中又称为"谐音双关"。

在诗歌中，利用音的相同或相似由此及彼地含蓄传义，是较常见的现象。如最早的诗歌总集《诗经》中就有大量的体现。如《鄘风·相鼠》中"相鼠有齿，人而无止"，"齿"谐"耻"，以此讥讽统治者是连鼠类都不如的无耻之徒。又如《召南·摽有梅》中用"梅"谐"媒"，以传达"早日托媒求婚"之义。在唐诗中此类修辞现象也较常见，如刘禹锡《竹枝词》这首诗中的"东边日出西边雨，道似无晴却有晴"这两句中，以"阴晴"的"晴"谐"情爱"的"情"。又如李商隐《无题》这首诗中，在"春蚕到死丝方尽，蜡炬成灰泪始干"这两句中，"丝"与"思"谐音。此外，在许多文学作品中，"以音传义"式"言外之意"也较常见，在此就不再一一列举了。

另外，在民俗及歇后语运用中，也有大量的"以音传义"式"言外之意"修辞现象；但因民俗及歇后语中的"以音传义"，已经固化为一种语言现象，已不属于本书探究的范围。因而本书所探究的"以音传义"式"言外之意"就主要指诗歌或文学作品中出现的，使人思而得之且具有鲜活修辞效果的这部分"以音传义"式"言外之意"。

（二）"同形传义"式

所谓"同形传义"式"言外之意"，是指通过语言形式的相同这条纽带将辞面与辞里连接起来。也就是说辞面是一个词而辞里是另一个词，它们是依靠词形的相同来实现"言外之意"的表达和理解的。下面以三个例子予以分析。

例一：

肃曰："适来去望孔明，言能医都督之病。现在帐外，烦来医治，何如？"瑜命请入，教左右扶起，坐于床上。孔明曰："连日不晤君颜，何期贵体不安！"瑜曰："'人有旦夕祸福'，岂能自保？"孔明笑曰："'天有不测风云'，人又岂能料乎？"瑜闻失色，乃作呻吟之声。孔明曰："都督心中似觉凡积否？"瑜曰："然。"

孔明曰："必须用凉药以解之。"瑜曰："已服凉药，全然无效。"
孔明曰："<u>须先理其气；气如顺，则呼吸之间自然痊可</u>。"瑜料孔
<u>明必知其意，乃以言挑之曰</u>："欲得顺气，当服何药？"孔明笑曰：
"亮有一方，便教都督气顺。"瑜曰："愿先生赐教。"孔明索纸笔，
屏退左右，密书十六字曰：欲破曹公，宜用火攻；万事俱备，只欠
东风。写毕，递与周瑜曰："此都督病源也。"瑜见了大惊，暗思：
"孔明真神人也！早已知我心事！只索以实情告之。"（明·罗贯中
《三国演义》第四十九回"七星坛诸葛祭风，三江口周郎纵火"）

周瑜与曹操军队赤壁对峙，双方力量悬殊。周瑜想要以最小的代价
一举歼灭曹兵，与诸葛亮不谋而合的上上之计乃是"火攻"。因而，周
瑜先施苦肉计，使曹操相信黄盖来降；又使庞统巧献连环计，使曹营战
舰首尾铁环连锁。正所谓"万事俱备"，只欠一个条件"东风"；倘若
没有风力助，就会全盘皆输。而时下正值隆冬，按常理，正如曹操所说
"有西风北风，安有东风南风耶？吾居于西北之上，彼兵皆在南岸，彼
若用火，是烧自己之兵"。因而当周瑜于山顶观望曹营阵势时，气郁所
积，口吐鲜血。周瑜之病，是心病，病源即是"欠东风"。

而当诸葛亮来探病时，周瑜为掩饰心之所急，就推说"人有旦夕祸
福"，用人之常理来遮掩。而睿智的诸葛亮早已看穿了周瑜的病源，因
而衔接上周瑜所用俗语"天有不测风云，人有旦夕祸福"。表面上大家
都在说一种常理，但诸葛亮所衔接的"天有不测风云"并不是说一般
规律，而是有所特指，即是字面意义：天气变化，风向是很难预料的。
诸葛亮借一般的说法，来表达了特殊的意思，这种特殊意思即是"言外
之意"。

周瑜的心思被诸葛亮看穿，所以"瑜闻失色，乃作呻吟之声"。最
后诸葛亮挑明了说"万事俱备，只欠东风"时，周瑜不得不佩服诸葛
亮真神人也。

例二：

顺治初，吏部官最清要。吴郡顾松交及旧来俱以吏部郎里居，
宾客辐辏。一旦，广坐中一客忽曰："二公所谓<u>一顾倾人城，再顾</u>

倾人国也。"客为绝倒。（张豫、舒鹗主编：《历代小品幽默·巧言》）

　　顺治初年，吏部官员的地位最显要，司职也最重要。吴郡顾松交和顾蒨来都以吏部官员的身份居住在家乡，家里常是宾客云集。有一天，有一位客人就打趣地说："二公可谓是一顾倾人城，再顾倾人国啊。"众宾客听后，笑得前仰后合。此话会引发众人大笑？这就是此话借"熟悉之语"来传达"新奇之意"所带来的效果。

　　"一顾倾人城，再顾倾人国"是李延年《北方有佳人》诗中的两句。借助此诗，李延年的妹妹得以引荐给皇上，获得皇上的宠幸。这两句在原诗中，是用来形容佳人顾盼之美，即她只要对守城士兵看上一眼，便可令士兵弃械、城墙失守；若对君王"秋波一转"，亡国灭宗的灾祸，可就要降临其身了。其中"顾"是"回眸顾盼"的意思。

　　而此处这位客人的这句话，是做客"二顾"家时所说；因此并不是在说佳人之美。而是借诗句中"顾"这个词，来暗指姓顾的这两位官员。因而，此句中的"顾"并不是"回眸顾盼"，而是指顾松交和顾蒨来的姓，而"倾人城、倾人国"也并非"倾倒"之意，而是"出来、云集"的意思。客人这句话，是借熟悉的诗句来表达另一层意思，即"顾松交加上顾蒨来所居之处，天下之士都云集在此了"。这也就是其话外之音、言外之意了。

　　例三：

　　　　一次，明太祖朱元璋雅兴大发，派人请周玄素，让他立即在官殿的大墙上绘制巨幅"天下江山图"。周玄素害怕了：只要有一点不合皇帝心意，就有可能招来杀身之祸。他灵机一动，回答道："微臣未曾周游天下，不敢奉诏，臣愿陛下启动御笔，草建本国规模，臣再润色一二。"

　　　　朱元璋听罢，挥笔勾画出了大致轮廓。之后，朱元璋便让周玄素加以润色。

　　　　周玄素闻命启奏道："陛下山河已定，岂可再有改动？"

　　　　朱元璋听后哈哈大笑。周玄素巧妙地避免了杀身之祸。（葛莱

云《说话技巧·周玄素巧答免杀身之祸》）

　　天下江山是皇帝的基业，为其画图，是一件既谨慎又危险的事；稍有不慎，就会招致杀身之祸。周玄素为规避风险，使了一个小计谋：让皇上画轮廓，自己再润色。而当明太祖画好后，周玄素又以一句巧妙的话，既没得罪明太祖，回绝了画画，又奉承了明太祖，博得其欢心。

　　周玄素的这句"陛下山河已定，岂可再有改动？"从辞面来讲，是指：陛下山河图已经画好，怎么还要修改？但"山河"对于国君来说，又有着特殊意义，即指天下江山，国家社稷。因而，作为国君的朱元璋听到此话时，就能从图中所画的自然界的"山河"，联想到表示国家、天下的"山河"这个词。

　　因此，周玄素借表示"自然界的山河"的"山河"这个并列词组，来暗指"国家"这个词；词形相同，但词性和意义不同。借同形的辞面，传达了"您的天下已定，千秋万代不会再有改动"这样的"言外之意"。所以，朱元璋听后，哈哈大笑起来。

　　（三）"比喻引申"式

　　所谓"比喻引申"式"言外之意"，是指在具体语境中，主要通过词的比喻义来表达和理解的"言外之意"。辞面是在说一词，但依据语境，这个词是另有所指的。这个词在语境中获得的这种临时义，就是所要传达的"言外之意"。

　　下面分别以三个例子作分析。

　　例一：

　　　　繁漪　你说，你今天晚上预备上哪儿去？
　　　　周萍　我——（突然）我找她。你怎么样？
　　　　繁漪　（恫吓地）你知道她是谁，你是谁么？
　　　　周萍　我不知道，我只知道我现在真喜欢她，她也喜欢我。过去这些日子，我知道你早明白的很，现在你既然愿意说破，我当然不必瞒你。
　　　　繁漪　你受过这样高等教育的人现在同这么一个底下人的女儿，这是一个下等女人——

周萍　（爆烈）你胡说！你不配说她下等，你不配，她不像你，她——

繁漪　（冷笑）小心，小心！你不要把一个失望的女人逼得太狠了，她是什么事都做得出来的。

周萍　我已经打算好了。

繁漪　好，你去吧！小心，现在，（望窗外，自语，暗示着恶劣征兆地）风暴就要起来了！（曹禺《雷雨》第二幕）

周萍　（领悟地）谢谢你，我知道。

周萍曾和后母繁漪有过苟且之事。后来周萍喜欢上了家里的女佣人四凤。周萍想乘到矿上去之机，将四凤也悄悄带去，离开周家。而这一切被繁漪知道后，极力想阻止周萍和四凤关系的发展。以上这幕就是繁漪在阻止周萍和四凤约会，阻止他带四凤走时的对话。但此时的周萍已经全然不顾繁漪了，一心只想着追求自己的幸福；所以繁漪认为周萍把自己逼到绝望的地步。而二人争吵时，外面正是雷电交加，一种山雨欲来风满楼的阵势。因而，繁漪所说的"风暴就要起来了"，辞面是在说天气情况，但对于刚和她争吵的周萍来说，是能从当时的情形和天气的相似性中，联想到这句话的真实含义的，即"家里不再安宁，我们之间的斗争就要开始了"。这也即繁漪借"风暴"来传达的"言外之意"。

例二：

《杨澜访谈》节目于 2001 年 9 月 26 日在上海采访费翔时，有这样一段对话：

杨澜：这一次演出的前期安排顺不顺利呢？

费翔：很好的。这次演出真的是第一次的英国制作，音响、灯光、演员、舞台设计，都来自国外，然后跟我们中国的交响乐团、中国演出公司合作，这样的接触应该说也是首次。

杨澜：所以会有很多事情需要协调啊。

费翔：对，中国这边还有些规矩，这一定要互相理解。

杨澜：那你就是润滑油了。

费翔：我就一直在中间解释，向英方解释中方为什么要这样安

排，向中方解释英国人的动机，他们担心什么……（杨澜等编著：《杨澜访谈录》）

"润滑油"的词汇义，是指起润滑作用的油，起着润滑、防锈等作用。此处杨澜借"润滑油"这个词，来形象地指费翔在中英合作中所起的作用；也就是说他就像润滑油对于机械的作用一样，在中英合作中起着减少摩擦，协调一致的作用。

辞面与辞里通过相似联想连接起来。在具体语境中，借助辞面"润滑油"一词所引发的相似联想，来实现"言外之意"的表达和理解。

例三：

"这样的婚姻，为什么要维持着？"她问，轻声地。

"她要离婚，"他说："但是要把整个工厂给她，做什么离婚的条件，我怎能答应？"

"你怎么会娶她？"

他默然，她感到他的呼吸沉重。

"我是个瞎子！"他冲口而出，一语双关的。（琼瑶：《庭院深深》）

"瞎子"指眼睛有问题，看不清东西。而男主人公柏沛文此处所说"我是个瞎子！"是在解释为什么会娶现在的妻子。联想上下文，可以看出，这对夫妇过得并不幸福，而且妻子提出了离婚的条件：将他的整个工厂都判给她。可以看出，他对妻子的不满。因而，此处的"瞎子"一词就不是指眼睛有问题，而是指看错了人，没有想到现在的妻子是如此的蛮横。在"看不清东西"与"判断不出人的好坏"之间建立了相似性。在此相似性的联系下，由眼睛看不清具体的东西的"瞎"来传递"对人的本质或内心判断失误"这样的"言外之意"。此"言外之意"也就是在具体语境下，通过相似联想而赋予"瞎子"这个词的临时意义。

（四）"情景依托"式

所谓"情景依托"式"言外之意"，是指在具体情景中，辞面句子所说的意思，是赋予了具体语境内容的，而此赋予了具体语境内容的意义就是所要传达的"言外之意"。

下面我们以三个例子作分析。

例一：

> 这次贾赦手内住了，只得吃了酒，说笑话。因说道："一家子一个儿子最孝顺，偏生母亲病了。各处求医不得，便请了一个针灸的婆子来。这婆子原不知道脉理，只说是心火，如今用针灸之法，针灸针灸就好了。这儿子慌了，便问：'心见铁就死，如何针得？'婆子道'不用针心，只针肋条就是了。'儿子道：'肋条离心远着呢，怎么就好了呢？'婆子道：'不妨事。你可知天下作父母的，偏心的多着呢！'"众人听说，也都笑了。<u>贾母也只得吃半杯酒，半日笑道："我也得这婆子针一针就好了。"</u>贾赦听说，自知出言冒撞，贾母疑心，忙起身笑与贾母把盏，以别言解释。（清·曹雪芹，清·高鹗《红楼梦》第七十五回）

贾赦在行酒令时，讲了一个笑话：母亲生病，儿子请了一个不知脉理的婆子来给母亲针灸。婆子胡乱地给其母亲针肋骨，并说因天下父母一般都偏心，所以只针肋骨就能去心火。这个笑话本是对这婆子不懂脉理，胡乱针灸，还自圆其说的一种嘲讽。

但贾母却在这个笑话中，单单留意了"天下作父母的，偏心的多着呢"这一句。因此，贾母听后，"半日笑道：'我也得这婆子针一针就好了。'"贾母这句话是以贾赦刚讲的笑话为具体语境，辞面上是援用笑话中婆子解释针肋骨的原因，而实际要表达的是笑话中婆子所说的"父母偏心"这个意思。因而贾母说此话，即是意味着："贾赦有埋怨母亲偏心"这样的"言外之意"。

所以，贾赦听了贾母这话后，"自知出言冒撞，贾母疑心，忙起身笑与贾母把盏，以别言解释"。

例二：

> 曾文清　（没有话说，凄凉地）这，这只鸽子还在家里。

愫　方　（冷静地）<u>因为它已经不会飞了！</u>

曾文清　（一愣）我——（忽然明白，掩面抽咽）

愫　方　文清。

　　　　文清依然在哀泣。

愫　方　（皱着眉）不要这样，为什么要哭呢？

曾文清　（大恸，扑在沙发上）我为什么回来呀！我为什么回来呀！明明晓得绝不该回来的，我为什么又回来呀！

愫　方　<u>（哀伤地）飞不动，就回来吧！</u>

曾文清　（抽咽，诉说）不，你不知道啊，——在外面——在外面的风浪——（曹禺《北京人》，第三幕）

此例中，封建大家庭中长子曾文清娶了并不喜欢的曾思懿为妻，对表妹愫芳爱慕十多年却一直不敢表白。最后，在对蛮横妻子的绝望及对家里腐朽生活失望的情况下，离家出走，寻找生活的生机和勇气。但离家出走后不久又回来了。上面这幕就是曾文清回来时遇到表妹愫芳时的对话。

在这些对话中"因为它已经不会飞了"，"飞不动，就回来吧！"辞面上都是在说鸽子，但愫芳说这些话是另有深意的。愫芳曾鼓励曾文清摆脱毫无生机的大家庭，到外面去寻找新的生活。曾文清出去了，但很快就颓败地回来了。这次回来，对于二人来说，都是勇气和希望的破灭。因而，此时愫芳所说的这两句话，辞面是在说鸽子飞不动，但在当时的语境中，这些话中鸽子的状态，就与曾文清出走又逃回的状态具有了相似性。在此相似性的联系下，辞面是在说鸽子，但辞里却是在说曾文清，借辞面来传达了"曾文清经不了风雨，飞不到外面的世界去了"这样的"言外之意"。

知情的曾文清从愫芳的话中听出了"言外之意"，痛苦之余也只能"掩面抽咽"，"抽咽，诉说"。

例三：

抗战胜利后，国共两党先后在重庆和南京进行国内和平谈判，在进行了一年多后，终于因国民党方面没有诚意而宣告破裂。内战迫在眉睫,中共代表周恩来在飞返延安前,于1946年11月16日下午,在南京梅园新村举行记者招待会。

这个记者招待会具有告别性质,同时,也借此向新闻界公布一年多来谈判的情况及其破裂的原因。会上,周恩来发表了书面声明,严正指出:国民党片面召开"国大",是违反了国共两党及其他各党派代表和社会贤达共同制订和通过的《政协决议》,也违反了全国民意,中国共产党决不承认这个所谓的"国大"。

接着,有记者问道:"周先生认为国共两党之间现在已无可再谈了吗?"

周恩来回答:"是的。一党'国大'召开后,已把《政协决议》最后破坏,政治协商会议以来和谈的道路也已被完全阻断。"

记者问:"那末你几时回延安去?"

周恩来答道:"两三天内。"

记者又问:"几时回来?"

"现在还没有想到这个问题,"周恩来说:"不过我相信总有一天要回来。"

听到这句话,在场的有些记者脸上露出了会心的微笑。(王捷、蔡华同编著:《周恩来谈辩艺术》)

抗战胜利后,国共两党进行国内和平谈判,但历经一年仍以失败告终。在记者招待会上,周恩来借记者问具体什么时候会再来之际,说"不过我相信总有一天要回来"。

从辞面上看,是在说"始终会再来"这样的意思,但在国共谈判失败,国共关系决裂这样的情况下说出这句话,"再回来"就赋予了更多的意思,即:此次是因谈判来到此地,但谈判失败了,关系决裂;下次再来这里,已经不再是谈判,而是战胜国民党,实现对此地的统一。这也就是在此语境中所要传递的"言外之意"。

所以,"听到这句话,在场的有些记者脸上露出了会心的微笑"。此"言外之意"的表达就是依托语境来实现的。

(五)"托物言志"式

"托物言志"式"言外之意",是指辞面是写物或人,借助语境的关联，由辞面所写之物或人联想到与之具有相似特点或遭遇的物或人。而与辞面具有相似特点或遭遇的就是所要传达的"言外之意"。也就是前面语境因素分析中的"托物言志"式。

下面我们以三个例子来作分析。

例一：

缺月挂疏桐，漏断人初静。谁见幽人独往来，缥缈孤鸿影。惊起却回头，有恨无人省。拣尽寒枝不肯栖，寂寞沙洲冷。（苏轼《卜算子·黄州定惠院寓居作》）

此词中，辞面是写失群的孤鸿在冷清夜晚的孤寂、惊恐而又"不肯栖居寒枝"的彷徨。但此词是苏轼因"乌台诗案"而被贬黄州时所作。辞面虽是写孤鸿，但联系写作背景，就使辞面所写的孤鸿的状态与苏轼被贬时的心境具有了相似性。在此相似性的联系下，由辞面写孤鸿的孤寂、惊恐、彷徨，来传达了"自己被贬时内心的孤寂，因'乌台诗案'而心有余悸"这样的"言外之意"。由此，将词人彷徨又清正高洁的形象表现出来。所以，清人黄蓼园在《蓼园词选》中说"此东坡自写在黄州之寂寞耳。初从人说起，言如孤鸿之冷落；下专就鸿说。语语双关，格奇而语隽"①。

例二：

种瓜黄台下，瓜熟子离离。一摘使瓜好，再摘使瓜稀。三摘犹自可，摘绝抱蔓归。（唐·李贤《黄台瓜辞》）

此诗辞面是在写瓜熟被摘后，瓜蔓也孤苦无依，不得生存。但李贤此诗，是在特定的背景下所写，如清人沈德潜编选《唐诗别裁集》中记载："高宗初立忠为太子，武后生弘，因废忠而立焉。弘数忤旨，后鸩之而立贤。后欲专政，嫉贤明察，贤自度不免，因作《黄台瓜辞》，

---

① 上强村民重编，唐圭璋笺注：《宋词三百首笺注》，上海古籍出版社1996年版，第73页。

冀感后也。后终逼令自杀。"① 因此,此诗是诗人生死攸关时刻,用以救命的诗作。

此诗辞面是写瓜与蔓的关系,在特定语境联系下,就使辞面写瓜蔓的关系与辞里写母子关系之间建立了相似性。在此相似性的联系下,由辞面写瓜蔓来传递辞里,即"武后将自己的儿子一个个清除掉,就如同瓜一个个被摘除一样;这样只会使自己孤独无依"这样的"言外之意"。李贤想借母子亲情来打动母后武则天,但意欲专权的武则天虽然听出此诗的"言外之意",但仍未放过李贤,最终逼令自杀。

例三:

孤桐亦胡为,百尺傍无枝。疏阴不自覆,修干欲何施。高冈地复迥,弱植风屡吹。凡鸟已相噪,凤凰安得知。[唐·张九龄《杂诗五首》(其一)]

此诗作者张九龄,韶州曲江(今广东韶关市)人,唐开元尚书丞相,因身居高位,但又刚正不阿,秉公尽职,正直敢谏,所以常怀忧谗畏讥之虑。其《感遇十二首》及《杂诗五首》中,常以托物言志的手法,颇有《风》《骚》之遗风。

此诗辞面写孤桐树阴不足以荫覆自己,身处高迥的山冈,饱受风吹雨打,凡鸟相噪其上,难得凤凰青睐。但联系自己现实的处境,就使辞面所写的孤桐的遭遇与自己现实处境之间具有了相似性。在此相似性的联系下,由辞面写孤桐的遭遇来传达辞里,即表达了"自己孤立忧苦,小人当道,自己的才华和衷心无法被天子鉴查"这样的"言外之意"。正如清人沈德潜《唐诗别裁集》卷一中所说:"喻小人在朝而君子应善藏也。"② 也如清人杨逢春《唐诗绎》所说:"此以孤桐自况也,寓忧谗讥之感,归之凡鸟之相噪,撇却凤凰。"③ 可见,以这种托物言志的表达方式,含蓄而又寓意深远。

---

① (清)沈德潜选编,李克和等校点:《唐诗别裁集》,岳麓书社1998年版,第1页。

② 同上书,第7页。

③ 周蒙、冯宇主编:《全唐诗广选新注集评2》,辽宁人民出版社1994年版,第44页。

　　此类"托物言志"式"言外之意"，多借事物、事件的特点或遭遇，通过相似联想来表达和理解。这种具体语境中建立起来的相似性，是连接辞面与辞里的桥梁；在此桥梁的作用下，就可以通过辞面的一事或物来说另一事或物。而接受者理解时，在此桥梁的连接下，就可由辞面探寻到辞里，实现"言外之意"理解。

二　"重合包孕"式所涉及的相关因素

　　"重合包孕"式"言外之意"是修辞主体为实现特定"题旨"的表达，而充分适应"语境"因素，调用相似或相关联想，选择恰当的语言形式进行表达的结果。此类"言外之意"涉及的主要因素为语境因素、相关或相似联想。

　　具体来说，此类"言外之意"所涉及因素中最重要和最基础的因素是语境因素。语境制约着修辞主体对语言形式的选择及对相关或相似联想的调用。也正是在语境的作用下，才能由辞面引发相似或相关的联想；而在此相应联想下才能实现辞面与辞里的连接。如"情境依托"式例一中，贾母所说的"我也得这婆子针一针就好了"。这句话从辞面并不能引发相关联想，此相关联想是在具体语境下产生的，即：贾赦所说笑话中，那婆子说"天下作父母的，偏心的多着呢!"而此笑话是作为儿子的贾赦讲给母亲贾母听的。在这样的情境下，贾母就很容易从儿子的笑话中引发相关联想，在此联想下，误以为儿子是在说她偏心。所以贾母也借助这个笑话，说了句"我也得这婆子针一针就好了"。以此来传达"你认为我偏心"这样的"言外之意"。

　　在语境因素的作用下，依据具体"题旨"的需要来调用相应的联想。具体来说，"以音传义"式、"比喻引申"式所涉及的心理因素主要是相似联想；"同形传义"式所涉及的因素是相关联想；而"情境依托"式既与相似联想有关，又与相关联想有关，具体调用哪种联想，则取决于语境及题旨的需要。

　　对"重合包孕"式"言外之意"的理解，就需要接受者联系语境分析辞面，通过分析来引发相应的相似或相关联想；在此联想的连接下，由辞面深入辞里，实现"言外之意"的理解。如"同形传义"式的例一中，周瑜说"'人有旦夕祸福'，岂能自保?"而孔明听后，笑着说:"'天有不测风云',人又岂能料乎?"孔明此话一出,"瑜闻失色,乃作呻吟之声"。周瑜听出孔明的"言外之意",是依据"当时与操对峙,万事俱备只欠风助"这个语境,以及辞面"不测风云",在语境的作用下,由辞面引发相关联想。在此联想的作用下,周瑜在辞面这个俗语中,就听出了孔明所要传达的辞里,即"你是担心风力一事,但这也不是人能料定的"这样的"言外之意"。

综上所述,"重合包孕"式"言外之意"所涉及的语境因素及相关联想、相似联想都是影响其成功表达和理解的重要因素。

第二节 "相交关涉"式的类型及所涉及因素

一 "相交关涉"式的主要类型

"相交关涉"式"言外之意",是指此类"言外之意"的辞面与辞里存在着一定的直接关联性,在逻辑形式上存在交集;辞面的某个或某些语言形式是导致"言外之意"形成和理解的第一触发因素。在此因素的触发下,依据具体语境,引发相应的联想,由此实现"言外之意"的表达和理解。换句话说,辞面的某些语言形式是形成"言外之意"表达和理解的直接中介。

这种类型的"言外之意"用图式表示为:

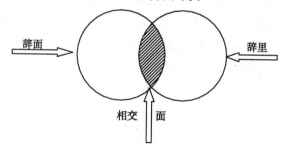

我们依据辞面中引发"言外之意"的形式的不同,将"相交关涉"式"言外之意"概括为六个类别:"望文生义"式、"词义引申"式、"内涵关联"式、"关系联想"式、"完形省略"式及"描写渲染"式。

（一）"望文生义"式

"望文生义"式"言外之意"，是指此类"言外之意"是以辞面中某个词的字面意义为纽带，在具体语境中，打破常规用法，只取字面意义的简单相加，并将这相加之义赋予语境含义；而这赋予了语境义后的意义，就是"言外之意"。

这类"言外之意"主要体现在：字形的分拆及字面意义的直接提取中。

1. 由"字形分拆"体现的

我们分别以三个例子作分析。

例一：

> 先生训蒙，满堂学生无一聪明可造就者，甚愤懑之，乃写"<u>竹苞堂</u>"三字，悬之书房，辞官而去。东家知之，来书房见匾上三字，不解所谓，请教于人，告之曰："<u>竹苞者，言学生个个草包也，乃不屑教诲之词耳</u>。"（清·游戏主人，清·程世爵编撰《笑林广记》）

此例中，"先生"不屑教这些不可造就的学生，愤懑之余，就以拆字的形式来传达"言外之意"。辞面所写的"竹苞"，在当时"先生"辞官归去，不愿教学生这个语境下，"先生"便将真实含义寄托在词形的分拆中。将辞面这两个字分拆开来，传达"个个草包"这样的"言外之意"。

例二，如王实甫《崔莺莺待月西厢记》中第五本第三折中的这段：

> ［调笑令］你值一分，他值百十分，萤火焉能比月轮？高低远近都休论，我拆白道字辨与你个清浑。（净云）这小妮子省得甚么拆白道字，你拆与我听。 （红唱）君瑞是个"<u>肖</u>"字这壁着"立人"，你是个"木寸""马户""尸巾"。

> （净云）木寸、马户、尸巾——你道我是个"<u>村驴吊</u>"。我祖代是相国之门，倒不如你个白衣、饿夫、穷士！做官的则是做官。（元·王实甫《崔莺莺待月西厢记》）

此折是张生被老夫人逼着进京赶考，高中后尚未归家；而老夫人内侄郑恒，即崔莺莺最早的许婚者，赶来成婚之时的一幕。郑恒听闻孙飞虎欲掳莺莺为妻，却被张君瑞退了贼兵；而老夫人许诺要把莺莺许配与张生。但不知这些是否属实，所以唤来莺莺的贴身丫头红娘，以探听虚实。以上"调笑令"这段，即是郑恒从红娘处得知莺莺许配给张生的事情原委后，仍以老相国曾许配婚姻为由，指责莺莺悔婚。红娘听后对郑恒倍感厌恶。

为让郑恒有个自知之明，聪明伶俐的红娘就以字形分拆的方式，将厌恶之情寄托其中。在表达时，在辞面上，将字的左右上下结构分拆开，在字面上形成障碍；辞面与辞里借助字形的分拆及语境因素连接起来。因此，听话者郑恒，在字面所形成的障碍下，将拆散的字形组合起来，再联系具体语境，就明白了红娘的"言外之意"，即骂他是"村驴吊"。

红娘借辞面字形的分拆，将张生与郑恒对比，褒扬了张生，嘲骂了郑恒。而听出"言外之意"的郑恒百般不服，不由得搬出家世来反驳，自认为尚书之子的身份比书生出身的张生高贵得多。

例三，如元杂剧无名氏所著的《锦云堂暗定连环计》中第二折：

第二折：（董卓云）蔡学士，我正在府中闲坐，有一个风魔的先生，望着府门哭三声，笑三声。我出去看他，被他拿一物件当头打将过来。正要着人拿他，早化一道金光不见了。如今他这物件现在于此。我不解其意，唤学士来试看咱。（蔡邕云）既如此，请借一看。（做看科，云）哦，是一匹布，可长一丈，上面有两行字："千里草青青，卜曰十长生。"（做背科，云）这老贼当来必死在吕布之手，则除是这般。（回云）太师，据蔡邕看来，布上有两行字，"千里草青青，卜曰十长生"，"千"字下面有个"里"字，"千"字上面着个草头，可不是个"董"字？"卜"字下面有个"曰"字，"曰"字下面有个"十"字，可不是个"卓"字？这是包藏太师的尊讳。这是一匹布，两头两个口字，上下叠起，可不是个"吕"字？这是包藏着"吕布"二字。布可长一丈，是报太师有十全之喜，皆凭吕布英雄。此乃天意，亦人力也。（董卓做笑科，

云）学士言者当也。我若成其大事，这左丞相位儿就是你坐。（无名氏：《锦云堂暗定连环计》）

此例中，"千里草青青，卜曰十长生" 是对董卓之死的一种谶言，是通过将 "董卓" 二字分拆开来表达的。辞面虽没有具体所指，但在由董卓的专权和残暴引起民众不满的情形下，民间所流传的这些谶言就有具体所指了。此谶言借助字形分拆的方式，将这种巫术预言传达出来，以此来暗示董卓之死。

而学士蔡邕一眼就看出了端倪，明白了此谶言的真实所指；但又怕直言会引来杀身之祸，所以便迎合董卓的心理，说是 "报太师有十全之喜"，以此蒙混过去。

2. 由字面意义的直接提取体现的

下面以三个例子予以分析。

例一：

1995 年 8 月 "95 非政府组织妇女论坛" 在北京举行会议，参加论坛的名曰 "大赦国际" 的组织抵京后，与某些西方传媒互相勾结，干涉中国的内政。

……

9 月 14 日的记者招待会上，"大赦国际" 的代表借提问题之机却提出了一个 "请求"："'大赦国际'在世妇会期间，曾向一些国家的政府提出了有关妇女受到迫害的请愿书，实际上它已经向驻北京的各国使馆递交了这样的请愿书。请愿书中还涉及两名中国妇女受到迫害的内容。但是，到目前为止，他们却无法把这份请愿书递交给适当的中方人员或有关部门。我想问一下：本人是'大赦国际'的代表，能不能把这份请愿书通过你转交给中方的有关部门或有关人士？"

陈健明白，"请愿书" 一事是有人故意制造事端，如处理不当，马上就会成为爆炸性新闻。作为中华人民共和国外交部的新闻发言人，当然不能接受这份所谓的请愿书，但是，如果拒绝方式简单粗暴，又正中了 "大赦国际" 的圈套。怎么办？面对 "大赦国际"

代表的得意的笑脸，陈健计上心来，你设圈套，我开玩笑：

"作为外交部发言人，我这里是个'出口'，而不是'进口'。"

此言一出，记者台上爆发出一片笑声，无不对陈健的机智表示钦佩。（王锐编著：《外交脱口秀》）

"请愿书"一事是人为制造的事端，当然不能接受，但如果直接阻止又会落得"阻止受迫害者请愿"这样的口舌。所以陈建"计上心来"，说"作为外交部发言人，我这里是个'出口'，而不是'进口'"，机智地回避了这个问题。

"出口""进口"，本是表示国家（地区）与国家（地区）之间贸易往来的用词。但在陈建的话中，是将这两个词分别拆为短语来用，而且这两个短语都是各自字面意义的相加，分别为："从口出"，"从口进"这样的用法在当时的语境中，就表达了"作为外交部发言人，我只是将我国的看法对外发布，而不会将国外的看法对内传达"这样的"言外之意"。

因此，陈建巧妙地运用汉语知识，睿智、幽默地回绝了对方。此言一出，"记者台上爆发出一片笑声，无不对陈健的机智表示钦佩"。

例二：

陆文量参政浙藩，与陈启东震饮，见其寡发，戏之曰："陈教授数茎头发，无计可施。"启东曰："陆大人满脸髭髯，何须如此。"陆大赏叹。（明·冯梦龙《古今谭概·巧言部》）

陆文量任浙江参政时，与陈启东饮酒，见其头发稀少，所以打趣说"无计可施"。"无计可施"这个成语中，"计"即是"办法"的意思，因而"无计可施"也可以说成是"无法可施"。

从辞面上看，是在说一成语，但联系陆文量的整句话来看，是另有所指。借用"无计可施"，即"无法可施"这个成语中"无法"与"无发"谐音，来传达"陈启东头发太少"这样的"言外之意"。

而陈启东听出此戏谑后，也借陆文量的胡须来开玩笑，说"陆大人满脸髭髯，何须如此"。"何须如此"本是一个惯用语，即"何必这样"

的意思。在此借惯用语中表示"须要"的"须",来指"胡须"的"须"。同一个字,不同的词性、不同的内容,移用过来,就能在似曾相识中,以熟悉的用法来表达新奇的意思;而这新奇的意思,就是具体语境中的"言外之意",即"怎么会有这么多胡须"。

所以,陆文量听后大赏,称赞他说得如此之妙。

例三:

> 刘贡父饯客。苏子瞻有事欲先起。刘以三果一药调之曰:"<u>幸早里,且从容。</u>"苏答曰:"奈这事,<u>须当归</u>。"(明·冯梦龙《古今谭概·巧言部》)

刘贡父(即刘攽)宴请宾朋,苏子瞻(即苏轼)有事想提前退席。刘贡父便取了杏、枣、李三果及肉苁蓉一药,调侃苏轼说:"辛早里,且从容。"辞面是说杏、枣、李三果及肉苁蓉的名称,但在苏轼要提前退席这个具体情境下,是借这些果及药名称的语音,来指与其语音相同的另外的词,即以"辛早里,且从容"来表示"还早,再呆一会"的意思,以此表达挽留之意。

而苏轼也借说药名来表达退席之意,"奈这事,须当归。""当归"本是药名,但在要退席之时所说,就不是指药名,而是指其字面意义,即"应当""归去"之意。

由以上例子的分析可以看出:"望文生义"式"言外之意"的表达,是将"言外之意"寄托于辞面的某字或词中。接受者在理解时,在此字或词形的触发下,联系语境,调用相关联想来实现"言外之意"的理解。辞面中寄托着"言外之意"的这个字或词是辞面与辞里连接的桥梁,在此桥梁的连接下,依据具体语境来实现表达和理解。

(二)"词义引申"式

"词义引申"式"言外之意"是指在具体语境中,赋予词义某种引申意义,这种引申义就是所要表达的"言外之意"。此类"言外之意"主要包括词的引申义、文化义及典故的引申义所体现的"言外之意"。

1. 由词的引申义体现的"言外之意"

在具体语境中，将词的引申义赋予具体的语境内容，就可以传达"言外之意"。下面我们分别以两个例子作说明。

例一：

> 赵辛楣鉴赏着口里吐出来的烟圈道："大材小用，可惜可惜！方先生在外国学的是什么呀？"
>
> 鸿渐没好气道："没学什么。"
>
> 苏小姐道："鸿渐，你学过哲学，是不是？"
>
> 赵辛楣喉咙里干笑道："<u>从我们干实际工作的人的眼光看来，学哲学跟什么都不学全没两样。</u>"
>
> "<u>那么得赶快找个眼科医生，把眼光验一下；会这样看东西的眼睛，一定有毛病。</u>"方鸿渐为掩饰斗口的痕迹，有意哈哈大笑。赵辛楣以为他讲了俏皮话而自鸣得意，一时想不出回答，只好狠命抽烟。(钱锺书《围城》)

赵辛楣暗恋苏小姐，见苏小姐袒护方鸿渐，便醋意大发。听苏小姐说方鸿渐在国外学过哲学，于是乘机对方鸿渐冷嘲热讽。赵辛楣就说"从我们干实际工作的人的眼光看来，学哲学跟什么都不学全没两样"。这句话是说，从他们实际工作者对事件或事物的观察判断来看，方鸿渐学了哲学跟什么也没学一样。借此嘲讽方鸿渐无才学。

而方鸿渐听后，借赵辛楣这句讽刺话中的"眼光"一词来反击对方。"眼光"一词，既可以指视力，也可指观察事物的能力。因此，方鸿渐就将要表达的"观察事物的能力"这个意思，借表示"视力"这个意思的辞面说出。方鸿渐说"那么得赶快找个眼科医生，把眼光验一下；会这样看东西的眼睛，一定有毛病"。这句话辞面说的是"视力"，但在语境中，要表达的是"观察事物的能力"这个意思，以此传达了"赵辛楣观察事物的能力有问题"这样的"言外之意"。以此"言外之意"的表达，不露痕迹地狠狠地回敬了赵辛楣。

所以，原本以为占了上风的赵辛楣，听了这句话后，"一时想不出回答，只好狠命抽烟"。

例二:

王守仁初封新建伯,入朝谢,戴冕服,有帛蔽耳。或戏曰:"先生耳冷耶?"王曰:"是先生眼热。"①

王守仁受封为新建伯时,入朝谢恩,穿着朝会的礼服,用丝帛遮蔽耳朵。某位官员就乘机调侃他说:"先生的耳朵冷吗?"王守仁回答:"我的耳朵不冷,是先生您眼热。"王守仁此话中的"眼热",是仿造"耳冷"来说的;其中的"热"并不是与"冷"相反的词义,即并不是表示"冷热"的"热",而是由"眼热"引申出"眼发红"这个意思,由短语义转变为词义,即"眼红""妒忌"这样的"言外之意"。

2. 由词的文化义或典故体现的"言外之意"

在具体语境中,赋予词的文化义或典故义以具体的语境内容,可以传达"言外之意"。

由词的文化义体现的"言外之意",如杨澜采访周华健的以下谈话:

杨澜:有没有心里暗生羡慕?人家生活很丰富多彩,你的属于早婚早育。

周华健:不会,倒真的不会,很舒服的日子,还想怎么样,对不起,对不起。

杨澜:看到别人在折腾的时候,你那时心里说,还幸好我后方很稳定。

周华健:倒没有,没有。很联想到自己的问题,因为,其实我跟我太太吵架。几乎什么话题都吵的,什么都吵一遍,所有事情,鸡毛蒜皮的事情什么都……

杨澜:会吃醋吗?那么多女歌迷的事情。

周华健:没有啊,没有发生过这种事情。

杨澜:没有烦过这个?

周华健:我从第一天就是个已婚歌手的身份,而且也没有隐藏

---

① (明)曹臣、(清)赫懿行编纂:《舌华录宋琐语》,岳麓书社1985年版,第8页。

过这个消息。

　　杨澜：所以反而省却过一些烦恼。

　　……

　　周华健：……任何人其实在任何阶段里都是，知足就常乐。<u>会</u>
<u>不会太八股了？</u>

　　杨澜：不会不会，很受用，大家说对不对？（杨澜编著：《天下
女人5·知足就常乐：周华健》）

　　在以上对话的结尾处，周华健说了句"会不会太八股了"。要理解
这句话，首先需要了解什么是"八股"。"八股"是明清科举考试的一
种特殊文体。"这种文体有固定的格式和一系列的清规戒律。一篇文章
在开始须有破题（点明题目要旨）、承题（承接破题的意义作进一步的
说明）等部分，然后有提比、中比、后比、束比四部分作为正式的议
论，其中每一部分都有两股相比偶的文字，共计八股。"① 从八股的规
定来看，八股文具有死板、老套的特点。

　　周华健在这里说"会不会太八股"？不是在谈科举考试，而是对自
己前面所说观点的询问。而前面这句"任何人其实在任何阶段里都是，
知足就常乐"，是大家常用来勉励的话，因而当周华健在此将这句熟悉
的话用来总结时，就会有一种老生常谈的感觉。所以，他问杨澜，这样
说是不是"太八股"。是借"八股"这个词的文化义，来传达"太老
套、太陈旧"这样的"言外之意"。

　　此外，用典故建构的"言外之意"也很常见，下面分别举两个例子
作分析。

　　例一：

　　　到了吃饭的时候，饭厅里一张小圆桌上，早陈设好了杯筷。陶
　　太太和伯和丢了一个眼色，就笑道："我们这里，是三个主人三个
　　客，我同伯和干脆上坐了，不必谦虚。二位老人家请挨着我这边

------

　　① 阴法鲁、许树安主编：《中国古代文化史（3）》，北京大学出版社1991年版，第
354页。

坐。家树，你坐伯和手下。"这里只设了六席，家树下手一席，她不说，当然也就是何丽娜坐了。家树并非坐上席，不便再让。何丽娜恐怕家树受窘，索性作一个大方，靠了家树坐下。听差提了一把酒壶，正待来斟酒，陶太太一挥手道："这里并无外人，我们自斟自饮吧。"何丽娜是主人一边，决没有让父母斟酒之理，只好提了壶来斟酒。斟过了伯和夫妇，她才省悟过来，又是陶太太捣鬼，只得向家树杯子里斟去。家树站起来，两手捧了杯子接着。陶太太向何廉道："老伯，你是个研究文学有得的人，我请问你一个典，'相敬如宾'这四个字，在交际场上，随便可以用吗？"她问时，脸色很正。何廉一时不曾会悟，笑道："这个典，岂是可以乱用的？这只限于称赞人家夫妇和睦。"何丽娜已是斟完了酒，向陶太太瞟了一眼。倒是何太太明白了，向她道："陶太太总是这样淘气！"何廉也明白了，不觉用一个指头擦了小胡子微笑。（张恨水《啼笑因缘》续集）

"相敬如宾"出自《左传·僖公三十三年》，原文为："初，臼季使过冀，见冀缺耨，其妻馌之。敬，相待如宾。"是说：臼季路过冀邑，看见郤缺锄草，他妻子给他送饭时，郤缺表现出恭敬的态度，夫妻彼此相待如宾。后来，"相敬如宾"就用于表示夫妻互相尊敬，如同对待客人一样；夫妻恩爱、关系融洽。

此例中，陶太太有意撮合何丽娜和家树。因而，陶太太和丈夫及家树去何家赴宴时，陶太太先是座位安排上，将何丽娜和家树挨在一起。随后，以"并无外人，自斟自饮"为由，屏退下人。而此时，这斟酒之事，自然就落到既是主人又是晚辈的何丽娜身上了。主人斟酒，作为客人也应恭敬有礼，所以"家树站起来，两手捧了杯子接着"。此二人连着坐，并无他人隔阂，又如此恭敬有礼；似乎是典故"相敬如宾"中情形的再现。因而何丽娜在斟酒时，就明白了"又是陶太太捣鬼"。陶太太在自己如意计策变成现实时，当然不肯放过，于是便乘机向何老伯问道："我请问你一个典，'相敬如宾'这四个字，在交际场上，随便可以用吗？"借此将现实的一幕，以典故说出。表面是在问一个典故，但此时此景，与典故中的情形如出一辙。借辞面的典故来表达"你们真是和睦恩爱"这样"言外之意"。

而听话人何老伯并没领会到陶太太的"言外之意",还以为她只是在问典故,于是就将典故的原意,即"称赞人家夫妇和睦"这个意思说出。陶太太借何老伯之口,再一次将此前的情境又明确地说了一遍;这就使陶太太所要表达的朦胧的"言外之意",更明朗地向大家展现出来。最后,何太太明白了,因此说道:"陶太太总是这样淘气。"将陶太太打趣何丽娜和家树"恩爱和睦"的这个意思,又再一次明朗化。最后,何老伯也明白了,"不觉用一个指头擦了小胡子微笑"。

由此,陶太太所要传达的"言外之意"经过这三次"点化"后,大家都心领神会了。这也就使这平常的一顿饭吃出了不寻常的意义。

例二:

> 庾元规语周伯仁:"诸人皆以君方乐。"周曰:"何乐?谓乐毅邪?"庾曰:"不尔,乐令耳!"周曰:"何乃刻画无盐,以唐突西子也?"(南宋·刘义庆《世说新语·轻诋》)

此例中所提到的"乐毅"这个人是战国时燕国人,曾率五诸侯国之兵征伐齐国,大破齐国,封为昌国君。而"乐令",是西晋人,官至尚书令、太子舍人。庾元规对周伯仁说:"大家都把您和乐氏相比。"周伯仁问是哪个乐氏?庾元规说是乐令。周伯仁就说:"为何要精心美化无盐,用以冒犯西施。"

周伯仁的话中,涉及"无盐"与"西施"这两个典故。"无盐"的典故出自汉代刘向《新序》卷二《杂事之二》:"齐有妇人极丑无双,号曰无盐女。其为人也,臼头深目,长壮大节,昂鼻结喉,肥项少发,折腰出胸,皮肤若漆。"此外,刘向《列女传》卷六《辩通传·齐钟离春》中说:"钟离春者,齐无盐邑之女,宣王之正后也。其为人极丑无双。"可见,无盐是指战国时期齐国无盐邑著名的丑女钟离春。此后"无盐"即成为丑女的代称。而"西施"则是历史上越地诸暨县苎萝山的一美女,后来"西施"即成为美女的代称。

而在周伯仁的这句话中,说将无盐来冒犯西施,是指以乐令来比附自己,在这两者间建立了相似性。辞面是用典,而辞里则是对辞面典故的比附。因而此话的"言外之意"即为："为何把我这么好的人比作那么差的人。"

由上面的分析可以看出："词义引申"式"言外之意"，主要依托于具体语境中词义的引申来实现表达。对此类"言外之意"的理解，首先是要了解寄托着"言外之意"的词或典故的意义，在此基础上，再联系具体语境来把握其语境中的引申义，此引申义也就是"言外之意"。

（三）"内涵关联"式

"内涵关联"式"言外之意"是指在具体语境中，赋予词的内涵义以具体的语境联想义，即词的内涵义在具体语境中的扩充，此扩充的语境义即为"言外之意"。

此类"言外之意"可以存在于多种词类的语境扩充义中，在此我们仅以称谓词、副词、介词这三类较为典型地体现"言外之意"的词类为例来分析。

1. 由称谓词的内涵义所体现的"言外之意"

称谓词是用于表示面称或背称的词。这些词在一定语境中，可以传达出"言外之意"。下面，我们分别以三个例子作分析说明。

例一：

如《西厢记》第二本第三折中的这段文字：

[红云] 往常两个都害，今日早则喜也！[旦唱]

[乔木查] 我相思为他，他相思为我，从今后两下里相思都较可。酬贺间礼当酬贺，俺母亲也好心多。

[红云] 敢著小姐和张生结亲呵！怎生不做大筵席，会亲戚朋友，安排小酌为何？

[旦云] 红娘，你不知夫人意。

[搅筝琶] 他怕我是赔钱货，两当一便成合。据著他举将除贼，也消得家缘过活。费了甚一股那，便待要结丝萝！休波，省人情的奶奶忒虑过，恐怕张罗。

　　……

（夫人云）<u>小姐近前拜了哥哥者！</u>（末背云）呀，声息不好了

也！（旦云）呀，俺娘变了卦也！（红云）这相思又索害也！（元·王实甫：《崔莺莺待月西厢记》）

张生在老夫人的"退贼后以小姐相许"的许诺下，搬来救兵，赶走了前来打劫的贼寇孙飞虎。在退贼后，老夫人摆上谢功宴，请张生赴宴。张生、莺莺、红娘都以为此次筵席，是老夫人将小姐许配与张生的许婚之筵。所以，红娘去请张生赴宴时，"见他欢天喜地，谨依来命"。而莺莺赴宴时，心里想着"我相思为他，他相思为我，从今后两下里相思都较可"。红娘也以为是夫人将小姐许配张生，但却疑惑"小姐和张生结亲呵！怎生不做大筵席，会亲戚朋友"；而莺莺却以为是老夫人怕张罗。

但当张生为日思夜想，即刻成为妻子的莺莺，翘首期盼之时；当莺莺娇羞百媚地欲见又还的进退之时；老夫人的一句"小姐近前拜了哥哥者"犹如晴天霹雳，使沉浸在幸福云端的张生、莺莺，跌到痛苦绝望的现实中。张生、红娘为之一惊，从此话中听出了老夫人变卦之意。

此话所具有的这般摧毁作用，关键在于"哥哥"一词。

"哥哥"是亲属称谓语，是"兄"的俗称，常用于口语中。在《尔雅·释亲》中的解释为："男子先生为兄，后生为弟。"因而，"哥哥"是同一父母或同族同辈中对年长男子的称呼。

此次宴会，依据老夫人曾经的许诺，应该是许婚之宴。而在许婚筵上，小姐拜见夫婿时，该称夫婿为"相公"。但老夫人却说是"拜见哥哥"。拜哥哥，即是指兄妹关系。因此，老夫人此话的真实意思，即借辞面要传达的"言外之意"为："莺莺与张生以兄妹相称，并非夫妻，并非将莺莺许配张生。"因而，张生、红娘都从此话中听出了变卦之意。

例二：

电视剧《饮食男女》中，朱爸爸想当着女儿、女婿们的面宣布他要和锦荣（朱爸爸女儿的同学）住在一起。而在他说明真相之前，他的女儿们及锦荣的母亲——梁伯母，都认为把大家召集齐了是要宣布他和梁伯母的喜讯。在晚餐时，朱爸爸想说出真实的想法，但又觉得尴尬，所以从自己想卖房子搬家说起，有下面的对话：

朱爸爸：这栋房子对我来说，有很多旧的回忆，可是现在人走得差不多了，我决定把它卖了！我在官渡找到了很好的房子，稍微旧了点，要整修，个把月就可以搬进去了。

梁伯母（羞涩地）：好啊！搬家是好事嘛！新人，新屋，新气象。

朱爸爸：我，我先这杯酒敬你。

朱爸爸：<u>梁伯母，我真的没把锦荣照顾好。</u>（梁伯母满脸的笑容顿时僵住了）可是我对天发誓，只要我老朱有一口气在，我绝不让她们母女挨饿受冻！我们家永远欢迎你来玩。……请伯母成全我们，我先干为敬！

（大女儿）：爸，你别喝了，你喝多了。

在这几段话中，"梁伯母"这个称呼语，是朱爸爸表达"言外之意"的语言形式。在他用"梁伯母"这个称呼之前，梁伯母都以为朱爸爸要和自己成亲。所以当朱爸爸说到搬家时，梁伯母就羞涩地说"新人，新屋，新气象"，这里的"新人"是自说自指。但当朱爸爸用"梁伯母"称呼她时，梁伯母脸上的笑容顿时僵住，骤然变色。梁伯母的这种反应，即是注意到了朱爸爸所要表达的意思与自己所想的是截然不同的。

"伯母"是晚辈对长辈一个称呼语。朱爸爸称"梁伯母"，即表明梁伯母和朱爸爸之间不是同辈关系。这个称呼语就透露出，朱爸爸并不是把她当未来妻子，而是当长辈。因此，传达了"朱爸爸并不是和她订婚"这样的"言外之意"。

所以，梁伯母听后，原本灿烂的笑容顿时就僵住了。在朱爸爸说那番话时，她手拿着酒杯不停地抖了起来。原来的想象落空了，极度失落。

例三：

如电影《夜宴》的一个片段：皇上的弟弟谋害哥哥后，娶嫂登皇位。借与朝臣巡视朝殿时，借此告之朝臣江山易主，也随机试探群臣的归顺之心。在谈论易换先帝屏风，改雕屏风时，已故君王之妻，也是现任君王之妻驾临。于是有了这一番对话：

皇上：那把这屏风就雕虎吧！

皇后：雕飞龙在天。

众臣齐声：臣等拜见皇后！

裴洪：臣幽州节度使裴洪，叩见，皇——太——后！

（众臣、皇上凝重。）

皇上：裴洪叫皇后为皇太后，你们听见了?!

臣：（怯声）听见了。

皇上：什么意思？（下阶）不敢说！朕说！先帝殡天，如果是太子即位，皇后就变成了皇太后，而朕就是篡位！裴洪，对不对?! 不愧是儒将出生，三个字：伦常朝纲，春秋大义，替天行道啊你！祖宗立制：皇帝应跪见皇太后，是为以孝治国；皇帝应接受皇后跪见，是为夫为妻纲。皇太后，皇后（凝视皇后）跪乎？受跪乎？请问朕当何以自处？

皇后（沉痛、决断跪下）：臣妾，叩见皇帝陛下！

（众臣下跪）齐呼：皇上！

裴洪（大笑，愤慨）：哈哈哈！先帝啊，你在天之灵，看到了，这肮脏的交易了吗?!

皇上：殷隼。

殷隼：臣在。

皇上：幽州节度使是你的了。

殷隼：谢皇上！

皇上：羽林卫！将裴洪杖毙廷下，诛九族！

　　先皇去世，先皇之弟登基娶嫂；以前的皇后，现在仍为皇后。所以朝臣们都称皇后。而幽州节度使裴洪却称"皇太后"。而"皇太后"一词，是指皇帝的母亲，是先王去世后，对现任皇帝的母亲的称呼。因而，裴洪借这个称呼，所要传达的真正意思，即"言外之意"为：应该是太子继任皇位，而不是皇帝的弟弟即位；即不承认皇帝弟弟作为现任皇帝的合法地位。

　　所以，众臣听后表情沉重，怕冒犯皇帝。而现任皇帝，即先皇的弟弟也听出其"言外之意"，即"先帝殡天，如果是太子即位，皇后就变成了皇太后，而朕就是篡位！"

"皇太后"这个称谓语，在此时此境中却寓意丰富：既表明裴洪对现任君王的不认可，也是借这个称谓语来提醒众臣要忠于先王，更是提醒先王之妻要忠于先王。这个平凡的称谓语，在此时就传达了不平凡的意义。

现任君王当然不允许这类反叛臣子存在，所以忠心于先王的裴洪就落得"诛九族"的下场。

2. 由副词的内涵义所体现的"言外之意"

由副词的内涵义传达的"言外之意"，是指在特定的语境中，赋予副词的内涵义以特定的语境意义，此语境中赋予的具体意义就是"言外之意"。

这里需要指出的是：副词内涵义与由副词内涵义所体现的"言外之意"的区别在于：前者是不需要任何语境都具有的意义，属于语言义；而后者则是在具体语境中产生的言语义。

下面，我们对"以副词的内涵义"所体现的"言外之意"作分析。

在语法研究中，副词分为：表示"程度、范围、时间、频率、肯定、否定、语气、情态、方式、关联"① 等不同类别。因副词一般具有实在的语义，因而一般归入实词类别；即使也有归入虚词类的，但也认可"副词意义稍实"② 的事实。

在语法研究对副词分出的类别中，程度副词、范围副词、时间副词及语气副词，在语义上，都隐藏着与某个基点的对比，存在逻辑的对比意义。而这些蕴含逻辑对比义的副词，在具体语境中往往就能传达"言外之意"。

在此，我们仅以范围副词及时间副词为例，分析这些副词运用时所产生的"言外之意"。而对于其他有着对比意义的副词所体现的"言外之意"就不再一一列举了。

（1）由范围副词体现的"言外之意"

在具体语境中，能传达"言外之意"的副词，一般都是具有逻辑对

---

① 黄伯荣、廖序东主编：《现代汉语》（下册），高等教育出版社1997年版，第24页。

② 邢福义主编：《现代汉语》，高等教育出版社1991年版，第274页。

比义的副词。

在语法研究中，副词可分为："总括性范围副词、排他性范围副词和限量性范围副词。"① 从语义上，"总括性范围副词是就某一范围内的对象进行全体标举，并对这一范围内全体成员进行同质性提取，即借助于总括范围副词，对某一范围内的所有成员进行总括，提取这类成员在某个方面的'同质性'。排他性范围副词重在揭示某一范围内部分成员或个别成员不同于其他成员的异质性，因而具有'排他性'或'惟一性'。限量性范围副词则重在限定与事物或动作行为有关的数量特征，往往必须有数量词语与之共现"②。

从语法研究中对副词的分类，可以看出：限量性范围副词，侧重与对数量的限定，所具有的对比性较弱；而总括性范围副词及排他性范围副词的对比性较强。具体而言，总括性范围副词，所囊括的是某一范围的全体成员。对全体成员的囊括，在逻辑上就具有此范围内无一例外的特性。而排他性范围副词的排他性，就意味着：只限于此，而非其他。

因此，总括性范围副词及排他性范围副词往往具有传递"言外之意"的可能性。其中，总括性范围副词所传递的"言外之意"是：此范围内无例外；而排他性范围副词所传递的"言外之意"是：只限于此，没有其他。

下面我们以排他性范围副词中的"惟"所体现的"言外之意"为例。

"惟"（唯）《古代汉语虚词通释》，在《古代汉语虚词词典》中有这样一条解释："副词。（一）用在句首或谓语之前，表在句首或谓语之前，表示对事物或动作的限定。'唯'这样用时，根本意义是'只'，但译时除译作'只'、'仅'等外，有时还应根据文义，译作'只有'、'只是'、'只按照'等。"③ 在《现代汉语虚词例释》中也有相同的解释："惟，副词，文言虚词，也写作'唯'。用来限定事物或动作的范

---

① 张亚军：《副词与限定描状功能》，安徽教育出版社 2002 年版，第 68—69 页。
② 同上书，第 70 页。
③ 何乐士等编：《古代汉语虚词通释》，北京出版社 1985 年版，第 582 页。

围，强调其'独一无二'，相当于'只''只有'。"①

由上面词典中的解释可以看出："惟"所表示的语言意义是"只有""独一无二"。当其用于表达"言外之意"时，就能传达"没有其他"这样的意思。下面，我们以电影《画皮》中的一段对话为例来分析：

> 小唯：你们就收我为妾吧。
>
> 王夫人（沉默）
>
> 小唯：求求你。
>
> 王将军（惊）：小唯，起来说话。
>
> 小唯：佩蓉姐，求求你……
>
> 王将军：（跪席）小唯，<u>王夫人只有一个</u>。
>
> 小唯默然对视。
>
> 王将军：你今天应该很累了。（沉默）小柔，送小唯姑娘回房间。（电影《画皮》）

小唯要王将军娶她为妾，但王将军当着小唯及王夫人的面，只说了句"王夫人只有一个"。从辞面上看，"只有"，在语义上具有排他性，即"仅限于此，没有其他"。从辞面上看，似乎是在说他没有第二个王夫人。

但在小唯想请求他娶她为妾的情境下，这句话中"只有"的排他性就有了具体所指，即不可能再娶你。这也就是在具体语境中，赋予"只有"这个词的具体语境义，这也就是借"只有"这个词所传达的"言外之意"。

因此，小唯听后黯然伤神，而王夫人则感动得泪流满面。

（2）由时间副词体现的"言外之意"

在语法研究中，可以依据不同的标准，对时间副词进行分类："（一）根据时间副词所表达的时间先后关系，将现代汉语的时间副词

---

① 北京大学中文系 1955 级、1957 级语言班编：《现代汉语虚词例释》，商务印书馆 1982 年版，第 425 页。

分为以下三类：先时时间副词：表示动作行为或事件在某个参照时间以前发生或完结。主要包括'曾、曾经、业已、已经、已、已经'等。后时时间副词：表示动作行为在某个参照时间点以后发生，具有前瞻性。主要包括'将、将要，终将、必将、迟早、早晚、及早、早日'等。同时时间副词：表示动作或事件在某个参照时间点上，处于非起点非终点的延续阶段。主要包括'正、正在、在'。（二）根据时间副词所表达的时段和时间延续关系，将现代汉语的时间副词划分为：短时副词：表示时间间隔短。主要包括'一度、暂、暂且、刚、刚刚、才、就、马上、立刻、立即、当即、随即、便、顿时'等。长时副词：表示动作行为或事件延续时间较长，通常带有习惯性或恒常性。主要包括'一直、永远、一向、从、从来、历来、素来、往往、常、常常、至今'等。延续时间副词：主要表示动作行为或事件所处状态的延续，主要包括'还、仍、仍然、仍旧、再'等。"①

在上面的第一种分类中，先时时间副词和后时时间副词蕴含着对比性，我们以下图形式来表示第一种分类：

一般以"同时"为参照点，那么"先时时间副词"就具有非"同时"和"后时"的逻辑语义；同样"后时时间副词"也就具有非"同时"和"先时"的对比意义。因而"先时时间副词"及"后时时间副词"所蕴含的对比意义，使其具有了传递"言外之意"的可能。而相对于"先时"及"后时"而言，作为参照点的"同时"其比较意味较弱，所以一般不传递"言外之意"。

而在第二种分类中，"长时时间副词"具有非短时的逻辑语义；"延续时间副词"具有非中断的逻辑语义；这两类也蕴含对比意义，也具有传递"言外之意"的可能性。

在此，我们仅以先时时间副词体现的"言外之意"为例来分析。如：

———————————

①　张亚军：《副词与限定描状功能》，安徽教育出版社 2002 年版，第 217 页。

　　阿妈出去了，振保吃着饼干，笑道："我真不懂你了，何苦来呢？约了人家来，又让人白跑一趟。"娇蕊身子往前探着，聚精会神考虑着盘里的什锦饼干，挑来挑去没有一块中意的，答道："<u>约他的时候，并没打算让他白跑。</u>"振保道："哦？临时决定的吗？"娇蕊笑道："你没听见过这句话么？女人有改变主张的权利。"（张爱玲：《红玫瑰与白玫瑰》，见于《张爱玲全集　红玫瑰与白玫瑰》）

　　娇蕊原本约了悌米，但因振保来了，就让阿妈拿纸来写纸条给悌米，推说"自己"有事出去了。所以振保说，她约了人家又让人家白跑一趟。娇蕊便解释说："约他的时候，并没打算让他白跑。"从辞面看，是在解释原本是打算约他的。但振保在这句话中听出了另外的意思，即"是临时改变决定的"这样的"言外之意"。所以问娇蕊，而娇蕊却说："女人有改变主张的权利"，即是告诉他是临时变更的。

　　振保从娇蕊的话中，听出其临时改变之意，是将"约的时候"与现在对比，在时间词的今昔对比中，了解了"娇蕊现在不想见他"这个意思，这也就是此时间副词所要传达的具体语境义，也就是"言外之意"。

　　3. 由介词体现的"言外之意"

　　在介词的类别中，有一类表示排除的介词，"除、除了"，往往能传递"言外之意"。

　　在《现代汉语虚词例释》中对"除了"的第一条解释为："介词，一、从整体中排除一部分，整个论断只适用于保留部分，不适用于被排除的部分。"[1]

　　"除了"所表示的语言意义是：整个论断只适用于保留部分。从这个意义作对比联想，即能表达"对非保留部分的否定"这样的"言外之意"。如：

---

　　① 北京大学中文系 1955 级、1957 级语言班编：《现代汉语虚词例释》，商务印书馆 1982年版，第 122 页。

宝玉道:"他是珍大嫂子的继母带来的两位妹子。我在那里和他们混了一个月,怎么不知? 真真一对尤物! ——他又姓尤。"湘莲听了,跌脚道:"这事不好! 断乎做不得。你们东府里,除了那两个石头狮子干净罢了。"宝玉听说,红了脸。湘莲自惭失言,连忙作揖,说:"我该死,胡说。你好歹告诉我,他品行如何?"宝玉笑道:"你既深知,又来问我作甚么? 连我也未必干净了。"湘莲笑道:"原是我自己一时忘情,好歹别多心。"(清·曹雪芹、清·高鹗:《红楼梦》第六十六回)

　　宝玉听说湘莲留剑定情之事后,知道湘莲所定情之人是自己熟悉的尤三姐,就迫不及待地将尤三姐的出身、姿色告之湘莲。但当湘莲听说此女子是贾府中珍大嫂子的亲戚后,就随口说出了"你们东府里,除了那两个石头狮子干净罢了"。

　　"除了"这个介词的使用,在辞面是说"干净"的只是"那两个石头狮子";但仅对"石头狮子"的肯定,就意味着对其他的否定。而对其他的否定,在这个具体语境中,是有专指的,即指贾府中那些苟且之事,即指贾府中的人都有不检点的行为。这也就是湘莲所要传达的"言外之意"。

　　而听话人宝玉,因与蒋玉菡、秦钟及湘莲都有着暧昧关系,所以宝玉一听就"红了脸",以为湘莲的这句话是在影射他。而湘莲一看宝玉红了脸,顿时"自惭失言,连忙作揖";而宝玉后面也笑着打趣他"连我也未必干净了"。可见,"除了"这个介词,在语境中被赋予了丰富的含义,而此语境义就是所要传达的"言外之意"。

　　由上面的分析可以看出:"内涵关联"式"言外之意",主要是通过具体语境中,赋予词的内涵义以临时具体的语境意义来实现表达的。而对此"言外之意"的理解,是在把握词的内涵义的基础上,联系具体语境作整体分析,探寻其临时的语境意义,而此具体的语境意义就是所要传达的"言外之意"。

　　(四)"关系联想"式

　　"关系联想"式"言外之意",是指辞面与辞里在语言形式上有着某种直接的关系;在具体语境中,借助这种关系将"言外之意"表达出来。而对于接受者的理解来说，是在具体语境中，由辞面产生某种联想，在联想的桥梁作用下，实现"言外之意"的理解。

具体来说，此类"言外之意"主要涉及对比关系、接近关系和相关关系。

1. 由对比关系体现的"相交关涉"式"言外之意"

此类"言外之意"的表达和理解主要与对比关系产生的联想，即对比联想有关。

下面分别以三个例子作分析。

例一：

千秋令节名空在，承露丝囊世已无。惟有紫苔偏称意，年年因雨上金铺。(唐·杜牧：《过勤政楼》)

"千秋节"是唐玄宗时的全国性节日。唐玄宗是农历八月初五的生日，玄宗即将自己的生日定为举国同庆的节日"千秋节"，寓取"千秋万代"之意。"千秋节"这一天，大宴群臣，朝野同欢。朝臣向皇帝进献精美的铜镜，祝愿皇帝万寿无疆；而平民百姓也将丝织的囊袋带在身上，以示对皇上的祝福。

诗中，"千秋令节名空在，承露丝囊世已无"，表明"千秋节"早已名存实亡，"承露丝囊"也不见佩戴；"千秋节"及大唐盛世已经作古，成为历史。而见证这段辉煌历史的、百戏杂呈、热闹非凡的勤政楼，而今的景象却是："惟有紫苔偏称意，年年因雨上金铺。"只有紫苔疯长，往日威严可畏的龙头兽首的门环，而今已是绿锈满身。由此可见其人迹罕至、衰败凄凉。

诗中虽只写勤政楼现在的情景，但这种情景却引发出今昔盛衰的强烈对比。在这对比中，伤痛之情溢于言外，这也就是诗人借描写来传达的思想内容，也就是此诗所要表达的"言外之意"。因而，正如近人俞陛云《诗境浅说续编二》所说："因废苑荒凉，为萤火苍苔滋生之地，客子所伤心者，正萤与苔所称意，其荒寂可知矣。"①

_____

① 俞陛云：《诗境浅说》，北京出版社 2003 年版，第 255 页。

例二：

　　奉帚平明金殿开，且将团扇暂徘徊。玉颜不及寒鸦色，犹带昭阳日影来。[唐·王昌龄：《长信秋词》（二）]

　　此诗取材于《汉书·外戚传》，是关于汉成帝两个妃子的故事。汉成帝最初宠爱班婕妤。赵飞燕姐妹来后，班婕妤失宠，处境危险；于是班婕妤便自请到长信宫去侍奉太后。而此诗是借班婕妤之事来写长信宫人之思。

　　诗中前两句，写宫女打扫金殿之后，执扇徘徊。而团扇乃夏天所用之物，到了秋天即成消遣之物。以扇到秋的弃用与宫人的失宠，两相对照。而这失宠冷落的心情，并未直接表露。而是在后面两句中，借助于"人与鸦相对比"中凸显出来。

　　从昭阳宫（即赵飞燕所住之处）飞来的乌鸦，背上还带着阳光，而自己居于清冷之处，反不如乌鸦。不将自己与赵飞燕相比，而与赵飞燕所住之处的乌鸦相比；这种反常的比较，将班婕妤失宠后内心的失落、孤寂更明显地呈现出来；这也就是运用对比来凸显的"言外之意"。因而，正如清人黄生《唐诗摘抄》中所说："寒鸦犹带日色，玉颜反不得君恩，所不及也。却硬说是色不及，更妙。"[①] 又如清代沈德潜在《唐诗别裁》卷十九中亦说："昭阳宫，赵昭仪所居，宫在东方，寒鸦带日影而来，见己之不如鸦也。优柔婉丽，含蕴无穷，使人一唱三叹。"[②] 可见，通过"人""鸦"的这种对比，将长信宫人的幽思哀怨凸显得更加明显，而这份备受冷落的哀愁、幽思也就是要传达的"言外之意"了。

例三：

　　红烛津亭夜见君，繁弦急管两纷纷。平明分手空江转，唯有猿声满水云。（唐·司空曙：《发渝州却寄韦判官》）

----

① 周蒙、冯宇主编：《全唐诗广选新注集评2》，辽宁人民出版社1994年版，第425页。
② 同上。

友人夜聚朝别，相聚短暂。在平明分手之时，难舍难分的伤怀洋溢于胸。但诗文中并没直接写这份离别的难舍，而是借助于猿啼的凄凉之声来表达。辞面写猿声的凄哀，在具体语境下，将猿与人对照；在这种对比关系下，由猿及人，将人的伤情别绪凸显出来。而"这种离别的伤情别绪"也就是借助对比来传达的"言外之意"了。正如明人陈继儒在《唐诗选脉会通评林》中说："以会时之欢宴形别后之凄楚，不言离愁，而离愁自见。"①

2. 由接近关系体现的"相交关涉"式"言外之意"

此类"言外之意"的表达和理解主要与接近关系产生的联想，即接近联想有关。

下面我们分别以三个例子来分析。

例一：

玉芬道："四妹，这话好像你很有道理。但是你要晓得人心有变动啊！这个时候，老七不愿和秀珠妹妹谈到婚姻问题上去，那是小孩子也知道的事情，还要什么证明？不过现在他是这样，绝不能说他以前也是这样。"道之笑着一挺胸脯，两手一鼓掌道："这不就结了。以前他爱秀珠，现在他不爱秀珠妹妹，这有什么法子？<u>旁边人就是要打抱不平，也是枉然。</u>"玉芬道："四妹，你这是什么话？谁打了什么抱不平？"金太太先以为她两人说话故意磨牙，驳得好玩，现在听到话音不对。那玉芬的脸色，由额角上红到下巴，由鼻子尖红到耳根，抿了嘴，鼻孔里只呼呼地出气。手上在茶几上捡了一张报纸，搭讪着，一块儿一块儿地撕，撕得粉碎。金太太这就正着颜色说道："为别人的事，要你们这样斗嘴劲作什么？"［张恨水：《金粉世家》（第四十五回）］

道之说："旁边人就是要打抱不平，也是枉然。"此话是一种泛指，并没有说明要打抱不平的"旁边人"是谁，但玉芬听后，就能听出是指她，所以接着说："谁打了什么抱不平？"并且"玉芬的脸色，由额

---

① 周蒙、冯宇主编：《全唐诗广选新注集评2》，辽宁人民出版社1994年版，第141页。

角上红到下巴，由鼻子尖红到耳根，抿了嘴，鼻孔里只呼呼地出气"，可见玉芬听了道之话后的气愤。

道之虽未说明，但在具体语境中，却能推知这个"旁边人"的具体所指。道之这句话是紧接着玉芬的话说的，而玉芬的话，是在为老七对秀珠的态度辩解，"现在他是这样，绝不能说他以前也是这样"，是指老七以前对秀珠有意。而且秀珠是玉芬介绍给老七的，玉芬一直希望他们俩能喜结良缘。在冷清秋出现后，玉芬仍一直向着秀珠，帮着秀珠挽回她和老七的可能。所以，道之说的那句话，虽然没有明说打抱不平之人，但依据玉芬与秀珠的关系，及玉芬刚才为秀珠和老七关系所作的辩解，可以看出所指的爱打抱不平的"旁边人"就是指玉芬。

道之的话，在辞面上是模糊的，但依据具体情景和人物关系，依据相关联想，就能理解其具体所指，即指"玉芬为这事打抱不平"，这也就是道之所要表达的"言外之意"。

例二：

　　百花仙子见话不是头，不觉发话道："群花齐放，固虽甚易。第小仙向来承乏其事，系奉上帝之命。若无帝旨，即使下届人王有令，也不敢应命，何况其余！且小仙素本胆小，且少作为，既不能求不死之灵丹，又不能造广寒之胜境。种种懦弱，概不如人。道行如此之浅，岂敢妄为！此事只好得罪，有方遵命了。"嫦娥见他话中明明讥讽"窃药"一事，不觉又羞又气，因冷笑道："你不肯开花也罢了，为何语中却带讥讽？"织女劝道："二位向以楸枰朝夕过从，何等情厚。今忽如此，岂不有伤和气？况事涉游戏，何必纷争？"元女道："二位角口，王母虽然宽宏，不肯出言责备，但以瑶池清净之地，视同儿戏，任意喧哗，未免有失敬上之道。倘值日诸神奏闻上帝，他年'桃会'恐不能再屈二位大驾了。"（清·李汝珍《镜花缘》第二回"发正言花仙顺时令　定罚约月姊助风狂"）

百花仙子并没有直接讽刺嫦娥窃药，但"求不死之灵丹""造广寒宫"，这些事情与"窃药"之间有着现象与本质的联系。所以百花仙子借现象与本质之间的关系,在辞面只说了现象:"求不死之灵丹""造广寒宫";而将与此相关的本质,也就是要表达的真实意思,留给嫦娥去揣测。而作为当事人的嫦娥,自然能从现象中联想到本质,即"窃药之事"。由此理解了百花仙子所要传达的"言外之意"即"讥讽她'窃药'"。因而,"嫦娥见他话中明明讥讽'窃药'一事,不觉又羞又气"。

例三:

因为他突然引起了一个这样的话头:我们去大海带不带爷爷。

我还真没考虑过这个问题,可这个问题并不复杂。"不带爷爷,"我说,"爷爷年龄大了,出门坐车不大方便。让他看家吧。"

听了我的话阿斗收起了笑容,他玩着手里的两把手枪默默无语。"你又怎么了?"一看到这孩子那么一声不吭地好像在思索问题,我就浑身上下的都不舒服。"爷爷他早就见过大海了。"我对阿斗解释。

"可就咱们两个去大海里玩没有意思,"又呆了一会,阿斗终于说,"<u>我愿意有三个人一块在大海里玩。</u>"

即使是白痴也听得出来阿斗要说什么,可我竟愚蠢地告诉他道:"咱们不是两个人在大海里玩,是三个人,还有一个阿姨跟咱们在一起。"

我这种说明无异于自投罗网。果然,阿斗一听,立刻警惕地从我怀里挣脱出来。[刁斗:《延续》,载秦巴子编:《被遗忘的经典小说》(上卷)]

阿斗说"我愿意有三个人一块在大海里玩",辞面虽并没直接说"要带爷爷一起去",但阿斗说这句话,是在"我"告诉他要带他去海边玩,让爷爷在家看家,这样的情形下说出的。而"我们"家,在"我"和阿斗的妈妈离婚后,就只有"爷爷""我"和阿斗三人相依为命。因此,在这样的语境中,阿斗所说的"三个人玩",除了"我"和他,当然就是指"爷爷"了。

所以,阿斗虽没有明说,但依据"三个人"的相关联想,就能明确他是指"带爷爷去"这样的"言外之意"了。

所以，"我" 明白了阿斗的 "言外之意"，"即使是白痴也听得出来阿斗要说什么" 了。

3. 由相关关系体现的 "相交关涉" 式 "言外之意"

此类 "言外之意" 的表达和理解主要与相关关系产生的联想，即相关联想有关。

下面以三个例子分别作分析。

例一：

1974 年，美国发生了 "水门事件"，福特接替尼克松就任总统。福特在对华关系上采取的是拖延方针。11 月份，基辛格第七次访华。由于福特的拖延政策，基辛格在推进中美关系正常化方面已失去了往日的热情。

基辛格到达北京后，邓小平副总理与基辛格举行会谈。会谈遇到的最大分歧是台湾问题。美方在废除美台《共同防御条约》、从台湾撤军等方面顽固坚持自己的立场。

基辛格为缓和谈判气氛，指着摆在他面前的三本厚厚的提要手册，对邓小平说：

"邓副总理，我将开始把这几本手册，从头到尾向你念一遍。"

"博士阁下，这几本手册有几吨重？" 邓小平机敏地问。

"有好几吨重，而且还准备了不少，这仅仅是我们的开场白。" 基辛格说。

邓小平听出基辛格故弄玄虚，在跟中国摆谱，便意味深长地接上一句：

"我们方面没有任何手册，我们只有小米加步枪。"

基辛格听到这里，不由为之一惊。（王锐编著：《外交脱口秀》）

在谈判中，美方 "在废除美台《共同防御条约》、从台湾撤军等方面顽固坚持自己的立场"，并摆出几本手册，以示他们理由充分，故意摆架子。邓小平见此情形后，只说了句 "我们方面没有任何手册，我们只有小米加步枪"。

辞面上似乎是在告诉美方,"我们没有手册,只有小米加步枪"这个事实。但"小米加步枪"是我们取得抗战胜利的主要武器和装备。因此,"小米加步枪"就和"抗战""战争""武力"有密不可分的关系。因此,邓小平所说的那句话,借助"小米加步枪"的相关联想,所要表达的真实含义,即"言外之意"为:我们没有任何手册,你们再摆谱,我们就靠武力解决。

所以,"基辛格听到这里,不由为之一惊"。

例二:

> 秦王谓唐且曰:"寡人以五百里之地易安陵,安陵君不听寡人,何也?且秦灭韩亡魏,而君以五十里之地存者,以君为长者,故不错意也。今吾以十倍之地,请广于君,而君逆寡人者,轻寡人与?"唐且对曰:"否,非若是也。安陵君受地于先王而守之,虽千里不敢易也,岂直五百里哉?"
>
> 秦王怫然怒,谓唐且曰:"公亦尝闻天子之怒乎?"唐且对曰:"臣未尝闻也。"秦王曰:"天子之怒,伏尸百万,流血千里。"唐且曰:"大王尝闻布衣之怒乎?"秦王曰:"布衣之怒,亦免冠徒跣,以头抢地尔。"唐且曰:"此庸夫之怒也,非士之怒也。夫专诸之刺王僚也,彗星袭月。聂政之刺韩傀也,白虹贯日;要离之刺庆忌也,苍鹰击于殿上。此三子者,皆布衣之士也,怀怒未发,休祲降于天,与臣而将四矣。若士必怒,伏尸二人,流血五步,天下缟素,今日是也。"挺剑而起。秦王色挠,长跪而谢之曰:"先生坐,何至于此?寡人谕矣。夫韩魏灭亡而安陵以五十里之地存者,徒以有先生也。"(西汉·刘向编:《战国策·魏策四·秦王使人谓安陵君》)

秦王想借"易地"之名,侵占安陵。安陵君不答应"易地",秦王很不高兴。安陵君怕有亡国的危险,于是派唐且出使秦国。唐且见到秦王后,义正词严地表明了安陵君的态度。秦王大怒,并挑明了说,你听闻过天子发怒吗?唐且不知其意,秦王随后告诫道:"天子之怒,伏尸百万,流血千里",即一旦天子龙颜大怒,就会血流成河,后果不堪设想。秦王本以为以此威慑会让唐且屈服。不料，唐且在秦王的启发下，也说出了布衣之怒的后果，即"伏尸二人，流血五步，天下缟素，今日是也"。

唐且的话，从辞面看，虽不如天子之怒血腥，但后果却比天子之怒严重，即"天下缟素"。但能使"天下缟素"的，自然就是指帝王出殡了。而联系唐且所说的"伏尸二人，流血五步"，"今日是也"；那这出殡的帝王自然即是秦王了。所以，借助当时的具体情形及"天下缟素"的联想，传递了"言外之意"，即警告秦王："如果惹怒了我，立刻就杀了你。"

所以，秦王听后脸色大变，并说："先生坐，何至于此？寡人谕矣。"并赞赏唐且的勇气和睿智："夫韩魏灭亡而安陵以五十里之地存者，徒以有先生也。"

此例中，唐且运用相关联想来传达了"言外之意"，既含蓄又有威慑力。最终秦王不得不放弃侵占安陵的想法。

例三：

玉叶看上去没什么动静，嘴巴慢，手脚却凌厉，有些嘎小子的特征。这样的事要是换了过去，老师们会本着一分为二的精神来看待玉叶。现在有点不好办，老师也有老师的难处。玉米是作为"家长"被请到学校里去的，第一次玉米没说什么，只是不停地点头，回家抓了十个鸡蛋放在了老师的办公桌上。第二次玉米又被老师们请来了，玉米听完了，把玉叶的耳朵一直拎到办公室，当着所有老师的面给了玉叶一嘴巴。……玉米这一次没有把鸡蛋抱到学校，却把猪圈里的乌克兰白猪赶过来了。事情弄大了，校长只好出面。校长是王连多年的朋友，看了看老师，又看了看玉米，手心手背都不好说什么。校长只好看着猪，笑起来，说："玉米呀，这是做什么，给猪上体育课哪？"咵着嘴让工友把乌克兰猪赶回去了。玉米看着校长和蔼可亲的样子，也客气起来，说："等杀了猪，我请叔叔吃猪肝。"校长慢腾腾地说："那怎么行呢。"玉米说："怎么不行，老师能吃鸡蛋，校长怎么不能吃猪肝？"话刚刚出口，玉叶老师的眼睛顿时变成了鸡蛋，而一张脸却早已变成猪肝了。（毕飞宇：《玉米》，载于高洪波主编《历届鲁迅文学获奖作品精选·小说

卷二》)

在玉叶第一次被请家长时,姐姐玉秀以家长的身份给玉叶的老师送去了鸡蛋。但在玉叶被第二次请家长时,玉秀就不再像第一次那样客气地送礼过去了;而是气急败坏地将家里的猪赶来,故意将玉叶老师的贪心闹给大家看。

这事闹大了,校长也出面了。校长让玉秀把猪赶回去,玉秀就说杀了猪请校长吃猪肝。校长觉得这话太严重,就说"那怎么行?"顺着校长的这句推辞,玉秀就说"老师能吃鸡蛋,校长怎么不能吃猪肝"?

这句话表面是在解释为什么要给校长吃猪肝,但在话中连带说出了"老师能吃鸡蛋"。这句话从字面看,是说老师可以吃鸡蛋的事。在校长推说不能吃玉秀家的猪肝这样的语境下,这个"能吃鸡蛋"的"能",就由表示"能够"的意思,转变为"已经"这样的意思。由此,这句话就指出了已成事实的事件,即传达"老师吃了她送的鸡蛋"这样的"言外之意"。以此将老师受贿一事给抖了出来。

因而,玉秀"话刚刚出口,玉叶老师的眼睛顿时变成了鸡蛋,而一张脸却早已变成猪肝了"。

由上面的分析可以看出:"关系联想"式"言外之意",是在具体语境中,由辞面引发的对比、接近及相关关系的联想来传达"言外之意"。对此类"言外之意"的理解,是联系语境及辞面,调用对比、接近及相关联想来实现辞面与辞里的连接,在此连接下实现"言外之意"的理解。

(五)"完形省略"式

"完形省略"式"言外之意"是指在辞面上只出现语义的一部分,而将另一部分省略掉;而省略的部分就是"言外之意"所在。因此类"言外之意"在表达时主要与完形心理有关,所以称为"完形式"言外之意。

我们依据其省略部分特征的不同,将"完形省略"式概括为四个类别:"隐性藏义"式、"特殊词类完形"式、"逻辑省略"式、"情景留白"式。

1. "隐形藏义"式

所谓"隐形藏义"式"言外之意",是指"言外之意"是存在于隐藏的词里。通过对形式隐藏的词的挖掘来实现"言外之意"的理解。这在汉语修辞格中又称为"藏词"格。

此类"言外之意"主要借助于成语、典故或诗文中的某部分的隐藏来表达。

下面我们以三个例子分别作分析。

例一：

> 一日连骑趋朝，筠马病足行迟。烨问："马何迟?"筠曰："只为五更三。"烨曰："何不七上八?"（言马蹄既点，该落步行。）（冯梦龙：《古今谭概·巧言部》）

此二人的对话，是以省略俗语中的某部分来表达真实意图。"五更三"是将"五更三点"中的"点"隐藏；"七上八"是将"七上八下"中的"下"隐藏。听话者在辞面不完整形式的刺激下，联系语境来回顾完整形式，将隐藏的部分发掘出来；而隐藏的部分在具体语境中的意义，就是表达者所要表达的"言外之意"。

刘筠所说的"三更五"，是用此不完整的成语形式突出省略的"点"字，以"点"来谐指"玷"，即表示马足有病，以此解释来迟的原因。见刘筠这样回答，刘烨随即就说"七上八"。这也是借"七上八下"这个成语中省略的"下"来表达"该下马走"这样的意思，也就是表达了"你的马既然有病，你就该下来走了"这样的"言外之意"。

例二：

> 谁知计氏送了计老头出去，回到房中，思量起晁大舍下得这般薄幸，这些婆娘、妮子们又这等炎凉，按不住放声哭出一个"汨罗江暗带巴山虎"来……计氏哭到痛处，未免得声也高了。晁大舍侧着耳朵听了一会，说道："这大新正月里，是谁这们哭?……叫人替我查去!"珍哥说道："不消去查。是你'秋胡戏'，从头里就'号啕痛'了，怕你心焦，我没做声。数黄道黑，脱不了只多着我!你不如把我打发了，你老婆还是老婆，汉子还是汉子。"（清·西周生：《醒世姻缘传》第三回）

珍哥将典故"胡秋戏妻"说法中的"妻"隐藏,将俗语"号啕痛哭"中"哭"隐藏,在辞面形成不完整形式。这不完整形式中,隐去的"妻"及"哭",就是要表达的真实意思,即指"是你妻,从里头就哭了"这样的"言外之意"。

此外,"隐形藏义"式言外之意,除了通过用成语、典故的方式来表达外,还可以借助对诗文的隐藏来实现。如下面这个例子。

例三:

> 李素替杜兼时,韩吏部愈自河南令除职方员外郎归朝。问:"前后之政如何!"对曰:"将缣来比素。"(明·冯梦龙:《古今谭概·巧言部》)

唐朝李素接替杜兼接任时,韩愈正从河南令的职位上被授予员外郎而调回朝中。于是韩愈就问别人:"李素与杜兼二人前后之政如何?"那人回答说:"将缣来比素。"那人并未直接回答,而是引用了汉乐府《上山采蘼芜》中"将缣来比素,新人不如故"中的前一句来表达。这两句在《上山采蘼芜》这首诗中,是前夫用来回答被休妻子的答话。被丈夫所休的前妻,在上山采蘼芜时,偶遇前夫;因问前夫现在所娶的妻子如何?前夫就说出了这两句:将新娶妻子所织的缣与以前妻子所织的素这两种丝织品相比,新人不如旧人好。这两句连在一起,主要意思是后者,即"新人不如故"。

因而,回答之人只说了"将缣来比素",而将主要的意思,通过诗文省略的部分含蓄地传达出来,即"李素不如杜兼"这样的"言外之意"。

2."特殊词类完形"式

所谓"特殊词类完形"式"言外之意",是指通过特殊词类,主要是语气叹词和代词,在辞面形成形式与语义的不完整形式或形式完整而语义不完整的表达形式,以此来传达"言外之意"。

对此类"言外之意"的理解,是依据具体语境将辞面中缺省的或被遮蔽的内容补充出来,也就获得了"言外之意"。

在此类中,我们依据辞面形式是否完整,分为"辞面完整"式和

"辞面残缺"式。下面我们以叹词和代词的相关例子，来对这两种类型分别作分析。

（1）"辞面完整"式

所谓"辞面完整"式"言外之意"，是指从辞面看，形式上是完整的，但语义不明确或被遮蔽，需要依据语境补充出来，而这补充出来的内容就是"言外之意"。

下面以三个例子作分析。

例一：

如张炜《秋天的愤怒》这部小说中，李芒和他岳父肖万昌——村里的党支书，地头蛇分家后，肖万昌故意刁难他。一天，李芒在给烟浇水，浇了不到一半，肖万昌就让开机器的人把水给他停了。于是就有李芒与开机器的人的以下对话：

> 那人嘻嘻笑着，斜叼着一支烟说："如果贫下中农不要你那几个臭钱呢？"李芒琢磨着"臭钱"这两个字，不由得笑了。他很可怜眼前这个人。
>
> 他打趣地问道："贫下中农不要'臭钱'，要不要浇水的规定呀？""再规定，也得先满足贫下中农，嗯！"
>
> 他的一个"嗯"字，使李芒觉得特别可笑。那一个字，那一种语气，相当于说："就是这样子！""你看着办吧！"或者是："你能把我怎么的？""你有本事，你就试试看！"真是一以当十、当百，"嗯"字是个好东西。（张炜：《秋天的愤怒》）

李芒在未成为肖万昌的女婿之前就与肖万昌结了仇。在成为其女婿后，李芒对肖万昌种种仗势欺人、损人肥己的做法不满，分家独干。这对肖万昌来说，既是面子上也是实质上的挑战。因而肖万昌常常刁难李芒。以上的语段，就是肖万昌指使其爪牙断掉李芒灌烟田的水时的一幕。

其爪牙的"嗯"这个语气词，表面是一种语气，但借此语气却传达了丰富的"言外之意"：既是背后有肖万昌撑腰的一种嚣张，也是对李芒的一种蔑视。所以，李芒觉得"一以当十、当百，'嗯'字是个好东西"。

例二：

张英只觉得迟钦亭上夜校是在做什么了不得的大事，每天带菜时，都偷偷给他捎一份。凡是能包办的工作，她几乎全揽了下来，"你做作业好了，你做作业吧。"这话反反复复地说，亚红句句直往心上去，一肚子酸水老往外冒。"你真找了个好师傅，也不知前世怎么修的。"亚红的话里全是话，迟钦亭听了不是滋味，既嫌烦又心虚，想发火，又担心引起新的是非。

亚红说："怎么一说这话就不吭声了，该不是说到心上去了吧。"

迟钦亭说："你少来这种废话，我这人，没心，不会往心上去的。"

"你是没心！"

"我是没心。"

"哼！"

"哼什么？"

"不哼什么，"亚红继续悠悠地说，"你到该有心的时候，就有心了。我想想真害怕，没结婚你就对我这样，以后不知道怎么样呢。"（叶兆言：《去影》）

迟钦亭的女朋友亚红察觉迟钦亭和他师傅张英之间有着暧昧关系，心里很不满。张英对迟钦亭越好，亚红心里越冒酸。在以上亚红与迟钦亭的对话中，亚红的那句"哼！"虽然辞面只是一个语气词，但在张英对迟钦亭关怀备至，而迟钦亭又很敏感谈到张英的情况下，这个语气词就蕴含着亚红不愿说出的气愤和醋意。这种气愤和醋意对于正和亚红争吵的迟钦亭来说，是能揣测出来的。所以，亚红"哼"了一声后，迟钦亭接着就问"哼什么"，这即是体会到了亚红这个"哼"蕴藏着没有言表的内容。在迟钦亭的这句追问下，亚红将"哼"所要表达的内容，也就是要表达的"言外之意"补充了出来，即："你到该有心的时候，就有心了。我想想真害怕，没结婚你就对我这样，以后不知道怎么样呢。"也就是指责迟钦亭对他师傅张英有心，对自己无心。

例三：

张大哥的脸上安静了。"他说，天真并不是共产党，是错拿了。他可以设法把他放出来。"

"咱们自己不能设法，既是拿错了？"老李问。

张大哥摇头："小赵就不告诉我，天真在哪里圈着。我是老了，对于这些新机关的事，简直不懂。假如他是囚在公安局，我早把他保出来了。我平日总以为事事有办法，敢情我已经是老狗熊了，要不了新玩艺！"

"非小赵不行，所以他提出条件？"

"就是。他说，你给他出的主意。"

"我求他来着。"老李很安静的说，"求他的时候，我是这么和他说好的——要牺牲，牺牲我老李，不准和张大哥捣坏。他这么答应了我。"

"为什么单求他？"

老李不能不说了："衙门里可有谁愿意帮助你？再说，谁有他那样眼杂？我早知道他不可靠，所以才把自己押给他。"

"押给他？"

"押给他了。我不知道为什么他恨我，时时想收拾我，也许只因为他看我不顺眼；谁去管。我给他个收拾我的机会。他只要能救出天真来，对我是怎办怎好。"

张大哥的泪在眼圈里，张大嫂叫了声："老李！"

"我不是上这儿来表功，事实挤成了这么一步棋；我所没想到的是他又背了约，我还是太诚实。不过，管它呢，先谈要紧的：事情是一步一步的办，先叫小赵把天真放出来。"

"不答应给秀真，他肯那么办吗？"张大嫂问。

"答应他！"

"什么？"夫妇一齐喊。

"答应他，我自有办法，决不叫秀真姑娘吃亏。就是咱们现在有别人来帮忙，也不行。小赵不是好惹的。假如甩了他，另想方法，他会从中破坏，天真不用想再出来了。不如就利用他，先把天真放出来再讲。"（老舍：《离婚》，载《老舍全集　第2卷　小说二集》）

张大嫂叫的那声"老李"，从辞面上看，"老李"只是表示称呼。但在具体语境中，此称呼语还蕴含着其他的内容。

张氏夫妇的儿子被误抓，关进监狱。为了救张氏夫妇的儿子，朋友老李不惜牺牲自己，将自己押给监狱里能管事的小赵处置，置自己的安危于不顾。这份仗义之情，是张氏夫妇用语言无法表达的。因而张大嫂虽然只叫了声"老李"，但这个简单的称呼语却传递了张大嫂无限感激之情；而这份没有言说出来的感激之情，就是"老李"这个称呼语所传递的"言外之意"。而老李也从这声称呼中，听出了张大嫂的这份感激；因而他立刻就说"我不是上这儿来表功"，心领了张氏夫妇的感激之情。

而张氏夫妇齐喊的"什么？"这个疑问代词，也是"言外之意"的一种表达形式。

从辞面上看，是用疑问代词表示疑问。但喊出"什么"的具体语境是：张氏夫妇儿子被抓进监狱，为了救儿子出来，找了管事的小赵；而小赵则以张氏夫妇的女儿嫁给他作为交换条件。而将女儿嫁给小赵，无疑是送羊入虎口。对张氏夫妇来说，两个都是心头肉，哪个都不能舍。而老李却说先答应小赵的要求，把秀真给小赵。赵氏夫妇一听这个主意，简直是难以置信：一个还没出来，又搭进去另一个！

所以，辞面的这个疑问代词"什么"，在具体语境下，不是有疑而问，而是借这个疑问代词，传递了一种难以置信的心情，即"怎么可能？""没弄错吧！""怎么会出这样的主意！"这也就是此疑问代词所要传达的"言外之意"。

而老赵也听出了张氏夫妇借疑问代词"什么"来传达的"言外之意"，于是他赶紧补充解释，说这只是缓兵之计，只是想利用小赵而已，并不是真要把秀真嫁给他。

（2）"辞面残缺"式

所谓"辞面残缺"式"言外之意"，是指从辞面上看，其形式和语义都是残缺的,需要根据具体语境将辞面补充完整,而补充出来的这部分就是要表达的"言外之意"。

下面分别以三个例子来分析说明。

例一:

> 却说沈国英问凤喜可认得他,她答复的一句话,却出于沈国英意料以外。她注视了很久,却反问道:"你贵姓呀?我仿佛和你见过。"沈国英和她盘桓有四五年之久,不料把她的病治好了,她竟是连人家姓什么都不曾知道,这未免太奇怪了。既是姓什么都不知道,哪里又谈得上什么爱情。这一句话真个让他兜头浇了一瓢冷水,站在床面前呆了很久,因答道:"哦!你原来不认识我,你在我家住了四五年,你不知道吗?"凤喜皱了眉想着道:"住在你家四五年?你府上在哪儿呀?哦哦哦……是的,我梦见在一个人家,那人家……"
>
> ……
>
> 沈国英向沈大娘道:"她刚醒过来,一切都不明白,有什么话,你慢慢的和她说吧。我在这里,她看着会更糊涂。"沈大娘抱着手臂,和他作了两个揖道:"沈大人,我谢谢你了。你救了我凤喜的一条命,我一家都算活了命,我这一辈子忘不了你的大恩啦。"沈国英沉思了一会道:"忘不了我的大恩?哼,哈哈!"他就这样走了。(张恨水:《啼笑因缘》续集)

沈国英将精神失常的凤喜接回家,医治了四五年,凤喜终于清醒过来。但她对这四五年的事一点记忆都没有。当沈国英问她认不认识他时,她的一句"你贵姓呀?我仿佛和你见过",将沈国英这些年的满腔热情和对爱情的幻想,统统都消磨了。

所以,当凤喜的母亲感激沈国英救了自己女儿一命,说忘不了他的大恩时,沈国英只说了句"忘不了我的大恩?哼,哈哈!"这句话,在辞面上是由一反问句和语气词"哼"和拟声词"哈哈"组成。这里的"哼"是紧接前面的反问,是对反问的否定。而拟声词"哈哈",又是在前面否定基础上的一种自嘲。而这种否定和自嘲的内容,在此句话中并没有完整地表示出来，因而，从语义上来说，这句话的意义是不完整的。

要将不完整的否定意义补充出来，就要联系文中的具体情景。回溯前面的内容，可以看出：沈国英花了很大的代价，投入了几年的感情为她治病，结果她却连他是谁都不知道。这些年来，对他一点印象也没有，又何来报恩之心？而自己投入的情感、希望，在现实中又被她毁灭了，由此，她又怎能报答得了他的感情？不仅没有报恩，反而还让他伤心。所以，沈国英以"哼，哈哈！"传达的是"对凤喜的失望，自己多情的可笑，希望破灭的失落"这样的"言外之意"。

沈国英以辞面和语义的不完整，来传达了难以言说的痛苦，而这种痛苦就是他要传达的"言外之意"。

例二：

> 当母亲微笑着问他，长大以后愿意从事怎样一种工作的时候，杜预简直不知道如何回答。窗外的世界广袤而浩瀚，瞬息万变，奥秘无穷，他几乎打算将所有的事情都经历一遍。
>
> "像你父亲那样，做个诗人怎么样？"母亲提醒他。
>
> 父亲的脸蛰伏于暗处，杜预怎么也记不起他的脸面来。可是他当时听见父亲在黑暗中嘀咕了一声：
>
> "哼，诗人！"
>
> "那就当个记者吧。"母亲赶紧打圆场。
>
> "哼，记者！"父亲冷冰冰地说。
>
> 杜预当时对父亲有一种本能的憎恶，他的话使杜预突然感觉到这个世界适合于自己的工作一下子变得那样地少。
>
> "依我看，还是当个医生吧。"父亲对他说。
>
> 杜预心头一紧。因为在所有可供选择的职业中，医生这个行当是他最为厌恶的一种。[格非：《傻瓜的诗篇》，载秦巴子编《被遗忘的经典小说》（上卷）]

对于母亲的提议，父亲的回应是"哼！诗人！""哼！记者！"在辞面上，是由语气词"哼"与名词构成，在形式上与语义上都是不完整的。虽然语气词"哼"以及名词后的感叹号都表明了一种强烈的语气，但对"记者"和"诗人"要表达什么具体意思，在辞面并没有说出来。因而辞面给接受者留下了补充的空间，而这补充出来的内容，就是"言外之意"。

在父亲说"哼！诗人"后，联系母亲的反应，"'那就当个记者吧。'母亲赶紧打圆场"，可以看出，父亲是对"诗人"这个职业不满；因此可以将其省略的内容补充为："诗人有什么好。""诗人有什么出息。""做诗人干什么！"等等。同样，父亲第二次回应时，说："哼！记者！"除了强烈的语气外，还有"冷冰冰"的口气，由此可以推断，也是一种否定。这从后面父亲补充说的"依我看，还是当个医生吧"这句也可看出，父亲不赞同儿子从事"记者"这个职业。因而，"哼！记者！"这个不完整的辞面，其省略的就是表示不满的内容，即"记者有什么好？""干嘛做记者！"等等。这省略的内容，也就是借助语气词来建构的不完整形式所要传达的"言外之意"。

例三：

> 大空出去问甚事，蔡大安说："田书记让我来请你明日去帮他家盖房，金狗和福运也在吗，你给他们都打个招呼！"
>
> 大空说："哪个田书记，田有善？"
>
> 蔡大安说："田中正呀！县委下午文件下来，原先的书记被调回县城了，听说是要照顾他，让他到县剧团当团长！'要着气，领一班戏'，真是照顾他了！田中正就认命代理书记，你知道现在代理是什么含义吗？"
>
> 大空脑子里嗡嗡直响，已听不清蔡大安下边说的话，吼了一声叫道："我不去！"
>
> 蔡大安竟吃了一惊：<u>"大空，你！"</u>
>
> 大空说："我怎么啦？他当他的书记，我作我的村民；我愿意去那是我的人情，我不愿意去这是我的本分！"（贾平凹：《浮躁》）

蔡大安让大空去帮新上任的代理书记盖房。帮书记办事，以后总会有好处。所以，蔡大安以为大空会很乐意，正在沉浸于给大空讲有什么好处之中。不料大安却吼了一声"我不去!"蔡大安吃了一惊,只说了句"大空,你!"

蔡大安的这句话,从辞面上看,都是在称呼大空,"大空"是呼其名,"你"这人称代词在此表示一种面称。在语义上,只有称呼这层意思,而称呼后,此话就戛然而止了;到底称呼后想说什么,辞面没有表现出来。因此,这句话在辞面的语义内容上是不完整的。而要理解他所要表达的真正意思,就要将省略的内容补充出来;而此补充出来的内容,就是借辞面要传达的"言外之意"。

联系语境来看,蔡大安正在给他讲帮这个书记做事会有什么好处。但完全没想到大空会不愿意,并且还带着吼声说出。因而,我们可以推测,蔡大安那句"大空,你!"中省略的内容为:怎么不去?! 不去就不去,干嘛还吼?!……诸如此类的话。而这些省略的话就是借助人称代词"你"这个不完整形式所要传达的"言外之意"。

由上面的分析可以看出:由叹词或代词体现的"言外之意",不管是"辞面完整"式还是"辞面残缺"式,在辞面都只凸显叹词或代词,而将表达的真实含义省略。而接受者在理解时,就需联系语境将叹词或代词所引发的情感或省略的内容补充出来,由此也就实现了"言外之意"的理解。

3."逻辑省略"式

"逻辑省略"式"言外之意",是指主要是通过辞面上的逻辑关系词的缺省来传达的"言外之意"。依据逻辑关系词将具体语境中省略的内容补充出来,此补充出来的内容就是所要表达的"言外之意"。

这里我们需要指出的是,"逻辑省略"式是由逻辑关系词引出的缺省,与逻辑推衍上的缺省无关。

下面我们以三个例子作分析。

例一:

"我送你去,好吗?"方丝萦热切地说。"我没有事,一点事都没有。"

"如果你高兴。"那男人说,声调却是淡漠的,不太热衷的。方丝萦看了他一眼,她知道,他一定以为碰到了个最无聊的人,一个无所事事而又爱管闲事的人！但，她并不在乎他的看法。望着他，她说：

"注意，你前面有一堆石头，你最好从这边走！"她搀扶了他一下。

"我搀你走，好吗？"

"不用！"他大声说。

方丝萦不再说话了，他们绕出了那堆废墟。（琼瑶：《庭院深深》）

"如果你高兴"，从辞面看，是由"如果……那么"表示假设条件的不完整形式构成。说话人只说了一部分，即表示假设的原因，而将假设后要出现的结果省略掉。而这省略的结果虽然没有说出，但依据假设条件的完整形式，可以补充出来。而补充出来的内容，即是要传达的"言外之意"。

因而在上面的对话中，前文是在问"我送你去，好吗？"而回答是"如果你高兴"。可见，此回答是针对上文要不要她送他这个问题所作的回答。因此，可以依据假设条件的完整形式补充出来，即为："如果你高兴，你就送吧。"因此补充出来的内容，即"同意她送他"，这即是借辞面表达的"言外之意"。

而联系下文来看，他那句省略也正是表达"同意"的意思，所以她才和他一起"绕出了那堆废墟"。

例二：

才叔忽然想到和天健一起走的那个女人，问道："同你一起玩儿的女孩子不会少罢？那天和你逛街的是谁？"

天健呆了一呆，"哪一天？"

曼情顽皮地插嘴道："意思是说'哪一个'！想他天天有女朋友同玩的，所以多得记不清了。"

天健对她笑说："我知道表嫂说话利害！可是我实在记不起。"

才叔做个鬼脸道："别装假！就是我在中山路拐弯碰见你的那一天，和你并肩走着圆脸紫衣服的那一位——这样见证确凿，你还不招供么？"

天健道："唉？那一个。那一个就是我房东的女儿……"曼倩和才叔都以为还有下文，谁知他顿一顿，就借势停了，好象有许多待说出的话又敏捷地、乖觉地缩回静默里去。夫妇俩熬不住了，两面夹攻他："无怪你要住她家的房子！"

天健分辨似的忙说："是这么一回事。我的房东是位老太太。我在四川跟她的侄儿混得很熟。我到此地来，她侄儿写信介绍，凑巧她租的屋子有多余，所以划出一间给我用——是啊！我偷空进城的日子，有一个歇脚点，朋友来往也方便。……"（钱锺书：《纪念》）

夫妇俩两面夹攻地说出的"无怪你要住她家的房子！"在辞面上，是运用了"无怪……原来"这一表示因果关系的不完整形式来表达。辞面只说了结果，而将原因省略掉。但依据具体语境，可以将此原因补充出来；而补充出来的原因，就是说话人想借辞面来表达的真实意思，也就是"言外之意"。

而夫妇俩说这话之前，一直以为他们那天看到的那个女孩是天健的女朋友。天健不知他们说的是哪天。当表哥才叔说是"中山路拐弯碰见你的那一天"时，天健就告诉他们，那天那个是房东的女儿。而夫妇俩却认为那女孩是他女朋友，在此基础上再作出推测：为了方便和女朋友见面，就租了女朋友家的房子。因此，二人说的那句话，完整的形式为："无怪你要住她家的房子，原来是为了和她见面更方便。"而省略部分，"原来是为了和她见面更方便"就是夫妇俩借辞面要传达的"言外之意"。

所以，天健一听就"分辨似的忙说"，赶紧解释，以免他们再误会。

例三，如《杨澜访谈》节目，采访王全安时的以下对话：

杨澜：偷了一架钢琴？

王全安：对对，在歌舞剧院，那是一架已经比较旧的钢琴了。

杨澜：那也不能偷……

王全安：当时歌舞剧院一个女朋友，帮着做的这个事。

　　杨澜：我发现你女朋友对你都非常有帮助。

　　王全安：<u>所以为什么我要讴歌女性呢?!</u>

　　杨澜：说到这个题目，我的确想问你，为什么一直都是拍女性题材的?（杨澜编：《杨澜访谈录2008Ⅰ·王全安：时代的早梦者让"金熊"再回中国》）

　　杨澜说"我发现你女朋友对你都非常有帮助"。王全安紧接着说，"所以为什么我要讴歌女性呢?!"王全安的话，从辞面上，是以"因为……所以"这个表示因果关系形式的不完整形式来表达的。辞面只说出了结果，而将原因省略。但借助语境，我们可以将原因补充出来；而补充出来的原因，就是说话人想借助辞面来表达的真实意思。

　　因而联系杨澜的话，我们可以将王全安的话补充完整，即为：女朋友对我都很有帮助，所以我要讴歌女性。其省略的部分"女朋友对我很有帮助"，既是所要表达的真实意思，也是表示对女朋友的感激之情；这也就是借助辞面来传递的"言外之意"。

　　由上面的分析可以看出："逻辑省略"式"言外之意"，是将要表达的真实内容，寄托在辞面省略的逻辑关系词中。理解时，依据具体语境将省略的逻辑关系词及此词所连接的句子补充出来，而补充出来的内容就是"言外之意"。

　　4."情景留白"式

　　所谓"情景留白"式"言外之意"，是指在具体语境中，以欲说还休的辞面形式呈现出来。依据语境，将没有说出的内容补充完整，此补充的内容即为"言外之意"。

　　下面分别以三个例子作分析。

　　例一：

　　宝钗见他睁开眼说话，不像先时，心中也宽慰了些，便点头叹道："早听人一句话，也不至有今日。别说老太太、太太心疼，<u>就是我们看着，心里也——</u>"刚说了半句，又忙咽住，不觉眼圈微红，双腮带赤，低头不语了。宝玉听得这话如此亲切，大有深意……（清·曹雪芹、清·高鹗：《红楼梦》第三十四回）

宝玉挨打，宝钗去探望。悲伤之余，有些情不自禁，险些将自己的心思和盘托出。但在关键时刻，宝钗的话戛然而止；意识到自己所说的不妥，又是心疼又是娇羞，吞吐之余，"双腮带赤，低头不语了"。而宝玉听了这半句话后，觉得"如此亲切，大有深意"。

宝钗的话并未说完整，但却可以从前面所说的话中将其补充完整。宝钗说"别说老太太、太太心疼，就是我们看着，心里也——"是以"别说……也……"这样表示类同关系的语言形式出现，表示前面的情况也适合后者。所以，宝钗的话虽不完整，但依据"别说……也……"这个形式，能将其补充出来，即为："就是我们看着，心里也心疼。"

所以，宝玉听出了宝钗对他挨打"心疼"这样的"言外之意"，也就是宝玉所认为的"大有深意"。

例二：

"孙小姐是不是呕吐，吃不下东西？"

鸿渐听他说话转换方向，又放了心，说："是呀！今天飞机震荡得利害。不过，我这时候倒全好了。也许她累了，今天起得太早，昨天晚上我们两人的东西都是她理的。辛楣，你记得么？那一次在汪家吃饭，范懿造她谣言，说她不会收拾东西——"

"飞机震荡应该过了。去年我们同路走，汽车那样颠簸，她从没吐过。也许有旁的原因罢？我听说要吐的——"跟着一句又轻又快的话——"当然我并没有经验。"毫无幽默地强笑一声。

鸿渐没料到辛楣又回到那个问题，仿佛躲空袭的人以为飞机去远了，不料已经转到头上，轰隆隆投弹，吓得忘了羞愤，只说："那不会！那不会！"同时心里害怕，知道那很会。（钱锺书：《围城》）

孙小姐和方鸿渐私定终身后，还未举行正式婚礼。恰逢辛楣邀他们到他那里去玩。孙小姐晕机呕吐，而辛楣知道他们已经同居，所以猜测是不是未婚先孕。

赵辛楣的话中，说"去年我们同路走，汽车那样颠簸，她从没吐过"，从以往经验否定了"孙小姐单单是因为坐飞机而呕吐"这个原因。在此基础上推测说："也许有旁的原因罢?"随后又补充说："我听说要吐的——"话到一半就停止了。随后又欲盖弥彰地说了句"当然我并没有经验",将前面省略的意思凸显得更加明显。

而心里有鬼的方鸿渐,自然就能从"我听说要吐的——"这半句话中听出另外一半,即"孙小姐怀孕了"这层意思。这也就是赵辛楣要说而又不愿说的"言外之意"了。

所以,方鸿渐听后"吓得忘了羞愤,只说:'那不会!那不会!'同时心里害怕,知道那很会。"

例二:

"碎米谷头就是碎米谷头,大米就是大米。我按公家的价格批卖给她,也批卖给街上的单位和个人,都有帐可查,没有得过一分钱的私利。"

"这么干净?没有得过一分钱,这我们或许相信。可是你一个单身男人有单身男人的收益……"李国香不动声色,启发地说。她盯着谷燕山,心里感到一阵快意,就像一个猎户见着一只莽撞的山羊落进了自己设置的吊网里。"难道这种事,还用得着工作组来提醒你?"

"什么单身男人的收入?"

"米豆腐姐子是芙蓉镇上的西施,有一身白白嫩嫩的好皮肉!"

"亏你还是个女同志,这话讲得出口!"

"你不要装腔拿势了。天下哪只猫不吃咸鱼?你现在交代还不晚。你们两个的关系,是从哪一年开始的?做这号生意,她是有种的,她母亲不是当过妓女?"

"我和她有关系?"谷燕山急得眼睛都鼓了出来,摊开双手朝后退了两步。

"嗯?"李国香侧起脸庞,现出一点儿风骚女人特有的媚态,故作惊讶地反问了一声。

"李组长!我和她能有什么关系?我能么?我能么?"谷燕山额头上爬着几条蚯蚓似的青筋,他已经被逼得没有退路了,身后就是墙角。(古华:《芙蓉镇》)

李国香嫉妒"豆腐西施"胡玉音人缘好，生意好，小日子过得滋润。于是李国香借"四清"运动，将胡玉音打成"新富农"，假公济私地借机报复。此后，又将与胡玉音关系较好的人，连带打击。而胡玉音的干爹谷燕山自然也就成了李国香这个调查组长批斗的对象。

李国香在清查谷燕山卖给胡玉音碎米谷头的账本时，污蔑他们之间有勾结。因而说："你一个单身男人有单身男人的收益……"起初谷燕山并未明白是什么意思。但李国香补充说："米豆腐姐子是芙蓉镇上的西施，有一身白白嫩嫩的好皮肉！"这句话，从辞面上看，只是在夸米豆腐西施的美。但李国香说这句话，是为了解释上面"单身男人的收益"。将"豆腐西施的美"与"单身男人的收益"联系在一起，这种男女关系之事就很明了了。因此，李国香补充说的那句，并不是在夸豆腐西施的美，而是指"谷燕山与豆腐西施有苟且之事"。而这就是李国香借这两句话来传达的"言外之意"。因此，前面那句"单身男人的收益"，具体所指的内容也就非常明了了。

所以，谷燕山听后，怒斥道："亏你还是个女同志，这话讲得出口！"愤慨之情溢于言表。

例三：

"就我一人在河西……噢，还有那半片山。"三爷回头努努嘴。

"不管河西河东，那也是咱东坝呀。"

"要能修那是敢情好。不过划船也成。"

"我替你找人去。这桥怎能不修呢……"彭老人凹着腮咕噜噜抽烟。

……

为了桥，彭老人真的开始找人了。三爷知道他都找了些谁——他找的每个人，最终都会到三爷这里，隔着白白的河水，有的扯弄青草，有的头上戴顶帽子，有的夹个皮革包。都是在东坝主事的人物。

"三爷，这桥，你看看……"扯青草的手指都绿了，却把青草含在嘴里，多美味似的。帽子是旅行帽，上面一圈小红字"×台县旅×团"。皮革包里放着个茶杯，鼓囊着。他们总一边说，一边那样的看着三爷、用那样的语气。"三爷，你看……"

"由它去由它去。不是也有船么……"三爷懂事，急忙拦下。

"那也行，就照三爷您的话办……对不住了哈，其实树料有的是，可咱东坝没有造桥的人才，好不容易在邻村寻访到个，人家却百般不肯，说是晦气……"他们慢吞吞地侧着身子走了，眼睛躲开，不看三爷。三爷倒觉得难为人家了。（鲁敏：《离歌》，载曹文轩、邵燕君主编《北大选本：2008 中国小说》）

彭老人找人为三爷修桥，这些来的人碍于彭老人的面子，不得不来。但来了后，只说"三爷，这桥，你看看……"只说了半句话，就没再继续往下说了，"有的扯弄青草"，"扯青草的手指都绿了"；他们"总一边说，一边那样的看着三爷、用那样的语气"。

这些人虽在说一句不完整的话，"三爷，这桥，你看看……"但这省略的部分，从他们的语气、眼神，磨磨蹭蹭的动作中就能补充出来，即"不愿修桥"这样的意思。这也就是他们不愿直说，而借此语言形式及体态语所要表达的"言外之意"。

因而，听出了他们话外之音的三爷，听后总会说："'由它去由它去。不是也有船么……'三爷懂事，急忙拦下。"见三爷明了了他们的意思，他们就乘机接着说："那也行，就照三爷您的话办…"借三爷之口，将他们"不愿修桥"的这个意思完完整整地表述了出来。

（六）"描写渲染"式

"描写渲染"式"言外之意"，是指在辞面只将事物或现象的主要特征勾勒出来，而将事物或现象的本质，也就是表达者要表达的思想内容，寄托在辞面的渲染、烘托中。接受者在理解时，通过对辞面所勾勒特征的整体把握，在辞面的渲染、烘托中，调用联想心理来把握事物或现象的本质，由此实现"言外之意"的理解。

下面我们以三个例子予以分析。

例一：

晨起动征铎，客行悲故乡。鸡声茅店月，人迹板桥霜。槲叶落山路，枳花明驿墙。因思杜陵梦，凫雁满回塘。（唐·温庭筠：

《商山早行》）

此诗是写羁旅之苦、羁旅之思。在诗中，诗人并未直抒旅途的艰辛，而是选择了几个场景："鸡声""茅店""月""人迹""板桥""霜"。将这些原本并不具有特别含义的景象放在一起，组合起来就产生了强烈的视觉和感觉效果。一幅秋晨萧瑟、清冷，时间尚早、天气甚冷而游子急行的早行图跃然眼前。

在这幅图的视觉和感觉效果的冲击下，唤起鉴赏者"客于他乡，旅途辛苦"的感受；而这种感受即是借辞面要传达的"言外之意"。正如明人李东阳在《怀麓堂诗话》中说："'鸡声茅店月，人迹板桥霜'，人但知其能道羁愁野况于言意之表，不知二句中不用一二闲字，止提掇出紧关物色字样，而音韵铿锵，意象具足，始为难得。"① 也如宋人欧阳修在《六一诗话》中所说："'鸡声茅店月，人迹板桥霜'，……则道路辛苦，羁愁旅思，岂不见于言外乎？"② 可见，通过白描渲染，整体烘托，将这份羁旅之苦真切地表现出来，而这份羁旅之苦也就是此诗要传达的"言外之意"。

例二：

柳岸风来影渐疏，使君家似野人居。云容水态还堪赏，啸志歌怀亦自如。雨暗残灯棋欲散，酒醒孤枕雁来初。可怜赤壁争雄渡，唯有蓑翁坐钓鱼。（唐·杜牧：《齐安郡晚秋》）

此诗是杜牧离开朝廷，被调任黄州刺史时所作。前面四句，是写使君，即杜牧自己，在此地所过的闲适生活。但从后面四句中，可以发现，这种表面的闲适，隐藏着内心的冷清寂寞。

这种冷清寂寞借助于几个场景的烘托体现出来。诗中选取了"雨暗""残灯""棋欲散""酒醒""孤枕""雁来初"，将这六个本无固有联系的事物和场景联系起来，组合在一起就构成一幅晚秋夜雨图。图中

① （明）李东阳：《李东阳集第2卷》，岳麓书社1985年版，第532页。
② 郭绍虞主编：《中国历代文论选 中》，中华书局1962年版，第17页。

残灯昏暗，棋局将散，留下孤独之人。夜深酒醒后，了无人迹；而那初来之雁又将这份冷清衬托得更为明显。因此，借助这些事物和场景的组合，孤寂之感就更强烈地凸显出来了。这也就是诗人选取这些事物和场景所要达到的效果，也就是诗人借此来传达的"言外之意"。

因此，正如清人金圣叹在《选批唐诗》（卷五下）中所说："此诗写尽世间无味，三复读之，不胜叹息！言当三春盛时，柳阴如幄，风暖如醉，使君戟门，高牙大角，此是何等盛事！乃曾几何时，而风高柳疏，影落门静，使君萧索遂同野人，可怜也！……雨正暗时，恰是灯又残时、棋又散时、酒又醒时、枕又孤时、雁又来时，于此一时十四字中，斗然悟出七句之'可怜'二字。"①

而借景流露的孤寂，源自于何？这就是诗歌的第四句。这正如清人钱谦益、何焯在《唐诗鼓吹评注》卷六中所说："有不胜其感慨者，忆昔郡之赤壁，吴魏争雄其下，今者霸图寂寞，江山俨然，惟有渔翁垂钓而已，然则盛衰兴废，感慨可胜道哉！"② 这种古今兴衰的感慨，既有对历史的感慨，也有对自身的感慨；从朝廷调任黄州，内心的不平静也借对古今变迁的感慨表露出来。

因此，此诗借助于辞面的描写、渲染，将内心的孤独、感慨都寄托其中；而这也就是此诗所要传达的"言外之意"。

例三：

> 枯藤老树昏鸦，小桥流水人家，古道西风瘦马。夕阳西下，断肠人在天涯。（元·马致远：《越调·天净沙·秋思》）

此曲前三句所选的九种景物，组成了由近及远的三幅画面。在第一句中，"枯藤""老树""昏鸦"组成了一幅深秋荒野凄凉的画面；第二句中，"小桥""流水""人家"，是一幅宁静温馨的画面；在第三句中，"古道""西风""瘦马"，则是一幅游子孤独的苦行图。这三幅图组合在一起，虽然只是景物铺排，但这些铺排中却将游子内心的感触、对家

---

① （清）金圣叹：《金圣叹选批唐诗》，浙江古籍出版社 1985 年版，第 303 页。

② 胡可先选注：《杜牧诗选》，中华书局 2005 年版，第 104 页。

的思念及孤独无依的艰辛都烘托出来，而这也正是羁旅之苦、漂泊艰辛的体现，也是借助于景物描写所要传达的"言外之意"。所以，最后一句"断肠人"的"断肠"，也将前面景物的烘托点出来，突出了游子思乡、羁旅漂泊的艰辛。因此，此曲被周德清视作"秋思之祖"（《中原音韵》）①，王国维《人间词话》中也说此曲"寥寥数语深得唐人绝句妙境"。②

二 "相关交涉"式所涉及的因素

"相关交涉"式"言外之意"是修辞主体为实现特定"题旨"的表达，充分适应"语境"，调用相关联想，选择恰当的语言形式进行表达的结果。此类"言外之意"涉及的主要因素为：语境因素及相关联想。

正如前面"重合包孕"式所涉及因素的分析中所指出的：语境因素是最重要和最基础的因素。语境制约着修辞主体对语言形式的选择及对相关因素的调用。也正是语境的作用，才能由辞面产生相关联想，在此联想下才能实现辞面与辞里的连接。

此外，相关联想是"相关交涉"式"言外之意"所有类型都涉及的另一重要因素。

表达者在具体语境中，依据具体"题旨"的需要而产生相应的联想。在表达时，选用能在此语境中引发相应联想的语言形式来表达。而接受者在理解时，就需要联系语境分析辞面，通过分析引发相关联想；在此联想的连接下，由辞面深入辞里，实现"言外之意"的理解。

如"内涵关联"式的第一个例子，即《西厢记》第二本第四折这个例子中，老夫人想在答谢宴上赖婚，在张生、崔莺莺二人入席见面时就说了句："小姐近前拜了哥哥者！"而这句一出，"（末背云）呀，声息不好了也！（旦云）呀，俺娘变了卦！（红云）这相思又索害也"。生、旦及红娘都听出了老夫人"赖婚"的"言外之意"。老夫人之所以说这样的话，是因为：此次宴会是答谢张生解围之宴，且曾许诺将莺莺

---

① 张燕瑾主编：《中国古代文学作品选　下》，中国社会科学出版社 2010 年版，第 238 页。

② 同上。

许配给张生；若应允以前的许诺，这次宴会就是许亲之宴。但老夫人不想将莺莺许配给张生。在此情境下，为了表明自己的态度，又不使场面尴尬，老夫人就巧妙地选用了"哥哥"这个词。在当时的语境下，通过辞面"哥哥"一词，引发听话者的联想，"小姐近前拜了哥哥者"，就是让二人结成兄妹关系，这就意味着二人不是结为夫妻。

而听话人也从"哥哥"一词，联想到了"兄妹关系"这个意思。在当时的情境下，也就明白了老夫人不想兑现之前的许诺，不会将莺莺许配给张生。因此，生、旦及红娘听后都大叹不妙。

可以看出，在"相关交涉"式"言外之意"修辞现象中，语境和相关联想既是表达者表达时所依据的重要因素，也是接受者理解时的关键因素。

第三节 "相离牵引"式的类型及所涉及因素

一 "相离牵引"式的主要类型

所谓"相离牵引"式"言外之意"，是指辞面与辞里在语言形式上没有直接关联，在数理形式上没有交集；它们间的联系是通过语境、心理或逻辑等外在因素建立起来的。

此类"言外之意"用图式表示为：

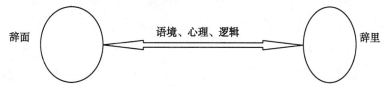

辞面　　　　语境、心理、逻辑　　　　辞里

我们依据辞面与辞里连接关系的不同，将"相离牵引"式"言外之意"概括为"逻辑推衍"式、"对比联想"式、"相似启发"式三种类型。

（一）"逻辑推衍"式

"逻辑推衍"式"言外之意"，是指辞面与辞里之间是以逻辑关系建立的联系。"言外之意"表达和理解与逻辑关系密切相关。

依据此类"言外之意"逻辑推理实现方式的不同，可以将其分为以下两种类型：

1. "单层推理"式

"单层推理"式"言外之意"是指，"言外之意"的表达和理解是直接通过辞面的逻辑推衍来实现的。

具体而言，依据推理顺序的不同，我们又将其分为"顺推式"和"逆推式"。

将由前提推出结论，结论为"言外之意"的称为"顺推式"；而将由结论推知前提，前提为"言外之意"的，称为"逆推式"。

在"顺推式"中，又依据辞面给出的逻辑推理部件，即大前提、小前提是否完整，又分为："完型推理"式和"缺省推理"式两种类别。"完型推理"式"言外之意"，即辞面给出了大前提、小前提，根据大小前提推出的结论就是"言外之意"。而"缺省推理"式"言外之意"，是辞面只有大前提或小前提，需要在具体语境中补充出相应的小前提或大前提，在此基础上再进行推理，得出的结论为"言外之意"。

而在"逆推"式中，辞面一般只出现结论。虽然从形式上来说，也是一种缺省，但因推知"言外之意"的顺序不同，所以我们单独列为一类。

下面，我们对"单层推理"式"言外之意"的这两种类型作具体分析。

（1）"顺推"式

"顺推"式"言外之意"，指此类"言外之意"的推理遵循由前提推知结论这样的顺序，一般来说，推知的结论就是"言外之意"。此类型主要包括"完形推理"式"言外之意"和"缺省推理"式"言外之意"两种类别。

①"完形推理"式

此类"言外之意"在表达时，通过蕴含逻辑关系的大、小前提的形式来表达。在理解时，依据辞面的大、小前提进行推理，将推知的结论赋予具体的语境内容，也就实现了"言外之意"的理解。如：

太中大夫陈炜至。膺指融曰："此奇童也。"炜曰："小时聪明，大时未必聪明。"融即应声曰："如君所言，幼时必聪明者。"
炜等皆笑曰："此子长成，必当代之伟器也。"（明·罗贯中：《三
国演义》第十一回 刘皇叔北海救孔融　吕温侯濮阳破曹操，出自
《世说新语·言语第二》）

　　太中大夫陈炜到时，河南尹李膺指着孔融对他说："这是位神童。"
陈炜就说："小时聪明，长大了就不一定了。"孔融随即接着说道："正
如您所说，您必定是小时候很聪明的。"陈炜等听后都大笑起来，夸奖
道："这小孩长大一定是那辈中的人才。"

　　陈炜能改变对孔融的看法，是因在孔融的话中，不着痕迹地反驳了
他，体现了孔融的敏捷、机智。孔融的话，表面是在说陈炜小时聪明，
但实际是联系了当时具体语境，就运用了逻辑推理来传递了"言外之
意"。孔融所运用的推理形式为充分条件假言推理的完整形式，其推理
过程为：

　　如果"小时聪明"（p），则"大时未必聪明"（q）

　　而"你是'幼时必聪明者'"（p）

　　所以，你长大了就不一定聪明了（q）。

　　其推理过程为：（（p→q）∧p）→q。

　　而"长大不聪明"，也就是说，"您现在比较笨了"。这就是此推理
所传递的意思，也就是"言外之意"。

　　所以，陈炜最后不得不佩服其聪明，并夸奖他以后定成大器。

　　②"缺省推理"式

　　"缺省推理"式"言外之意"是指，此类"言外之意"是通过蕴含
逻辑关系的形式来表达，辞面只说出此逻辑关系的一个命题肢，而将另
一命题肢留给接受者去补充。接受者在理解时，在辞面给出的大前提或
小前提的基础上，根据具体语境再补充出相应的小前提或大前提，然后
再进行推理，推出的结论即是"言外之意"。

　　此类"言外之意"依据缺省的命题肢的不同类别，具体又分为两
小类。

　　A 给出大前提，缺省小前提的"缺省推理"式

　　如：

台湾问题,一向是中国的敏感问题,也是外交部新闻司举行的发布会上记者提问率较高的问题。特别是美国允许李登辉访问华盛顿及"台独"分子的猖獗活动,使海峡两岸关系一时呈现出紧张之势。可嗅觉敏锐的记者们却偏偏"哪壶不开提哪壶"。

在北京国际俱乐部发言厅,有记者问时任外交部发言人的沈国放:

"请问发言人先生,你们一直强调海峡两岸都是中国人,那么,你们是否把李登辉看作中国人?"

这个问题的确问得有些刁蛮,回答起来颇为棘手,弄不好就会落进圈套里。可是沈国放却从容不迫答道:

"真正的中国人都拥护祖国统一,反对两个中国或一中一台。"

沈国放的回答可谓绝妙,既回答了记者的提问,又轻松地避开了陷阱,同时表明了中国政府在台湾问题上的立场,可谓一石三鸟。(王锐编著:《外交脱口秀》)

台湾问题一直是我国的一个焦点问题,也是外交中的敏感话题。因而,当外国记者问到台独分子李登辉是不是中国人,这样刁钻的问题时,直接回答是或不是,都会落入其圈套。但面对这样的问题,我们一方面要明确表明我国的立场,另一方面也要体现外交风度。因而,我国外交部发言人沈国放避开直接回答,而将我们的原则和立场直接说出。在大家共知的事实面前,这个明确的立场就传达了丰富的含义,也就是"他不是中国人,中国人都会拥护一个中国的原则"这样的"言外之意"。

沈国放此"言外之意"的传达,是在辞面运用了充分条件假言推理。这个推理,是明确说出了大前提,即"真正的中国人都拥护祖国统一,反对两个中国或一中一台"。而小前提,虽然没有在话语中明确说出,但却是听话人和说话人共知的事实,即李登辉闹台独。依据大前提及补充出小前提(即大家共知的事实),就能推知结论,而结论就是"言外之意"。因而,其推理过程为:

如果"是真正的中国人"(p),那么"都拥护祖国统一,反对两个中国或一中一台"(q)。

而"李登辉闹台独，不拥护祖国统一"（非 q）

所以，"李登辉不是真正的中国人"（非 p）。

即：（（p→q）∧¬ q）→¬ p。

所以，沈国放运用蕴含此逻辑关系的表达方式，既表明了"李登辉不是真正的中国人"，也"表明了中国政府在台湾问题上的立场"，还巧妙地回答了记者的问题，可以说是"一石三鸟"。

B 给出小前提，缺省大前提的"缺省推理"式

如下面这个例子：

> 乐羊为魏将，以攻中山。其子在中山，中山悬其子示乐羊，乐羊不为衰志，攻之愈急。中山因烹其子而遗之，乐羊食之尽一杯。中山见其诚也，不忍与其战，果下之。遂为文侯开地。文侯赏其功而疑其心。孟孙猎得麑，使秦西巴持归，其母随而鸣，秦西巴不忍，纵而与之。孟孙怒而逐秦西巴。居一年，召以为太子傅。左右曰："夫秦西巴有罪于君，今以为太子傅，何也？"孟孙曰："<u>夫以一麑而不忍，又将能忍吾子乎？</u>"故曰：巧诈不如拙诚。乐羊以有功而见疑，秦西巴以有罪而益信，由仁与不仁也。（汉·刘向：《说苑·贵德》）

乐羊为魏文侯开辟疆土时，为攻下中山国，不以儿子为人质的要挟为然。后中山国煮死他儿子，把他儿子的肉分给他，乐羊还吃了一碗。中山国见他对魏文侯如此忠心，就不忍与他作战。后乐羊攻下了中山国。乐羊虽然以牺牲儿子的沉重代价换来了开国之功，但魏文侯却因此怀疑他的忠心。而秦西巴虽然因放逐了孟孙氏的麑而获罪，但孟孙氏却信得过他，让他做了长子的老师。孟孙氏左右的人问："秦西巴有罪于您，您为何还要让他做长子的老师？"孟孙氏说："他对一个幼鹿都不忍心伤害，又怎么会忍心伤害我的儿子呢？"

孟孙氏所说的这个反问句，运用了充分条件假言推理，在辞面说出了大前提，而小前提是共知的事实。因此，依据大、小前提就能推知结论，而结论就是孟孙氏所要表达的真实意思，也就是要传达的"言外之意"。其具体推理过程为：

如果对幼鹿都不忍心（p），那么对幼儿就更不忍心（q）

对幼鹿都不忍心（p）

所以，对幼儿就更不忍心（q）。

因此，孟孙氏以蕴含充分条件假言推理大前提的辞面，利用具体语境中共知的事实（即小前提），让听话人很容易就能推知他的"言外之意"，即"秦西巴不会伤害我儿子"。

（2）"逆推"式

"逆推"式"言外之意"指，与"顺推式"的推理顺序不同，是由结论到前提的一种推理顺序；而对推知的前提或前提合理与否的断定，即为"言外之意"。

与"言外之意"修辞现象相关的"逆推式"推理包括：形式逻辑中的归谬推理及假说演绎中的溯因推理。

① 与归谬推理有关的"言外之意"

归谬法，即"反驳中经常使用的一种逻辑方法。为了反驳命题p，我们先假定p真，并从这种假定中推出一个（或一系列）显然荒谬的命题q；然后，从命题q的假必然推出命题p的假（可以看出，这里运用了充分条件假言推理否定后件式）。"①

与归谬推理有关的"言外之意"，即指"言外之意"表达和理解主要是通过归谬推理来实现的。如下面这个例子：

> 李肇星质朴、温和，为人宽厚，可一到了记者招待会上，就判若两人，或慷慨陈词，寸步不让；或妙语如珠，机智幽默。
>
> 在一次记者招待会上，有记者提问涉及到邓小平的健康问题，李肇星说：
>
> "邓小平同志身体很好，很健康。"
>
> 一位外国记者马上站起来追问：
>
> "邓小平是在家里享受他的健康呢，还是在医院享受他的健康？"

---

① 《普通逻辑》编写组：《普通逻辑》（第5版），上海人民出版社2011年版，第370页。

李肇星立即敏捷地反问：

"我不知道贵国是否有这样的习惯，还是您本人有这样的嗜好：身体不好的时候不住院，身体好的时候却要跑到医院里去享受健康？"

此言一出，台下记者笑成一片，对李肇星的机智赞叹不已。（王锐编著：《外交脱口秀》）

记者问到邓小平的健康问题时，李肇星已经做了回答。但那位记者以为邓小平的健康状况不佳，还想故意刁难，刨根问底。面对这个记者的无事生非，李肇星就"借其人之道还治其人之身"。顺着他的逻辑，作了推理，最后推得荒谬的结论。而在这个荒谬的结论面前，这位记者的谬论就不攻自破了。

李肇星通过辞面的这种归谬式推理，既有力地反驳了对方，也再一次澄清了事实，同时也保持了中国外交部副部长的风度。其推理过程为：

如果"邓小平是在医院享受他的健康"（p）

那么"身体不好的时候不住院，身体好的时候却要跑到医院里去享受健康"（q）

显然，q 不符合事实，荒谬；

所以，p 也不符合事实，也荒谬。

即：（（p→q）∧¬q）→¬p。

李肇星运用简单的生活逻辑证明了记者所说的话的荒谬性。因而，"此言一出，台下记者笑成一片，对李肇星的机智赞叹不已"。

②与"溯因推理"有关的"言外之意"

"溯因推理"在前面"假说演绎推理"已有概说，这里我们再举一例分析说明。如下面这个例子：

孟尝君在薛地时，楚国想进攻薛地。恰逢淳于髡替齐国出使楚国，返回经过薛地。孟尝君便乘机向他求助，有下面这段文字：

谓淳于髡曰："荆入攻薛，夫子弗忧，文无以复侍矣。"淳于髡曰："敬闻命。"至于齐，毕报，王曰："何见于荆？"对曰："荆甚固,而薛亦不量其力。"王曰:"何谓也?"对曰:"薛不量其力,而为先王立清庙。荆固而攻之,清庙必危。故曰薛不力,而荆亦甚固。"齐王和其颜色曰: "嘻!先君之庙在焉!"疾兴兵救之。(汉·刘向编:《战国策·齐策三·孟尝君在薛》)

孟尝君想请淳于髡帮忙从齐国搬救兵,但并未直接说,而只说了楚国要攻打薛地这个事件,以及"我不能再侍奉您"这个结果。但淳于髡却明白了孟尝君所要表达的"言外之意"。淳于髡理解时的推理过程为:

"e"(我不能再侍奉您了)

如果"h"(薛地被楚国所灭),那么"e"(我不能再侍奉您了)

所以,h(薛地有被楚国所灭的危险)

依据当时的情境下,淳于髡作出了这样的推理,也就明白了孟尝君那句话所要传达的真实内容。所以,淳于髡听后,就立即答应为其搬救兵。最后,在淳于髡的睿智策略下,薛地获得保全。

2. "蕴含推理"式

"蕴含推理"式"言外之意",是指此类"言外之意"的表达,其辞面逻辑推理关系是一层,辞里的逻辑推理又是另一层;这两层间通过某种关系链接起来,在这种关联下,在辞面的推理就能关涉辞里推理这一层。

这类"言外之意"主要涉及类比推理和比喻推理。下面分别作具体分析。

(1)与类比推理有关的"蕴含"式"言外之意"

即此类"言外之意"主要与类比推理有关。如下面的例子:

陈轸去楚之秦。张仪谓秦王曰:"陈轸为王臣,常以国情输楚。仪不能与从事,愿王逐之,即复之楚,愿王杀之!"王曰:"轸安敢之楚也!"

王召陈轸告之曰:"吾能听子,子欲何之?请为子车约。"对曰:"臣愿之楚。"王曰:"仪以子为之楚,吾又自知子之楚,子非楚,且安之也?"轸曰:"臣出,必故之楚,以顺王与仪之策,而明臣之楚与否也。楚人有两妻者，人誂其长者，长者詈之，誂其少者，少者许之。居无几何，有两妻者死。客谓誂者曰：‘汝取长者乎？少者乎？’‘取长者。’客曰：‘长者詈汝，少者和汝，汝何为取长者？’曰：‘居彼人之所，则欲其许我也。今为我妻，则欲其为我詈人也。’今楚王明主也，而昭阳贤相也，轸为人臣，而常以国情输楚，楚王必不留臣，昭阳将不与臣从事矣。以此明臣之楚与不！”轸出，张仪入，问王曰：“陈轸果安之？”王曰：“夫轸，天下之辩士也，熟视寡人曰：‘轸必之楚。’寡人遂无奈何也。寡人因问曰：‘子必之楚，则仪之言果信也。’轸曰：‘非独仪之言，行道之人皆知之：昔者子胥忠其君，天下皆欲以为臣；孝己爱其亲，天下皆欲以为子。故卖仆妾不出里巷而取者，良仆妾也；出妇嫁于乡里者，善妇也。臣不忠于王，楚何以轸为？忠尚见弃，轸不之楚而何之乎？’”王以为然，遂善待之。（汉·刘向编：《战国策·秦一·陈轸去楚之秦》）

陈轸离开楚国到秦国做官。张仪以为他是楚国的旧臣，会把秦国的情况泄露给楚国，所以建议秦王驱赶他；如果真如他所料，陈轸就会回楚国，那就证明他就是在给楚国输送情报，秦王就应该杀掉他。

秦王听后，就召见陈轸，问他想到哪儿去？陈轸知道这是秦王听张仪之言后的一种试探，就回答说：“我愿意回楚国。”秦王以为果如张仪所说，但陈轸接着却说，我想回楚国是为了顺从您和张仪的计划，以此表明我并未向楚国输送情报。但怎样才能让秦王相信他？陈轸随即以一个寓言来和自己的处境作比，以此表明：如果我向楚国送情报，就会落得寓言中轻誂长者的下场。

具体的比较过程为：

A：两妻者：a. 人誂其长者，长者詈之，誂其少者，少者许之；

b. 两妻之夫死，誂者娶詈之的长者，而舍曾许之的少者；

c. 原因：长者“今为我妻，则欲其为詈人也”；怕少者又轻薄于人。

B：两种情况：a. 为楚国送情报；或不为楚国送情报；

b. 为其送情报，此去必然不会留下我；不为其送情报，必然会热情对待我。

将此推理过程形式化即为：

A（"两妻者"）具有属性 a、b、c，

B（"两种情况"）具有属性 a、b，

所以，B（"两种情况"）也具有属性 c。

所以，"楚国国君怕我也像出卖秦国一样出卖楚国"。

因此，陈轸借此寓言来类比，向秦王表明了："如果我出卖秦国，这种恶劣品质也会被楚王唾弃"这样的"言外之意"。

陈轸以此贴切的类比方式，明确地表明了自己的清白。最后，秦王"善待之"。

（2）与比喻推理有关的"蕴含"式"言外之意"

即此类"言外之意"主要与比喻推理有关。如下面这个例子：

> 其明年，冉有为季氏将师，与齐战于郎，克之。季康子曰："子之于军旅，学之乎？性之乎？"冉有曰："学之于孔子。"季康子曰："孔子何如人哉？"对曰："用之有名，播之百姓，质诸鬼神而无憾。求之至于此道，虽累千社，夫子不利也。"康子曰："我欲召之，可乎？"对曰："欲召之。则毋以小人固之，则可矣。"而卫孔文子将攻太叔，问策于仲尼。仲尼辞不知，退而命载而行，曰："鸟能择木，木岂能择鸟乎！"文子固止。会季康子逐公华、公宾、公林，以币迎孔子，孔子归鲁。（汉·司马迁：《史记·孔子世家第十七》）

冉有为季康子统率军队，打了胜仗。季康子就问他："你统率打战的本领，是学来的还是天生具有的？"冉有就告诉他是从孔子那里学来的。季康子就问冉有，孔子是怎样的一个人？季康子说："孔子出师有正当名义，符合百姓的愿望，连鬼神都满意。如果出师没有正当的理由，即使增加了千社，孔子都不认为是有利的。"季康子听后，想召孔子来，问冉有行不行。冉有说，只要不让小人束缚他就行。

而当时，卫国的孔文子正攻打卫国太叔，就向孔子询问计策。孔子推辞说不知道，退回后下令备车离开卫国，并说："鸟能择木，木岂能择鸟乎!"辞面是说,鸟能选择所栖居的树木,而树木是不能选择所栖居的鸟的。但联系前文再有对孔子的介绍,可以看出:孔子主张仁义,而对于卫国两大夫火拼之事很反感,因而"命载而行",准备离开这个国家。在这样的情形下,借辞面"鸟与木"的选择关系,以形象的比喻,表达了"我有选择在哪个国家呆的权利,没有这些国家选择我的权利"这样的"言外之意"。

所以,虽然孔文子再三挽留,最后还是没留住孔子。恰逢这时季康子驱逐了公华、公宾、公林三位小人,准备礼物迎接孔子,于是孔子就到了鲁国。

由上面的分析可以看出:"逻辑推衍"式"言外之意",不管是"单层推理"式还是"蕴含推理"式,其"言外之意"的表达和理解都与逻辑推理有着密切关系。表达时依据具体"题旨"和"情境"的需要,选用恰当的逻辑关系进行表达;理解时联系具体语境对辞面蕴含的逻辑关系进行推衍,进而实现"言外之意"的理解。

(二)"对比联想"式

"对比联想"式"言外之意",是指"言外之意"的表达和理解主要与对比联想有关。

具体来说,又可以分为又细分为"含糊其辞"式、"顾左右而言他"式、"正反"式三个小类。

1. "含糊其辞"式

"含糊其辞"式"言外之意",是指以含混的语言形式传递确切的内容。辞面上是含糊的,但联系具体语境,其表意却是十分明显的,这个明显而又未直接说出的意思,就是"言外之意"。

此类"言外之意"可以包括含糊其辞的说法,及汉语辞格中的"推避"格。

下面分别以两个例子作分析。

例一:

> 或问子产,子曰:"惠人也。"问子西,曰"彼哉!彼哉!"问管仲,曰"人也!夺伯氏骈邑三百,饭疏食,没齿无怨言。"(《论语·宪问》)

有人问子产、子西、管仲三个人怎样？孔子对子产、管仲二人都有了明确的评价，而且都是好评。而单单对子西，只说了句"彼哉！彼哉！"即"他呀，他呀！"就戛然而止了。

孔子话中，虽然没有直接评论子西；但孔子在说此话时，对另外两人都做出了好评；如果对子西也是好评，那么，孔子也就会明确说出了。由此，在对比中，可以看出孔子对子西并不怎么看好了。因此，孔子借含糊的辞面，在具体语境中，表达的是对子西的一种否定评价。这也就是孔子委婉其辞的真实含义，即"言外之意"。而这个"言外之意"的传达，借助于将"含糊其辞"的说法与语境中明确的说法相对比来传达的。

例二：

孔子问漆雕马人曰："子事臧文仲、武仲、孺子容，三大夫者孰为贤？"漆雕马人对曰："臧氏家有龟焉，名曰蔡。文仲立，三年为一兆焉；武仲立，三年为二兆焉；孺子容立，三年为三兆焉；马人见之矣。若夫三大夫之贤不贤，马人不识也。"孔子曰："君子哉，漆雕氏之子！其言人之美也，隐而显；其言人之过也，微而著。故智不能及，明不能见，得无数卜乎？"（汉·刘向：《说苑·权谋》）

孔子问漆雕马人说："你侍奉过文仲、武仲、孺子容，这三个大夫哪个更贤能？"漆雕马人说："臧家有用于占卜的龟，名叫蔡。文仲立为大夫时，三年占卜一次；武仲立为大夫时，三年两次；孺子容立为大夫时，三年三次。这些都是我所见到的。至于三位大夫贤与不贤，我就不知道了。"

漆雕马人的话中，只说了三位大夫占卜之事，而并未评价哪个更贤。但是，依据占卜的知识就可推知。占卜是人力无法解决时，求助于天的一种活动。占卜的次数越多，就说明占卜之人对事情的把握度就越小，自身的能力也就越有限。因此，漆雕马人辞面只说现象，但在这现象的对比中，却凸显着本质的对比，也就是凸显了："文仲占卜的次数最少，文仲最贤"这样的"言外之意"。

所以，孔子听后，大赞漆雕马人"其言人之美也，隐而显；其言人之过也，微而著"。并说，"智不能及，明不能见，得无数卜乎？"即智慧达不到，眼光看不远，能不占卜吗？也就是明白了漆雕马人所传达的"占卜次数越多，越不贤能"这样的意思。

2. "王顾左右而言他"式

"王顾左右而言他"式"言外之意"，是指以不相关的语言形式来传递所要表达的思想内容的"言外之意"类别。从辞面上看，是毫无关联，但这种不相关，在具体语境中，却代表着另外的意思，而这另外的意思也就是"言外之意"。

下面以两个例子予以分析。

例一：

2002 年 11 月，江泽民主席访美时，一名学生问江主席："中国对熊猫保护采取了哪些步骤？"江主席回答说："我是搞电机的，我跟你们一样非常喜欢熊猫，但对熊猫很少研究。"

台下一阵大笑：这也是一种"说不"的方式。（邹建华：《外交部发言人揭秘》）

学生问江主席中国对保护熊猫采取的步骤。作为中国主席，此事当然是非常清楚的。但是江主席却换种身份，以所学专业的角度来回答，说自己是搞机电的，对熊猫研究很少。

在外交活动中，一个国家的主席当然明白自己的身份，但他却偏偏避开这个身份，换用另一个角色来回答此问题，而且还推说不知。因此，此角色的转换及从此角色来说对此不知，就是一种推避。借助这种辞面的推避，所要传达的"言外之意"就是："我不愿意谈这个问题，也不会告诉你任何信息。"

因此，江主席此话一出，"台下一阵大笑"，领会了江主席含蓄推避之意。

例二：

周朴园：（向下人）跟太太说，叫账房给鲁贵同四凤多算两个月的工钱，叫他们今天就走。去吧。

周萍：爸爸，不过四凤同鲁贵在家里都很好，很忠诚的。

周朴园：嗯，（呵欠）我很累了。我预备到书房歇一下。你叫他们送一碗浓一点的普洱茶来。

周萍：是，爸爸。

［朴园由书房下。］

周萍（叹一口气）嗨！（急由中门下，冲适由中门上。）（曹禺：《雷雨》）

周朴园想赶走鲁贵和四凤，周萍为他们求情。周朴园并没接着周萍的话表态，而是转移话题，说自己累了，想喝普洱茶。

从辞面看，并没有说留与不留之事。但从常理来说，如果采纳了周萍的建议，那就会当即回答他；而没有回答，换其他的事来说，这就是避免回答，不愿回答。因此，转换话题，借此表明"不能留他们"这样的"言外之意"。

所以，周萍听后，"（叹一口气）嗨！"明白了父亲的意思，心里感到失落。

3."正反"式

"正反"式"言外之意"，是指以正面或反面的语言形式来传递与之相反的内容。这在汉语修辞格中又称为"反语"格。

这里需要指出的是：

此处的"正反式"与"相交关涉"式"言外之意"中第三类"关系联想"式中，"由对比关系"体现的"言外之意"，是有区别的，它们对比点的产生是不同的：此处的"正反式"，这种对比关系的产生，主要由辞面与语境的对比而产生；而"相交式"中的那类对比关系的产生，主要是由辞面中某个词所引发的对比。

另外，此处"正反"式，与"逻辑推衍式"中的"正话反说"也有着不同：前者的正反关系，源于辞面与语境的冲突而形成；后者的正反关系，主要是通过对辞面中蕴含的逻辑关系的推理而产生。

在明确这三者间的区别后，我们再以三个例子予以分析。

例一：

参加捷克斯洛伐克党十二大的苏联代表团团长是勃列日涅夫，那时他在苏共中已很有影响。在会议上，他除了大骂阿尔巴尼亚党之企图外，接着又影射某些"自称为马克思主义者的人""企图把人类拖向热核战争"，这无疑是发布了反华的总动员令。接着有许多代表竟公开指名攻击中共。

伍修权代表中共在会上发了言，除了对会上对华和其它党的攻击表示"深切的痛心"和"极大的遗憾"外，并再一次重申了中共要团结不要分裂的愿望。但可惜的是，伍修权的讲话被会场上的嘘声、拍桌和跺地板等极不文明的叫声淹没了。面对这一形势，伍修权采取了高调的冷处理的方法，用蔑视的眼光看了一下暴怒的代表，等喊叫声完全静下来了，再继续铿锵有力地表明了中国党的立场。这样一来，倒显得那些大呼小叫的人很是缺乏修养。

在会上，伍修权同志针对他们的阴谋，一方面强调了消除分歧，加强团结的重要性，另一方面还提醒大家要认清假团结，真分裂的做法。并对这次大会再次表示了"极大的遗憾"。针对会场上出现的口哨声、喧闹声，伍修权最后的结束语是："<u>你们这样做很好，这就使我看到了德国同志的'文明'</u>"。

由于德国党对我国代表的冷淡态度，伍修权决定不等大会全部结束就离开了会场，无疑，这又大大地损害了大会的"圆满"性。（高见主编：《中国外交官风云录》）

伍修权在针对其他党和对中共攻击表示"遗憾"，并重申"中共要团结不要分裂的愿望"的愿望时，被现场的"嘘声、拍桌和跺地板等极不文明的叫声淹没了"。在结束发言时，针对这种极不文明的现象，伍修权只说了句："你们这样做很好，使我看到了德国同志的'文明'。"辞面看似在赞扬，但联系说话时的具体情境及德国同志在他说话时的表现，可以引发对比联想。辞面说的是正面，对比现实，却是在说反面。因而，以正话反说的形式，表达了"你们这种做法极其不文明"这样的"言外之意"。

最后，因德国同志的这种不文明、不尊重的态度，及对我国代表的冷淡，"伍修权决定不等大会全部结束就离开了会场"。

例二：

电影《夜宴》中有一个片段：皇上弟弟谋害哥哥后，娶嫂登皇位。借与朝臣巡视朝殿时，借此告之朝臣江山易主，也随机试探群臣的归顺之心。在商讨易换先帝屏风时，有以下的对话：

臣子：皇上要是不喜欢这雪山玄豹（先帝屏风），臣即刻差人换了它。

皇上：喜欢。这畜生，风雪天躲在山洞里，舔它的雪毛，晴日里就光灿灿奔出。识时务是灵兽。

太常大人：臣却以为雕虎更为妥帖。《易经》云："大人虎变，君子暴变；皇上是大人，虎有王者气象。"

皇上：幽州节度使裴洪！

裴洪：在。

皇上：你怎么不说话？

裴洪：我在想，该不该将这雪山玄豹，赐予太常大人。

（太常大人之子怒目。）

皇上：为何？

裴洪：他识时务者啊！

（众臣窃笑。）（太常大人之子怒目拔剑。）

皇上：裴洪建议善好，朕就将这雪山玄豹赐予太常卿。

太常大人：谢皇上！

皇上：那把这屏风就雕虎吧！

而新皇登基，自然该万象更新。所以，太常大人建议将屏风改雕"虎"，认为"皇上是大人，虎有王者气象"。

而太常大人的这句话，在忌恨现任新皇帝以暗杀先帝的卑鄙手段篡夺皇位的裴洪看来，无疑是太常大人弃先帝之恩于不顾，而巴结讨好现任皇帝。前朝老臣，不仅不为先帝的冤死伸张正义，揭穿现任皇帝的阴谋，反而拍他马屁。因此，裴洪认为太常大人说这句话，就是背弃了先帝之恩，是不能容忍的。所以，裴洪说："他识时务者啊！"

辞面上看，这句话是援用前面新任皇帝所说的"识时务是灵兽"，这层褒扬之意。但在当时新皇帝以阴谋篡位，朝臣人心并未归顺时，太常大人率先褒扬新皇帝；这无疑就是对先帝的不忠。因而，裴洪这句"他识时务者啊"在这样的语境下，以辞面褒扬的形式，传达了贬斥和嘲讽之意，即"你真是见风使舵，背信弃义的小人"。辞面与辞里在语境中建立了对比关系，通过这种对比关系引发对比联想，就能理解其"言外之意"。

所以，"众臣窃笑。太常大人之子怒目拔剑"。众人也都听出了这种讽刺的意思。

例三：

如老舍《茶馆》第一幕中，有以下这些人物的一段对话：

松二爷　男。三十来岁。胆小而爱说话。

常四爷　男。三十来岁。松二爷的好友，都是富泰的主顾。正直，体格好。

二德子　男。二十多岁。善扑营当差。

马五爷　男。三十多岁。吃洋教的小恶霸。

二德子　（凑过去）你这是对谁甩闲话呢？

常四爷　（不肯示弱）你问我哪？花钱喝茶，难道还教谁管着吗？

松二爷　（打量了二德子一番）我说这位爷，您是营里当差的吧？来，坐下喝一碗，我们也都是外场人。

二德子　你管我当差不当差呢！

常四爷　要抖威风，跟洋人干去，洋人厉害！英法联军烧了圆明园，尊家吃着官饷，可没见您去冲锋打仗！

二德子　甭说打洋人不打，我先管教管教你！（要动手）

王利发　哥儿们，都是街面上的朋友，有话好说。德爷，您后边坐！

［二德子不听王利发的话，一下子把一个盖碗搂下桌去，摔碎。翻手要抓常四爷的脖领。］

常四爷　（闪过）你要怎么着？

二德子　怎么着？我碰不了洋人，还碰不了你吗？

马五爷（并未立起）二德子，你威风啊！

二德子　（四下扫视，看到马五爷）喝，马五爷，您在这儿哪？我可眼拙，没看见您！（过去请安）

差役二德子，正在这些平民面前耍威风。但二德子在"吃洋教的小恶霸"马五爷面前，只不过是一个小差役。因此，当二德子正要动手打人时，马五爷的这句"二德子，你威风啊"就并不是在拍二德子的马屁。这句话是出自比二德子更有权势，更有手段的马五爷口中，这就使辞面"二德子的威风"与马五爷的身份，产生了对比。在这对比中，辞面的"威风"，就是一种反说。因此，马五爷以"并未立起"的姿态说"二德子，你威风啊"，就是一种告诫，即"你敢在我的眼皮底下撒野"这样的"言外之意"。

所以，二德子听后，急忙赔不是，说："我可眼拙，没看见您！"并且即刻就跑过去请安。

由以上分析可以看出："对比联想"式"言外之意"，其表达和理解都与对比联想有着密切关系。在表达时，可以通过在辞面形成对比关系或在辞面与具体语境间形成对比关系来传达"言外之意"。接受者在理解时，联系具体语境来分析辞面，寻找这种对比关系，并赋予此对比关系以具体的语境意义，由此实现"言外之意"的理解。

（三）"相似启发"式

"相似启发"式"言外之意"，指"言外之意"的表达和接受，主要与相似联想有关。

这里需要指出的是：此处的"相似启发"式"言外之意"与从"心理因素"角度所说的运用相似联想的"言外之意"类别有所不同，这里只涉及借助于相似性来说一件事。而对于借助相似性来说两件事的则属于"重合包孕式"中的类型。

下面我们以三个例子予以分析。

例一：

成王问政于尹逸曰："吾何德之行而民亲其上？"对曰："使之

以时而敬顺之，忠而爱之，布令信而不食言。"王曰："其度安至？"对曰："<u>如临深渊，如履薄冰</u>。"王曰："惧哉！"（汉·刘向：《说苑·政理》）

成王问政与尹逸："我要有什么样的德行，百姓才会亲近上位的人？"尹逸回答说："差使老百姓要在适当的时候，而且要尊敬、顺从他们，诚心诚意地对待、爱护他们；颁布的命令要有诚信，不能出尔反尔。"成王问："怎样才能达到这个程度？"尹逸回答说："就像面临深渊，踩在薄冰上一样。"成王听后说："太可怕了。"

成王问"如何才能达到这个程度"，尹逸以比喻回答。辞面是只说面临深渊、踩在薄冰上这样的现象。但依据常理联想，就能从这个现象想到这种现象带来的后果及面临这样情境时人的心情。所以借辞面的现象，通过现象与后果的联想，表达了"要有畏惧之心"这样的"言外之意"。所以，成王听后说出了"惧哉"这样的感受，听懂了尹逸所要说的真正意思。

例二：

祖广行恒缩头。诣桓南郡，始下车，桓曰："天甚晴朗，<u>祖参军如从屋漏中来</u>。"（南宋·刘义庆：《世说新语·排调第二十五·祖广缩头》）

祖广走路常缩着头。他拜访桓玄时，刚下车，桓玄就说："天气很晴朗，祖参军您怎么像从漏雨的房子中出来一样。"

桓玄的话中，虽没有直接说出祖广走路的姿势，但用下雨屋漏时的情态来指其走路的姿势；用二者间形态的相似来表达了祖广"缩头"这样的"言外之意"。

例三：

当天晚上，嘉彬在回去之前，特别嘱咐了她这几句话："琼君，抬起头来，你有恋爱和结婚的权利，没人阻挡你。"

隔了几天，大小姐忽然从台北赶来，她似乎听到了什么风言风语，话渐渐转入正题，琼君不知哪来的一股勇气，很坦白地说："<u>大小姐，我打算朝前走一步</u>。"她到底不敢说"再嫁"两个字。她这句话几乎是冲口而出的，事前没有准备，所以说完了不由得低下头。大小姐回答得很理智："你的宝贵青春都为爸爸牺牲了，你有充足的理由再嫁。"意外的顺利，几乎使她不敢相信。她又和大小姐商量了许多细节，最后决定，她亲生的儿子满生随他的异母姐姐和姐夫生活。（林海音：《林海音文集·金鲤鱼的百裥裙·琼君》）

琼君在丈夫死后，想再嫁。但深受封建伦理道德熏陶的她，始终缺乏勇气。面对与她同龄的丈夫前妻的女儿，即大小姐时，她鼓足勇气说了句"我打算朝前走一步"。

这"朝前走一步"，是在她又寻找到新的爱情和生活希望时说出的，因而并不是说往前走路这个意思。而是将人生比作旅途，以前已经结束，要开始新的生活，要继续往前走。因而运用相似联想，将"再嫁"这样的"言外之意"含蓄地表示出来。

琼君含蓄地表达了此"言外之意"，意外地得到大小姐的赞同和鼓励，琼君终于鼓足勇气，迈出了人生新的一步，开始了新的生活。

由上面的分析可以看出："相似启发"式"言外之意"，其表达和理解主要与相似联想有关。在表达时，依据具体语境来调用相似联想，选择恰当的辞面进行表达；而接受者在理解时，也是依据具体语境来分析辞面，寻找这种相似联系，在此联系下，由辞面深入辞里，实现"言外之意"的理解。

二 "相离牵引"式所涉及的相关因素

"相离牵引"式"言外之意"的表达，是修辞主体为实现特定"题旨"的表达，充分适应"语境"因素，调用相关心理因素或逻辑因素，选择恰当的语言形式进行表达的结果。此类"言外之意"涉及的主要因素为语境因素、对比联想、相似联想及逻辑推衍。

首先，语境因素仍是此类"言外之意"所涉及的最重要和最基础的因素。辞面与辞里没有直接联系，二者间要实现连接，关键的因素就是语境。

此外，在"相离牵引"式"言外之意"的具体小类中，除了语境因素外，还因表达方式不同而涉及不同的因素。具体来说，"逻辑推衍"式还涉及逻辑因素；"对比联想"式还涉及对比联想；"相似启发"式则还涉及相似联想。

"相离牵引"式的这三种类型，在表达时，相同的都是对具体题旨情境的适应；所不同的是，因具体题旨情境不同，调用的相关因素也不同，或为选用逻辑因素，或为产生对比或相似联想。

在"相离牵引"式这三种类型的具体理解过程中，接受者通过对辞面的分析和对语境的把握，寻找辞面与辞里的连接通道，即或为逻辑推理或为相似联想或为对比联想；在相关通道的连接下，由辞面深入辞里，由此实现对"言外之意"的理解。

如"逻辑推衍"式中"顺推"式中"完形推理"式中的那个例子，孔融所说的"如君所言，幼时必聪明者"这句话，就是利用上下文语境，将太中大夫陈炜所说的"小时聪明，大时未必聪明"这句话作为推理的大前提，而将自己所说的这句作为小前提。依据大、小前提的逻辑推理关系来表达"言外之意"。而在座的听话人，也是依据当时具体情境及陈炜和孔融所说的话，进行逻辑推衍，通过推理，推知结论；而结论就是孔融所要表达的"言外之意"。所以陈炜等听后，夸奖孔融"此子长成，必当代之伟器也"。

综上所述，本章从"言外之意"的表达方式及所涉及的具体因素两个角度，对"言外之意"修辞现象进行了分类分析。依据表达方式的不同，即辞面与辞里连接方式的不同，将"言外之意"修辞现象概括为三种类型："重合包孕"式、"相交关涉"式及"相离牵引"式。这三种类型，在表达时都是表达者为实现特定"题旨"的表达，适应具体的"情境"，调用相应的心理因素或逻辑因素，选用恰当的语言形式进行表达的结果。接受者在理解时，通过对具体语境及相应辞面的分析和把握，寻找辞面与辞里的连接通道，在此通道的连接下，由辞面深入辞里，实现"言外之意"的理解。

本章对"言外之意"修辞现象的类型所作的详细归纳，既是为了能在较大程度上较详尽地了解"言外之意"的表现形式，也是为深入地探究"言外之意"理解过程及规律提供分析的材料。

第五章 "言外之意"修辞现象的理解探究

在本书"引论"部分，我们已经指出，本书所研究的"言外之意"，是表达者有"此意"，而接受者又能恰切地理解"此意"的这个范围内的"言外之意"，不是接受者增解或别解的"言外之意"。因此，本书"言外之意"的理解分析，就是研究接受者对表达者所表达的"言外之意"是如何实现理解的。

因"言外之意"的表达是表达者在具体语境中，借助于辞面来传达辞面意义之外的思想内容，将"意"托于"言外"；所以，接受者要恰切地理解其"言外之意"，就需要联系具体语境，寻找辞面与辞里的通道；在此通道的连接下，由辞面深入辞里，实现"言外之意"的理解。

所以，对"言外之意"修辞现象理解的分析，就是探究接受者是如何寻找到辞面与辞里的连接通道的，也就是说，接受者在理解过程中是以何种方式来实现辞面与辞里的连接的。这也就是对"言外之意"理解规律的探究。

而要探寻这种理解规律，首先就需要了解具体理解时所涉及的因素，即是哪些因素影响着理解的实现。因此，本章对"言外之意"修辞现象理解的分析，是以上一章详细划分的"言外之意"类型为材料基础，从"言外之意"理解"所涉及的因素"和"理解的规律"两个方面作探究。

第一节　"言外之意"理解的特点及所涉及的因素

"言外之意"理解时所涉及的因素，与具体的理解过程有关。理解过程不同，所涉及因素也就不同。所以，我们结合理解过程的性质及不同理解过程的特点来探究"言外之意"理解所涉及的因素。

我们对"言外之意"理解所涉及因素的分析，是从理解时思维活动参与方式，即"推理"的角度来分析；并依据推理实现的不同方式，将"言外之意"理解划分为不同的类别，进而再归纳这些不同类别的理解所涉及的因素。

具体来说，首先，"言外之意"修辞现象的理解过程是一个推理过程。

"言外之意"修辞现象和所有语言现象一样，都经过"表达者发出语言信号—接受者感知信号—接受者接受"这样的过程。而在这个过程中，交际双方的心理活动贯穿始终。可以说，心理活动是交际过程中的黑匣子。而心理活动中，思维活动起着关键性作用。思维活动以其基本的形式"判断和推理"[①] 表现出来。

因"言外之意"修辞现象的理解具有间接性，是一个"由显到隐"的过程，即由辞面意义间接获得辞里的过程。从思维活动的角度来看，"言外之意"的理解就不是以直接判断的形式出现，而是以"推理"，即通过"对某些判断的分析综合，引出新的判断"[②] 的形式出现。因此，从这个角度来说，"言外之意"理解的过程就是接受者的一个推理过程。

其次，依据"言外之意"理解时"推理"展现方式的不同，我们将其理解分为不同的类别。

我们依据推理实现方式的"显"与"隐"两个方面，将"言外之意"理解过程分为"显性"推理过程和"隐性"推理过程两个类别。

---

① ［苏］B. B. 波果斯洛夫斯基等主编：《普通心理学》，魏安庆等译，人民教育出版社1979 年版，第 260 页。

② 彭聃龄主编：《普通心理学》，北京师范大学出版社 1988 年版，第 371 页。

"显性"推理过程是指:在"言外之意"的理解过程中,辞面与辞里直接、主要的连接通道是"逻辑推理"。而"隐性"推理过程是指:在"言外之意"的理解过程中,虽然深层是一种推理,但在辞面却不表现为推理,而是通过其他方式来实现。

这两种不同的推理过程,与前面从辞面与辞里连接方式的角度对"言外之意"所分的三种类别,即"重合包孕"式、"相交关涉"式、"相离牵引"式的对应关系为:"相离牵引"式中的"逻辑推衍"式的理解过程为"显性推理"过程;除"逻辑推衍"式外,其他类别的理解过程,都是"隐性推理"过程。

因而,我们对"言外之意"修辞现象理解时所涉及因素的分析,就是对"显性推理"及"隐性推理"两种类型理解时所涉及因素的分析。

在对两种推理进行分析之前,我们首先需要明确"言外之意"理解的推理性质,然后再对不同类型的推理所涉及的因素作详细分析。

一 "言外之意"理解的推理性质

"言外之意"修辞现象理解所涉及的逻辑推理和"数理逻辑"中以人工语言作纯形式化的推理不同,它是自然语言运用中的推理,和所有语用推理一样,都是"非单调推理"。

所谓"非单调推理"是相对于"单调推理"而言,二者都是从人工智能研究中借用的术语。严格意义上的"非单调推理"是指"在系统中为真的语句数目并非随时间而严格增加。新加入语句或定理可能引起原有语句或定理变成无效"[1]。而"单调推理"是指"为真的语句的数目随时间而严格增加。新语句的加入、新定理的证明都不会使已有语句或定理变得无效"[2]。二者形式化表示为:"就经典的一阶谓词逻辑来说,它的单调性表现为,若 A 和 B 都是系统内的公式,且 A 可推出 W,记作 $A \models W$,则 A 加上新知识 B 后仍可推出 W,记作 $A \cup B \models W$。这意味着新增加的信息并不影响原有推理的有效性。然而,非单调逻辑却

---

① 朱福喜、朱三元、伍春香编著:《人工智能基础教程》,清华大学出版社 2006 年版,第 142 页。

② 同上书,第 141 页。

认为,上述思想与实际情况并不符合,增加新知识恰恰可能导致原有逻辑结论有效性的改变。"① 简单来说,"单调推理"的前提和结论间存在真假值的必然联系;而"非单调推理"的前提和结论间是一种或然关系,其前提或结论都有被否定的可能。

语言使用中的推理,一般都是"非单调推理"。因为语言使用中的推理和抽象的、理想的数理推理不同,并不存在绝对的真假、对错问题,而只有恰当与否的问题。语言使用中的推理,是一种以语境为基本参照的推理,同一句话所表达的命题都会因语境的不同而有区别,因而这种推理是一种带有猜测性、或然性的推理。

"言外之意"修辞现象是言语交际现象中的一种,因而其理解时所涉及的推理,不管是"显性推理"还是"隐性推理",都是一种"非单调推理",带有或然性。

这里所用的"推理"概念与第二章分类中的"推理"概念是不同的:

在第二章中,"言外之意"表现形式所涉及的"逻辑推理"中的"推理",是形式逻辑推理;是从描写的角度,对所涉及的逻辑因素的静态描述。

而本章理解中所涉及的"逻辑推理"中的"推理",是语用逻辑推理;是从阐释的角度,去探讨思维理解的动态过程。

也就是说,"言外之意"表现形式中体现的推理,是在说明"言外之意"可以普遍存在于各种逻辑推理形式中;而接受过程中的推理,是在分析能够运用思维活动中的推理形式,找到理解实现的途径。

二者角度不同,目的不同,所采用的逻辑概念的内涵也不同。

下面我们分别从"显性推理"与"隐性推理"两方面对"言外之意"理解推理的非单调性作分析。

(一)"显性推理"的非单调性

从"显性推理"的角度来看,"言外之意"推理是一种非单调性推理。也就是说在相关的前提(或结论)下推知的结论(或前提),只具

---

① 朱福喜、朱三元、伍春香编著:《人工智能基础教程》,清华大学出版社 2006 年版,第 142 页。

有可能性，而不具有必然性。我们以下面这个例子来分析说明：

> 赵辛楣看苏小姐留住方鸿渐，奋然而出。方鸿渐站起来，原想跟他拉手，只好又坐下去。"这位赵先生真怪！好像我什么地方开罪了他似的，把我恨得形诸词色。"
> <u>"你不是也恨着他么？"</u>唐小姐狡猾地笑说。苏小姐脸红，骂她："你这人最坏！"方鸿渐听了这句话，要否认他恨赵辛楣也不敢了，只好说："苏小姐，明天茶会谢谢罢。我不想来。"（钱锺书：《围城》）

方鸿渐对苏小姐并无爱慕之心，但因苏小姐对他有意，因而招来赵辛楣的嫉妒。方鸿渐在遭受赵辛楣的刁难后，觉得很委屈，就说"这位赵先生真怪！好像我什么地方开罪了他似的，把我恨得形诸词色"。而作为旁观者的唐小姐，对其中的缘由看得很清，随即说了一句"你不是也恨着他么？"此话一出，"苏小姐脸红，骂她：'你这人最坏！'"

苏小姐作出此反应，是因为她误以为方鸿渐对她有意。而在这样的想法下，唐小姐的那句话，就具有了特殊的含义，即"方鸿渐爱着苏小姐，也会恨赵辛楣"这样的"言外之意"。此"言外之意"获得的过程为：

只有"情敌"（p），才会"彼此恨对方"（q）

"他恨你，你也恨着他"（q）

所以，"你们是情敌"（p）

再进一步说，即为"你喜欢苏小姐"这样的"言外之意"。

"恨"一个人并不一定就源于二人间的"情敌"关系。"恨"可以由多种原因引起。而这种推理的前提"只有情敌，才会彼此恨对方"，只是引起两人之间生恨的一种情况。这是一种或然性的，而非必然性的情况。

但苏小姐之所以借"恨"能传达"情敌"这层意思，这是具体语境选择的结果。在当时的具体语境中，听话人方鸿渐是能听出苏小姐的这层意思的。

因而当方鸿渐听后，"要否认他恨赵辛楣也不敢了"，如果否认，就意味着不喜欢苏小姐,这就是当面伤苏小姐的心。然而又怕误会加深,所以方鸿渐便趁机谢绝了苏小姐的明日之约。

从上面的分析可以看出:"言外之意"理解的实现,只是接受者在多种可能性中选择了最符合语境的一种,而这种选择只是代表着一种可能性而不是必然性;因此,"言外之意"的理解过程中的推理是一种非单调推理。

此外,还可以看出,语境是实现"言外之意"理解必不可少的因素。语境决定着理解时在多种或然性中选择最恰当的一种,只有选择符合语境的那种可能性,才能恰切地实现"言外之意"的理解。

(二)"隐性推理"的非单调性

从"隐性推理"的角度来看,"言外之意"推理是一种非单调推理。也就是说在具体语境中,通过相关心理因素推知的"言外之意",与辞面并不存在必然联系,即"言外之意"与辞面不具有必然的对应。

我们以下面这个例子来分析说明,如:

> 英格曼神父正从无线电波中接收着外国电台对南京局势的报道,他看了匆匆进来的阿多那多一眼,连让座都免了。沉默地听了半小时嘈杂无比的广播,英格曼神父说:"看来是真的——他们在秘密枪决中国士兵。刚才的枪声就是发自江边刑场。连德国人都对此震惊。"
>
> 近十点钟,枪声才零落下去。
>
> 英格曼神父对阿多那多说:"敲钟。"
>
> "神父……"阿多那多不动。
>
> 英格曼懂得阿多那多的意思。整个城市生死不明,最好不以任何响动去触碰入侵者的神经。(严歌苓:《金陵十三钗》)

这里阿多那多用"神父"这个称呼,可以表达多种意思:"仅仅是称呼",或"用称呼语来提醒",或"表示一种难以言表的感情",等等。但是神父在阿多那多的这个称呼语中,获得了这样的意思:"整个城市生死不明,最好不以任何响动去触碰入侵者的神经。"这也是一种或然性的推理。这种或然性推理,是语境作用的结果。

二 "言外之意"理解中的推理类型

在前面我们已经指出，理解过程中，依据推理展开方式的不同，将"言外之意"理解中的推理类型主要分为"显性推理"和"隐性推理"两种类型。下面，我们对这两种类型分别作探讨。

（一）"显性推理"

在显性推理中，依据"言外之意"理解时推理实现方式的不同，可将其分为"顺推式"和"逆推式"。在"顺推式"中，又依据其推理在辞面呈现方式的不同，分为"完形式"和"缺省式"。而"逆推式"中，由结果倒推前提，是一种特殊的"缺省式"，因而不存在"完形"与"缺省"的区别，所以单独成类。这种分类形式与第四章"相离牵引"式中的"逻辑推衍"式的分类形式一致。

本章此处的类别划分与第四章中"逻辑推衍"式中的类别划分虽然类型相同，但研究目的不同。第四章中是为了展现"言外之意"的类型，而此章是依据相应的类型来分析其理解过程。

因此，本章中"显性推理"就包括"完形式""缺省式"和"逆推式"三个类别。因而运用"显性推理"来理解"言外之意"类型，也就包括了第四章所概括的"言外之意"修辞现象类型中的"相离牵引"式中的"逻辑推衍"式的所有类型了。

下面，我们先对与"言外之意"理解有关的"显性推理"的具体类型作分析。在此基础上，我们再探讨所有这些"显性推理"的推理过程是如何实现的。具体如下：

1. "显性推理"的类型

（1）"完形式"推理

"言外之意"理解中的"完形式"推理，是指依据大、小前提来推知结论，而结论就是"言外之意"。这类推理的显性程度最高，理解时推理相对明显和容易。依据思维的一般特点，结合语境就能推知。如下面这个例子：

> 庾公造周伯仁，伯仁曰："君何所欣说而忽肥？"庾曰："君复何所忧惨而忽瘦？"伯仁曰："吾无所忧，直是清虚日来，滓秽日

去耳!"（南朝·刘义庆《世说新语·言语·清虚日来》）

庾公拜访周伯仁，周伯仁说："您有什么高兴的事，让您忽然胖起来?"庾公就问："您有什么忧愁痛苦的事，只不过是清静淡泊一天天增加，污浊思虑一天天去掉罢了!"

周伯仁的话中，虽是在说自己的状况，却以此来戏嘲了庾公发胖。此话是以蕴含逻辑推理大前提的形式来传达了"言外之意"。这个大前提即为"清虚日来，滓秽日去"，所以"瘦"。而在此大前提下，小前提是前面所谈的庾亮"忽肥"，也就是"不瘦"。因此，依据大、小前提就能推知结论，而结论就是周伯仁所要传达的"言外之意"。因而此"言外之意"理解时的推理过程为：

如果"清虚日来，滓秽日去"（p），则瘦（q）

非 q"忽肥"

所以，非 p"滓秽日多"

即：（（p→q）∧¬ q）→¬ p。

以此传达了"我的清瘦是由于污秽的减少，你的发胖就是由于污浊思虑一天天增多吧!"这样的"言外之意"。

（2）"缺省式"推理

"缺省式"推理，即"缺省逻辑"推理，"这一主要的非单调推理形式是 Reiter 在 1980 年提出的"①。具体来说，"缺省式"推理，是指已知某一前提，缺省另一前提，来推知结论的形式。用形式表示为：

"〔α→（γ……）→β〕"②

其中，α 为已知前提，（γ……）为缺省项，β 为结论。

在缺省逻辑的严格定义中，缺省项（γ……），是指人们普遍认可的百科知识，不涉及临时语境中补充的知识或内容。缺省推理，主要产生和运用于计算机对人脑推理过程的模拟中。为了使计算机模拟时的操作更简单，便将推理过程中的这些百科知识省略，由此也就产生了"缺省推理"。因而，缺省推理，从严格意义上来说，是为了使推理过程更

---

① 傅丽：《缺省逻辑的扩充》，中国科学技术出版社 2006 年版，第 11 页。

② 熊学亮：《认知相关、交际相关和逻辑相关》，《现代外语（季刊）》2000 年第 1 期。

为简单和更容易操作。

我们此处借用"缺省推理"这个概念，与人工智能中所说的"缺省推理"虽然本质上都是推理过程中的一种缺省形式，但在内容和运用目的上是有着区别的，具体表现为：

第一，从内容上来看，二者包括的范围不同。人工智能中的缺省推理中的"缺省"，只涉及共知的百科知识、常识。"缺省"内容较简单；而我们借用这个术语来分析"言外之意"修辞现象理解时，这个"缺省"，就不仅包括共知的百科知识及常识，还包括依据具体语境来补充的内容。因而后者的"缺省"内容较复杂。

第二，从运用目的来说，二者是截然相反的。人工智能中，提出"缺省推理"是为了计算机在模拟操作时更方便，更易操作。而我们借用"缺省推理"，刚好与人工智能对"缺省推理"的运用相反，是为了从这个缺省形式中，找出这些缺省项，将这些缺省项补充出来，是探求缺省项在理解过程中是如何被补充出来的。

以上两点，是人工智能领域中的"缺省推理"与我们此处所说的"缺省推理"的区别。虽然二者因运用目的不同而产生了差异，但二者都是对人类思维过程中缺省推理形式的运用。只不过，在"言外之意"修辞现象的理解过程中，这种推理形式更复杂，但这并不妨碍借用"缺省推理"这个概念，来探究这种特殊的"缺省推理"。

以上是对"缺省推理"概念的由来，及此处我们所指的"缺省推理"概念的概说。下面，我们探讨"言外之意"修辞现象理解过程中，缺省项（γ……）的具体内容，及这些缺省内容是如何被补充出来的。

① "言外之意"缺省推理中，缺省项（γ……）的类型

我们依据本文前面所有缺省推理的例子，对缺省项（γ……）进行了概括，大致分为以下几种类型：

在省大前提的缺省推理中，缺省项（γ……）一般涉及：

a. 常识，包括常规知识和常规逻辑

b. 临时共知语境（或事实）

c. 字面蕴含（上下文蕴含）

d. 字面的语境明晰化

e. 常识的语境明晰化

f. 语境中移植

在省小前提的缺省推理中，缺省项（γ……）一般涉及：

a. 常识

b. 临时共知的具体语境（事实）

综合上面两种情况，概括来说，缺省项（γ……）的类型共有六个小类，即：

a. 常识，包括常规知识和常规逻辑

b. 临时共知语境（事实）

c. 字面蕴含（上下文蕴含）

d. 字面的语境明晰化

e. 常识的语境明晰化

f. 语境移植

在这六种类别中，我们需要对某些类别作说明：c. "字面蕴含"，即省略项（γ……）可以在上下文的理解中获得。d. "字面的语境明晰化"，即在上下文中已经蕴含，但不明确，需要具体语境使之具体化。e. "常识的语境明晰化"，即所给出的某个前提（大前提或小前提）只提供了一种常识猜测的可能，在给出的这个前提下，可以存在多种猜测；但要确定是哪一种，需要联系具体语境来明确。e 和 d 有相同点：都需要联系语境来具体化、明晰化。不同的是：d 中模糊的补充项是来自于上下文的描述；而 e 中来自于已知的大、小前提。f，"语境移植"，指上下文提供的已知信息与具体语境没有直接关系，需要建立联系才能补充出缺省项。

以上这六个小类，依据在"言外之意"理解时补充出来的难易程度，我们将其分为三个不同的层次，即：

第一层：所涉及的因素，主要为百科知识（常识）及逻辑推理能力。

第二层：所涉及的因素，除了百科知识（常识）及逻辑推理能力，还包括联系语境进行分析、推理的能力。

第三层：所涉及的因素，除了以上两层中的因素外，重要的是要有语境的迁移能力，即在"此语境"中出现的辞面，需要联系"彼语境"才能理解。因此对于理解者来说，要有从"此语境"迁移到"彼语境"

的能力。

下面，我们分别对这三个层次作举例分析。

A 第一层：省略项（γ……）涉及百科知识（常识）及逻辑推理能力的。

具体来说，包括前面六个小类中的前三类："a. 常识，包括常规知识和常规逻辑""b. 临时共知语境（事实）""c. 字面蕴含（上下文蕴含）"。

下面我们对包括的小类分别举例说明。

如省略项（γ……）为常识的。

例一：

心里高兴的时候，夏竹筠也上上班。不想上班的时候，就在家休息一段日子。她也不能老是躺着睡觉哇！织毛衣吧，几年也织不好一件。老头子笑着说："<u>等你这件毛衣织好了，我的胡子都该绿了。</u>"管他，反正那是一种消遣。（张洁：《沉重的翅膀》）

此例中，已知大前提是："等你这件毛衣织好了，我的胡子都该绿了。"在这个前提下，我们依据"胡子都该绿了"来提取常识："胡子只会变白，不会变绿。"这即是缺省项（γ…）。再由对省略项的否定，来否定前提，这也就是归谬法。因此，这也就是对"你织好毛衣"的否定。

所以，已知大前提，通过常识补充小前提，进而进行归谬推理，获得其"言外之意"，即为："你不可能织好毛衣。"

又如，省略项（γ……）为临时共知的具体语境（或事实）。

例二：

英格曼神父从安全区回来的第三天，来到伤员们的住处。……而一见王浦生满缠绷带的面孔，整理编辑得极其严谨的说辞刹那间便自己蜕变，变成以下的话："本教堂可以再收留诸位几天。不过，作为普遍难民在此避难，诸位必须放下武器。"

伤员们沉默了，慢慢把眼睛移向戴教官。

戴教官说："请允许我们留下两个手榴弹。"

英格曼神父素来的威严又出现了："<u>本教堂只接纳手无寸铁的平民</u>。"

戴教官说："这最后的两颗手榴弹不是为了进攻，也不是为了防御。"他看了所有人一眼。

……

英格曼神父说："假如那样，你们便不是手无寸铁啊。"一个叫李全有的上士说："戴教官，就听神父的吧。"（严歌苓：《金陵十三钗》，《中国文学最新作品排行榜》）

此例中，神父说"本教堂只接纳手无寸铁的平民"这话，是在伤员中的戴教官说"请允许我们留下两个手榴弹"这个前提下说的，而这个前提，是在场的人都知道的事实，也就是缺省项（γ……）。因而，依据这个共知的事实即是小前提，再依据神父所说的大前提，就能推知结论，即："如果你们要住进来，就不能留手榴弹。"

所以，当戴教官再次请求留下两颗手榴弹时，神父又一次重申了"假如那样，你们便不是手无寸铁啊"，再一次将大前提重申了一次。虽然神父只说出了大前提，但省略的小前提是交际双方共知的事实，因此，戴教官及伤员是能听出其"言外之意"的。

再如，省略项（γ……）为字面所蕴含，即蕴藏在辞面中的。

例三：

离宫路远北原斜，<u>生死恩深</u>不到家。云雨今归何处去，黄鹂飞上野棠花。（唐·窦巩：《宫人斜》）

在此例中，对"恩深"二字的"反话正说"式的表达，可以从辞面中推测出来。辞面中的"生死""不到家"，即是对"恩深"进行了否定。因此，依据"恩深"这个大前提，在从辞面中补充出省略的前提，以此推出"言外之意"。具体过程为：

A（"恩深"）→X（"得到亲情的满足"）

Xs（"生死""不到家"）→ ~α（s = surprise）"并非恩深"

所以，是对前提的否定，是一种反说。所以，黄周星《唐诗快》中所说："'生死恩深'，不知为君恩乎？亲恩乎？忽接'不到家'三字，便觉有啾啾鬼哭。"①

以上三个例子，分别从省略项（γ……）为常识、共知事实及辞面蕴含三个方面分别作了分析。从以上分析中可以看出：这一层中涉及的这些省略项，补充出来的难度相对较小。因而，从这个层面来说，接受者要实现对"言外之意"的恰切理解，就需具备相应的生活常识、逻辑知识及语言理解能力。

下面，我们对缺省项的第二个层次进行分析。

B 第二层：省略项（γ……），除了涉及百科知识（常识）及逻辑推理能力外，还涉及联系语境进行分析、推理的能力。

具体来说，包括前面六小类中的第四、五类，即"d. 字面的语境明晰化""e. 常识的语境明晰化"。下面分别举例分析。

省略项（γ……）为字面的语境明晰化，即字面所表示的意思需要联系语境给予明确。

例四：

> 香冷金猊，被翻红浪，起来慵自梳头。任宝奁尘满，日上帘钩。生怕离怀别苦，多少事、欲说还休。<u>新来瘦，非干病酒，不是悲秋。</u>　　休！休！这回去也，千万遍《阳关》，也则难留。念武陵人远，烟锁秦楼。惟有楼前流水，应念我、终日凝眸。凝眸处，从今又添一段新愁。（宋·李清照：《凤凰台上忆吹箫》）

"新来瘦，非干病酒，不是悲秋"，那"瘦"是为何？辞面中提到了"生怕离怀别苦""武陵人远，烟锁秦楼"及"终日凝眸""凝眸处，从今又添一段新愁"，可以猜测"新来瘦"或许与"离愁"有关，但这离愁别绪竟为何人？这就需要联系诗歌写作的背景："赵明诚'屏居乡里十年'的历史事实"②，由此，可以得之，"瘦"与"丈夫的离别"有关。

---

① 周蒙、冯宇主编：《全唐诗广选新注集评 5》，辽宁人民出版社 1994 年版，第 432 页。

② 王维贤、李先焜、陈宗明：《语言逻辑引论》，湖北教育出版社 1989 年版，第 120 页。

因而此推理隐含着这样的前提：新来瘦，或干病酒（p），或是悲秋（q），或因离愁（r）。但"非干病酒（p），不是悲秋（q）"，因而，"新来瘦"便是因为"离愁"（r），即"思念丈夫"了。

因而，此推理的逻辑形式为：

$$((p \lor q \lor r) \lor (\neg p \land \neg q)) \to r$$

所以，要恰切地理解"新来瘦，非干病酒，不是悲秋"，除了从辞面中寻找依据外，还需要联系背景，由此将辞面明显化，具体化。这样才能理解所要传达的"言外之意"。

省略项（γ……）为常识的语境明晰化。

例五：

> 张麻子：你和钱对我都不重要。
>
> 黄老爷：（惊）那谁重要？
>
> 张麻子：没有你，对我很重要！
>
> 黄老爷：（对望，起身，离开）哎！
>
> 张麻子：你不是找火柴吧！
>
> 黄老爷：不是！
>
> 张麻子：那……（摸枪，递枪）你是找这个。
>
> 黄老爷：（转身，沉重地注视枪）
>
> 张麻子：（示意拿枪）你是个体面人！
>
> 黄老爷：（接枪，拉枪）
>
> 张麻子：只有一颗子弹。
>
> 黄老爷：（悲凉）够！（转身欲离来）（电影《让子弹飞》）

"你是个体面人！"我们依据这个前提提供的线索，可以猜测：体面人不会做窝囊的事，体面人光明磊落，体面人衣着得体，体面人举止有修养等等。但"体面人"具体是指什么，就需要联系语境来明确：张麻子在与地头蛇黄老爷你死我活的火拼中，以沉重的代价（几位兄弟的性命）换来了胜利的果实；在分享胜利的时刻，也就是黄老爷等待处决的时刻，这时张麻子对黄老爷说"你是个体面人"，自然就与"死"有关，在这种语境下，缺省项（γ…）指的就是自己解决自己。这在后面递给他一把枪进一步得到证实。

以上，是从省略项（γ……）为字面的语境明显化、常识的语境明晰化两个方面分别作了分析说明。从以上分析中可以看出：这一层中涉及的这些省略项的补充，除了需要具备相应的常识、逻辑知识及语言理解能力外，更重要的还需要联系具体语境或背景进行分析的能力。

因此，对于修辞受体来说，要恰切地理解此类"言外之意"，就不仅需要相应的知识储备，还需要联系具体语境分析的能力。

C 第三层：省略项（γ……），除了涉及以上两层中的因素外，还涉及语境的迁移能力。

具体来说，主要指前面六小类中的第六类，即"f、语境移植"这个类别。下面举例分析。

省略项（γ……）涉及语境移植。

例六：

> 曹仁置酒与操解闷。众谋士俱在座。操忽仰天大恸。众谋士曰："丞相于虎窟中逃难之时，全无惧怯；今到城中，人已得食，马已得料，正须整顿军马复仇，何反痛哭？"操曰："吾哭郭奉孝耳！<u>若奉孝在，绝不使吾有此大失也！</u>"遂捶胸大哭曰："哀哉，奉孝！痛哉，奉孝！惜哉，奉孝！"众谋士皆默然自惭。（明·罗贯中：《三国演义》第五十回　诸葛亮智算华容　关云长义释曹操）

在此例中，对曹操这句"若奉孝在，绝不使吾有此大失也"的理解，涉及两个语境：第一个语境是曹操哭郭嘉；第二个语境是战败。

因此，曹操这句虽然是在第一个语境中出现，但他实际要调用的是第二个语境，即遭受如此惨败，是因为郭嘉不在，没有有能力的谋士，所以才战败了。因此，将这句话放在第二个语境中，就蕴含着这样的前提："如果郭嘉（有才能的谋士）在，就不会有此大失。"而现在，"有此大失"，是因为"郭嘉（有才能的谋士）不在了"。也就是说"你们这些都是无能之辈"。具体来说，其推理过程为充分条件假言推理，即：

如果"郭嘉（有才能的谋士）在"（p），则"不会有此大失"（q）

而现在"有此大失"（非 q）

所以，"郭嘉（有才能的谋士）不在"（非 p），即"你们这些都是无能之辈"。

这种形式也可以用符号表示为：$((p{\rightarrow}q) \wedge \neg q){\rightarrow}\neg p$。

因此，"众谋士皆默然自惭"，从曹操这句中听出了责骂和羞愧。因此，在《毛宗岗批评本三国演义》中批注道："哭死的与活的看，奸甚。"

因此，当省略项（γ……）涉及语境的迁移时，在理解时除了具备相应的知识储备外，还要有语境迁移能力。

以上是对"言外之意"缺省推理中，缺省项（γ……）类型层次的分析。具体来说，第一层面，在接受者进行补充时，是一个简单的记忆提取（包括对临时具体语境及已有的百科知识的提取）和语言层面的逻辑、语义的理解过程，是一个简单的反应过程。第二层面，是一个反应和分析过程，是对相关提取或理解的取舍过程。第三个层面，是在反应、分析基础上的一个"语境移植"过程。"语境移植"，即将属于不同语境中的内容，移植嫁接在一起，形成一个新的语境，由此产生新的理解。

下面，我们依据这些类型，对各自涉及的相关因素，再作归纳。

②"言外之意"缺省推理中，缺省项（γ…）的所涉及的因素

依据上面三个层面，六个例子的分析中，缺省项（γ……）补充时涉及的因素为：接受者的语言理解能力、所具有的百科知识、文化修养、逻辑推衍能力及语境迁移能力等。接受者所积累的常识越多，语境分析或迁移的能力越强，其恰当地补充出（γ……）的概率就越大，其恰切地理解"言外之意"的可能性也就越大。

（3）"逆推式"推理

在"逆推式"推理中，隐藏的前提就是"言外之意"。因此，在寻找隐藏前提的过程中，所涉及的因素就是"逆推式"推理中的关键因素，也是理解此类"言外之意"的关键因素。

这里再次探讨，是从接受的角度来分析逆推如何实现，与前面表现类型的探讨是有区别的。

下面，我们分别从"逆推式"推理过程的类型及推理过程中所涉及

的因素分别作分析。

①"逆推式"推理类型

具体包括两种类别：

第一种：出现情况 X，而假设 α 能推出 X，即 α→X 成立，那么 α 就为 X 的原因，这就是一般的"溯因推理"。用公式表示为：

X

若 α→X 成立，

故 α

第二种：出现情况 X，但假设 α 不能推出 X，即 α→X 不成立，则 α 就不是 X 的原因，那么就要寻找其他解释，如 β 等。这种类型用公式表示为：

"α→X

Xs→ ~ α（s = surprise）

β、γ、δ……

……

β（最佳解释）"[1]

在这两种类型中，第二种类型实际是归谬式与溯因式的套用，其中包括两个阶段：

第一个阶段，是由结果否定原因，也就是说若 α 不能推出 X，即 α→X 不成立，那么 α 就不是 X 的原因。可用公式表示为：

∵ α→X

~ X

∴ ~ α

第二个阶段，是在否定最初认为的那个原因的基础上，再寻找新的原因。也就是说，若 α 不是 X 的原因，那么就要寻找其他解释，如 β 等。可用公式表示为：

~ X

β、γ、δ……

……

---

[1] 熊学亮：《语言使用中的推理》，上海外语教育出版社 2007 年版，第 80 页。

β（最佳解释）

∴ β

而"逆推式""言外之意"，既可体现在第一类型中，又可体现在第二种类型第一阶段，以及第二种类型的两个完整阶段中。下面分别举例说明。

A 通过"逆推式"第一种类型实现"言外之意"理解。

如下面这个例子：

> 文公见咎季，其庙傅于西墙，公曰："孰处而西？"对曰："君之老臣也。"公曰："西益而宅。"对曰："臣之忠，不如老臣之力，其墙坏而不筑。"公曰："何不筑？"对曰："一日不稼，百日不食。"公出而告之仆，仆顿首于轸曰："《吕刑》云：'一人有庆，兆民赖之。'君之明，群臣之福也。"乃令于国曰："毋淫宫室，以妨人宅。板筑以时，无夺农功。"（汉·刘向：《说苑·建本》）

此例是由结论推知前提或原因。在"君之明，群臣之福也"中，"君之明"，可以有多方面的猜测，凡英明国君所具有的品质或行为，都有可能是解释这句话的原因。也就是说，"君之明"是由某个原因所产生的。

因此，其逻辑推理形式，可表示为：

X

若 α→X 成立，

故 α。

因为语言交际的推理是一种非单调性推理，对造成一种现象的原因有多种解释的可能，所以在"α→X"中的 α，就有以下的可能，即"毋淫宫室、无夺农功""爱民""励精图治""勤俭修身"等。用公式表示为：

x

α、β、δ……

……

但 α（最佳解释）

最后选择了"毋淫宫室、无夺农功",这就是具体语境选择的结果。因此,在此类"逆推式"言外之意的理解,就是联系语境寻找"原因"的过程,所探寻到的"原因",也就是表达者所要表达的"言外之意"。

B 通过"逆推式"第二种类型的第一个阶段,实现"言外之意"理解。

如:

朱镕基总理于 2000 年 10 月 14 日与日本市民举行电视讨论会,与日本市民进行直接的公开对话。有人问:"为什么中国只允许每个家庭要一个孩子?"

朱总理回答:"如果十二亿五千万人口的国家无限制地生下去的话,那全球就都是中国人了!"

朱总理在这里运用的就是归谬法。让对方明白十二亿五千万人口的中国如果无限制地生下去的后果,使对方自己都能意识到自己的想法是荒谬的。这一回答影响很大。第二天,日本许多大报纸都报道了朱镕基总理的这一对话。有的报道标题直接就冠以"中国如不搞计划生育,世界上遍地都是中国人"。(邹建华:《外交部发言人揭秘》)

朱总理所运用的归谬法,其推理过程为:

若"中国不限制每个家庭只生一个孩子"(α)→就"全球都是中国人了"(X)

而常识上并不是(~X)

所以,"中国限制每个家庭只生一个孩子"(~α)

用公式表示为:

如果 $\alpha \to X$

~X

∴ ~α

朱总理是用归谬法的形式,间接回答了对方的问题,也就表达了:"如果不限制,中国人口就会太多"这样的"言外之意"。

　　C 通过"逆推式"第二种类型的完整过程，实现对"言外之意"的理解。

　　如：

　　　　当日本记者问到中国发展核武器的情况，并具体询问何时爆炸第三颗原子弹？

　　　　面对这一敏感的问题，陈毅以风趣的语言作了独特的回答："中国爆炸了两个原子弹，我知道，你也知道。第三个原子弹可能也要爆炸，何时爆炸，请你等着看公报好了。"巧妙而又幽默的回答，令全场哄堂大笑。（王景科编著：《陈毅的外交艺术》）

　　在此例中，日本记者本想从陈毅的口中探听我国原子弹爆炸的消息。对此机密，陈毅当然不会说；但在外交场合，又不能有失风范。所以，陈毅以毫无信息量的，看似废话的话做了回答，以此传达了"那是不能告诉你的"这样的"言外之意"。

　　所以，此番话一出，"令全场哄堂大笑"。而在场的记者是如何听出陈毅的"言外之意"的呢？这就是听话人运用了"逆推式"中第二种类型的完整式进行推理的结果。具体过程为：

　　若"某种回答"符合"某个问题"，即（$\alpha \to X$）

　　但是"现实回答并不是问题的答案"，即 $Xs \to \sim \alpha$（s = surprise）

　　那么，"这样回答有很多原因"，即"β、γ、δ……"

　　联系语境，最佳原因是"不愿意告之"，即"β（最佳解释）"

　　所以，这句话传达的"言外之意"就是"不愿告之"。

　　将整个过程，形式化表示为：

$\alpha \to X$

　　$Xs \to \sim \alpha$（s = surprise）

β、γ、δ……

　　……

β（最佳解释）

　　由此，通过"逆推式"推理，从陈毅那句毫无信息量的话中，听出了"不愿告之"这样的"言外之意"。

②"逆推式"推理涉及因素

我们依据前面所有"逆推式"推理中的例子，对其涉及的相关内容进行归纳，具体包括以下两个方面：

a. 常识或共知事实

b. 常识的语境明晰化

因此，"逆推式"推理中，主要涉及接受者相应的知识积累、逻辑推理能力及语境分析能力。

2. "显性推理"所涉及的因素

在上面的分析中，我们对"言外之意"理解中的"显性推理"所包括的"完形式""缺省式"和"逆推式"的推理过程作了分析。因"完型式"推理过程主要涉及逻辑推理因素，相对简单，就不再探讨。因此，我们就只对"缺省式"和"逆推式"两个类型推理过程中所涉及的因素作了详细的分析、归纳。

具体来说，"缺省式"和"逆推式"中所涉及的因素，具体如下：

在"缺省推理"中，缺省项（γ……）的类型分别为：

a. 常识，包括常规知识和常规逻辑

b. 临时共知语境（事实）

c. 字面蕴含（上下文蕴含）

d. 字面的语境明晰化

e. 常识的语境明晰化

f. 语境移植

从这六类中，我们可以看出，"缺省推理"主要与接受者的语言理解能力、所具有的百科知识、文化修养、逻辑推衍能力及语境迁移能力有关。

而在"逆推式"推理中，其推理过程涉及的相关因素主要有：

a. 常识或共知事实

b. 常识的语境明晰化

可以看出，"逆推式"主要与接受者的知识积累及语境分析能力有关。

综合"完形式"理解中所涉及的"逻辑"因素及"缺省式"和"逆推式"中所涉及因素，我们将"显性推理"所涉及的因素，综合概括如下：

第一，已有的知识积累，包括常识、逻辑知识及语言知识。

第二，语境分析、迁移能力。

这也就是说，在理解第四章所概括的类型中的"相离牵引"式中的"逻辑推衍"式"言外之意"时，就涉及以上两方面因素。

（二）"隐性推理"

1. "隐性推理"的类别

"言外之意"接受过程中的隐性推理，是指在理解"言外之意"时，在思维形式上及思维过程中，并不是通过逻辑推衍形式来实现；而是在联想的作用下，在辞面与辞里建立某种联系，在此联系的连接下，实现对"言外之意"的理解。

因而，我们在分析"言外之意"隐性推理实现过程时，就可依据推理时所运用的联想类别的不同，对其进行分类分析。

"联想"，从普通心理学的角度来说，可分为接近联想、对比联想、关系联想、相似联想。从认知语言学的角度来看，转喻研究中的"邻近性"关系与接近联想和关系联想都有关联。为了更概括地分析"言外之意"理解时的隐性推理过程，我们就参照认知语言学中对转喻的研究，将"言外之意"理解过程中运用的"联想"因素，归并为三个方面，即相似联想、相关联想及对比联想。

由此，"言外之意"理解过程中的隐性推理，也分为三类：与相似联想有关的、与相关联想有关的（包括接近联想和关系联想）及与对比联想有关的推理。其中，与相似联想有关的推理，又可称为隐喻型推理；与相关联想有关的推理，又可称为转喻型推理。

（1）隐喻型推理

此类"言外之意"的表达和理解主要与相似性联想有关，也就是与隐喻思维有关。因而我们称为"隐喻型"言外之意。而此类"言外之意"理解时所运用的隐性推理，我们就称为"隐喻型推理"。

运用"隐喻型推理"理解的"言外之意"类别，主要包括第四章所概括的"言外之意"类型中，"重合包孕"式中的"比喻引申"式、"托物言志"式及某些"情景依托"式以及"相离牵引"式中的"相似启发"式。

在探讨以隐喻性推理来实现"言外之意"的理解之前，我们先对隐喻思维及其特点做一番梳理。

隐喻，在传统修辞研究中，是一种辞格，是比喻辞格的一种。随着隐喻研究的深入，特别是认知语言学对隐喻研究的深入，隐喻突破了辞格的身份，进入了思维方式的大家族中；隐喻被认同为一种思维方式和认知方式。隐喻是通过在两个不同领域的事物之间发现或创造相似性，来改变人们的认知方式和思维方式，"一般来说，隐喻在人类认知方面有两大作用：①创造新的意义，②提供看待事物的新视角"①。

隐喻的运作机制是在相似性的基础上，将源域（喻体）的某些特征映射到目标域（本体）上，从而产生对目标域的新的认知和理解。在运作过程中，有两方面的因素影响着隐喻类别的区分：其一是"相似性"的来源；其二是映射方式，即相似性的投射方式。就"相似性"的不同来源来看，可将隐喻分为两种："一种是以本体与喻体之间原有（包括固有的和想象中的）相似性作为基础的隐喻（similarity-based metaphors），另一种是以说话者或作者新发现的或刻意想象出来的相似性作为基础的隐喻（similarity-creating metaphors）。显然，后者有着更重要的认知价值。"② 另外，映射方式的不同，也会使隐喻存在简单与复杂之分。具体来说，"映射"可以是简单的投射，也可以是复杂的合成。这在隐喻研究中，分别对应 Lakoff 的映射理论和 Fauconnier 的空间合成理论。前一种映射是直接将源域的某些特征映射到目标域中；而后者是源域和目标域相互投射，在此基础上，产生抽象的类指空间以及合成空间。经过合成空间的组合、扩展等作用，最后产生新的认识。因而，后者的建构和理解较前者更为复杂。

然而，因"相似性"的来源和映射方式的不同而形成不同的隐喻类别，从接受者方面来说，都是具有相对性的；阅历较广、知识积累较丰富的接受者，与阅历较窄、知识积累较贫乏的接受者，对隐喻类别的区分是不同的。

因"相似性"本身具有复杂性，这就使"言外之意"的理解也变得复杂。因而，我们可以从"相似性"的一般共性及特殊性方面对

---

① 束定芳：《隐喻学研究》，上海外语教育出版社 2000 年版，第 17 页。

② 束定芳主编：《隐喻与转喻研究》，上海外语教育出版社 2011 年版，第 12—13 页。

"言外之意"的理解进行分类探讨。一般来说，可以分为两类。下面，我们分而述之。

①"相似性"与"言外之意"的理解

运用隐喻性思维表达的"言外之意"，是修辞主体以相似性为联系点，将两个不同的领域联系起来；将源域（即喻体）的某些特点映射到目标域之中，或将源域与目标域互动产生的相似点映射到目标域中，赋予目标域（即本体）一种新的认知意义，而此新的认知意义就是要表达的"言外之意"。

与隐喻性思维有关的"言外之意"，其表达和理解的特点，分别为：

在表达时，喻体出现在辞面，有时本体也出现；而作为辞里的"言外之意"是赋予了相似性后，较原来有了改变的本体。而此类"言外之意"的理解，就是把握辞面的喻体，联系本体，推知"相似性"；再将相似性投射到原本体上，对本体获得一种新的认识，而这种新认识就是"言外之意"。

在理解的过程中，首先是要理解喻体，在此基础上才能在喻体和本体之间找到恰当的"相似性"，由此才能获得对原本体的新认识。

因喻体在理解中的基础性和关键性作用，我们便以喻体的不同类别，来探讨此类"言外之意"的理解。

A 喻体的常识性、文化性

此类"言外之意"表达时，作为辞面的喻体主要体现为生活常识、文化知识。对此类"言外之意"的理解，是调用已有的知识积累，联系语境，在本体与喻体间寻找相似性，再将相似性投射到本体之上的过程。在这个过程中，最重要的影响因素是：已有的知识积累。修辞受体已有的知识积累程度越大，理解"言外之意"的容易程度就越大。我们用下面这个例子予以说明，如：

寒雨连江夜入吴，平明送客楚山孤。洛阳亲友如相问，一片冰心在玉壶。[唐·王昌龄:《芙蓉楼送辛渐二首》（其一）]

此例中，"洛阳亲友如相问，一片冰心在玉壶"这句中，辞面的喻体为"一片冰心在玉壶"，本体为诗人的状况。要理解诗人传达的意思,就需要理解"冰心""玉壶"有哪些特征与诗人的状况存在相似性。这就需要调用中国古代文学常识:"冰心"乃纯洁无瑕,"玉壶",以"玉"喻君子,指品行高洁。这在诗词中已成为一种意象,"早在六朝时,鲍照就曾用中'清如玉壶冰'(见《代白头吟》)之句,表现高洁清白之品行;与诗人同时期的李白,也曾借'玉壶'之吟,表现自己绝不与世俗同流合污的坚贞品格(见《玉壶吟》)"①。

可见,"一片冰心在玉壶",即指品行高洁之意。再联系这首诗的写作背景:诗人"晚途不矜小节,谤议腾沸,两窜遐荒"②。而此诗则作于"两窜"的第二次,即被贬为江宁尉时期。因而,诗人借"一片冰心在玉壶",向亲友所传达的"言外之意"即为虽然被谤议、谪贬,但自己仍清正高洁。正如近人俞陛云在《诗境浅说续编》中所说:"借送友人自写胸臆,其词自潇丽可爱。玉壶本纯洁之品,更置一片冰心,可谓洁尘不染。其对洛阳亲友之意,乃自愿隐沦,毋烦招致。"③

可见,对喻体的了解是理解此诗"言外之意"的基础。在对"玉壶""冰心"有了常识性了解的基础上,才能找出本体与喻体的相似性;再将找出的相似性投射到本体上,才能实现"言外之意"的理解。

可见,在喻体为常识性、文化性知识的"言外之意"的理解过程中,具体语境的把握和已有知识的积累都是影响"言外之意"理解的重要因素。但这两个因素中,又以已有的知识积累更为基础。

B 喻体乃临时语境中生成

此类"言外之意"的喻体,是随情应景而生;其本身并没有特定的含义,而是修辞主体在特定语境中的临时选择。喻体理解的关键在于对语境信息的把握。具体而言,又分为两种情况:

a 喻体为双方互知的现象或事实

如下面这个例子中的喻体,就是交际双方都共知的事实。

    珮柔手里拿着一幅大大的油画,她送到雨秋面前来,含泪说:

---

① 吴春荣:《唐人100名句赏析》,上海教育出版社2008年版,第42页。
② (元)辛文房撰,舒宝璋校注:《唐才子传》,中州古籍出版社1987年版,第64页。
③ 俞陛云:《诗境浅说续编》,开明书店1950年版,第56页。

"爸爸要我把这个送给你!"

她惊讶的接过那幅画,愣了。那是她那张"浪花",在云涛挂出来一个星期以后,俊之就通知她卖掉了。她愕然片刻,喃喃地说:

"我以为——这幅画是卖掉了的。"

"是卖掉了。"珮柔说:"买的人是爸爸,这幅画始终挂在爸爸私有的小天地里——他的书房中。现在,这幅画的位置,换了一幅绿色的水彩人像。<u>爸爸要我把它给你,他说,他生命里,再也没有浪花了。</u>"

雨秋望着珮柔。

"<u>他生命里,不再需要这幅'浪花'了,</u>"她含泪说,唇边带着一个软弱的微笑。"他有你们,不是吗?<u>你们就是他的浪花。</u>"

(琼瑶:《浪花》)

此例中前面几次出现的"浪花",既指雨秋的那幅画,更指雨秋给珮柔的爸爸——俊之的生活所带来的激情和波浪。俊之在遇到雨秋之前,生活平静如水;虽然和妻子有很多无法沟通的地方,但作为丈夫和父亲,他尽职本分。而画家雨秋的出现,给他的生活带来了新的活力和希望。和雨秋在一起的那份热情、默契和轻松,是他一直渴望的,但却是在和妻子的生活中消失已久的东西。雨秋在给他一潭死水的生活带来生命活力的浪花时,也给他的生活带来波动不安的浪花。最后顾及妻子及儿女的感受,俊之最终还是选择回归平静,所以托女儿将画还给雨秋,并说"他生命里,再也没有浪花了"。这既意味着他们之间关系的结束,也意味着他的生活希望和活力的消失。但雨秋却说:"你们就是他的浪花。"虽然她已不能和俊之在一起,不能再带给他快乐和激情;但并不意味着他的生活再没有希望和活力,"你们"作为他的子女,就是他新的希望。

此例中喻体"浪花",是珮柔和雨秋都互知的一个事实:既指雨秋的画,也指雨秋带给俊之的那份幸福和波动。所以,喻体与本体之间的相似性,在具体语境中就较容易地凸显出来,这个相似性即为"引起波动";再将这个相似性投射到本体上,也就理解了用"浪花"来表达的

"言外之意"，即"给俊之的生活带来的波动和希望"。

　　b　喻体为修辞主体表达时的临时选择

　　依赖具体语境产生的喻体，除了共知事实外，还可以是表达者在具体语境中的临时选择。如下面这个例子：

　　　　惠子相梁，庄子往见之。或谓惠子曰：'庄子来，欲代子相。'于是惠子恐，搜于国中，三日三夜。庄子往见之，曰："南方有鸟，其名为鹓鶵，子知之乎？夫鹓鶵发于南海而飞于北海，非梧桐不止，非练实不食，非醴泉不饮。于是鸱得腐鼠，鹓鶵过之，仰而视之曰：'嚇！'今子欲以子之梁国而吓我邪？"（战国·庄周：《庄子·秋水》）

　　此例中，庄子根据自己的处境，编了一个故事：高贵的鹓鶵鸟，只栖梧桐，只食竹实，只饮醴泉。有一天当它从天空飞过时，恰遇一猫头鹰正得一腐臭的死老鼠，这只猫头鹰就发出了威吓的声音，怕鹓鶵抢走它那只腐臭的死老鼠。庄子编这个故事，是以他和现在惠子的关系为背景：故事中的"鹓鶵"对应庄子，"鸱"对应惠子，而"腐鼠"对应"惠子在梁国的相位"。用"鹓鶵"只栖梧桐，只食竹实，只饮醴泉，以此表明其高贵；而"鸱"却怕"鹓鶵"会抢走腐鼠而发出恐吓之声，以此表明"鸱"的可悲、可笑。

　　在庄子的这个故事中，喻体是在临时语境中产生的；而喻体和本体之间的相似性也是语境赋予的。因而此类"言外之意"理解的关键是对具体语境的把握，没有对临时语境的了解，就不可能理解"言外之意"。

　　由上面对两种不同类型的喻体的分析，可以看出，喻体产生的不同途径，会使"隐喻式""言外之意"在理解过程中呈现出不同特点。在第一种类型中，喻体为生活常识或文化知识，对喻体的理解是基础。在此基础上，联系语境找出相似性，进而获得对本体新的认识，而这新的认识就是"言外之意"。而在第二种类型中，喻体为表达者在语境中的临时选择，语境就是理解的基础和关键。如果对临时语境不了解，就难以实现"言外之意"的理解。正如上面《庄子·秋水》篇中的这个例子，如果不了解庄子说这个寓言的背景，就只能从字面来理解，也就不能理解庄子所要表达的真实内容了。

在以上对两种不同喻体所构成的"言外之意"的理解分析中，我们可以得出这样的结论：固有的知识积累（包括文化知识和生活常识）以及语境分析能力，这两个要素是理解"隐喻式"言外之意的关键。

因此，对于第四章所概括的"言外之意"类型中，"重合包孕"式中"比喻引申"式、"托物言志"式及某些"情景依托"式，以及"相离牵引"式中的"相似启发"式"言外之意"的理解而言，都与上述这两个要素有关。

此外，对通过相似性来实现辞面与辞里连接的"言外之意"的理解来说，要实现恰切的理解，除了与辞面喻体的特点有关外，还与喻体与本体间相似性的复杂性有关。

下面，我们再从相似性的复杂性来探讨"言外之意"的理解。

② 相似性的复杂性与"言外之意"的理解

正如前面所说，喻体与本体之间的相似性是很复杂的，这就影响着"隐喻型"言外之意理解的难易程度。

本体与喻体间相似性的复杂性主要体现在两个方面，即相似性的来源及相似性投射的方式。

就相似性来源来说，可以是来自源域和目标域已经存在的相似性；也可以是表达者的创造。但我们认为，本体与喻体之间即便是客观地存在相似性，若表达者是第一次发现了这种相似性，从某种意义上来说也是一种创造。这正如"第一次用花来比喻女人的是天才"一样，能给表达者带来对本体的新认识，因而我们认为这种相似性也是一种创造。而对于接受者来说，对已经存在的相似性和创造的相似性的区分，主要取决于接受者个人的阅历。同样是"用花比喻女人"，对于早有所闻的接受者和第一次听到这个隐喻的接受者，对相似性的界定是不同的：前者认为是已存在的，而后者认为是一种创造。

就相似性的投射方式来说，可分为两种：一种是源域对目标域的直接映射；另一种是源域与目标域的相互映射，最后互动合成。这两种形式，从形式上来说，似乎第二种比第一种更复杂。但我们认为，这也是因人因情况而定。正如前面所列举的"洛阳亲友如相问，一片冰心在玉壶"这个例子和"庄子与惠子"那个例子，前一个是直接投射，后一个是互动合成。但是对于不了解"一片冰心在玉壶"的接受者，并不认为这个就比"庄子与惠子"的例子更容易发现其相似性；或许相反，认为后者更容易获得相似性，更容易理解其"言外之意"。

因此，我们认为，相似性的复杂与否，是个相对概念，是因人而异的；知识储备丰富、文化修养较高的接受者，相对于知识储备较贫乏、文化修养较低的接受者而言，对于同一"隐喻式"言外之意的理解，就显得更为容易。

在"言外之意"理解中，运用"隐性推理"进行理解的，除了"隐喻型"言外之意外，还包括通过转喻来表达的"言外之意"。

（2）"言外之意"理解与转喻推理

转喻，在传统的修辞研究中，也是辞格的一种，称为借代。随着转喻研究的深入，也和隐喻一样，转喻也被认为是我们思维和认知的一种方式。和隐喻以相似点为基础，在不同的两个领域之间建立联系不同，转喻是以相关点为基础，是在同一认知域中，在两个不同部分（可以是整体中的某两个部分，也可以是部分与整体）间建立某种联系。

这种联系的建立与相关联想、接近联想的参与有关。因而我们将运用相关联想或接近联想来表达的"言外之意"，都称为"转喻式"言外之意。

因转喻的运作机制是：在同一认知域内，在某种联系的基础上，凸显某个部分（某个点）A，就能激活另一部分（另一个点）B；凸显的A称为源域，被激活的B称为目标域。因此，通过转喻来表达的"言外之意"，在语言形式上表现为：辞面为凸显部分（源域），辞里为"言外之意"（目标域）。对此类"言外之意"的理解，即是在辞面（源域）的作用下，在语境中寻找到某种联系，进而激活目标域，而目标域即是"言外之意"。

"转喻式"言外之意，主要包括第四章中"重合包孕"式中的"以音传义"式、"同形传义"式及某些"情景依托"式，以及"相交关涉"式中所包括的那六个小类。对以上这些类别的"言外之意"的理解都与"转喻推理"有关。

　　下面我们对"转喻式"言外之意的类型，以及具体理解时所涉及的因素作详细探讨。

　　① "转喻式"言外之意的类型

　　我们以凸显部分（源域）的不同类型作为区分此类"言外之意"的依据，可将此类"言外之意"分为以下三个类别。

　　A　凸显部分（源域）为常识或文化知识的"言外之意"

　　此类"言外之意"，在表现形式上是以文化知识、生活常识及语言知识为凸显部分（源域）。其理解过程为：理解凸显部分（源域）──→联系具体语境──→激活目标域。在此过程中，有两个方面的因素起着重要作用：其一是对凸显部分（源域）的理解，这在理解中起着基础性的作用；其二是语境的明晰、筛选过程，这在理解过程中起着决定性的作用。因而要恰切地理解"言外之意"，首先需对凸显部分，即常识、文化知识能理解；在此基础上，再从语境中寻找相关性，建立通往目标域的通道；最后获得目标域，也就实现了对"言外之意"的理解。

　　此类"言外之意"的类别，包括"重合包孕"式中的"以音传义"式、"相交关涉"式中的"望文生义"式、"词义引申"式、"内涵关联"式。

　　对于以上"言外之意"理解的特点，我们以下面这个例子的分析予以说明，如：

　　　　黛玉听了，笑道："你们听听：这是吃了他一点子茶叶，就使唤起人来了。"凤姐笑道："你既吃了我们家的茶，怎么还不给我们家作媳妇儿？"众人都大笑起来。黛玉涨红了脸，回过头去，一声儿不言语。（清·曹雪芹、清·高鹗：《红楼梦》第二十五回）

　　在此例中，要理解凤姐所表达的"言外之意"，首先就要理解"茶"的文化义。"茶"，在我国古代有下聘礼的意思。据"明代郎瑛《七修类稿》：'女子受聘，其礼曰下茶。……'清代福格《听雨丛谈》卷八《茶》：'今婚礼行聘，以茶叶为币，满汉之族皆然，非正室不用。'而茶叶之所以用作聘礼，据明代许次纾《茶疏·考本》：'茶不移本（根），植必子生。古人结婚，必以茶为礼，取其不移置子之意也'"①。

在理解词的文化义的基础上，再联系具体语境：黛玉投奔贾母寄住贾府之日，初见宝玉时，二人就一见如故。随着年龄的增长，渐成浓厚的爱慕之情。二人互视为知己，常结伴左右。在贾府的姐妹们心中，特别是在聪明过人的王熙凤眼里，对二人的关系早已心知肚明。因此，王熙凤有意打趣林黛玉，借吃茶来指黛玉受聘，这也就是王熙凤所要表达的"言外之意"了。因而听出其话外之音的众人，"都大笑起来"，而黛玉听后，"涨红了脸，回过头去，一声儿不言语"。

从此例中可以看出，了解"茶"的文化义，是理解"言外之意"的关键。当然，还需在具体语境中补充出相应的关系，使"茶"的文化义在这种关系中明确化。在了解"茶"的文化义的基础上，再联想宝黛二人的关系，也就能理解王熙凤借吃茶来表达的"言外之意"了。

B　凸显部分（源域）为语境中临时生成

此类"言外之意"建构时，其凸显部分（源域）是在临时语境中选取的。一般而言，凸显部分（源域）A 为现象，目标域 B 为本质。

此类"言外之意"的类别，包括"重合包孕"式中的"同形传义"式，"相交关涉"式中的"关系联想"式。

在此类"言外之意"中，凸显部分分为两种情况：一种是表达者与接受者共知的，另一种是表达者认为在同一认知领域中，能较突出地代表本质的那部分。凸显部分的特点不同，"言外之意"类别就不同，相应的理解特点也就不同。

a　凸显部分为双方共知的"转喻式"言外之意

此类"言外之意"，因为凸显部分是双方共知的事实，因而，一般表达者在说出凸显部分 A 后，接受者就能根据现象 A，激活其本质 B，而本质 B 所要表达的"言外之意"。

对此类"言外之意"理解的关键，在于对相关事实或背景的了解，如果缺乏相应的了解，就很难实现"言外之意"的理解。

我们以下面这个例子予以说明，如：

---

① 徐乃为：《红楼三论》，中华书局 2005 年版，第 131 页。

方操送宫（陈宫）下楼时，布告玄德曰："公为坐上客，布为阶下囚，何不发一言而相宽乎？"玄德点头。及操上楼来，布叫曰："明公所患，不过于布；布今已服矣。公为大将，布副之，天下不难定也。"操回顾玄德曰："何如？"玄德答曰："<u>公不见丁建阳、董卓之事乎？</u>"布目视玄德曰："是儿最无信者！"操令牵下楼缢之。（明·罗贯中：《三国演义》第十九回）

刘备所说"公不见丁建阳、董卓之事乎？"对于"丁建阳、董卓之事"，接受者曹操是知晓的。吕布原为丁原（字建阳）的义子，董卓为除掉丁原，以赤兔马收买吕布，吕布杀掉义父丁原投奔董卓，又拜董卓为义父。之后，司徒王允为除掉董卓，巧施美人计，吕布为貂蝉又杀掉新认的义父董卓。在这两起事件中，吕布都是为了自身的利益，弃义杀父，都说明了一个共同的本质：吕布见利忘义、背信弃义。

在此例中，刘备虽然只说"公不见丁建阳、董卓之事乎？"但作为当事人的吕布自然知道刘备的意思，骂刘备"是儿最无信者！"而作为共知事件的接受者——曹操，在刘备说出的现象中，通过现象与本质的关系联想，自然能听出刘备的"言外之意"，所以，曹操最终放弃了对此背信弃义之人的幻想，"令牵下楼缢之"。

b　凸显部分是表达者在语境中的临时选择

此类"言外之意"，辞面中的凸显部分是表达者认为有着较强的凸显作用，且能在具体语境中较大程度地激活目标域的部分。而就凸显部分的特点而言，其自身并不具备凸显性，即不会使人产生一定方向性的联想；并不能与目标域之间建立相关联系。这种联系是修辞主体在临时语境中赋予的。

因此，对于接受者来说，凸显部分提供的信息，是不足以激活目标域的。接受者在理解过程中，需要重译相应的语境，这个语境可以是上下文，也可以是临时情景或社会文化背景。重译语境的目的，是较大程度地享有表达者表达时的语境，实现与表达者语境互享。在与表达者互享语境的前提下，接受者才能在凸显部分的刺激下，根据语境提供的联系，联系辞面，激活目标域，实现对"言外之意"的理解。

因此，可以看出，对此类"言外之意"的理解，关键是接受者具备语境分析能力。只有具备相应的语境分析能力，才能获得相关的联想，才能在此联想下实现"言外之意"的理解。

我们以下面这个例子予以分析，如：

> 朱雀桥边野草花，乌衣巷口夕阳斜。旧时王谢堂前燕，飞入寻常百姓家。（唐·刘禹锡：《乌衣巷》）

诗中"燕"是一种平常事物，并不具有某种特定的联想意义，单从燕及燕所栖之地并不能和时境变迁联系起来。但诗人在选取"燕"作为激活"兴衰变迁"这个目标域时，是将"燕"放在了特定的语境中，即是"旧时王谢堂前"的"燕"，而在今天却"飞入寻常百姓家"。在由"燕"所引发的今昔对比，通过豪门权贵与普通百姓的对比中，将"世事变迁""物是人非"的感慨凸显出来，这也就是诗人所要传达的"言外之意"。

因此，后人对此诗中借"燕"栖居之所的变化来传达诗歌主旨的表现方式，都给予了很高的评价。如：

宋人谢枋得在《唐诗品汇》卷五十一中说："时异时殊，人更物换，高门甲第，百无一存。惟朱雀桥、乌衣巷之花草、夕阳如故。不言王、谢第宅之变，乃云旧时燕飞入寻常百姓之家，此风人之遗，巧也。"[1]

明人唐汝询选释在《唐诗解》也说："不言王、谢堂为百姓家，而借言于燕，正诗人托兴玄妙处。"[2]

此外，近人俞陛云在《诗境浅说续编》中也说："朱雀桥、乌衣巷皆当日画舸雕鞍、花月沉酣之地，桑海几经，剩有野草闲花，与夕阳相妩媚耳。茅檐白屋中，春来燕子，依旧营巢，怜此红襟俊羽，即昔时王、谢堂前杏梁栖宿者，对语呢喃，当亦有华屋山丘之感矣。此作托思苍凉……脍炙词坛。"[3]

---

① 周蒙、冯宇主编：《全唐诗广选新注集评6》，辽宁人民出版社1994年版，第363页。
② 陈伯海编：《唐诗汇评·中》，浙江教育出版社1995年版，第1845页。
③ 同上。

因此，此诗中，"燕"虽是种寻常事物，但燕之栖所的前后变化，就使这寻常的事物代表了不寻常的意义。因此，"燕"的这种凸显作用，并不是其自身具有的，而是语境赋予的。因而要理解诗歌所传达的"言外之意"，需要将凸显部分联系具体语境，才能发现凸显部分的特点，才能寻找到凸显部分与所要表达的真实内容之间的关系，由此才能理解诗人所要表达的"言外之意"。

C　凸显部分为临时完形语境中的一部分

此类"言外之意"，其辞面的凸显部分，或表现为语义或形式的不自足，或表现为散显的几个有着某种联系的部分。这些凸显部分和表达者所要表达的修辞目的之间是部分和整体的关系。表达者选用凸显部分，是为了唤起整个完形结构；而此完形结构就是所要传达的"言外之意"。

接受者在接触到这些凸显部分时，根据完形心理，依据语境去建构完形形式；而这个完形形式，就是目标域，也就是"言外之意"。

因而对此类"言外之意"的理解，主要与接受者的语境分析能力有关。只有具备相应的语境分析能力，才能依据语境将完形结构补充出来，才能实现"言外之意"的理解。

此类"言外之意"一般表现为两种形式：

一种是辞面表现为语言形式或语义内容不自足。这主要包括第四章所概括的"言外之意"类别中，"相离牵引"式中的"完形省略"式类别中的"隐形藏义"式、"特殊词类完形"式及"逻辑省略"式。

另一种是辞面表现为散显的几个有联系的部分。这主要体现为"相离牵引"式中的"完形省略"式类别中的"描写渲染"式。这在诗、词、曲中居多。

接受者在理解这两种形式所表达的"言外之意"时，都需要借助完形心理的作用来实现理解。

下面我们就这两种形式的"言外之意"分别举例予以分析。

a　表现为第一种形式的"言外之意"

即辞面上表现为语言形式或语义形式不自足。我们以某个叹词表现的"言外之意"为例，如下面这个例子：

双双："你今天怎么下工这么早?"

喜旺："那你怎么下工这么晚呀?"

双双："我有事。我在那儿又收拾了一会儿棉花枝嘛。"

喜旺："你挣了几分?"

双双："五分呀!"

喜旺得意地说："可人家孙有,一个上午就挣了二十分。金樵呢,摸摸掀把,也挣了二十分。"

双双："他们干什么活儿挣那么多呀?"

喜旺："撒粪!"

双双："噢! 就是老耿伯犁的那个地?"

喜旺："嗳! 这就叫工分挣多少,看你包得巧不巧。<u>凭你这个死心眼啦,哼! ……</u>"

双双勃然变色："噢! 他们倒真会取巧啊! 干活不讲质量,破坏工分制度。"说着气呼呼地走进里间。(李准:《李双双》,《中国新文学大系 1949—1976》第十八集,电影卷二)

此例中"凭你这个死心眼啦,哼! ……"在语言形式和语义内容上都是不完整的。依据格式塔心理学原理,当人在接触到不完整形式时,会自觉将其扩充,使之具有完整形式,具有完形趋向心理,即"感觉信息可能是片断的、不完整的,但当感觉信息和脑内力场进行相互作用时所引起的认知经验是完整的、有组织的"[①]。因而,当接触到形式或内容上不完整的话语形式时,接受者会主动在语境中搜寻相关信息,补充出不完整的部分,而这补充出来的部分就是"言外之意"。

在这个例子中,当双双听到喜旺这句"凭你这个死心眼啦,哼! ……"时,语气词叹词"哼"起了凸显的作用,"哼"一般传递不满情绪。因而整个残缺的话语就与这种不满情绪有着某种关联。但究竟是何种不满,这就需要联系具体情景来补充。双双依据与喜旺的对话,可以得到这样的信息:自己只会老实地干活,下工晚,挣的工

---

① 王鹏、潘光花、高峰强:《经验的完型——格式塔心理学》,山东教育出版社 2009 年版,第 101 页。

分又少；而人家孙有拈轻松的活，既省时，挣的工分又多。喜旺的这份不满，是在埋怨自己不会像孙有那样，拈轻松又能多挣工分的活。双双听出了喜旺的"言外之意"，但随即反对喜旺的这种想法，所以双双"勃然变色"，说"噢！他们倒真会取巧啊！干活不讲质量，破坏工分制度"。

由此例可以看出，在此类"言外之意"的第一种类型中，凸显部分起着建立某种联系的作用。当接受者接触到不完整形式时，接受者会在完形趋向心理的作用下，依据这种联系，在语境中补充出相应的部分，补充出的部分就是"言外之意"。在整个接受过程中，作为源域的凸显部分和目标域之间是同一领域中的相邻部分，凸显部分起着建立联系的作用，引导着接受者朝着某个方向去补充出目标域。而目标域的具体内容就存在具体语境中。

"重合包孕"式中的"同形传义"式，"相离牵引"式中的"完形省略"式类别中的"隐形藏义"式、"特殊词类完形"式及"逻辑省略"式"言外之意"的理解都遵循着这样的特点和规律。

b. 表现为第二种形式的"言外之意"

即在辞面上表现为散显的几个有联系的部分。在此类中，完形趋向心理主要依靠视觉格式塔实现。

"知觉格式塔"源于惠特海默"1923 年在《心理学研究》上发表的《格式塔理论研究二》的文章。在这项研究中惠特海默大胆地指出，人类知觉是由内在有意义的格式塔组成的，并来源于经验和环境，而且知觉形式不是因为一些相联系的因素而是由一个组织的动力程序驱动的，点线的聚集不是一堆不相关、片断的单元和混乱的聚集，而是以相似性、接近性、闭合性、连续性等原则组织成立有意义的完形，知觉组织是受一些动力程序控制的，如图形优化趋势，这是一种趋向于简单格式塔的趋势"[①]。视觉格式塔，使人们在接触到一些分散的现象时，通过一些原则，将它们组合起来，看成一个完形形式。而这些原则，包括："1. 接近性原则（principle of proximity），刺激在空间或时间彼此接

---

① 王鹏、潘光花、高峰强：《经验的完型——格式塔心理学》，山东教育出版社 2009 年版，第 97 页。

近时,容易组成一个整体。……2. 相似性原则(principle of similarity),互相类似的各个部分,如形状、颜色和大小等有被看成一群的倾向,容易组成一个整体。……3. 闭合性原则(principle of closure),刺激的特征倾向于聚合成形时,即使其间有短缺处,也倾向于当作闭合而完满的图形。……4. 图形—背景原则(law of figure-ground)人的知觉系统所做的最基本的区分就是图形和背景的区分。一般来讲,图形有明确的轮廓,或者有不同于背景的亮度和颜色,能突显出来被明显感知到,而背景则起着烘云托月般的作用。……5. 连续性原则(law of continuity),刺激中如果能彼此连续成为图形,即它们之间没有联系,人们也倾向于将之组合成为一起视为整体。"①

这些原则在理解此类"言外之意"的第二种类型时,其作用可归为三类:

第一,"闭合性原则",与完形心理趋向有着相同的作用,具有将分散的现象看作一个完形的心理趋向。

第二,如何构成完形,这就需要接近、相似、连续性原则的作用;通过这些原则,将散显的现象在某种关系下联系在一起。

第三,"图形—背景原则"起着突出与衬托作用,其突出的是作为源域的凸显部分,而作为衬托背景的,就是隐藏的目标域,也就是"言外之意"。

我们以下面的例子来分析其具体理解过程,如:

银烛秋光冷画屏,轻罗小扇扑流萤。天阶夜色凉如水,坐看牵牛织女星。(唐·杜牧:《秋夕》)

诗中"冷画屏""轻罗小扇""凉如水"的夜色,以及"扑流萤""坐看牵牛织女星"这些动作,虽然是散显的几个情景,但鉴赏者在接触到这些情景时,由于"闭合性原则"心理作用,解读时易产生完形倾向;但这种完形倾向还是模糊的。因此进入解读的第二个阶段:通过

①　王鹏、潘光花、高峰强:《经验的完型——格式塔心理学》,山东教育出版社 2009 年版,第 98—100 页。

接近、相似、连续性原则中的某种或某些原则，把这些情景联系起来。在这首诗中，"轻罗小扇"本是夏天驱热所用，到秋天便成闲弃之物；和"画屏"的"冷"，"夜色"的"凉"，以及"扑流萤"的无聊，"坐看牵牛织女星"的相思，这些情景一起奠定了凄冷、幽怨的基调。而这种基调，就是作为衬托这些散现情景的"背景"，而这个背景，就是整首诗的"言外之意"。

所以，鉴赏者是从诗中作为"图形"的凸显部分中，解读出了作为"背景"的目标域。正如宋人曾季狸在《艇斋诗话》中所说："小杜'银烛秋光冷画屏'云云，含蓄有深致。星象甚多，独言牛女，此所以见其为宫词。"① 也如清人宋顾乐在《唐人万首绝句选》中评论此诗时所说："诗中不着一意，言外含情无限。"② 此外，近人王文濡在《唐诗评注读本》也曾说："此宫中秋怨诗也，自初夜写至夜深，层层绘出，宛然为宫人作一幅幽怨图。"③

以上解读者对此诗歌的一致解读，都是将散显的情景联系起来，建立完形的结果；而这个"完形"就是"言外之意"。

以上理解过程中的特点，同样存在于对"相离牵引"式中的"完形省略"式类别中的"描写渲染"式"言外之意"的理解过程中。

② "转喻式""言外之意"的理解涉及的要素

从前面三种类型分析来看，"转喻式"言外之意，和"隐喻式"言外之意理解一样，影响其理解的最主要要素有两个，即固有的知识积累和临时语境分析能力。

也就是说，在第四章中"重合包孕"式中的"同形传义"式及某些"情景依托"式以及"相交关涉"式中所包括的那六个小类，这些"言外之意"类别的理解，都涉及以上这两方面的因素。

对于理解这来说，已有的知识储备越丰富，对临时语境的把握和分析能力越强，对"言外之意"恰切理解的可能性就越大。

---

① 周蒙、冯宇主编：《全唐诗广选新注集评8》，辽宁人民出版社1994年版，第187页。

② 同上。

③ 同上。

（3）"言外之意"的理解与"对比联想"

此类"言外之意"主要与对比联想心理有关。依赖"对比联想"来实现理解的"言外之意"类别，主要包括"相交关涉"式中"关系联想"式中"由对比关系体现的'言外之意'"及"相离牵引"式中的"对比联想"式。

下面我们分别从对比产生的方式和所涉及的因素两个方面，来分析其理解过程中所涉及的因素。

①对比联想产生的方式

对比联想，可以通过以下两种方式产生。具体为：

A. 词义凸显的对比联想

即在具体语境中，通过某些词的内涵义引发的对比联想。在这种对比中凸显"言外之意"。此类"言外之意"主要包括"相交关涉"式中"关系联想"式中的"由对比关系体现的'言外之意'"。

对此类"言外之意"的理解，关键的因素是对相关词义的了解以及对语境的分析。我们以下面这个例子，来分析此类"言外之意"理解时的特点及涉及因素。如：

梦后楼台高锁，酒醒帘幕低垂。去年春恨却来时。<u>落花人独立，微雨燕双飞。</u>　　记得小蘋初见，两重心字罗衣。琵琶弦上说相思。<u>当时明月在，曾照彩云归。</u>（宋·晏几道：《临江仙》）

诗中开篇即写酒醒后的冷落、寂寥，对春消失的惆怅油然而生。春逝花落，人已不堪，偏偏飞来双飞之燕，将这形单影只之人衬托得更加冷清、孤独。在此冷寂中，往昔的幸福不禁浮现眼前：初见小蘋，所着心字罗衣，琵琶诉情，相思无限。而今当年所照小蘋之月仍在，但人却已不知去向。这种物是人非之感使原本凄凉之情更为浓烈。

在诗中，诗人的情感虽没有明显流露，但却通过辞面的种种对比，强烈地宣泄出来。诗中的对比有三处：其一，"孤独之人"与"双飞之燕"的对比；其二，"往昔初见小蘋时的幸福"与"而今的孤独"对比；其三，"曾见证自己与小蘋幸福时光的月亮"与"人去月依在"的对比。在这三重对比中，将原本寂寥之人衬托得更为寂寥，往昔的美好之景，以现在凄凉之情写出，就恰如于哀景中写乐景，"一倍其哀乐"。

所以，借对比传达了"今昔对比的伤痛及寂寥之情"这样的"言外之意"。这正如近人俞陛云在《唐五代两宋词选释》中对此词的评论："前二句抚今追昔，第三句融合言之，旧情未了，又惹新愁。'落花'二句正是春色恼人，紫燕犹解'双飞'，而愁人翻成'独立'。论风韵如微风过箫，论词采如红蕖照水，下阕回忆相逢，'两重心字'，欲诉无从，只能借凤尾檀槽，托相思于万一。结句谓彩云一散，谁复相怜，惟明月多情，曾照我相送五株仙佩，此恨绵绵，只堪独喻耳。"①

可见，诗中将无限感慨之情，寄托在情景的对比中。在这对比中，倍增其伤痛、冷清，将诗人的感伤更鲜明地凸显了出来。

B. 语境赋予对比联想

此类"言外之意"，主要是通过上下文语境的对比来实现表达的。

对此类"言外之意"的理解，是接受者通过分析上下文语境，引发对比联想，在对比联想的作用下，由辞面联想到与之相反的辞里，由此实现"言外之意"的理解。因而，影响此类"言外之意"理解的关键，是接受者是否具有相应的语境分析能力。若缺乏此能力，就难以实现"言外之意"的理解。

此类"言外之意"主要包括"相离牵引"式中的"对比联想"式。

下面，我们以下面这个例子的分析来说明此类"言外之意"理解的特点。如：

> 半年前，林虹向省报写了封信，检举古陵县领导徇私舞弊。县常委的几个子弟，为首的是县委副书记兼县长顾荣的儿子顾小荣，走私贩运大宗银元，触犯刑法，该捕的不捕，该判的不判。……林虹被卷进漩涡，成了引人注目的人物。
>
> ……
>
> 这时，那个像麻袋一样肥胖的女人突然叫起来："小周。"小周不得不停住。胖女人赶到前面，迎面挡住小周和林虹："你这是去车站接人了？"

---

① 俞陛云撰：《唐五代两宋词选释》，上海古籍出版社 1985 年版，第 174 页。

……

"你这是接的你的谁啊?"胖女人打趣地问小周道,然后又转向林虹,亲亲热热地大嗓门问道:"你是从哪儿来啊?""这是陈村中学的林老师。"小周连忙解释道。

"你就是林虹啊,早就听说你的大名了,反潮流的英雄啊。"

林虹气得嘴唇一阵哆嗦,她克制住自己:"小周,这位是谁,你不给介绍介绍?"

"噢,这是老傅,傅红花,县剧团副团长,是咱们县常委冯耀祖的爱人。"小周连忙介绍道。

林虹似笑非笑地看了傅红花一眼:"你叫傅红花?"她平和地打量着对方,"你的儿子也是因为走私银元被抓过吧?"

傅红花一时张口结舌。

"你做家长的以后要好好教育孩子。是不是?"林虹像老师耐心劝诫学生家长似的温和说道。

傅红花紫红的胖脸更紫了,被堵得好几秒钟说不上话来。"我不用你来教训我!"她突然气急败坏地嚷道。(柯云路:《新星》)

此例中,"你就是林虹啊,早就听说你的大名了,反潮流的英雄啊"这句话出现的具体语境是:林虹因检举古陵县领导徇私舞弊,成为这些被检举者仇视的对象,也成为人们嘲讽的对象。在这样的情形下,"大名""英雄"本来是褒义词,在这里就成为特别刺眼的贬义词。所以,林虹听到这句后,"气得嘴唇一阵哆嗦"。再联系下文,说这句话的胖女人,她的儿子就是因林虹检举被抓的;因而从她的立场来说,她对林虹只有仇视,没有半点赞赏和褒扬。这就进一步证实了,在林虹当时的处境下,傅红花所说的这句话是对林虹的讽刺而非褒扬。

林虹在当时语境分析的基础上,依据辞面产生了对比联想,从辞面想到了与辞面相反的辞里,也就理解了傅红花所要表达的真实意思,即"对林虹的嘲讽"这样的"言外之意"。

由此例可以看出,对语境的分析是理解此类"言外之意"的关键。

②对比联想所涉及因素

由上面对对比联想产生的两种方式的分析,可以看出,由对比联想表达的"言外之意"，在理解时所涉及的主要因素，和"隐喻式""转喻式"理解时涉及的因素相同，也都包括常识积累及语境分析能力两个方面。

因而，对"相交关涉"式中"关系联想"式中"由对比关系体现的'言外之意'"及"相离牵引"式中的"对比联想"式"言外之意"的理解，也都与以上两方面因素有着密切关系。

对于接受者而言，接受者已有的知识储备越丰富，语境分析能力越强，恰切地理解"言外之意"的可能性也就越大。

2. "言外之意"理解中，"隐性推理"所涉及的因素

纵观以上分析，通过"隐性推理"来理解的"言外之意"类别，包括以隐喻、转喻及对比联想三种方式来表达的"言外之意"。具体来说，包括第四章中所概括类型中除了"相离牵引"式中的"逻辑推衍"式以外的，其他所有类别。

在对这些类别的"言外之意"理解时，虽然各自理解过程和特点不同，但影响其理解的因素却是大致相同的，主要包括两个方面：

第一，已有的知识积累，包括生活常识、文化知识及语言知识。

第二，对具体语境的分析把握能力。具体来说：就是对表达者所调用的语境因素的把握和了解。只有把握了表达者表达时所调用的语境因素，与表达者实现语境互享，才能更好地利用语境因素来寻找辞面与辞里的连接，也就才有可能恰切地理解表达者所传达的"言外之意"。

三 "言外之意"理解所涉及的因素

本节对"言外之意"理解的分析，是以第四章所概括的所有"言外之意"类型为语料基础，在此基础上，对理解时的推理性质、推理类型及各自涉及因素方面作了详细分析。

具体来说，是从理解时推理实现方式不同的角度，从"显性推理"和"隐性推理"两方面作了分析。在分析中，我们归纳了"言外之意"理解时所涉及的主要因素，也就是影响"言外之意"理解的主要因素，主要包括以下两方面：

第一，相应的知识积累。包括常识、文化知识、逻辑及语言知识等。

第二，语境分析能力。

这两方面的因素在"言外之意"理解过程中，都是非常重要的，都直接影响着"言外之意"理解的成功与否。而这两方面因素中，第一方面的因素，相对于具体的一次"言外之意"理解过程而言，是接受者已有的，不可临时改变的，是具体理解得以实现的可能性因素。而第二方面的因素，对于接受者来说，是有着可变性的。接受者的能动性、积极性会影响语境分析、把握的程度。而且，第二个因素是"言外之意"理解实现的直接决定性因素。如果缺乏对语境充分的分析能力，就会不了解表达者表达时所调用的语境因素，也就很难实现与表达者语境互享，也就会导致理解的偏颇或不能实现"言外之意"的理解。

第二节 "言外之意"理解与"语境重译"

一 已有的相关研究

在以上对"言外之意"理解过程中所涉及因素的分析中，我们发现，不管是哪种类型的"言外之意"的理解，都是调用相关的知识积累，分析辞面及语境，实现与表达者语境互享的过程。"言外之意"理解的实现，就是最大限度地实现与表达者表达语境的互享。这正如孟子所说，"以意逆志"，是接受者揣测、还原表达者表达时的语境。因此，我们认为"言外之意"的理解，就是接受者在较大程度上实现与表达者语境互享的基础上实现的。

在进行详细分析之前，我们先回顾对"言外之意"理解规律的探究有着启发意义的三种观点。

第一，接受美学中"视野融合"的观点。

"视野融合"，即是伽达默尔所说的"理解就是使个人置于传统之内，在这传统中，过去和现在不断地相互交融"[1]。具体来说，是接受

---

[1] 伽达默尔：《真理与方法》，朱立元：《接受美学》，上海人民出版社1989年版，第174页。

者"从原有期待视界（前结构）出发，在与作品召唤结构的具体接触、碰撞中，通过语符—意象思维的作用，调动读者感性经验积累和想象力，对作品空白与不确定性进行'具体化'与重建，达到意象意境意义的初步感性总合……最终达到读者视界与作品视界的沟通与交融。这种视界交融，不仅标志着对作品阅读、认识、理解和阐释的完成，也意味着读者自身视界的改变与更新、审美经验的开拓与积累"①。

"视野融合"的观点，在接受美学中，主要是指读者视界与作品视界的融合，这种融合标志着阅读的完成。同时这种融合也是接受者现在的文学视野与过去的文学视野相碰撞，通过文学的接受来影响接受者的视野。

接受美学中的"视野融合"，是从文学接受的角度来谈读者与作品视野的融合，以及通过阅读来改变读者视野。这对我们探究"言外之意"的理解规律很有启发作用。"视野融合"大致相当于我们"言外之意"理解过程中，接受者与表达者之间的"语境互享"，即接受者对表达者表达时的语境的最大限度的把握。而这个语境互享，正如上一节中的分析，是影响"言外之意"理解实现的重要因素。

因而，接受美学中"视野融合"的观点和我们探讨"言外之意"理解时所指出的"语境互享"，有着相似之处，可以为"言外之意"理解规律的研究提供直接的借鉴。

第二，"关联理论"优选法。

"关联理论"是 Sperber & Wilson（1986）提出，是对格赖斯合作原则的一种修正和发展。"关联理论"认为，语言交际是"明示—推理"过程，即发话者发出一定信号，并通过该信号来暗示、传递某种意图；而受话者根据接收的刺激信号进行推理。

而推理依据的是"关联"，即"一个定识在语境中具有关联当且仅当它在该语境里具有某个语境效果"②。具体来说，"关联"，"它不仅指新信息与旧信息的相关，而且指在二者相关的基础上推断出相关的新信息"③。而"关联"的寻找，与付出的心力成反比；在语言交际中，人

---

① 朱立元：《接受美学》，上海人民出版社 1989 年版，第 163 页。

. ② ［法］丹·斯珀波、［英］迪埃珏·威尔逊：《关联：交际与认知》，蒋严译，中国社会科学出版社 2008 年版，第 165 页。

③ 赵艳芳：《认知语言学》，上海外语教育出版社 2001 年版，第 175 页。

们寻找的是"优化关联",即"能够期望的只是相关语句会带来足够的语境效果,且不至于使人为之付出过多的心力,这种关联不是最大关联,而是效果和心力的恰当调配"①。这种"优化关联"的寻找过程,在操作过程中就是一种"优选法",即"按人际间的默契和习惯或类似的社会心理表征对话语一系列可能的假设(A1、A2……)的选择"②的方法。优选法是寻找"关联"过程中的一种省力法,即以最小的心力获得最佳语境效果的方法。

关联理论的"优选法"对"言外之意"理解中规律的探讨也很有启发。特别是在"显性推理"中。

在"言外之意"理解的"显性推理"中,特别是在"缺省式"和"逆推式"中,关联理论的"优选法"较有启发地解释了,这些推理中最终选择和补充出的部分是优选的结果。具体来说,

在"缺省式"中:$[\alpha \rightarrow (\gamma \cdots) \rightarrow \beta]$,省略项($\gamma \cdots$)如何补充。

在"逆推式"中的两种类型中,

第一类型:

"X

若 $\alpha \rightarrow X$ 成立,

故 α"中,如何寻找出"$\alpha \rightarrow X$"。

而第二种类型:

"$\alpha \rightarrow X$

　$Xs \rightarrow \sim \alpha$ (s = surprise)

β、γ、$\delta \cdots$

　　$\cdots$

β(最佳解释)"中,最佳解释是如何被选出来。

我们再形式化表示为:

① [法]丹·斯珀波、[英]迪埃珏·威尔逊:《关联:交际与认知》,蒋严译,中国社会科学出版社 2008 年版(前言),第 17 页。

② 熊学亮:《认知语用学概论》,上海外语教育出版社 1999 年版,第 166 页。

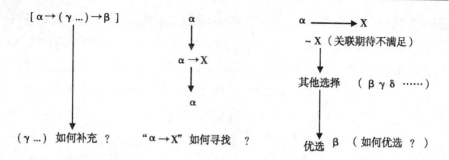

也就是说，关联理论"优选法"，为我们解释了"缺省式"中省略项（γ……）的补充及"逆推式"中在"α→X"中原因α的寻找，以及"逆推式"中β的选择，都是关联"优选"的结果。但如何"优选"，关联理论却并未继续探讨。

当然"优选法"对"言外之意"理解的启发，并不限于运用"显性推理"理解"言外之意"的情况中，对运用"隐性推理"理解"言外之意"的情况，也有着启发；但也同样只是对推理的原因作了解释，而对于哪些因素影响着"优选"的实现，及如何实现"优选"也并未作进一步探讨。

因而，关联理论"优选法"在言语交际理解问题的探讨方面，解释了获得理解的原因，即是"优选法"选择的结果；但对于实现优选的方法却并未深入探讨。

第三，"单向语境推导模式"。

熊学亮（1999）在宏观语用推理中，提出了此模型："在语言理解过程中，语言解码是第一步，行不通再启用语用机制……这种机制应是一种前仆后继的过程，即在语言解码失败后，受话者可能先考虑'具体场合因素'，以捕捉场合中的非语言示意因素；行不通，可能再考虑'工作记忆因素'，以利用先前话语中的相关信息单元；再行不通，可能会激活'知识结构因素'，以进行抽象推理；如还通不过，交际则宣告失败。"[①] 这是在考虑了社会文化、心理等的一种宏观的、方向性的推理模式，即临时具体场合→上下文→记忆中的知识，是一种以语境为出发点的推理模式。

---

① 熊学亮：《认知语用学概论》，上海外语教育出版社 1999 年版，第 166 页。

"单向语境推导模式",为理解过程中优先和紧密联系语境来推理,提供了方向。但正因为其"宏观",因而在涉及具体问题时,还需要更具体的分析。

以上的研究观点,从不同角度为我们探究"言外之意"理解规律,提供了借鉴。但是不管是接受美学的"视野融合"还是关联理论的"优选法",都是只解决了理解过程中理解实现的原因;而对于"理解是怎样实现的"这一层面,却还没有相关的探讨。而"单向语境推导模式",虽然试图解释理解实现的过程,但是过于抽象和笼统,并未探究影响实现的因素。因而,以上这三种观点,都主要解决的是理解"为什么"实现的问题,而对于"怎样"实现理解的研究还很缺乏。

这些观点对于"言外之意"理解研究而言,也就只能解释"言外之意"理解的原因,即理解是表达者和接受者语境互享的结果,但却不能解释语境互享如何实现,即没有探究实现理解的方法。

因此,本书在已有相关研究的基础上,探讨"言外之意"理解是"怎样实现的"这一层面,试图将接受美学和关联理论的相关研究推进一步,不仅研究"为什么",还研究"怎么样";也就是说本书不仅探究"言外之意"理解得以实现的原因,还探讨理解实现的方法。

具体来说,在本章上一节的分析中,对影响"言外之意"理解因素的分析,主要是探究了"为什么"的问题,即"言外之意"理解实现的原因是在已有知识及语境分析能力综合作用下,实现语境互享,进而实现"言外之意"的理解。而本节在上一节的基础上,探讨这些因素是如何起作用的,即语境互享是如何实现的;这就是在探究"怎么样"的问题。

在本节的探究中,我们提出了"语境重译"这个概念,认为"言外之意"理解是通过"语境重译"进而实现"语境互享"的结果。

这里需要指出的是:"言外之意"理解过程中的"语境重译"所涉及的具体因素和重译过程的特点与一般语言理解是有很大不同的,有着自身的个性和特性。但"言外之意"理解过程中的"语境重译"规律,可以为研究一般语言理解中的"语境重译"提供借鉴。

二 "语境重译"的内涵

在上面探讨"言外之意"理解过程中所涉及的因素时,我们已经指出接受者的固有知识为理解提供了潜在可能，而接受者的语境分析能力则直接影响着理解的实现。语境起着桥梁的作用，将两个不同的主观世界以及辞面与辞里联系起来。接受者对表达者表达语境的互享，是实现"言外之意"理解的关键。接受者的这种互享行为，我们称为"语境重译"。

所谓"语境重译"，是指接受者对表达者表达语境的一种较大程度的还原和互享的行为；其特点是接受者在具体情境下，结合已有的储备知识和辞面来分析、推测表达者表达时的主观心境，从而在最大限度上实现与表达者表达语境的互享。

因此，"言外之意"的理解过程，即是语境重译过程。

在"语境重译"实现后，再回溯辞面，进而实现"言外之意"的理解。

这里需要指出的是，"语境重译"中的"语境"，主要指"认知语境"。因认知语境观中的"语境"概念更强调语境是外在因素的内化过程，是外在因素在内心形成的心理假设；这与我们研究"言外之意"理解时的心理过程关系更密切，所以此处我们采用认知语境观来分析。

同时，"语境重译"中的"语境"是有具体所指的。

在"言外之意"修辞现象理解中涉及两层语境：一层是上下文中已有的显性或隐性的语境，我们称为"最初语境"；另一层是由辞面引发的，或由"最初语境"与辞面相互作用后所形成的新语境。这两层语境中，第一层语境对"言外之意"的理解起着背景、触发作用；而第二层语境，才对"言外之意"的理解起着直接的影响作用。

因此，"语境重译"中的"语境"，即是指第二层语境，也就是"新语境"。而这个"新语境"，是第一层语境与接受者已有知识储备交互作用下产生的。这也就是认识语境中所说的新旧信息交互作用产生了"语境效果"的那部分语境内容。

具体来说，语境效果包括两方面："一方面，新信息可能为旧定识提供进一步的证据，因而加强了旧定识；另一方面，新信息可以提供与旧定识相反的证据，这可能导致旧定识的弃置。"[①] 用形式表示为：

①　［法］丹·斯珀波、［英］迪埃珏·威尔逊：《关联：交际与认知》，蒋严译，中国社会科学出版社 2008 年版，第 144 页。

P（新信息）＋C（旧信息）＝IC（加强旧信息）

P（新信息）－C（旧信息）≈IC（减弱，改变旧信息）

因语境效果有以上两种情况，因而，"语境重译"中的"语境"，在重译过程中，也分为两种情况：

第一，重译的语境，对接受者已有的定识起着加强作用。

也就是说，"语境重译"，即是对旧信息的简单提取，新信息起着触发作用；或对旧信息提取，同时经过新信息筛选或补充，最后能否通过，取决于新信息，新信息起着过滤作用。

第二，重译的语境，对接受者已有的定识起着改变作用。

此时，"语境重译"是对旧信息的改变，是新信息与旧信息交互作用下，改变了修辞受体已有的知识积累和认识。

但不管是哪种情况，对接受者来说，都是具体的语境与已有定识之间形成了某种关系，进而形成了新的认知语境；而这新的认知语境，就是接受者理解时所重译的语境。

本章探讨"言外之意"理解的实现过程，就是探究"语境重译"的实现过程。下面，本章将分别从下面四个方面作详细探讨，分别为：

第一，"语境重译"的类型。

第二，"语境重译"的内容。

第三，"语境重译"实现过程。

第四，"语境重译"的偏差与"言外之意"理解的失误。

三 "语境重译"的类型

依据表达者表达时调用语境方式的不同，我们将理解时的"语境重译"也相应地分为不同的类型。若表达者表达时，调用的语境因素主要是已有的知识或事实，那么接受者在理解时也应调用相应的已有知识或事实；若表达者表达时，调用的语境因素主要是已有知识或事实与临时情境的结合，那么，接受者在理解时也应相应地调用已有知识、事实及临时情景。因此，接受者在理解时的"语境重译"也相应地分为两类，用图示简单表示为：

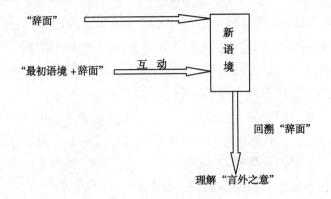

上面形式的两种实现过程，具体分析如下：

（一）"语境重译"的第一种类型

辞面起着转变语境的作用，即由辞面引出"新语境"。

即：

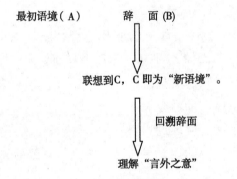

此类形式，在理解下列"言外之意"修辞现象中，较常见：

第一，"重合包孕式"中的某些"以音传义"式、"同形传义"类，以及有些"情景依托"式。

第二，"相交关涉式"中的"望文生义"式。

此类"言外之意"理解的特点在于：主要依靠辞面实现语境转换，而与最初已有的上文语境联系不大。也就是说，"言外之意"是与另一语境相关，而与现在已有的上文语境无关。所以表达者借助辞面形式来实现语境的转换；通过辞面形式转换到另一语境中，才能理解"言外之意"。例如：

第三章第一节第三部分"从语境角度体现的'言外之意'"中的第（二）中"由临时情景体现的'言外之意'"的例子（可归入"包孕

式"的"情景依托"式中）：

宝黛二人发生口角和好后，被凤姐一同拉着到老祖宗那里。碰巧宝钗也在。宝玉随口问起宝钗为何没去看戏，宝钗说怕热。宝玉无意随口将宝钗比作体胖的杨贵妃，由此惹怒了宝钗。而此时，黛玉见宝钗被奚落，暗自得意。因而，宝钗心里更加不快。于是，宝钗便借黛玉问看了什么戏时，借黛玉说出"《负荆请罪》"这个戏名，来借题发挥。因此，其理解过程为：

最初语境："在说看戏的戏名"（A）

辞面："原来这叫'负荆请罪'，你们通今博古，才知道'负荆请罪'，我不知道什么叫'负荆请罪'。"(B)

⇩

引发"宝黛二人发生口角，又和好"的联想。（"新语境" C）

⇩ 回溯辞面

理解"言外之意"，即：讽刺二人闹矛盾，奚落二人。

所以，宝黛二人"心里有病，听了这话，早把脸羞红了"。

可以看出，宝钗并不是在说戏名，而是借言说戏名来引发"宝黛二人闹矛盾"这个语境联想。

又如第四章"包孕式"中的"同形传义"类中的一个例子：

周瑜先施苦肉计，再施连环计，万事俱备时，登山顶观望，急火攻心，口吐鲜血。归后，卧病在床，孔明来探。在这个例子中：

孔明探病，周瑜说"'人有旦夕祸福'，岂能自保?"（"已有的上文语境"A）

孔明说："'天有不测风云'，人又岂能料乎?"（辞面 B）

其理解的过程为：

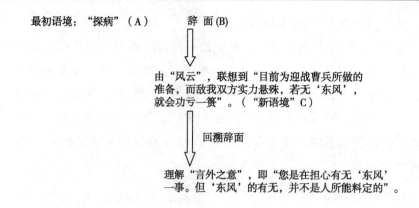

所以，周瑜一听孔明此话便"失色，乃作呻吟声"。周瑜的心病被孔明看穿。

由这个例子可以看出，"言外之意"的理解与"最初语境"没有多大的关系；其理解主要是通过辞面来引发语境转变，在此语境的引导下，获得"言外之意"的理解。

（二）"语境重译"的第二种类型

"言外之意"理解过程中，很多"新语境"都是在辞面与最初语境的相互作用下形成的。即：

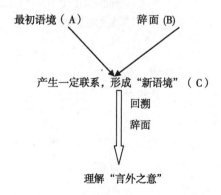

此类形式，在理解"言外之意"修辞现象中较常见，包括类型也较多。除了"语境重译"第一种类型所涉及的"言外之意"类别以外，其他"言外之意"类型的理解都包括在此种类型中。

此类"语境重译"的特点是：辞面和最初语境共同建构"新语

境",共同影响着"言外之意"的理解。同时,依据"最初语境"与"辞面"相互作用的方式的不同,我们又分为以下三种情况:

第一,"最初语境"与"辞面"之间通过相似联想,建立起联系;通过相似性的投射形成新的心理假设,即新语境。

第二,"最初语境"与"辞面"之间形成冲突,通过冲突改变对辞面理解的视角,而这新视角就是新的心理假设,也就是新语境。

第三,"最初语境"与"辞面"之间通过相互补充、限定,形成新的心理假设,即形成新语境。

首先,我们看第一种情况,以第四章"包孕式"中的"情景依托"式中的一个例子:

曹禺《北京人》第三幕,曾文清为逃离封建、陈旧的大家庭,而离家出走。出走后没多久又溃败而回。回来后,遇到彼此都有暧昧之情,而又支持、鼓励他勇敢走出去的表妹愫芳,见她正在喂鸽子。曾文清凄凉地说:"这只鸽子还在家里。"愫芳回答:"因为它已经不会飞了!"曾文清听后,先是"一愣",随后"忽然明白,掩面抽咽"。曾文清的理解过程为:

最初语境(A)为:"出走的曾文清又返回,见到喂鸽子的愫芳。"

辞　面(B)为:"它已经不会飞了。"

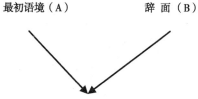

将"曾文清出走又返回"与"困在笼中的鸽子失去了飞翔能力"相比照,二者之间具有相似性,这相似性就是形成的"新语境"(C)。

理解"言外之意",即为:"长久困在封建、陈旧的家庭中,已经失去了追求自由生活的能力了。"

以上通过相似联想在"最初语境"与"辞面"找到相似点，从而建立相似联系，而这种联系就是二者相互作用后形成的"新语境"。

此类"新语境"的形成，常出现在依靠相似联想来理解"言外之意"的过程中。较常见的如"包孕重合"式中的"比喻引申"式、"情景依托"式以及"相离牵引"式中的"相似启发"式。

其次，我们来看第二种情况，即"最初语境"与"辞面"之间产生冲突，由此改变看待辞面的视角，而此新视角就是形成的新语境。如第四章"相交关涉"式中的"内涵关联式"中以"称谓词"表达"言外之意"的例子。如：

前面例子中，《西厢记》第二本第四折，张生搬来救兵，解了孙飞虎之围后，老夫人设宴请张生。按最初的约定，谁能退贼寇就娶莺莺小姐为妻。所以张生怀着异常喜悦、激动的心情赴宴。而对张生心生好感的莺莺小姐，以为这次答谢宴就是许婚宴，所以百般娇羞。正待欲见又躲之时，被老夫人叫住，并说"小姐近前拜了哥哥者！"此话一出，旦、生、红娘都听出了老夫人的"言外之意"。具体来说，其过程为：

最初语境"以为是答谢、许婚宴"（A）　　辞面："小姐拜哥哥"(B)

"许婚，应称男方为相公"，"哥哥，是表示兄妹关系"二者相冲突。这种冲突就是老夫人打破以前语境而营造的新语境，即营造"并非许婚之宴"这个语境。

回溯
辞面　"称呼为哥哥"

所以，老夫人是想他们以兄妹相称，而不是以夫妻相称。也就是表明：之前许诺的许婚之事，老夫人并未兑现。所以是在赖婚。

"哥哥"一称呼语并没有什么特殊含义，但在生、旦及红娘都以为是许婚之宴的语境下，通过"哥哥"一词，与他们心里所想的语境的相互作用，即相冲突，就改变了他们原来的心里语境，即将最初语境"许婚之宴"转变为"答谢解围之宴"。成功地实现了最初语境向新语境的转变。在这个语境下，三人都明白了老夫人说这句话的意图，即"赖婚"。

当然这种由最初语境与辞面的冲突，进而转变、重塑新语境的情况，不仅仅存在于"相交式""言外之意"类型中，在"相离式"类型中也很常见。如"含糊其词"式、"顾左右而言他"式，都是通过这种冲突来否定最初语境，进而在辞面的作用下，重新营造新的语境。在新语境中实现由辞面到辞里的理解。在此，我们以第四章"相离牵引式"中"对比联想"式中"正反式"中的一个例子作分析，如：

伍修权在会议结束的发言中，针对他发言时会场上的嘘声、拍桌和跺地板等不文明现象，说了句"这就使我看到了德国同志的'文明'"；这其实就是利用辞面与最初语境的冲突来建构的。具体过程为：

最初语境："嘘声、拍桌等不文明现象"（A）　　　辞 面："文明"（B）

辞面与最初语境相冲突，而最初语境是事实，是不容否定的；所以在这种冲突下，最初语境迫使辞面产生改变，转向相反方面去理解。这种理解方式的转变，就是形成的新的语境。也就是新的心理假设。

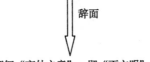

回溯
辞面

理解"言外之意"，即"不文明"，不露痕迹地指责了德国同志那种极不尊重人的态度。

最后，我们看第三种情况，即"最初语境"与"辞面"之间通过相互补充、限定，形成新的心理假设，即形成新语境。我们以"相交关涉式"中"完形省略"式中"情境留白"式的一个例子予以说明。如：

古华《芙蓉镇》中，李国香作为"四清"运动的组长，借机报复豆腐西施胡玉音，连带打击与胡玉音关系较好的一些人，特别是胡玉音的干爹谷燕山。因此，在清算胡玉音开豆腐坊的碎米谷头来源时，乘机污蔑谷燕山。李国香就说了这样一句话："米豆腐姐子是芙蓉镇上的西施，有一身白白嫩嫩的好皮肉！"谷燕山听后大怒道："亏你还是个女同志，这话讲得出口！"谷燕山是听出了李国香的"言外之意"，即是在说谷燕山与胡玉音有着不可见人的勾当。谷燕山听出这话的"言外之意"的过程为：

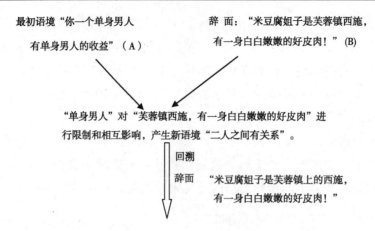

另外，在"相离式"的"逻辑推衍"式中，除完整形式的"逻辑推衍"式以外，"缺省式"所缺少的内容的补充，都是在辞面和最初语境相互作用下形成的新语境中产生的。也就是说，补充出的内容以及依据此内容进行的推理，都是辞面与最初语境相互作用的结果。

综合上面这两种情况，我们再用图形形式将这两个过程综合表现出来。图式如下：

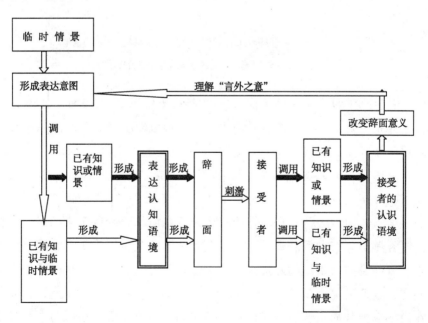

从图中可以看出：

第一，接受者与表达者认知语境的大致相同，是实现"言外之意"理解的关键。

第二，辞面在理解过程中，起着刺激、形成认知语境的首要作用。如果对辞面不能理解，就很难重译表达者的认知语境。可以说，辞面是表达者认知语境的一个重要表现部分。但也并不是说绝对没有理解的可能性，也可以跳过辞面，通过回溯临时语境的方式来猜测，进而实现理解。只是相对来说，这种理解实现的可能性较小。

第三，"言外之意"表达者的认知语境的形成有两种途径：一种是在已有的知识或过去的情境作用下形成；另一种是已有的知识与现有的临时情境相互作用下形成。因而，接受者要实现与表达者认知语境的大致相同，也应该有相应的两种途径。如果出现与表达者的认知语境不相吻合的途径，就会出现理解失误。比如"语境重译"的第一种类型，就是调用过去的情景或背景知识来建构的，若接受者对表达者所调用的这个背景或情景不了解，也就无从理解其"言外之意"了。

由上面的分析可以看出，"言外之意"的理解过程是一个语境重译过程；而重译的语境，就是新语境。因此，语境重译的成功与否，决定着"言外之意"理解的恰切与否，这也就是实现"言外之意"理解的关键因素。

四　"语境重译"的内容

接受者"语境重译"的内容，就是表达者表达时的语境内容。因此，我们联系表达者表达时所调用的语境因素，来谈接受者理解时的语境重译内容。

依据前面对语境重译方式的分类，我们从这两个类别涉及的内容分别作出归纳。

（一）第一种"语境重译"类型所包括的内容

即：

最初语境 （A）　　辞面（B）

联想到C，C即为"新语境"

在此类中，理解者"语境重译"的内容，主要包括以下两个方面：

第一，语言知识。如某些"以音传义"式、某些"望文生义"式等形成的"言外之意"理解过程中，理解者的"语境重译"内容就主要与语言知识有关。

第二，双方共知的背景或事实。如某些"情景依托"式、某些"望文见义"式。

如第四章"重合包孕"式中"同形传义"中的一个例子：《三国演义》中孔明借辞面"'天有不测风云'，人又岂能料乎?"中的"风云"，来引出"周瑜万事俱备，只欠东风的忧心"这个认知语境。而周瑜之所以能重译孔明表达时的这个语境，就在于对双方交谈时的背景知识是了解的。

因而，在第一种"语境重译"类型中，表达者表达时的语境因素，主要与已有的语言知识及共知的社会知识、情景或事实有关。而这些也就是接受者理解时"语境重译"的内容。

此类"语境重译"中，辞面起着转变语境的作用。在重译过程中，主要调用了相关或相似联想。在联想作用下实现语境转变，而转变后的语境就是重译的语境，也是表达者表达时的语境。因前面已有详细分析，在此就不再详述。

（二）第二种"语境重译"类型所包括的内容

即：

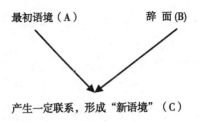

在此类中，依据"最初语境"（A）与"辞面"（B）相互作用方式的不同，理解者"语境重译"所包括的内容，可从以下三个方面来概括。

1. 表达者通过在 A 与 B 之间发现或创造相似性，来建构认知语境

对于接受者来说，这个相似性就是重译的认知语境。

此种"语境重译"方式，其实就是前面我们所探讨的以"隐喻性推理"来实现的"言外之意"理解的方式，通过这种方式来理解的"言外之意"类型主要包括"重合包孕"式中，某些"情景依托"式的大部分类别及"相离牵引"式中的"相似启发"式及"逻辑推衍"式中的"比喻推理"式。

因此类"语境重译"与以"隐喻型推理"实现来理解的"言外之意"类型有关，因此，此类"语境重译"的内容，就是影响"隐喻型推理"实现的因素中，除语境分析能力以外的其他因素所包括的内容。具体包括：

第一，相关背景知识。一般 A 常为背景知识或主观心境。若不了解此背景，就无法在二者间进行投射。了解背景 A，是重译认知语境的前提。

第二，常识性知识。辞面 B 一般体现为常识性、共知性知识。

第三，逻辑关系。这也主要体现在辞面 B 中。此类往往出现在"比喻推理式"中。

此类认知语境的重译过程，具有以下特点：

第一，相似性的形成是 A、B 投射的结果。我们认为，相似性都是表达者在一定语境下主观创造的结果，所以，A 对 B 起着制约和决定作用，也就是说，B 从哪个角度、选取哪些要素进行投射，主要是 A 起着制约作用。

第二，从 A 与 B 呈现的方式来看，有时对于接受者来说，两者都是明显的；有时 B 较显而 A 较隐。

在 A、B 都知晓的情况下，两者"相得益彰"，互相彰显。而在 A 并未直接呈现的情况中，如果不了解 A，就无法进行投射，就不能建立起相似性联系。

第三，"语境重译"过程中，主要与相似联想及逻辑推理有关。

为了说明以上认知语境重译的内容及特点，我们以三个例子作分析。

如"语境重译"涉及生活常识的：

例一：

　　　　问君能有几多愁？恰似一江春水向东流。（五代·李煜：《虞美
人》）

　　"愁的多少"与"一江春水"之间本无必然的相对性。但两者放在
一起，"愁的多少"就制约着对"一江春水"特征的取舍，舍弃其"奔
腾的气势""一派生机"等特点，而取其"滔滔不绝"的特点。二者之
间就在"滔滔不绝"这点上具有相似性，而这相似性就是表达者的认
知语境。

　　因此，正如"胡仔《苕溪渔隐丛话》前集卷五十九引《雪浪斋日
记》说：荆公问山谷云：'作小词曾看李后主词否？'云：'曾看。'荆
公云：'何处最好？'山谷以'一江春水向东流'为对"①。可见，李煜
在这两者之间创造的相似性，通过这相似性的联系，传达了"言外之
意"，给人深刻的印象和无穷的回味。

　　又如，"语境重译"涉及背景知识的：

　　例二：

　　　　浮香绕曲岸，圆影覆华池。常恐秋风早，飘零君不知。（卢照
邻《曲池荷》）

　　此诗是卢照邻晚期作品，借咏荷来抒发情怀。卢照邻在任新都尉时
染上风痹症，从此经受病痛折磨，虽有大志，也无从施展。因此，诗人
便将自己的不得志及身受病痛折磨的痛苦投射到"担心芳香、娇艳的荷
花经受不住秋风摧残，芳香不再，而无人知晓的怜惜"上，在两者间建
立了相似性，即对美好事物无法被欣赏的惋惜。这种情感的投射，也就
是这种相似性就是诗人表达时的认知语境。

　　在此认知语境下，由花的状况联想到人的状况，由此理解"怀才不
遇，饱受病痛摧残"这样的"言外之意"。这就是清人沈德潜《唐诗别
裁》中所说的："言外有抱才不遇，早年零落之感。"② 也如清人王尧衢

---

①　师长泰：《古代诗词名句艺术探胜》，陕西人民出版社 1986 年版，第 298 页。

②　周蒙、冯宇主编：《全唐诗广选新注集评 1》，辽宁人民出版社 1994 年版，第 200 页。

《古唐诗合解》中所说："荷受秋风飘零不为人知，如人身负异才流落不偶，夫岂有人知之者？"①

因而，对于接受者而言，如果不了解此诗写作背景，就无法将"对荷的怜惜"与"对自己饱经病痛之苦，无法施展抱负"之间建立起相似性，也就无法实现语境重译，也就难以理解诗歌所要传达的"言外之意"了。

再如，"语境重译"涉及逻辑关系的：

例三：

> 孔融被收，中外惶怖。时融儿大者九岁，小者八岁。二儿故琢钉戏，了无遽容。融谓使者曰："冀罪止于身，二儿可得全不？"儿徐进曰："大人岂见覆巢之下，复有完卵乎？"寻亦收至。（南朝·宋·刘义庆：《世说新语·言语第二》）

孔融儿子所说的"大人岂见覆巢之下，复有完卵乎？"是将他们现在的处境与"覆巢"的情境相比。而这种比喻下，两种结果具有的相似性，就是表达者表达时形成的认知语境，也就是接受者所重译的认知语境。在此认知语境基础上，回溯辞面，运用充分条件假言推理，理解其"言外之意"。其推理过程为：

如果"覆巢"（p），则"无完卵"（q）

而今"覆巢"（p）（即指其父被逮捕）

所以，"无完卵"（q）（儿子也不能保全）

其推理形式为：

$$((p \rightarrow q) \wedge p) \rightarrow q$$

以此比喻推理，来传达了"言外之意"。而此比喻推理中，相似性的建立，就是语境与辞面相互作用的结果。

2. 表达者通过 A 与 B 之间发现或建立相关性，来建构认知语境

对于接受者来说，这个相关性就是重译的认知语境。

此种"语境重译"方式，其实就是前面我们所探讨的以"转喻性

---

① 周蒙、冯宇主编：《全唐诗广选新注集评1》，辽宁人民出版社1994年版，第200页。

推理"来实现的"言外之意"理解的方式,通过这种方式来理解的
"言外之意"类型主要包括:"重合包孕"式中的"同形传义"式及某
些"情景依托"式以及"相交关涉"式中所包括的那六个小类以及
"相离牵引"式中的"逻辑推衍"式。

因此类"语境重译"与以"转喻性推理"来实现理解的"言外之
意"类型有关,因此,此类"语境重译"的内容,就是影响"转喻性
推理"实现的因素中,除语境分析能力以外的其他因素所包括的内容。
具体包括:

第一,文化知识、相关常识。

第二,双方共知情景或事实。

第三,逻辑关系。

在此类中,"语境重译"具有以下两个特点:

第一,B 与 A 间联系的建立,是 A、B 共同作用的结果。

第二,此类"语境重译",主要与相关联想、接近联想及逻辑推理
有关。

为了更好地说明此类语境重译的内容和特点,我们以下面三个例子
作说明。

如"语境重译"涉及生活常识的:

例一:

> 老太太问南琛:"姐姐带你干什么去了?"
>
> "送药嘛!"
>
> "药?"
>
> "夏天她的偏头痛又犯。我们一个物理老师的父亲给了个偏方,
> 我和琛琛送去了。"
>
> "方子可靠吗?"
>
> "人家是个退休的老中医呢!"
>
> "难能可贵!药效还好吧?"楚轩吾由衷地称赞了外孙女的行
> 为。(礼平:《晚霞消失的时候》,载于《十月典藏品·橙卷·中篇
> 小说》)

在这个例子中，在理解"人家是个退休的老中医呢"这句话所表达的"言外之意"时，其语境重译过程为：

最初语境为："谈论要开的方子是否可靠"，而辞面为："人家是个退休的老中医呢"，最初语境与辞面相互作用，形成某种关联。这种关联即为：此语境下对"老医生"的含义作出限定。也就是说，对"老中医"可以传达一系列的意思："资格老""医术高""有耐心""对老中医的敬仰"等，在此语境中作了限定和选择。而这种选择和限定就是形成的"新语境"。在此新语境下，联系"老中医"这个辞面，实现"言外之意"的理解，即表达了"人家是位医术很高的医生呢"这样的意思。

又如，"语境重译"涉及共知背景知识或事实的：

例二：

摊牌的日子终于来临了，玉秀还蒙在鼓里。这一天郭家兴到县里去开会，家里头一下子空了，只留下了玉米和玉秀。……吃完了早饭，玉米突然喊玉秀的名字，玉秀在厨房里答应过，匆匆赶到堂屋，十个手指头还是汤汤水水的。一进门架势就很不好。玉米坐在藤椅上，姐夫固定不变的那个座位。玉米跷上腿，不说话，玉秀心里很沉重了。玉秀站到玉米的面前，玉米却不看她，只是望着自己的脚。玉米从口袋里掏出钱包，拿出两块钱，放在桌面上，说："玉秀，这是给你的。"玉秀望着钱，松了一口气，有了峰回路转的好感觉，说："大姐，我不要。我伺候大姐怎么能要钱。"话说得很得体了。玉米却没有理她的茬，又拿出一张十块的，捻过了，压在两块钱的边上。说："<u>你把这十块钱带给妈妈。</u>"玉米丢下这句话，一个人朝卧室里去了。玉秀一个人站在堂屋，突然明白过来了，"把钱带给妈妈"，这不就是命令玉秀回王家庄是什么？玉秀一阵慌，跟在玉米的身后，跟进了卧室。玉秀脱口说："姐。"玉米不听。玉秀又喊了一遍："姐！"玉米背对着她，抱起了胳膊，眼睛望着窗户的外头。玉秀到底冷静下来了，说："姐，我不能回王家庄了，你要是硬逼我回去，我只有去死。"玉秀究竟聪明，这句话说得也极有讲究。一方面是实情，一方面又是柔中带刚的，话说得虽然软，甚至带有哀求的意思，可是对自己的亲姐姐来说，却又暗藏了一股要挟的力量。玉米回过了头来，面带微笑了，客客气气地说："玉秀，你去死。我送你一套毛料做寿衣。"这样的回答玉秀始料不及，傻了，虽然愤怒，更多的是无地自容，羞煞人了。玉秀愣愣地望着她的大姐。(毕飞宇：《玉秀》，载于《中国文学排行榜　上卷　2001 年下半年》)

　　此例中，最初语境为：玉秀离开老家投奔姐姐玉米，在姐姐、姐夫家已经待了较长一段时间；而且在这段时间，妹妹玉秀一直讨好姐夫及姐夫与前妻的孩子，和姐姐玉米之间的关系反而比较疏远，甚至有些不融洽。姐姐玉米不愿意妹妹玉秀长久待在她家里。而且说这句话时的临时情景也是不友好的："玉米坐在藤椅上，姐夫固定不变的那个座位。玉米跷上腿"，先拿了两块钱给玉秀，随后便说出这句话，说完后"一个人朝卧室里去了"。而辞面为："你把十块钱带给妈妈。"

　　通过相关联想最初语境与辞面建立了联系，这种联系即为：在不友好的关系背景下，"带钱给妈妈"，其目的并不是请玉秀帮忙，而是想办法赶她走。这也就是玉秀听到玉米的那句话后，所形成的"新的认知语境"。

　　在此新的认知语境下，"把十块钱带给妈妈"，即在"离开姐姐家，回老家把钱给妈妈"这个行为中，突出的就是前者"离开姐姐家"，也就是"让妹妹玉秀回老家，以后不要在姐姐家住下去了"，这也就是玉秀从玉米这句话中听出的"言外之意"。

　　所以玉秀"突然明白过来了，'把钱带给妈妈'这不就是命令玉秀回王家庄是什么？"

　　再如，"语境重译"涉及逻辑关系的：

　　例三：

　　　　梁尝有疑狱，群臣半以为当罪，半以为无罪，虽梁王亦疑。梁王曰："陶之朱公，以布衣富侔国，是必有奇智。"乃召朱公而问曰："梁有疑狱，狱吏半以为当罪，半以为不当罪，虽寡人亦疑。吾子决是，奈何？"朱公曰："臣，鄙民也，不知当狱。虽然，臣之家有二白璧，其色相如也，其径相如也，其泽相如也，然其价一者千金，一者五百金。"王曰："径与色泽相如也，一者千金、一者五百金，何也？"朱公曰："侧而视之，一者厚倍，是以千金。"梁王曰："善！"故狱疑则从去，赏疑则从与，梁国大悦。（汉·刘向：《新序·杂事第四》）

魏国曾有件难断的案子。群臣中一半的人以为有罪，另一半的人认为无罪，连梁王都难定此案。梁王想到了陶朱公，虽一介平民，但富可敌国，他一定有独特的智谋。因此，就向陶朱公请教。而陶朱公说自己是一介平民，不懂判案。但陶朱公却说了一个例子：两只同样直径、色泽的白璧，价格却不同，一为五百，一为一千。这两只白璧，表面看上去都一样；不同的是，从侧面看来，一只是另一只的一倍厚；因而，厚一倍的这只价格就为千金。

陶朱公虽没直接说如何断案，但所举的这个例子与梁王断案的疑惑联系起来，在两者间形成了类比关系，而此类比关系也就是表达者表达时所调用的语境，也就是梁王理解时所要重译的语境。

在此重译的语境下，梁王通过类比，理解陶朱公的"言外之意"。其理解过程为：

断疑案：a. 一半臣子说无罪，另一半臣子说有罪；

b. 没有明显破绽和差别。

断璧价格：a. 直径相同，色泽相同；

b. 表明没有明显差异；

c. 厚度不同，价格也就不同了。

在断疑案与断璧价格之间存在 a、b 两处相似；在此基础上推知断疑案也具有断璧价格的 c 这个特点。因此，特点 c 即是陶朱公所要表达的真实意思，也就是借此表达的"言外之意"，即宽厚一点，问题就不同了。

因而，梁王听后恍然大悟，对此案宽厚处理。所以，判案时，如有疑难就从宽释放；如奖赏不决时，就大度给予。这也就是梁王从陶朱公列举的事例中听出的"处理从宽"这样的"言外之意"。

3. 表达者通过在 A 与 B 之间发现冲突关系，来建构认知语境

对于接受者来说，这个冲突关系就是重译的认知语境。

此种"语境重译"方式，其实就是前面我们所探讨的由"对比联想"来实现理解的"言外之意"类型。此类语境重译，常常出现在"相离牵引式"中的"对比联想"式及"逻辑推衍"中的"归谬式"，这些"言外之意"类别中。

因为此类"语境重译"与以"对比联想"来实现理解的"言外之意"类型有关，因此，此类"语境重译"的内容，就是影响"对比联想"实现的因素中，除语境分析能力以外的其他因素所包括的内容。具体包括：

第一，常识积累及共知事实。

第二，逻辑常识。

此类"语境重译"过程的特点为：

第一，一般来说 A 为事实，B 与 A 相冲突；以否定 B 来传达"言外之意"。

第二，在语境重译过程中，主要运用了对比联想和逻辑推理。

下面，我们以两个例子作分析。

例一：

> 夏四月，辛巳，败秦师于殽。获百里孟明视、西乞术、白乙丙以归。……先轸朝，问秦囚。公曰："夫人请之，吾舍之矣。"先轸怒曰："武夫力而拘诸原，妇人暂而免诸国，堕军实而长寇仇，亡无日矣。"不顾而唾。公使阳处父追之，及诸河，则在舟中矣。释左骖，以公命赠孟明。孟明稽首曰："君之惠，不以累臣衅鼓，使归就戮于秦。寡君之以为戮，死且不朽。<u>若从君惠而免之，三年将拜君赐。</u>"秦伯素服郊次，乡师而哭曰："孤违蹇叔以辱二三子，孤之罪也。"不替孟明。"孤之过也。大夫何罪？且吾不以一眚掩大德。"（《左传·僖公三三年》）

以上对话是发生在秦晋殽之战后，秦军战败、秦将被俘之时。秦晋殽之战中，秦穆公不听蹇叔劝言，越过晋国去偷袭郑国，途遇赴周贩牛

的郑国商人弦高，弦高料定秦军必袭郑，于是冒充郑国使者犒劳秦军，同时派人火速告之郑国国君。秦军误以为郑国已经知道偷袭之事，便撤军返回。返回途中，在崤山遭晋军围歼。秦军大败，秦国将领孟明视、西乞术、白乙丙被俘虏。之后文嬴，即秦穆公之女、晋文公之妻、晋襄公的嫡母替被俘秦将求情，晋襄公就释放了他们。先轸听说后，大怒唾骂，认为战场上将士们誓死以搏换来的成果，被一妇人之言给毁掉，这是"堕军实而长寇仇，亡无日矣"。晋襄公顿时后悔，派人急追，但这些秦将却已坐船入江了。

此处，孟明稽首之言，"三年将拜君赐"，辞面虽是言谢，但两国交战，自己作为侥幸逃脱，而又被对方急追的战俘，是不会说出感恩戴德的话的。也就是说，辞面与当时的语境相冲突，而这个冲突就形成了"新的认知语境"，即"外交场合的反话正说"，这既是孟明表达时所调用的语境，也是晋襄公理解时所重译的"认知语境"。

在此重译的认知语境下，晋襄公自然也就明白了孟明所要传达的"言外之意"，即"以后定要报仇雪恨"这样的意思。

例二：

> 晏子使吴，吴王谓行人曰："吾闻晏婴，盖北方辩于辞、习于礼者也。"命摈者曰："客见则称'天子请见'。"明日，晏子有事，行人曰："天子请见。"晏子蹴然。行人又曰："天子请见。"晏子蹴然。又曰："天子请见。"晏子蹴然者三，曰："臣受命弊邑之君，将使于吴王之所，以不敏而迷惑，入于天子之朝，敢问吴王恶乎存？"然后吴王曰："夫差请见。"见之以诸侯之礼。（战国·晏婴：《晏子春秋·内篇杂下》）

晏子使吴，吴王听说晏子是北方善辩知礼之人，因此想借机试探。于是，就对负责引导宾客的人说，凡晏子进见，都说是"天子请入见"。第二天，晏子有事拜见吴王，主管朝觐的人就说"天子请入见"，晏子一听就蹙眉；如是者三。随后，晏子只说了一句"我本是奉命出使吴国，怎么会误入周天子之朝，请问吴王在哪里？"吴王听了此话后，立即改口说"夫差请入见"，并以诸侯之礼相待。

吴王听了晏子那句话后，为何有如此大的转变？这就是吴王重译了晏子表达时的语境，理解了晏子所要传达的"言外之意"。

晏子在表达时，使辞面与临时具体语境相冲突，而这种冲突，形成新的语境，即"朝见天子与出使吴国是相冲突的"，这就是晏子表达时调用的语境，也就是吴王理解时重译的认知语境。在此语境下，联系辞面进行推理，就理解了"言外之意"。具体过程为：

　　　　如果是在天子的朝上（p），就不会朝见吴王。（q）

　　　　"不会朝见吴王"与现实相矛盾，

所以，q 荒谬。

因此，p 也荒谬，也就是"并非朝见天子"。所以吴王不能以"天子"自居。最后，吴王的试探以失败告终。

由以上分析可以看出：已有的相应知识、逻辑知识以及共知的事实或背景，都是影响接受者认知语境建构的主要因素。而接受者能否实现与表达者认知语境的大致相同，即能否实现"语境重译"，则直接影响着"言外之意"理解的成功与否。

五　"语境重译"的实现过程

在上面的分析中，我们已经探讨了"语境重译"的类型及内容，通过分析，我们发现：已有的相应知识、逻辑知识以及共知的事实或背景是"语境重译"的主要内容；在不同的重译类型中，重译内容也不同。而接受者是如何准确地实现"语境重译"的，哪些因素影响着"重译过程"的实现，这也就是我们下面所要探讨的"语境重译"过程的内容了。

因"语境重译"涉及已有的相应知识、逻辑知识以及共知的事实或背景等，在具体的重译过程中，我们可以依据接受者是否具有这些知识，来对"语境重译"过程进行分类，具体来说，我们认为可以分为两种情况：

第一种情况，接受者具有相应的知识储备。"语境重译"的过程，就是接受者调用已有知识积累，分析具体语境，由此获得"新语境"的过程。从这个角度来说，语境重译就是将接受者相应的一些无意识状态转变为意识的过程。

第二种情况，接受者不具备相应的知识储备，无法从个人无意识状态中提取，因而，"语境重译"过程就是有意识地回溯辞面及最初语境，作综合分析的过程。这在一定程度上，也能成功地实现语境重译。

这两种情况的区别在于：是否具有相应的知识储备，即是否存在相应的个人无意识积累。但这两种情况在以下三方面存在共同之处：

其一，在个人无意识和有意识的底层，都共同存在集体无意识，即不管个人无意识或意识，都在一定程度上受集体无意识的影响。

其二，这两种情况在"语境重译"实现时，都在一定程度上改变了已有的无意识或意识积累，以此改变了接受者的认知积累。

其三，这两种情况实现的"语境重译"，都是接受者发挥积极性及主观能动性的结果。特别是在第二种中，"语境重译"的实现主要是依赖于接受者主观能动性的发挥。

综合"语境重译"的两种情况及其共同之处的分析，我们认为，"语境重译"是集体无意识、个人无意识及个人能动性三方面综合作用的结果。这三个方面因素就是影响"语境重译"的因素。正如第二章"'言外之意'修辞现象存在的修辞学基础"中所指出的，修辞受体的"知识积累触发理解的能动性"及"积极心态激发理解的能动性"，这也就和我们此处所要探究的这三方面因素有着共通之处。

下面我们分别来分析这三个方面因素在"语境重译"中的作用。

（一）"集体无意识"与"语境重译"

1. "集体无意识"的相关概念

"集体无意识"这个概念，是分析心理学派创始人荣格，从精神分析学派代表人物弗洛伊德的"无意识"概念中发展而来的概念。

弗洛伊德认为，"无意识"主要来源于"个人早期生活特别是童年生活中受到压抑的心理内容"①。而荣格认为"无意识"可细分为"个人无意识"和"集体无意识"；并认为"个人无意识""集体无意识"和"意识"一起构成人的精神的三个层面。

在人精神的这三个层面中，荣格认为："意识是次要的。精神的意识方面犹如一个岛的可见部分。大部分未知部分还在水面上可见的那一

---

① 荣格：《心理学与文学》，冯川、苏克译，生活·读书·新知三联书店 1987 年版（前言），第 2 页。

小部分的底层，因而荣格强调这一神秘的隐藏着的底层。……意识下面一层是个人无意识，是属于个体的。……个人无意识并不是无意识的很深的层次。……个人无意识下面就是第三层——精神层次，亦即集体无意识。这个最深层次个体是不知道的，它包含着连远祖在内的过去所有各个世代所积累起来的那些经验的影响。"① 这个作为精神最深层的"集体无意识"，其"内容从来就没有出现在意识之中，因此也就从未为个人所获得过，它们的存在完全得自于遗传"②。"集体无意识概念既不是思辨的，也不是哲学的，它是一种经验质料。"③

因此，荣格认为，"集体无意识"就是通过遗传，后人在不知不觉中获得的世代积累的经验。而这种经验的内容就是"原型"，即"领悟（apprehension）的典型模式。每当我们面对普遍一致和反复发生的领悟模式，我们就是在与原型打交道"④。也就是说，"原型"是后人在遗传中获得的经过无数代人遗传、积淀下来的一种心理结构。

荣格的"集体无意识"及其"原型"理论，强调了后人对远古人类生活经验和情感体验的传承，"研究不同个体之间、不同民族之间的相通性"⑤。虽然荣格认为这种传承是以先天形式获得，忽视后天经验对"集体无意识"的影响和作用；但却强调了"集体无意识"的历史性和社会性。实际上，"集体无意识"及其"原型"，与具体种族、民族或社会集团的文化历史积淀有着密切关系。"集体无意识"既与先天遗传因素有关，又与后天文化的影响有关。

同时，荣格"集体无意识"中"集体"的概念是一个外延可广可窄的概念。这个"集体"既可指整个人类，也可指某一民族、集团或群体。我们在探讨"集体无意识"对"言外之意"理解的影响时，主要是从汉民族这个"集体"来谈的。具体来说，"言外之意"理解中的

---

　　① ［美］杜·舒尔茨：《现代心理学史》，沈德灿等译，人民教育出版社 1982 年版，第359 页。

　　② 荣格：《心理学与文学》，冯川、苏克译，生活·读书·新知三联书店 1987 年版，第94 页。

　　③ 同上书，第 96 页。

　　④ 同上书，（前言）第 5 页。

　　⑤ 程金城：《西方原型美学问题研究》，黑龙江人民出版社 2007 年版，第 82 页。

"集体无意识",是指汉民族不同职业、阶层的人群对于同一"言外之意"修辞现象都有着共同反应的这种现象。

2. "集体无意识"与"语境重译"

汉民族的这些"集体无意识",特别是思维方式中的整体思维、比附思维、具象托思等及汉民族心理中的中庸、委婉心理,既对"言外之意"表达起着潜移默化的作用,也对"言外之意"理解时的语境重译,起着最深层的影响。

此外,一些常识及生活积累所形成的"集体无意识"也对"言外之意"的理解有着重要的影响。

下面我们就从常识及生活积累所形成的"集体无意识"这个方面,以抽样调查中的相关结果和一起事件的分析,来探寻"集体无意识"对"言外之意"理解的影响。

首先,在附录的调查报告中,"表八"(见附录第328页)、"表十五"(见附录第335—336页)所显示的调查结果表明,七种不同职业的87名被调查者,对这两题的理解率都是100%。这两题分别是:主要由"语气词"所表达的不完整形式的"言外之意"及以逻辑知识表达的"言外之意"。如下面表格中所摘录的数据:

第三题:"哼,诗人!哼,记者!"

职业 对比项	计算机与应用工程人员	药剂人员	军人	电力工程技术人员	政府行政办公人员	化工工程技术人员	报社编辑
总人数	10	10	15	10	15	15	12
正确总人数	10	10	15	10	15	15	12
总正确率	100%	100%	100%	100%	100%	100%	100%

第十题:"妈我已经二十二岁了,你二十二岁已经生我了。"

单位 对比项	计算机与应用工程人员	药剂人员	军人	电力工程技术人员	政府行政办公人员	化工工程技术人员	报社编辑
总人数	10	10	15	10	15	15	12
正确总人数	10	10	15	10	15	15	12
总正确率	100%	100%	100%	100%	100%	100%	100%

从以上调查结果来看，这87名被调查者虽然职业、性别、年龄有差异，但这并不影响对这两题的一致理解，其理解率都是100%。

这在一定程度上，说明了逻辑知识、语言常识的"集体无意识"积淀，会影响"言外之意"的理解。

其次，有些语言表达，表达者无"言外之意"，但因"集体无意识"的影响而使不同阶层、不同职业的人，都在其表达中听出了"言外之意"。如下面这个例子：

2011年3月23日，中国人民公安大学犯罪心理学教授李玫瑾女士在CCTV《［新闻1+1］药家鑫：从撞人到杀人!》节目中，将药家鑫杀害张妙女士的行为解释为"弹钢琴强迫性杀人"。

这个"弹钢琴强迫性杀人"说法一出，引来社会各阶层的纷纷指责和怒骂。各大媒体、报纸及网络帖子中，纷纷出现"因药家鑫钢琴强迫杀人法被骂"这样的报道或评论，如《环球人物杂志》等。在百度中输入"弹钢琴杀人法"这几个关键字，就会出现大量新闻网页及贴吧、博客的链接。我们选取较典型的相关文章中的内容，摘录如下：

来自"光明网"（2011年3月28日）中的一篇《教授，请勿在亡者的伤口上撒盐》的文章中，作者这样写道：

> "弹钢琴的重复性动作"? 罪犯杀人的凶残，到了犯罪心理学家李玫瑾教授这里，变成了艺术。如果药家鑫看到这一期节目，听到李教授如此的分析，说不定会有一种艺术的冲动与兴奋。高，实在是高! 他仿佛在演奏一场命运的交响曲，无辜的张妙，在他"弹钢琴的重复性动作"中，生命戛然而止，药家鑫的演奏成了张妙生命的绝响。
>
> ……
>
> 药家鑫的案件的进展，我们且等待着法律的正义审判。虽然药家鑫的犯罪或多或少有着许多我们不想看到的事实，引起我们的唏嘘与惋惜。不能忘记了他在那一瞬间暴露出来的自私与凶残，否则，就是在亡者张妙及其家人的伤口上撒盐，这比药家鑫还要残酷和无情。（来自网页：http://news.ifeng.com/opinion/gundong/detail_2011_03/28/5420169_0.shtml）

又如《环球人物杂志》(2011 年 4 月 22 日)杂志记者路琰的一篇《李玫瑾:解读"弹钢琴杀人法"》文章中的相关摘录:

误会来自语境错位

李玫瑾的这段话为她惹来了铺天盖地的骂声。人们纷纷指责她把药家鑫的杀人动作用弹钢琴来解释,是在为其杀人动机辩护,一些社会名人和公共知识分子也出面指责李玫瑾信口开河。北京大学中文系教授孔庆东大骂这是"狗屁专家","毫无廉耻";媒体评论人李承鹏、清华大学美学教授肖鹰都公开撰文批评李玫瑾;网络上一个新名词"弹钢琴杀人法"也迅速流行起来。

　　……

李玫瑾想不通为什么这么多民众和学者都无法理解自己的心理分析,还纷纷要求自己道歉:"我的博客上充斥着恶毒的话,骂得很难听,我就把评论给关掉了,我这么大年纪的学者,这样被羞辱,心理压力很大,非常孤独,也不断反思自己,究竟错在哪里?难道是因为当时的语境下公众无法很好地理解专业性过强的心理分析?但是我针对他连捅 8 刀的动作分析,真的是没有错。(来自网页:http://news.sina.com.cn/c/sd/2011－04－22/113022340162.shtml)

清华大学肖鹰教授的一篇《三问李玫瑾 驳"药家鑫弹琴强迫杀人说"》文章,更是代表了学术界对此事的最强烈的声音。我们将相关内容摘录如下:

肖鹰按:在马加爵面前,你见到的李玫瑾教授,是一个具有法官气质的目标明确的刑侦专家;在药家鑫面前,你会看到,李玫瑾教授表现了一位具有母爱移情倾向的心理抚养义工的完美。

　　……

第一,药家鑫驾车撞人后,是"故意杀人",还是"强迫杀人?"

……

第二，缺少依据的"钢琴强迫杀人症"，是否是"强迫立论症"产物？

……　　　　　　　．

简单讲，强迫症行为的要素是：持续和重复；不由自主或反意识的；患者不需要和无意义的行为。药家鑫的杀人行为：在驾车肇事之后，药家鑫带着自备的杀人凶器下车查看，发现受害人被自己的车撞伤而且在试图抄号，"当时心里特别害怕，怕她以后无休止地来找我……捅死了就不会看到我了……"连续 6 刀杀害了张妙。药家鑫实施的是一个非常清楚的唯一性的，自主的，有需要（杀人灭口）的杀人行为，而且手段极其残忍。这是完全不同于强迫症行为的故意杀人行为。

……

第三，相比于药家鑫，马加爵杀人是否是"理科强迫杀人"？

对于药家鑫在法庭上乞求活命的哭诉，李教授是句句信作真理，而对于马加爵绝信中表现的纯朴的人伦关爱的珍惜品格，却无动于衷。我们看到，无论掌握了多少复杂、矛盾的资料，在李教授的眼中，马加爵们永远只能是一群"把人世间复杂的关系当作一种简单的、无情感反应的关系处理"的另类大学生。

……

李教授委托记者向药家鑫提问，专门就药家鑫杀害张妙的行为方式设题探求他的杀人动机，在看见他关于长期练琴的法庭呈述时，当下就李教授为他创立了"弹钢琴强迫杀人说"；正如李教授所言，"马加爵智商很高，偏重于理科，他喜欢学习有难度的科目"，他动了杀人念头之后，精心设计、准备，连续 3 天共杀 4 人。请李教授正面回答，以李教授的专业逻辑，是否也应为马加爵创立"理科强迫杀人说"呢？（来自网页 http: //news. ifeng. com/opinion/society/detail_ 2011_ 04/11/5660769_ 0. shtml）

此文中，将李玫瑾"对马加爵案件的分析"与对此案件的分析联系起来，更尖锐地指出"弹钢琴强迫性杀人"的说法是为药家鑫有意开脱。

　　在以上摘录的文章中，来自不同职业、阶层的人们，都对李玫瑾在药家鑫案件中提出的"弹钢琴强迫性杀人"都予以强烈指责。但李玫瑾却认为，自己当时所说的这句话，只是在分析药家鑫对被害人连刺八刀的原因，根本没有有意为药家鑫开脱罪名，不知为何会招来公众的怒骂。在《法制日报》（2011年4月14日）刊登了法制日报记者对李玫瑾采访的一篇题名为《李玫瑾：没说药家鑫把杀人当弹琴　网上应有正义》的报道。在此报道中，李玫瑾对她当时的一句话会招来如此众多的骂声感到十分委屈：

　　　　"我看了都无语，"李玫瑾告诉记者，自己没有想到去解释一个动作背后的心理成因，会被理解成是为药家鑫开脱罪名。"我当时的那段话是在分析药家鑫拿刀扎被害人张妙时，为什么不是扎了一刀就跑，也不是扎两刀，而是迅速而不间断地扎了8刀，我只是对这个连续的8刀成因做分析，不是分析他杀人的动机，他的动机还用分析吗？就是想摆脱麻烦。"
　　　　……
　　　　一些新闻评论员认为，李玫瑾的分析没有问题，只是她的表达与药家鑫杀人案和公众的理解之间发生了语境错位。正确的分析不代表正确的传播，要面向大众说话，光正确是不够的，还得有说服力。（来自网页：http://news.sohu.com/20110414/n305804703.shtml）

　　李玫瑾认为自己只是在分析连续刺八刀的成因，这和药家鑫杀人动机是两回事。一些新闻评论员认为，招致人们纷纷怒骂的原因，"只是她的表达与药家鑫杀人案和公众的理解之间发生了语境错位"。但这些解释正如上面《法制日报》中所说："要面向大众说话，光正确是不够的，还得有说服力。"李玫瑾的辩护，在公众看法面前，是没有说服力的，因此才会引起公众的一片骂声。
　　李玫瑾所说的"弹钢琴强迫性杀人"的说法，会让公众一致听出"为药家鑫开脱"这样的"言外之意"。就是因为这句话触动了公众的"集体无意识"，即"为强者辩护"这样的集体无意识。
　　在这个案件中，首先，从药家鑫的家庭背景来看，作为学生的药家鑫，有自驾车，其家庭经济状况就不算差。其次，药家鑫自述杀人是"怕撞到农村的人，特别难缠"。这种偏激看法，也触动了公众的敏感神经。最后，药家鑫连刺被害人八刀，本身就是极其凶残、恶劣的行为。以上这些都引发着公众"富人残忍地杀人的愤怒"这样的"集体无意识"心理。

而在这样的情形下，李玫瑾在分析其凶残行为时，却指出这种凶残行为与药家鑫弹钢琴的习惯行为有关。虽然李玫瑾说自己并不是在为药家鑫开脱，但这样的解释却触动着公众的神经，触动了公众"集体无意识"中"为强者开脱"的心理。

而且，正如肖鹰教授所指出的，同样是杀人，对于马加爵案件的分析，李玫瑾却并未体现出同情，但在药家鑫案件中，却指出这种极其凶残的行为是由一种习惯性动作所导致。这就容易让公众在这两个案件的比较中得出这样的结论：因行凶者的家庭背景不同，李玫瑾分析就不同，对家庭经济较好的药家鑫袒护。由这两个案件的比较，又再一次地触发了公众"集体无意识"中的"为强者辩护"的心理。

所以，李玫瑾这个"弹钢琴强迫性杀人"的说法，被公众听出了"为药家鑫开脱"这样的"言外之意"，由此招来公众的一片怒骂。

由上面的分析可以看出："集体无意识"对语言表达和理解有着深层意义的影响。这些影响也潜移默化地左右着"言外之意"的表达和理解，特别是在"言外之意"的理解过程中，受"集体无意识"的影响，对某些"言外之意"修辞现象的理解可以打破职业、教育背景等的区分，而具有理解的一致性。

（二）"个人无意识"与"语境重译"

"言外之意"修辞现象的理解，除了受深层的"集体无意识"影响外，对于每个具体的接受者而言，还与"个人无意识"有关。

"个人无意识"在荣格的精神层中，处于第二层。"构成个人无意识的主要是一些我们曾经意识到，但以后由于遗忘或压抑而从意识中消失了的内容。"① 但是，"来自个人无意识的偶然事件可能易于被唤回到

---

① 荣格：《心理学与文学》，冯川、苏克译，生活·读书·新知三联书店1987年版，第94页。

觉醒的意识中"①,也就是说,"个人无意识"是个人暂时遗忘或未意识到的,但却是存在的;在某种刺激下,可以被唤醒,出现在意识层面中。

"个人无意识"相对于"集体无意识"来说,是较浅层的,可以被个人意识到的。但"个人无意识"并不脱离"集体无意识",也即是说,"个人无意识"的底层是"集体无意识",它受"集体无意识"的影响。因此,"个人的无意识内容就不仅仅是个人性的,它也包含了某种'集体'共同的心声"②。

因而,在"言外之意"理解过程中的语境重译中,汉民族"集体无意识"中的一些思维方式、民族心理渗透到"个人无意识"来起作用,和"个人无意识"中的知识储备、思维方式一起影响着语境重译,即一起影响着由"无意识"向"意识"的转变。

虽然如此,但在具体的"言外之意"理解时的语境重译中,"集体无意识"是积淀在"个人无意识"中,"个人无意识"中是否具备相应的知识储备,就直接影响语境重译能否实现。因此,对于每个接受者而言,除了潜在的"集体无意识"的影响外,重要的影响部分还是"个人无意识"。

为了更好地说明"个人无意识"对"语境重译"的影响,我们以附录中调查报告的相关数据作说明。

调查报告从以下两方面方面,体现了"个人无意识"对"语境重译"的影响。

第一,"受教育程度"影响"个人无意识"的积累,进而影响"语境重译"的实现程度,也就影响着"言外之意"的确解率。

在附录的调查报告中,通过对初中、高中、大学各 15 名被调查者的调查,显示出三个不同教育阶段的被调查者,对同一"言外之意"修辞现象理解时的差别。这些差别在附录的表一、表二及图一、图二、图三中显示出来。

---

① [美]杜·舒尔茨:《现代心理学史》,沈德灿等译,人民教育出版社 1982 年版,第359 页。

② 朱立元:《现代西方美学二十讲》,武汉出版社 2006 年版,第 61 页。

在"表一"（见附录第314页）中，这五题"与文化知识积累"有关。对这五题确解率的调查，其结果为：

表一

文化知识 确解率/人数 年级		第七题 "会不会太八股了？"	第八题 "陛下山河已定，岂可再有改动？"	第二题 "道似无晴却有晴"	第四题 "这一去，可是要'蟾宫折桂'了！"	第六题 "落花时节又逢君"
初中	平均正确率（%）	67	69	38	38	31
高中	平均正确率（%）	71	69	53	55	47
大学	平均正确率（%）	82	93	78	64	68

此调查结果用图式表示如下：

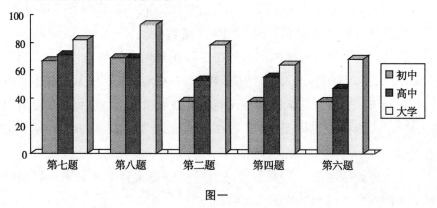

图一

可见，确解率都是随着受教育程度的增加而提高的。

在"表二"（见附录第315页）中，这五题是"与生活常识积累"有关。对这五题确解率的调查，其结果为：

表二

生活常识 确解率/人数 年级		第十题 "哼，诗人！" "哼，记者！"	第一题 "等你这件毛衣织好了，我的胡子都该绿了"	第五题 "人家是个退休的老中医呢"	第三题 "作为外交部长我不会访问台湾。"	第九题 "人家小儿要容易长，往往用贱物为小名，如狗、马、牛、羊之类。"
初中	平均正确率（%）	38	18	62	71	29
高中	平均正确率（%）	76	36	67	89	35
大学	平均正确率（%）	98	70	92	98	58

这个调查结果，用图式表示如下：

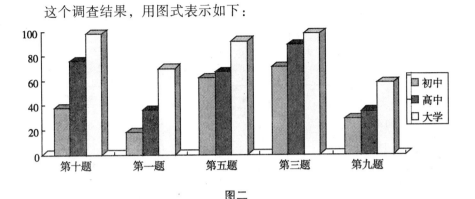

图二

从图表中，我们也可以清楚地看出，随着受教育程度的增加，生活知识积累的增加，"言外之意"理解的整体能力也在增加。

由此，我们将文化知识和生活常识两个方面综合起来，可以对比地看出初中、高中、大学三个不同教育阶段，对"言外之意"理解程度的差别。我们将上面两个表中的数据综合起来，以图形方式表示如下：

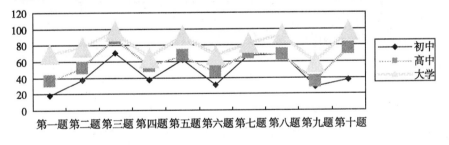

图三

由以上十道题的调查结果，可以得出这样的结论：不管是涉及文化知识的还是涉及生活常识的"言外之意"修辞现象，对其恰切理解程度都随着受教育程度的增加而增加。受教育程度越高，其知识积累程度就越高，其"个人无意识"的积累就越多；在理解"言外之意"时，"语境重译"就越有可能，由此"言外之意"确解率也就越高。

第二，"职业背景"也影响"个人无意识"的积累，进而影响"语境重译"的实现程度，也就影响着"言外之意"的确解率。

在附录的调查报告中，通过七个单位共87名被调查者的调查，显示出不同职业的调查者，对同一"言外之意"修辞现象理解的差别。

这些差别在附录的表三、表四及图四、图五中显示出来。

在"表三"（见附录第317页）中，这四题"与文化知识积累"有关。我们将调查数据摘录如下：

表三

单位 \ 文化知识确解率（%）	第九题"妈！妈！'范进'中举了！中喽——！"	第八题"会不会太八股了？"	第四题"陛下山河已定，岂可再有改动？"	第六题"这一去，可是要'蟾宫折桂'了！"
计算机与应用工程人员（10人）	60	30	70	0
药剂人员（10人）	80	20	50	0
军人（15人）	100	60	67	20
电力工程技术人员（10人）	80	40	30	20
政府行政办公人员（15人）	93	73	100	47
化工工程技术员（15人）	87	80	67	33
报社编辑（12人）	100	92	100	83

这些调查数据用图式表示为：

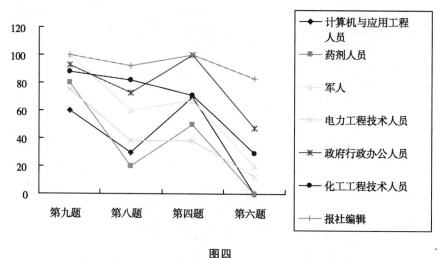

图四

从这个图表中，我们可以看出，七个职业对于这四个含有"言外之意"的例句理解时的差异。

此外，依据"表三"中的调查数据，我们计算出了这七种职业的被调查者对这四道题的平均理解率，按由低到高的排列为：

药剂人员38%，计算机与应用工程人员40%，电力工程技术人员43%，军人62%，化工工程技术人员67%，行政办公人员78%，报社编辑94%。

可见，从平均的恰切理解率来看，职业不同，其理解率也不同；政府办公人员及报社编辑的理解率相对较高。

此外，对于"与生活常识积累"有关的"言外之意"修辞现象的理解，七种职业的87名被调查者的理解率也呈现出差异，其中政府办公人员及报社编辑的理解率也相对较高。

在"表四"（见附录第318—319页）中，这六题是"与生活常识积累"有关。我们将调查数据摘录如下：

表四

生活常识 / 单位 / 确解率（%）	第三题 "哼，诗人！" "哼，记者！"	第十题 "妈，我今年二十二岁。"	第一题 "这不还说相声嘛。"	第七题 "作为外交部长我不会访问台湾。"	第五题 "赵衰是冬天的太阳；赵盾是夏天的太阳。"	第二题 "人家小儿要容易长，往往用贱物为小名，如狗、马、牛、羊之类。"
计算机与应用工程人员（10人）	100	100	100	70	40	20
药剂人员（10人）	100	90	100	60	60	40
军人（15人）	100	87	73	100	80	47
电力工程技术人员（10人）	100	100	100	80	60	20
政府行政办公人员（15人）	100	100	100	100	93	67
化工工程技术人员（15人）	100	93	87	93	87	47
报社编辑（12人）	100	100	100	100	92	92

上面表四中的数据，用图五表示如下（见第319页）。

依据"表四"中的调查数据，我们计算出了这七种职业的被调查者对这四道题的平均理解率，按由低到高的排列为：

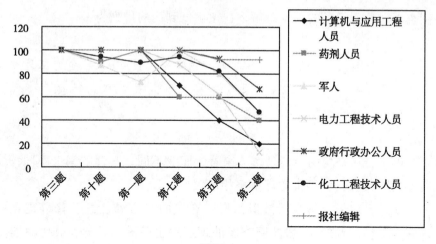

图五

计算机与应用工程人员 72%，药剂人员 75%，电力工程技术人员 77%，军人 81%，化工工程技术人员 85%，政府行政办公人员 93%，报社编辑 97%。

最后，我们计算出这十个题的平均理解率，按照由低到高的顺序排列为：

计算机与应用工程人员 59%，药剂人员 60%，电力工程技术人员 63%，军人 73%，化工工程技术人员 86%，政府工作人员 87%，报社编辑 96%。

由以上的调查结果，我们可以得出这样的结论，也就是附录中调查报告（第 320 页）所说：

第一，人们对于文化知识或生活常识的熟悉度或知晓程度越高，理解"言外之意"修辞现象的程度就越高。这与其受教育程度有关。

第二，对文化知识或生活常识的熟悉或知晓程度，与职业也有较大关系。不同职业的人群所熟悉的业务不同，会影响其文化知识或生活常识的不同积累；长期从事文字工作的人群，对语言的敏感度和理解能力又较其他职业相对高一些，其理解"言外之意"的程度就相对较高。而对于与政治有关的常识建构的"言外之意"，军人、政府行政办公人员及报社编辑对此的理解率和敏感度相对较高。

由以上的分析及调查所显示的结果，可以得出这样的结论："受教育程度""职业背景"在一定程度上影响着"个人无意识"的潜在积累。"个人无意识"的储备越丰富，"语境重译"的成功率就越高，"言外之意"确解率也就越高。

（三）"个人能动性"与"语境重译"

"言外之意"修辞现象的理解，除了受"集体无意识""个人无意识"的影响外，在具体的"语境重译"过程中，还与"个人能动性"的发挥有关。"个人能动性"是影响"语境重译"实现的最直接和重要的因素。

因"能动性"是指"人所专有的积极主动的活动性能"①，具有"自觉性、目的性和创造性特征"②。因而，"言外之意"理解过程中的"个人能动性"，就是指接受者在"语境重译"过程中所体现的积极性和主动性。

"语境重译"过程中的"个人能动性"和心理学上的"探究反射"较相似。在心理学上，"探究反射"是指"大脑对刺激物（对象、环境、自身）所作的积极的、定向的思考、探索和自控性、创造性的反射、反应。……当探究的目标经过选择确定以后，人又总会问一个'是什么？''为什么？''怎么样？''同自己有什么关系？'等"③。巴甫洛夫"在《大脑两半球机能讲义》中还进一步指出，人的这种探究反射特别发达，它不像动物那样只是出于本能，而是表现为求知欲的形式，是种有目的、目标的思维活动，伴随着形象、语言、概念等，反映了人所特有的能力"④。也就是说，"探究反射"即是指人面临刺激时的一种

---

① 顾乃忠：《主观能动性研究》，江苏人民出版社1991年版，第28页。

② 同上书，第40页。

③ 邱明正：《审美心理学》，复旦大学出版社1993年版，第95页。

④ 同上书，第96页。

本能。当人面临某种刺激时，会有意识地去选择并加以注意，随后有目的地分析、探究。

"探究反射"又可以分为："自觉性探究和非自觉性探究、主动探究与被动探究、共时性探究与继时性探究等多种形式。"① 其中"非自觉性探究是种共时性的被动探究，是受动地被特定新异对象和刺激所引起的无特定目的的心理活动"②。而自觉性探究，则是一种积极主动的探究状态，是"不知究竟、不达目的就不肯罢休的心理趋势和探究冲动"③。

"探究反射"的不同类型，体现在"言外之意"理解时"语境重译"的不同类型中。我们依据"探究反射"的不同类型，将"语境重译"中的"个人能动性"也相应地分为两种情况：

1. "非自觉性探究"与"语境重译"

"非自觉性探究"，主要体现在前面所说的"语境重译"的第一种类型中。

在"语境重译"的第一种类型中，接受者通过"个人无意识"的"刺激—反应"，就能获得与表达者大致相同的认知语境，那么这种情况下，接受者的反射就是"非自觉探究反射"状态。

另外，若是在"语境重译"的第二种类型中，虽然在"刺激—反应"后，还需要相应的分析才能实现与表达者的认知语境大致相同，但对于接受者个人来说，如果他已有的能力或知识储备，能将"反应提取"及"分析"这两部同时一并完成，那么对于这个接受者来说，"语境重译"也是属于"非自觉性探究反射"。

以"非自觉性探究反射"心理来理解"言外之意"的过程，仍是调动接受者积极性来理解的过程，因此仍体现着接受者的能动性。

2. "自觉性探究"与"语境重译"

"言外之意"理解中的"自觉性探究反射"出现在下面两种情况中：

---

① 邱明正：《审美心理学》，复旦大学出版社 1993 年版，第 97 页。

② 同上。

③ 同上。

第一种情况,"语境重译"需要经过两个阶段:首先是"刺激—反应",提取相应知识;随后再通过分析,才能实现"语境重译",才能实现"言外之意"的理解。这也就是我们前面说是的"语境重译"的第二种类型中。

在这种"语境重译"过程中,如果出现与接受者已有的"个人无意识"相冲突的状态,就需发挥接受者主动性去调整和改变定式思维模式,主动分析语境,调整已有的知识储备,适应具体情境,这样才能实现"语境重译",才能实现"言外之意"的理解。很多"言外之意"修辞现象的成功理解,都属于以上所说的这种情况。

如果缺乏接受者个人能动性的发挥,就会导致"语境重译"失败,也就不能恰切地理解"言外之意"。为了更好地说明,我们以前面谈到过的这个例子来分析:

> "妈,我今年二十二岁,你二十二岁的时候,已经生了我了。"
>
> "怎么样呢?"婉琳不解的问。
>
> "不要再把我看成小孩子!"子健大吼了一句。(琼瑶:《浪花》)

婉琳对儿子那句话理解的失误,就在于她只停留在自己固有的认知语境中,没有调动个人的能动性去分析语境;没有联系儿子说这话的目的和情境,也就没有重译儿子说这句话时的语境,最后导致理解失败。

另外,"自觉性探究反射"在"言外之意"理解过程中的第二种情况为:

接受者的"个人无意识"中不具备相应的知识储备,为了理解表达者的认知语境,而回溯上下文,主动地分析、猜测。这时"自觉性探究反射"为实现"语境重译"提供了某种可能。但若此时是"非自觉性探究反射",那么,"语境重译"就完全没有可能,也就完全不可能实现"言外之意"的理解。

对于这种情况的分析,我们以附录中的调查结果来说明。

在附录的"表六至表十四"中,除了"表八""表十一"外,都有相关的数据表明:接受者在不具备相应知识储备的情况下,通过发挥个人能动性，回溯语境，可以在某种程度上增加"言外之意"理解的确解率。下面，我们将"表六至表十四"中提高的确解率摘录如下：

表六（见附录第326页）

第一题："这不还说相声嘛。"

对比项＼职业	计算机与应用工程人员	药剂人员	军人	电力工程技术人员	政府行政办公人员	化工工程技术人员	报社编辑
总人数	10	10	15	10	15	15	12
追问后理解人数	2	0	1	0	0	3	0
追问增加的正确率（%）	20	0	6	0	0	20	0

表七（见附录第327页）

第二题："人家小儿容易长，往往用贱物为小名，如狗、马、牛、羊之类。"

对比项＼职业	计算机与应用工程人员	药剂人员	军人	电力工程技术人员	政府行政办公人员	化工工程技术人员	报社编辑
总人数	10	10	15	10	15	15	12
追问后理解人数	0	0	3	0	4	2	0
追问增加的正确率（%）	0	0	20	0	27	14	0

表九（见附录第329页）

第四题："陛下山河已定，岂可再有改动？"

对比项＼单位	计算机与应用工程人员	药剂人员	军人	电力工程技术人员	政府行政办公人员	化工工程技术人员	报社编辑
总人数	10	10	15	10	15	15	12
追问后理解人数	2	2	5	3	0	6	0
追问增加的正确率（%）	20	20	34	30	0	40	0

表十（见附录第 330 页）

第五题："赵衰是冬天的太阳；赵盾是夏天的太阳。"

对比项 ＼ 单位	计算机与应用工程人员	药剂人员	军人	电力工程技术人员	政府行政办公人员	化工工程技术人员	报社编辑
总人数	10	10	15	10	15	15	12
追问后理解人数	2	0	1	3	1	4	0
追问增加的正确率（％）	20	0	7	30	6	27	0

表十二（见附录第 332 页）

第七题："作为外交部长我是不会访问台湾的。"

对比项 ＼ 单位	计算机与应用工程人员	药剂人员	军人	电力工程技术人员	政府行政办公人员	化工工程技术人员	报社编辑
总人数	10	10	15	10	15	15	12
追问后理解人数	2	1	0	0	0	0	0
追问增加的正确率（％）	20	10	0	0	0	0	0

表十三（见附录第 333 页）

第八题："会不会太八股了？"

对比项 ＼ 单位	计算机与应用工程人员	药剂人员	军人	电力工程技术人员	政府行政办公人员	化工工程技术人员	报社编辑
总人数	10	10	15	10	15	15	12
追问后理解人数	1	1	2	3	0	2	0
追问增加的正确率（％）	10	10	13	30	0	13	0

表十四（见附录第 334—335 页）

第九题："范进中举了，中喽！——"

单位　　　对比项	计算机与应用工程人员	药剂人员	军人	电力工程技术人员	政府行政办公人员	化工工程技术人员	报社编辑
总人数	10	10	15	10	15	15	12
追问后理解人数	1	2	1	2	0	0	0
追问增加的正确率（%）	10	20	7	20	0	0	0

为了更直接地看出这些表格中通过重译来提高的理解率，我们将以上表格中的数据一并摘录如下：

"表六"中，通过回溯语境，计算机应用工程人员的确解率增加了 20%，军人的确解率增加了 6%，化工工程技术人员的确解率增加了 20%。

"表七"中，通过回溯语境，军人的确解率增加了 20%，政府行政办公人员的确解率增加了 27%，化工工程技术人员的确解率增加了 14%。

"表九"中，通过回溯语境，计算机应用工程人员的确解率增加了 20%，药剂人员的确解率增加了 20%，军人的确解率增加了 34%，电力工程技术人员的确解率增加了 30%，化工工程技术人员的确解率增加了 40%。

"表十"中，通过回溯语境，计算机应用工程人员的确解率增加了 20%，军人的确解率增加了 7%，电力工程技术人员的确解率增加了 30%，政府行政办公人员的确解率增加了 6%，化工工程技术人员的确解率增加了 27%。

"表十二"中，通过回溯语境，计算机应用工程人员的确解率增加了 20%，药剂人员的确解率增加了 10%。

"表十三"中，通过回溯语境，计算机应用工程人员的确解率增加了 10%，药剂人员的确解率增加了 10%，军人的确解率增加了 13%，电力工程技术人员的确解率增加了 30%，化工工程技术人员的确解率增加了13%。

"表十四"中，通过回溯语境，计算机应用工程人员的确解率增加了10%，药剂人员的确解率增加了20%，军人的确解率增加了7%，电力工程技术人员的确解率增加了20%。

由上面的调查结果可以看出：接受者即使不具备相应的知识储备，但发挥个人能动性，也可以在一定程度上提高"语境重译"的概率，可以在一定程度上提高"言外之意"的确解率。

由此可以看出："个人能动性"在"言外之意"理解中具有至关重要的作用。接受者在具备相关知识储备的情况下，发挥个人能动性，才能积极地联系语境进行分析，才能恰切地实现"言外之意"的理解。而在接受者不具备相应知识储备的情况下，个人能动性的发挥为实现"语境重译"，进而实现"言外之意"的理解提供了可能性和可行性，这可以在一定程度上提高理解率。

通过以上分析，可以得出这样的结论：在"语境重译"过程中，"集体无意识"起着深层的影响作用，"个人无意识"起着主要的决定性作用，而"个人能动性"也是决定性作用的一部分。在具体的每一次"语境重译"过程中，"集体无意识"和"个人无意识"是一种静态的潜能，而"个人能动性"则是一个动态的发挥。因此，"言外之意"理解中的"语境重译"过程，就是将接受者的"无意识"转变为"意识"的过程，其中"个人无意识""个人能动性"对"语境重译"的实现都起着决定性作用。

六 "语境重译"的偏差与"言外之意"理解的失误

表达者与接受者认知语境的大致相同，是实现"言外之意"正确理解的主要影响因素。而双方认知语境的偏差，就是造成理解失误或多解的主要原因。

在附录的调查中，"表五"中摘录了在对237名（学生150名，工作人员87名）被调查者进行的调查中，出现的误解和多解的各种情况。从对这些情况的分析中，我们可以得出这样的结论，即附录中第325页中所说：

　　误解的原因主要在于：第一，缺乏相应的文化知识、生活常识及背景知识的了解。第二，缺少具体语境的整体联系及分析，表现为：或只从语境中某个部分出发来理解；或放弃对语境的联系和分析。

　　多解的原因主要在于：第一，相关文化知识、生活常识及背景知识在不同的人那里会有不同的理解；这些潜在的不同理解，带入具体语境中，就会产生多解。第二，缺乏对相应的文化知识、生活常识及背景知识的了解，通过语境来猜测；在猜测的过程中，个人因素的带入会产生多解。

综合调查的结果和分析来看，接受者没有成功地实现"语境重译"，导致了接受者未享有表达者表达时的语境，因此，也就导致了误解或多解。

下面我们分别从三个角度，来分析认知语境偏差所造成的"言外之意"修辞现象理解的失误。

（一）言者无心，听者有意

表达者在表达时，并没有传达此种"言外之意"，但接受者从自己的认知语境出发，听出了此种"言外之意"。这是对表达者所表达意思的误解。出现这种情况的原因在于，接受者理解时的认知语境与表达者表达时的语境出现了偏差。

下面我们以三个例子予以分析说明。

例一：

　　北阙休上书，南山归敝庐。<u>不才明主弃，多病故人疏</u>。白发催年老，青阳逼岁除。永怀愁不寐，松月夜窗虚。（唐·孟浩然：《归终南山》）

孟浩然一次正在王维家中畅饮，恰逢玄宗皇帝驾临。孟浩然急忙躲于床下，后王维引荐，玄宗命其赋诗。孟浩然处于慌乱之中，随口就诵出了这首《归终南山》。从诗文看，是抒发不得志，无人相赏之意。但诗文并非指责玄宗不赏识他，而是一种谦虚的说法。正如清·张谦宜

《緼斋诗谈》卷五中所说："'北阙休上书'，唤起法。'不才明主弃'，极得意句，却是蹭蹬之由，令人浩叹！详文意，本是谦词，绝非怨望，明皇不收，尚是皮相诗人。"① 但对于听者——玄宗来说，这句尤觉刺耳，认为是借诗来讽刺他不识英才。

孟浩然的这首诗是在应举不第归襄阳时所作。诗中抒发的是低落的心情及不得志的忧伤。但从玄宗的角度，只留意了"不才明主弃"此句。这与作为一国之君的玄宗最为密切，也最能引发他的联想。所以，表达者与接受者认知语境的不同，导致了"言者无心，听者有意"。

玄宗从自身的角度，读出了原本诗文中没有的"言外之意"。而这个"言外之意"被一国之君的玄宗误读出后，就直接导致了身为一介平民的孟浩然的悲剧。如唐王定保《唐摭言》卷一一《无官受黜》条中记载："浩然奉诏拜舞，念诗曰：'北阙休上书，南山归敝庐。不才明主弃，多病故人疏。'上闻之怃然曰：'朕未曾弃人，自是卿不求进，奈何反有此作！'因命放归南山，终身不仕。"②

因此，从上可以看出：表达者表达时要顾及接受者可能形成的认知语境。这也就是我们常说的"说话要看对象"，也就是第二章"'言外之意'修辞现象的理据"探究中所指出的：表达要适应题旨情境。为了表达某种"题旨"而不顾"情境"，就会导致表达的失败；正如孟浩然的这种遭遇。对于孟浩然的遭遇，清代沈德潜《唐诗别裁》中也有惋惜之词："此浩然不第归来作也。时帝幸王维寓，浩然见帝，帝命赋平日诗，浩然即诵此篇。帝曰：'卿不求仕，朕何尝弃卿！'遂放还。时不诵临洞庭而诵归终南，命实为之，浩然亦有不能自主者耶！"③ 如果孟浩然吟诵《望洞庭湖赠张丞相》之诗，也许就会有不同的命运了。

例二：

却说董承等问马腾曰："公欲用何人？"马腾曰："见有豫州牧刘玄德在此，何不求之？"……次日黑夜里，董承怀诏，径往玄德

① 周蒙、冯宇：《全唐诗广选新注集评2》，辽宁人民出版社1994年版，第266页。
② （唐）王定保撰：《唐摭言2》，中华书局1985年版，第101页。
③ （清）沈德潜：《唐诗别裁》，商务印书馆1935年版，第232页。

公馆中来。……玄德亦书"左将军刘备",押了字,付承收讫。承曰:"尚容再请三人,共聚十义,以图国贼。"玄德曰:"切宜缓缓施行,不可轻泄。"共议到五更,相别去了。

玄德也防曹操谋害,就下处后园种菜,亲自浇灌,以为韬晦之计。……一日,关、张不在,玄德正在后园浇菜,许褚、张辽引数十人入园中曰:"丞相有命,请使君便行。"玄德惊问曰:"有甚紧事?"许褚曰:"不知。只教我来相请。"玄德只得随二人入府见操。操笑曰:"<u>在家做得好大事!</u>"唬得玄德面如土色。操执玄德手,直至后园,曰:"玄德学圃不易!"玄德方才放心,答曰:"无事消遣耳。"(明·罗贯中:《三国演义》第二十一回 曹操煮酒论英雄 关公赚城斩车胄)

国舅董承等人与刘备密谋,聚义共诛曹操。画押后,怕被曹操看出端倪,就在后园浇水种菜,掩人耳目。所以,当曹操派人去请他时,刘备心中有鬼,便"惊问"有何事。到曹府后,曹操一句"在家做得好大事!"将刘备唬得"面如土色"。直到曹操说出"玄德学圃不易!"刘备才放下心来。

这里表达者曹操与接受者刘备有着各自不同的认知语境:曹操所说的"在家做得好大事"是从刘备浇水种菜这个认知语境来说的;而接受者刘备是从"聚义诛曹"这个认知语境来听的;所以心虚的刘备听说此话时,联想到的就是自己密谋之事。因而曹操此话一出,唬得刘备面如土色。

这就是"言者无心,而听者有意"。接受者以自己的认知语境去揣测表达者表达时的语境,二者认知语境出现偏差,就导致表达与理解的不一致。如以上这个例子,就是从无"言外之意"的话中,听出了"言外之意"。

例三:

宝玉此时喜的无话可说,忙给贾母道了喜,又给邢王二夫人道喜。——见了众姐妹,便向黛玉笑道:"妹妹身体可大好了?"黛玉也微笑道:"大好了。听见说二哥哥身上也欠安,好了么?"宝玉道："可不是！我那日夜里，忽然心里疼起来，这几天刚好些就上学去了，也没能过去看妹妹。"黛玉不等他说完，早扭过头和探春说话去了。凤姐在地下站着，笑道："你两个那里像天天在一块儿的？倒像是客，有这么些客套。可是人说的'相敬如宾'了。"说得大家都一笑。黛玉满脸飞红，又不好说，又不好不说，迟了一会儿，才说道："你懂得什么！"众人越发笑了。凤姐一时回过味来，才知道自己出言冒失。（清·曹雪芹、清·高鹗：《红楼梦》第八十五回）

"相敬如宾"出自《左传·僖公三十三年》，原文为："初，臼季使过冀，见冀缺耨，其妻馌之。敬，相待如宾。"是指：臼季路过冀邑，看见郤缺锄草，他妻子给他送饭。郤缺态度很恭敬，夫妻彼此相待如宾。后来，"相敬如宾"就用来表达夫妻互相尊敬，如同对待客人一样；夫妻恩爱、关系融洽。

凤姐说此话时，并不知道"相敬如宾"的内涵，只从字面上去理解，以为是指"像对待客人一样客气"。但对于了解这个成语意思的众人，一听凤姐这话，以为是借此打趣宝黛二人的亲密关系，所以都大笑起来；而黛玉也"满脸飞红，又不好说，又不好不说"。

这也就是由表达者与接受者双方认知心理的不同造成的：凤姐只知道字面意义，所以是从字面意义这个认知语境来说这个成语；而听话的众人，了解这个成语的内涵意义，是从其喻指夫妻关系这个认知语境去理解这句话的。因此，"说者无心，听者有意"。最后，凤姐从众人的大笑及黛玉满脸飞红的嗔怪中，才"知道自己出言冒失"。

（二）言者有意，听者无心

表达者在表达时，是想借辞面来传达"言外之意"，但由于理解者不具有相应的知识储备或没有对语境进行分析，导致"语境重译"的失败，由此就不能理解表达者所表达的"言外之意"。

下面我们以三个例子予以分析。

例一：

乙 这不是问案吗？什么事呀？

甲　你没长着耳朵呀?

乙　一个人怎么会没有耳朵呢?

甲　有耳朵听不真话! 他问的是你几时学的艺。[《中国传统相声大全·大审》(第三卷)]

甲对乙说的"你没长着耳朵呀",是从"耳朵能听懂话"这个认知语境来说的,而听话者乙是从耳朵的生理特征方面来理解的。因此,二人的认知语境出现偏差,导致乙对甲的"言外之意"理解失误。

例二:

当然,生活也不尽是痛苦。林大林走后不久小林来告诉江曼,几所医院联合办护士训练班,父亲已给她报上了名。考试是两个月之后的事,迫在眉睫。江曼咬了咬牙,起早贪晚,足不出户,熬得双目充血,衣带渐宽,复习荒疏的功课。当她看到榜上自己的名字时,似乎霎时又返回了童年,噢地叫起来,鸟儿似的飞回家。

"妈! 妈! '范进'中举了! 中喽——!"

"什么范进? 你跟谁'犯劲'?"

"我考上了!"

"阿弥陀佛! 我的妈吔!"老娘喜得惊叫。[韩静霆:《凯旋在子夜》,载于《小说月报 30 年》(1985—1989)]

江曼看到自己榜上有名时,得意忘形之际,对母亲说"范进中举了",将自己比作范进,以"范进中举"这个典故来表达自己此刻喜悦的心情;但是母亲并不了解"范进中举"这个典故。因而母亲依据自己的知识储备,从语音中联想到的是"犯劲",以为女儿和谁犯劲。因此,二人的认知语境不同,导致表达者传达的"言外之意"不能被理解。

例三:

妈妈:瞧你们年轻人真好玩儿,分明两人儿心里都快要热得冒烟了,却偏喜欢常常闹闹小别扭,怎么啦,你们两人儿又吵了什么嘴了吗？

迪鲁瓦：谁敢跟你那位大姑娘吵嘴！

妈妈：是不是金花儿又得罪了你？

迪鲁瓦：你去问她好了！

妈妈：（笑）哈哈，我去问她！你们两人儿间的事儿，你都不好意思说出来，我做妈妈的又怎么好去问她呢！

迪鲁瓦：妈妈，<u>难道你老人家没有眼睛么？</u>

妈妈：啊，傻孩子！妈妈这对老花了的眼睛，连瞧自己牧场上的马尔羊儿都还来不及，哪还有闲工夫瞧你们两人儿间的事儿啦。

迪鲁瓦：谁要你光来瞧我们呢？你老人家的眼睛不好睁开一点，张大一点么？

妈妈：你，你，你这是什么意思？

迪鲁瓦：你老人家还不懂么？

妈妈：我不懂。

迪鲁瓦：我说，<u>只要你老人家的眼睛睁开一点，张大一点，多向四面八方瞧瞧</u>，我想就不要我说，你也可以懂了！

妈妈：你的话越说我越糊涂，我还是没有法儿懂。

迪鲁瓦：这么说，那真要怪你老人家的眼睛老花了！

妈妈：你这孩子真奇怪，有什么话为什么不痛痛快快的对我说，你对我也这样吞吞吐吐地干什么！

迪鲁瓦：妈妈，您真要我痛痛快快地对您说吗？

妈妈：你说啦！

迪鲁瓦：（愤然）这几天来，金花儿跟丁世雄那蛮小子打得那么火热，难道你老人家真没有瞧见吗？

妈妈：（一惊）瞎说！丁世雄是我儿子郎桑的朋友，他是一个很懂规矩的汉人，你不能这样瞎起疑心！（阳翰笙《天国春秋·塞上风云》）

迪鲁瓦所说的"眼睛"，并不是生理上的"眼睛"，而是此词的引申义，即看事情的眼光。但听话者"妈妈"却没能了解迪鲁瓦说这话时的认知语境，只从自己所了解的生理上的"眼睛"去理解迪鲁瓦的话，因此，导致好几个回合下来，始终没能理解迪鲁瓦要表达的意思。最后，迪鲁瓦不得不把话直白地说出来。

"妈妈"听话时的认知语境与迪鲁瓦表达时的认知语境并不相同，导致无法理解其"言外之意"。

（三）理解的多样性

由于接受者认知语境的不同，同一蕴含"言外之意"的语言形式，不同的理解者会产生不同理解。正如鲁迅在《〈绛洞花主〉小引》一文中评论《红楼梦》时所说："单是命意，就因读者的眼光而有种种：经学家看见《易》，道学家看见淫，才子看见缠绵，革命家看见排满，流言家看见宫闱秘事。"这种理解的多样性，也是由于接受者与表达者的语境没有实现互享的结果。也就是说，表达者并未成功地实现"语境重译"，或者由于某种原因无法成功地实现"语境重译"，或者不愿意去"重译"语境，而从自己的认知语境去理解。由此导致理解的多样化。我们来看下面两个例子。

例一：

> 春城无处不飞花，寒食东风御柳斜。<u>日暮汉宫传蜡烛，轻烟散入五侯家</u>。（唐·韩翃：《寒食》）

韩翃此诗是描写寒食节时的景象。但对于此诗所蕴含的"言外之意"，有着不同的看法。有人认为是借此以表国家安定，富足祥和的景象。如近人俞陛云《诗镜浅说续编》中所说："首句言处处飞花，见春城之富丽也。次句言东风寒食，纪帝京之佳节也。三句言汉宫循寒食故事，赐烛近臣。四句言侯家拜赐，轻烟散处，与佳气同浮。二十八字中，想见五剧春浓，八荒无事。宫廷之间暇，贵族之霑恩，皆在诗境之内。"①

但也有不同的看法："有人认为'轻烟'代表皇宠，'轻烟散入五侯家'是对皇帝过分宠信宦官这种政治现实的含蓄批评。寒食节禁火，然而受宠的宦者，却得到皇帝的特赐火烛，享有特权。因此，蘅塘退士

---

① 俞陛云撰：《诗境浅说续编》，开明书店1950年版，第75页。

批注道：'唐代宦者之盛，不减于桓灵。诗比讽深远。'蘅塘退士甚至以为自己抓住了'唐诗通春秋'的证据，说它总结了'唐之亡国是因为宦官握兵'的历史经验。"①

对于诗人真正要表达的"言外之意"到底是什么，我们已经无从追问了。但从上面两种理解可以看出：不同的接受者会因各自的经历、知识积累等的不同而形成不同的视角，由此形成不同的认知语境；在此基础上，也就出现了不同的理解。

例二：

> 刚擦着，猛听黛玉直声叫道："宝玉！宝玉！你好——"说到"好"字，便浑身冷汗，不作声了。紫鹃等急忙扶住，那汗愈出，身子便渐渐的冷了。（清·曹雪芹、清·高鹗：《红楼梦》第九十八回）

对于黛玉临终前的这句"宝玉！宝玉！你好——"已经成为多种补充的一个典型例子了。到底"好"字后，未说出的是千愁万恨，如"好狠心"；还是千般不舍，如"好自珍重"等，都会因"一千个读者就有一千个林妹妹"所造成的认知语境差异而产生不同的理解。

因此，综合上面三种情况的分析，我们可以看出：认知语境的差异会导致"言外之意"理解的差异。因此，要恰切地理解表达者所表达的"言外之意"，必要的条件就是，接受者成功地实现"语境重译"，由此实现与表达者表达语境的互享，在此基础上实现"言外之意"的理解。

通过本章的分析，我们认为，"言外之意"的理解过程就是接受者对表达者表达时语境的重译过程。接受者通过"语境重译"来最大限度地享有表达者表达时的语境，在此语境下的作用下，实现"言外之意"的理解。

为了探究"言外之意"理解过程中"语境重译"的规律，我们以第四章中所归纳的"言外之意"修辞现象类型为语料，具体分析了

---

① 季广茂：《隐喻理论与文学传统》，北京师范大学出版社2002年版，第158页。

"言外之意"理解过程中"语境重译"的类型及重译的内容。通过分析，我们认为，已有的相关知识积累、共知的背景或事实及逻辑推理知识，是"语境重译"的主要内容。而这些内容在具体的理解中是如何实现重译的？这就需要探讨"语境重译"的实现过程，探究影响"语境重译"实现的因素。

在"语境重译"实现过程的分析中，通过分析，指出了"集体无意识""个人无意识"及"个人能动性"这三方面因素，是影响"语境重译"实现的关键因素。

在这三方面因素中，"集体无意识"对"语境重译"起着深层的影响作用。"个人无意识"起着直接的影响作用，若不具备相应的"个人无意识"积累，就会在很大程度上影响"语境重译"的实现；同时，"个人无意识"积累的内容不同，也会导致对同一"言外之意"修辞现象理解中的"语境重译"内容的不同，这也就会导致对同一"言外之意"不同的理解结果。我们以附录中抽样调查的结果予以了证明。此外，"个人能动性"也是影响"语境重译"的关键因素。"集体无意识""个人无意识"只是为"语境重译"提供了可能性，而对于具体的"语境重译"来说，"个人能动性"才是影响"语境重译"的直接因素。"个人能动性"的发挥程度影响"语境重译"的实现程度；而且，当接受者不具备相应的"集体无意识""个人无意识"积累时，发挥"个人能动性"还可以在一定程度上增加"语境重译"的可能性，也就可以在一定程度上提高"言外之意"理解的可能性。对此，我们也以附录中抽样调查中的"通过'语境重译'在一定程度上提高了'言外之意'理解率"这样的客观调查结果予以了证明。

因此，"言外之意"修辞现象的理解过程，就是"语境重译"的实现过程，"集体无意识""个人无意识"及"个人能动性"这三方面因素，一起影响和制约着"语境重译"的实现，也一起影响着"言外之意"理解的实现。

因而对于接受者来说，要在言语交际中提高"言外之意"修辞现象的理解率，就需要增加"个人无意识"的积累，"个人无意识"的积累程度越大，理解就越有可能；同时在具体的理解过程中，要积极发挥个人能动性，积极地调用"个人无意识"和"集体无意识"中的积累，这样也会提高"言外之意"的理解率。

综上所述,"语境重译"是理解"言外之意"的关键,而"集体无意识""个人无意识"及"个人能动性"又是影响"语境重译"的关键。要提高"言外之意"的理解率,就需要增加个人知识积累,同时在具体理解时需要发挥能动性。因此,"言外之意"修辞现象的理解过程,就是接受者调用"集体无意识""个人无意识"的积累,发挥"个人能动性",实现相应语境重译的过程。

本章对"言外之意"理解的分析,在一定程度上将接受美学及关联理论在"理解问题"方面的研究,推进了一步。不仅探寻到"言外之意"的理解是"语境重译"的结果,还通过详细的分析,探究了影响"语境重译"的影响因素。虽然这只是对"言外之意"理解问题的探究,但也可在一定程度上为一般的理解语言问题的研究提供一定借鉴。

第六章　结　语

　　"言外之意"修辞现象是汉语中有着悠久的探究历史和丰富语料资源的一种修辞现象。"言外之意"修辞现象在汉语表达中普遍存在，并备受关注，是一种非常值得研究的修辞现象。

　　"言外之意"修辞现象虽然历来都备受人们关注，对"言外之意"修辞现象的探究也积淀了丰富的理论，但以"言外之意"修辞现象为专门的研究对象，对其作系统性研究的著作却尚未出现。因而为了系统地探究"言外之意"修辞现象的表达规律和理解规律，本书以古今汉语各文体中出现的大量典型的"言外之意"修辞现象为研究语料，从修辞学角度，探究了"言外之意"修辞现象的存在理据、生成机制、表现类型及理解规律。本书试图通过以上探究，系统地了解和把握这种修辞现象，为我们日常交际中"言外之意"的表达和理解提供一定的借鉴。

　　首先，我们系统地探究了"言外之意"修辞现象存在的理据。"言外之意"修辞现象的备受关注及顽强的生命力，与其存在的坚实的理论基础有关。这些理论基础，也就是其存在的理据，主要体现在哲学、文化、美学及语言这四个方面。首先，哲学中的"言意之辨"，指出了"言外之意"存在的必然性。"言意之辨"指出了"言"与"意"之间是"不尽之尽"的关系，"言"具有"尽意"的功能，但"言"有时又是不能"尽意"的。要解决这个矛盾，就需要借助于"言"，以"言外"的形式来"尽意"，这也就出现了"言外之意"的表达方式。同时，文化因素中的"具象托思"思维方式的影响及对"委婉心理"的推崇，以及审美中对"韵外之致"的追求，这些都是"言外之意"修辞现象得以生存的土壤，对"言外之意"修辞现象的存在有着直接的催生、滋养作用。此外，语言学中所指出的"能指"与"所指"的可分离性，为"言外之意"表达中的"言""意"分离，提供了语言学基础。以上这四个方面，就是"言外之意"修辞现象得以存在的理论基础。

其次，我们系统地探究了"言外之意"修辞现象的生成机制。在对"言外之意"修辞现象的生成机制的探究中，本书从语境、心理、逻辑及修辞主体、修辞受体这四个方面作了分析。通过分析指出："言外之意"修辞现象的产生，是表达者为实现"题旨"的表达，适应具体的"情境"，调用适宜情境的心理因素或逻辑因素，选择恰当的语言形式进行表达的结果。在这四个因素中，首要的是"语境"因素。"言外之意"修辞现象的表达是以"适应题旨情境为第一义"，离开对具体"情境"的适应，就很难实现"题旨"的表达。而且在表达中，具体调用心理因素还是逻辑因素，选用何种语言表达形式，都受具体"情境"的制约。所以，"语境因素"是影响"言外之意"修辞现象成功表达的首要和关键的因素。

最后，我们概括了"言外之意"修辞现象的表现类型，并对"言外之意"的理解规律作了系统探讨。

我们以辞面与辞里实现连接方式的不同，将"言外之意"修辞现象分为"重合包孕"式、"相关交涉"式及"相离牵引"式三大类型，对"言外之意"修辞现象的表现类型作了概括。同时还详细分析了各种类型具体的生成机制。

在概括"言外之意"的表现类型的基础上，我们对"言外之意"理解规律作了探究。在"言外之意"理解规律的探究中，我们从思维参与方式的角度探讨了"言外之意"修辞现象的理解过程。通过探讨，我们认为"言外之意"的理解过程就是一个推理过程。同时依据推理实现途径的不同，将"言外之意"修辞现象的理解分为"显性推理"和"隐性推理"两大类别，并对这两类推理所涉及的因素作了分析、归纳。在分析的基础上，指出了影响推理实现的这些因素，即是影响表达者和接受者实现"认知语境"互享的因素。由此，我们进一步认为，接受者推理过程的实现，就是接受者最大限度地实现与表达者表达时语境的互享。推理的实现过程，就是接受者的"语境重译"过程。

在此基础上，我们进一步分析了影响"语境重译"实现的因素，认为"集体无意识""个人无意识"及"个人能动性"这三方面因素共同影响着"语境重译"的实现。同时指出，在这三方面因素中，"集体无意识""个人无意识"为"语境重译"提供了可能性，而"个人能动性"则直接影响"语境重译"的实现。"集体无意识"及"个人无意识"积累越丰厚，"个人能动性"发挥越大，"语境重译"的可能性也就越大，实现"言外之意"理解的可能性也就越大。在分析过程中，我们以抽样调查的相关数据作了客观的论证。这在一定程度上，减少了本书探究中的主观性。

本书在"言外之意"理解的探究中，提出了"语境重译"的概念，分析了影响"语境重译"的因素。也就是说，本书不仅探究了"言外之意"理解实现的原因，还探讨了"言外之意"理解实现的方法。这相对于接受美学及关联理论在"言语理解问题"中只侧重探讨了理解实现的原因而言，本书的研究是有着一定程度的发展和深化的。本书对理解问题的探究，虽然是以"言外之意"修辞现象为具体的探究对象，但也可为一般的言语理解提供一定的借鉴。

"言外之意"修辞现象研究，是一个语料资源异常丰富、涉及面非常广、探究历史非常悠久的课题，也是一个难度非常大的课题。对如此有挑战性的课题的研究，其艰巨程度是不言而喻的。因研究精力和时间有限，本书在研究时就主要对"言外之意"修辞现象的存在理据、表达和理解规律作了探究。在写作过程中，虽然本着科学性、深刻性原则来分析和探讨，但缺憾、遗漏之处仍是在所难免的。首先，我们是从古今汉语各种文体中来选择典型的语料，这对于有着异常丰富语料资源的"言外之意"修辞现象来说，难免会有遗漏之处；同时，语言是发展的，在交际中，人们的表达总是在发生日新月异的变化，因此，"言外之意"的一些新的表现形式难免也会遗漏，因而本书的研究只能在较大程度上反映表达和理解的规律，这是本书研究不可避免的不完善之处。其次，本书将"言外之意"的表达和理解结合起来，探究其表达和理解的规律，这是对"言外之意"修辞现象系统研究的一种尝试。其中还存在不足之处，如一些观点的分析还不够深入，一些论证还不够全面，这些都有待以后进一步完善。此外，在"言外之意"理解情况的调查中，由于缺乏调查经验，调查时间也较仓促，其中个别题目的设计还未能较好地实现调查的目的。特别是没有设定能体现不同职业理解差异的题目，这是本次调查的缺憾，只有待以后再弥补了。

"言外之意"修辞现象的研究，除了本书所作的探究外，还有许多尚未涉足的领域可以开拓。如对"言外之意"修辞现象美学特征的研究，以及不同文体中"言外之意"修辞现象的表达和理解的特点、规律的研究，以及以不同文体中的"言外之意"修辞现象为对象进行对比研究，这些都是本书所未谈论的，都是非常值得探究的课题，有待学者们做进一步研究。

附录 关于"言外之意"修辞现象理解的调查报告

"言外之意"修辞现象的理解过程是依据辞面的信息来获得辞里的一个间接过程。因理解过程的间接性，理解者主观性因素的影响就较大。为了减少"言外之意"理解因素分析中的主观性，我们以社会调查的客观数据来验证和预测。

从国内现有的研究来看，对"言外之意"修辞现象理解的研究，多倾向于理论的探究；在实践印证及概括、预测方面还没有相应的研究。所以，我们采用社会调查的方法对"言外之意"理解过程作初步探索。

在这次调查中，我们从不同群体中，选择职业、教育程度这两个指标进行抽样调查；通过调查来探究影响"言外之意"理解的复杂因素。

此调查报告的内容分为三个部分：调查对象及方法、调查情况分析、调查结果及预测。

一 调查对象及方法

本次调查采取便利抽样调查的方法，从教育程度及职业两个变量来进行调查，共有 237 名调查对象。其中教育程度这个变量的调查，是以初中、高中、大学十个年级的 150 名学生为对象。其中初中、高中的调查是抽取云南省两所普通初、高中学校的 90 名学生，大学的调查是抽取云南某大学四个年级、四个专业的 60 名学生，大一为数学学院，大二为政治与历史学院，大三为文学院，大四为物理与电子信息学院。而职业这个变量的调查，分别选取了昆明市及其邻近的某市，这两个地方，共七个部门七种职业的 87 名工作人员为调查对象，这 87 名被调查者具体来自以下七个单位：某联想公司的计算机与应用工程人员（10人）、某药业有限公司的药剂人员（10人）、某电力有限公司的电力工程技术人员（10人）、某化工股份有限公司的化工工程技术人员（15人）、某部队军人（15人）、某日报社的编辑人员（12人）及某政府部门的行政办公人员（15人）。

本次调查采取问卷调查和访谈两种形式。问卷调查是在班主任或辅导员的组织下，由调查员当面发放问卷，由学生独立完成后，当场收回问卷。访谈式调查，是以书面形式呈现给访谈者调查材料，访谈者根据书面材料谈自己的理解，在被调查者作出直觉回答后，调查员再通过询问或追问，来了解被调查者的理解过程，并如实记录下来。

二　调查情况分析

此次调查以受教育程度和职业为变量。依据这两个变量的调查数据，我们的调查报告分为三个部分：

第一，从调查的结果，描述受教育程度不同、职业不同对"言外之意"理解造成的差异。这部分分别从正确理解率和误解两方面作分析。

第二，从调查的过程，主要依据访谈调查过程的记录，来分析影响"言外之意"理解的因素。

第三，依据既有样本的调查结果，作归纳总结，并作一定程度的推论和预测。

（一）教育程度、职业，影响"言外之意"的理解

1. 受教育程度影响"言外之意"的理解程度

在受教育程度这个变量中，我们从文化知识及生活常识两个方面，对相同的"言外之意"修辞现象的理解差异作对比分析。具体分为两个表和三个图，其中表一和图一是从文化知识这个方面作对比分析，表二和图二是从生活常识这个方面作对比分析，图三是综合对比。具体如下：

首先，文化知识积累程度与"言外之意"理解中确解率的对比表，如下：

表一

年级	文化知识 确解率/人数（%）	第七题 "会不会太八股了?"	第八题 "陛下山河已定，岂可再有改动?"	第二题 "道似无晴却有晴"	第四题 "这一去，可是要'蟾宫折桂'了！"	第六题 "落花时节又逢君"
初中	初一	60/9	67/10	47/7	27/4	27/4
	初二	67/10	67/10	53/8	40/6	33/5
	初三	73/11	73/11	60/9	47/7	33/5
	平均正确率（%）	67	69	38	38	31
高中	高一	73/11	67/10	53/8	53/8	47/7
	高二	67/10	67/10	47/7	40/6	40/6
	高三	73/11	73/11	60/9	73/11	53/8
	平均正确率（%）	71	69	53	55	47
大学	大一	67/10	80/12	53/8	47/7	53/8
	大二	80/12	100/15	67/10	60/9	66/10
	大三	93/14	100/15	100/15	80/12	93/14
	大四	87/13	93/14	90/14	67/10	60/9
	平均正确率（%）	82	93	78	64	68

　　从表一的数据中我们可以发现，从总体上来说，随着受教育程度的增加，其文化知识积累也随着增加，对同一"言外之意"修辞现象的理解程度也增加。而这个递增规律中的一个例外是高二年级的学生，据学校反映的情况是：这个班是所抽取高中年级中基础较差，学风较差的一个班级，这恰好也证实了其知识积累程度影响到"言外之意"的理解。

　　表一中的数据，可以用图表示如下：

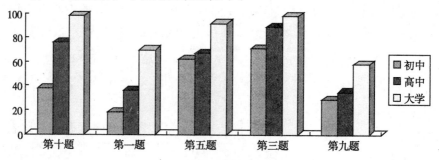

图一

从图表中我们可以清楚地看出，随着受教育程度的增加，"言外之意"理解的整体能力也在增加。

其次，生活常识与"言外之意"理解中确解率的对比表，如下：

表二

生活常识 年级	确解率/人数（%）	第十题 "哼，诗人！""哼，记者！"	第一题 "等你这件毛衣织好了，我的胡子都该绿了"	第五题 "人家是个退休的老中医呢"	第三题 "作为外交部长我不会访问台湾。"	第九题 "人家小儿要容易长，往往用贱物为小名，如狗、马、牛、羊之类。"
初中	初一	27/4	0/0	73/11	67/10	20/3
	初二	33/5	27/4	53/8	67/10	27/4
	初三	53/8	27/4	60/9	80/12	40/6
	平均正确率（%）	38	18	62	71	29
高中	高一	67/10	27/4	67/10	80/12	33/5
	高二	67/10	33/5	60/9	87/13	33/5
	高三	93/14	47/7	73/11	100/15	40/6
	平均正确率（%）	76	36	67	89	35
大学	大一	93/14	47/7	80/12	93/14	67/10
	大二	100/15	73/11	93/14	100/15	53/8
	大三	100/15	80/12	100/15	100/15	67/10
	大四	100/15	80/12	93/14	100/15	73/11
	平均正确率（%）	98	70	92	98	58

从表二中的数据可以看出，随着受教育程度的增加，生活知识积累也在增加，"言外之意"理解程度也随之增加。

表二中的数据，可以用图二表示如下：

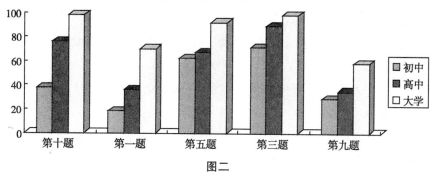

图二

从图表中我们也可以清楚地看出，随着受教育程度的增加，生活知识积累的增加，"言外之意"理解的整体能力也在增加。

由此，我们将文化知识和生活常识两个方面综合起来，可以对比看出：初中、高中、大学三个不同教育阶段，对"言外之意"理解程度的差别。我们将表一、表二中的数据综合起来，以图形三的方式表示如下：

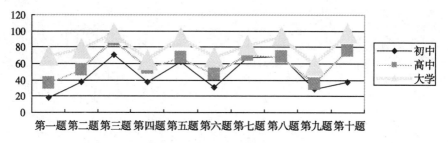

图三

由此可以看出，不管是涉及文化知识的还是涉及生活常识的"言外之意"修辞现象，其理解程度都随着受教育程度的增加而增加。

2. 职业不同，影响"言外之意"的理解程度

在职业这个变量中，我们同样选取了文化知识和生活常识这两个指标作为量化指标。分别从这两个角度，来对比不同职业对相同"言外之意"理解的差异。分为两个表格、两个图表。其中表三和图四是从文化知识角度所作的对比，表四和图五是从生活常识角度所作的对比。

在进行比较之前，我们先将这七个单位的文化程度做一下介绍。某联想公司计算机与应用工程人员：本科4人，大专4人，中专1人，高中1人；某药业有限公司药剂人员：本科5人，大专4人，中专1人；某部队军人：研究生1人，本科12人，大专3；某电力有限公司电力工程技术人员：本科4人，大专3，高中3人；某化工有限股份公司工程技术人员：工程硕士1人，本科11人，大专1人，中专2人；某政府机关行政办公人员：研究生3人，本科7人，大专5人；某报社编辑人员：本科11人，大专1人。从总体上而已，政府机关办公人员、报社编辑、化工公司电力工程技术人员、某部队军人的被调查者中本科及以上学历的较多些，文化程度较高，而从都是15个被调查者的三个单位来说，化工公司有12人，部队及政府部门均为10人。

首先，从文化知识角度，对比不同职业的被调查者对相同"言外之意"修辞现象理解的差异。如表三：

表三

文化知识 确解率（%） 单位	第九题 "妈！妈！'范进'中举了！中喽——！"	第八题 "会不会太八股了？"	第四题 "陛下山河已定，岂可再有改动？"	第六题 "这一去，可是要'蟾宫折桂'了！"
计算机与应用工程人员（10人）	60/6	30/3	70/7	0/0
药剂人员（10人）	80/8	20/2	50/5	0/0
军人（15人）	100/15	60/9	67/10	20/3
电力工程技术人员（10人）	80/8	40/4	30/3	20/2
政府行政办公人员（15人）	93/14	73/11	100/15	47/7
化工工程技术人员（15人）	87/13	80/12	67/10	33/5
报社编辑（12人）	100/12	92/11	100/12	83/10

从表三中的数据可以看出，不同职业的人群对同一"言外之意"修辞现象的理解程度会有不同。为了清晰地看出不同职业对相同的"言外之意"修辞现象理解的差异，我们用图四表示。

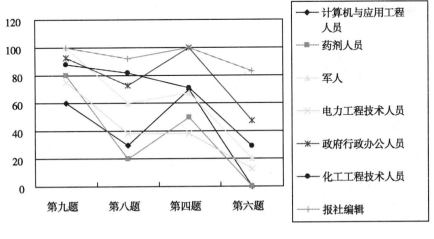

图四

从图四中我们可以看出，七个职业的87名被调查者对这四个含有

"言外之意"的例句的理解，从总体上呈现出差异，但也有相同之处，具体分析如下：

第一，从线条走向来看，除电力工程技术人员及化工工程技术人员成逐渐下降的趋势外，其他五个职业都呈现出"升—降—升—降"的趋势；而对于最后一题的理解曲线都呈现下降趋势。这说明，在理解主要以文化知识表达的"言外之意"修辞现象时，人们对其文化知识的熟悉度越高，恰切理解的可能性就越大；对于不常见或不熟悉的文化知识表达的"言外之意"，理解的可能性就越小；如"蟾宫折桂"现在已很少用，人们对其熟悉度或知晓程度降低，由此就影响以其表达的"言外之意"的理解程度。

第二，依据以上七个职业的被调查者对四个题的理解率，可以计算出他们的平均理解率，按由低到高的排列为：药剂人员38%，计算机与应用工程人员40%，电力工程技术人员43%，军人62%，化工工程技术人员67%，行政办公人员78%，报社编辑94%。参照这七个职业被调查者的学历情况可以看出：一方面，从总体上而言，文化程度越高，其理解率就越高；另一方面，理解率也受职业的影响存在差异。如化工工程技术人员中被调查者的本科及以上学历人数是最多的，为12人，而军人和政府行政办公人员都为10；但从调查结果来看，政府行政办公人员的理解率却是最高的，而军人在这三个单位中却是较低的一个。因此，联系整个调查结果可以看出，报社编辑人员及政府行政办公人员相对于其他部门人员而言，对"言外之意"修辞现象的理解总体程度上要高些。

其次，从生活常识角度，对比不同职业的被调查者对相同"言外之意"修辞现象理解的差异。如表四：

表四

单位 ＼ 生活常识　确解率/人数（%）	第三题"哼，诗人！""哼，记者！"	第十题"妈，我今年二十二岁。"	第一题"这不还说相声嘛。"	第七题"作为外交部长我不会访问台湾。"	第五题"赵衰是冬天的太阳；赵盾是夏天的太阳。"	第二题"人家小儿要容易长，往往用贱物为小名，如狗、马、牛、羊之类。"
计算机与应用工程人员（10人）	100/10	100/10	100/10	70/7	40/4	20/2

续表

单位　　确解率/人数（％）	第三题"哼,诗人!""哼,记者!"	第十题"妈,我今年二十二岁。"	第一题"这不还说相声嘛。"	第七题"作为外交部长我不会访问台湾。"	第五题"赵衰是冬天的太阳;赵盾是夏天的太阳。"	第二题"人家小儿要容易长,往往用贱物为小名,如狗、马、牛、羊之类。"
药剂人员（10人）	100/10	90/9	100/10	60/6	60/6	40/4
军人（15人）	100/15	87/13	73/11	100/15	80/12	47/7
电力工程技术人员（10人）	100/10	100/10	100/10	80/8	60/6	20/2
政府行政办公人员（15人）	100/15	100/15	100/15	100/15	93/14	67/10
化工工程技术人员（15人）	100/15	93/14	87/13	93/14	87/13	47/7
报社编辑（12人）	100/12	100/12	100/12	100/12	92/11	92/9

表四中的数据,用图五表示如下:

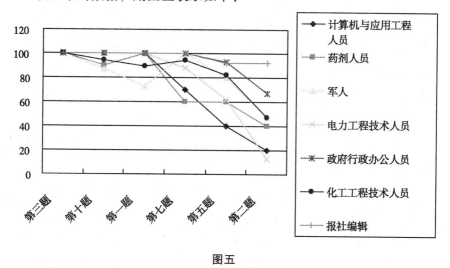

图五

从表四、图五可以看出,主要由生活常识表达的"言外之意"修辞现象,各职业的被调查者从总体上而言,理解程度存在差异。但在这些差异中,我们可以发现一些规律:

第一,这些生活常识被人们所共知的程度越高,其表达的"言外之意"的理解程度就越高;如第三题,由"哼"这个语气词传递的"言外之意"，因人们对"哼"所具有的常识性了解程度较高，因而都能确切地理解其传递的"言外之意"。

　　第二，职业不同，所熟悉的常识性知识也存在差异。这主要体现在第七题，从事政府行政办公工作和部队工作及报刊编辑工作的人员，对于其理解程度较其他职业更高。

　　第三，依据以上七个职业对这六个题的理解率，可以计算出他们的平均理解率，按由低到高的排列为：计算机与应用工程人员72%，药剂人员75%，电力工程技术人员77%，军人81%，化工工程技术人员85%，政府行政办公人员93%，报社编辑97%。

　　参照这七个职业被调查者的学历情况，可以看出：一方面，从总体上而言，文化程度越高，其理解率就越高；另一方面，理解率也受职业的影响存在差异。如化工技术工程人员中被调查者的本科及以上学历人数是最多的，为12人，而军人和政府行政办公人员均为10；但从调查结果来看，政府行政办公人员的理解率却是最高的，而军人在这三个单位中却是较低的一个。从事文字工作的人群，其理解"言外之意"的程度较从事其他工作的人群更高。

　　以上是从文化知识和生活常识两个方面分别来分析七种职业的调查结果。我们还可以综合这两个方面的数据，综合计算出七种职业对这十个题的平均理解率，按照由低到高的顺序排列为：

　　计算机与应用工程人员59%，药剂人员60%，电力工程技术人员63%，军人73%，化工工程技术人员86%，政府工作人员87%，报社编辑96%。

　　根据这个平均理解率及前面两方面的分析，可以得出这样的结论：

　　第一，人们对于文化知识或生活常识的熟悉度或知晓度越高，理解"言外之意"修辞现象的程度就越高。这与其受教育程度有关。

　　第二，对文化知识或生活常识的熟悉或知晓程度，与职业也有较大关系。不同职业的人群所熟悉的业务不同，会影响其文化知识或生活常识的不同积累；长期从事文字工作的人群，对语言的敏感度和理解能力较其他职业更高一些，其理解"言外之意"的程度就相对较高。而对于与政治常识有关的"言外之意"的理解，军人、政府行政办公人员及报社编辑对此的理解率和敏感度都相对较高。

可见，受教育程度及职业的不同都会影响"言外之意"修辞现象的理解程度。

3. 从误解或多解的调查结果，分析影响"言外之意"理解的原因

综合学生问卷及访谈调查的结果，将误解及多解的现象综合在一起，一并分析其产生的原因。详见表五：

表五

题号 \ 调查对象		学生及工作人员	
1. "哼，诗人!" "哼，记者!"	误解	①对"诗人"这个职业崇尚而未得志，对"记者"这个职业不满。②对诗人这个职业满意，对记者这个职业不满意。	原因分析：上下文中"父亲是个诗人"的语境负诱导。
	多解	①这两个职业都不好，而且儿子也不够格当"诗人"和"记者"。②并不希望母亲帮孩子定目标，希望孩子自己拿主意。而不是一味听从他人的评价建议。③表面父亲都持反对意见，为的是使他努力工作，力求完美。④诗人的通病，自视清高。	原因分析：A. 社会心理：父母对孩子的关系及尊重孩子的选择。B. 社会文化中对"诗人"这个职业的理解。C. 语气词"哼"的引导。
2. "这一去，可是要'蟾宫折桂'了!"	误解	①这次去，要专心读书，等你考中了，再回来告诉我消息吧。②对宝玉的嘲笑，说明宝玉的不专心，会分神，上不成学。③讽刺了当时社会上的陈旧观念。④相信宝玉一定有成就，为他感到高兴。也受"女子无才便是德"的束缚和压迫。⑤太难为宝玉了。对宝玉的失望。	原因分析：A. 缺乏对典故"蟾宫折桂"的了解。B. 对《红楼梦》中宝黛二人的关系及性格了解，但缺乏对"蟾宫折桂"典故的了解，只能猜测"讽刺"这一层含义。
	多解	①说宝玉能有所成就，但从黛玉的性格来看，是对宝玉的一种讽刺。是不希望宝玉去上学。②语境猜测：有出息。③寄托希望，飞黄腾达。	原因分析：A. 从"折桂"与"桂冠"及上学这件事，联想到旧时读书人的飞黄腾达，有出息。B. 对"蟾宫折桂"这一典故的了解，同时对《红楼梦》中宝黛二人的性格及关系的了解。

调查对象 题号		学生及工作人员	
3. "陛下山河已定，岂可再有改动?"	误解	①周玄素虽画技一流，但他是一个不敢于承担责任、贪生怕死的人。②委婉地拒绝绘画，担心有什么修改不对之处，招来杀身之祸。③是为了尊重皇上。	原因分析： 只停留在封建时代君王的威严及臣子对君王的畏惧这一层面；缺乏对具体语境的分析。
	多解	①对自己的安全出于一种想法，不敢侵犯明太祖的权力，不敢对其天下江山有什么评论，是拍马屁。②江山已经打下来了，就不要让江山丢失。③对皇帝的奉承。为臣之道，懂得在帝王面前什么该说，什么不该说。	原因分析： 对语境的把握及对封建社会君臣关系的了解。
4. "作为外交部长我不会访问台湾。"	误解	①说明他很自大，把台湾看成与中国分割，看成一个独立的国家。②作为外交部长，应尽自己的责任，让中国与其他国增进友谊。③不想一起同行访问台湾。	原因分析： 缺乏对社会政治常识的调动，被字面"作为外交部长"负诱导，即"作为其他部长，或个人会"的负面引导。
	多解	①爱国。②若作为外交部长，我不会访问台湾，职责不允许。但作为个人，我会去。③希望实现对台湾的统一。	原因分析： 对社会政治常识的调动。
5. "人家小儿要容易长，往往用贱物为小名，如狗、马、牛、羊之类。"	误解	①取名为僧，希望小儿能健康成长并感悟人生。②名字取得贱，好养活，健康快乐，平安度过童年。③体现出欧阳公希望儿子与众不同，有一番作为。希望儿子如僧一般四根清净，不同那些"贱物"一般庸俗。④谦称（对自己）。⑤难道因为不重佛，我就不能取带"僧"字的名字？⑥抬高自己，贬低别人；比别人叫牛、狗高些。⑦僧是一种身份，智慧的象征，取名为僧，长身体也长智慧。	原因分析： 调用了"僧"的社会理解，但缺乏对上下文的整体联系和分析。
	多解	①取名为僧，是希望小儿长得健康聪明。而说僧是贱物，所以也有对僧人的嘲讽。②取笑僧人，同时也为了体现与众不同。	原因分析： 上下文语境及社会知识的调动。

续表

调查对象 题号		学生及工作人员	
6. "会不会太八股了?"	误解	①会不会四面八方的,不怎么受用。②会不会太小题大作了,难道知足常乐不对吗?③会不会太切实际了。④太文绉绉了。⑤太保守。⑥太啰唆。⑦太八卦了。	原因分析: A. 缺乏对"八股"这个文化知识的了解。B. 具体场景的负诱导。缺乏对上下文的分析。
	多解	①太教条化,格式化。②太书面化,太老套了。③太陈旧。④太死板。⑤太传统。⑥太古板,没情趣。⑦太严肃,太标准化。	原因分析: 文化知识"八股"的引导。
7. "等你这件毛衣织好了,我的胡子都该绿了。"	误解	①你做事三心二意,三天打鱼两天晒网,怎么可能会干成事?②老头子这句话是对她的嘲讽,但也希望她一直上班,做有用的人。③等你毛衣织好了更新的生物已经开始生长了,旧的已经被淘汰了。④人生除了工作,其他的时间不一定主要织毛衣,有很多事可做。⑤等你织好,我就出怪事了。	原因分析: A. 缺乏对生活常识的调动。 B. 缺乏联系常识及上下文分析的能力。
	多解	稍有讽刺,胡子都绿了。	原因分析: A. 常识的引导
8. "人家是个退休的老中医呢!"	误解	①很崇拜老中医。②告诉老太太是老中医开的药,心里也很崇敬老中医。③这方面不可靠。物理老师是老中医,他知道怎么用药。④不耐烦老太太问长问短。	原因分析: 拘泥于字面意,缺乏对生活常识的调动及对上下文语境分析不足。
	多解	①突出了老中医的权威性,相信他。②对老中医的崇拜,很信任他。	原因分析: 上下文及生活常识的调动。
9. "东边日出西边雨,道是无晴却有晴。"	误解	①虽然这边下雨,那边晴,说是没有晴天却还是有晴的。任何事都没有绝对的一面。②事情分两头,一边高兴,另一边却可能悲伤。③天无绝人之路,当超过艰难险阻时,必然会看见湛蓝的天空,会有阳光。④天气变化无常,人间事态多变。	原因分析: 缺乏文化知识、语言知识及整首诗的分析:"晴"与"情"双关。
	多解	①天气变化无常就如内心的变化,琢磨不定。②人的感情有时如天气般让人无奈。	原因分析: 对文化知识、语言常识及整首诗的整体分析。

题号 ╲ 调查对象		学生及工作人员	
10. "落花时节又逢君。"	误解	①表达出了一种老友重逢的欢快、喜悦的心情。②朋友相离，好景不长。③当好景正值时你却不在，正当好景过后你却到了。	原因分析：拘泥于字面意义，缺乏对诗歌写作背景的了解。
	多解	①年轻时离别，年迈时相聚，"白头搔更短，浑欲不胜簪"。②与李龟年同病相怜，相互理解，互为知己的心情。③落魄时的知己。④落魄时相见的一种慰藉。	原因分析：了解诗歌写作背景。
11. "这不还说相声嘛。"	误解	①字面理解：是在说相声，不是做别的。②在说相声，没时间做皇上。	原因分析：缺乏对"相声"这门艺术特点的调动。
	多解	自我调侃，怀才不遇。只是在做白日梦。	原因分析：调用"相声艺术"这个生活常识。
12. "赵衰是冬天的太阳；赵盾是夏天的太阳。"	误解	①赵盾更贤能，发挥的光热度更高。②赵衰温和，平易近人；赵盾严厉，更具威望；对于执政者来说，雷厉风行的人更能领导好人们。	原因分析：以太阳光热度的高低作为判断标准，而不是以人的感受为判断标准；所取标准的不同，导致误解。
	多解	赵衰更贤能，更平易近人；赵盾太严厉，使人畏惧。从儒家的角度，"仁"的人更能得人心。	原因分析：对生活常识的调动。
13. "妈！妈！'范进'中举了！中喽——！"	误解	①像范进一样的辛苦，是一种自嘲；自己太笨了。②在讽刺考试制度，就像科举制度一样死板。	原因分析：调用了文化知识"范进中举"，但忽视了对具体语境的分析。
	多解	①考中比较高兴，同时也体现了就业比较艰难。②兴奋，是一种解脱，终于考完了，考上了。③考上了的兴奋，同时也说明像范进一样辛苦。	原因分析：对具体语境的把握及对文化知识"范进中举"多种理解的引导。

续表

调查对象 题号		学生及工作人员	
14."妈，我今年二十二岁，你二十二岁的时候，已经生了我了。"	误解	妈妈年轻时还不如我呢，妈妈起着榜样在先的作用。	原因分析： 字面负诱导，缺乏上下文的语境的联系。
	多解	①我长大了，时代也不同了；和母亲有了代沟。 ②我长大了，但在父母眼里孩子永远是孩子。	原因分析： 调用了生活常识"生了孩子的就是大人"以及对父母与子女关系的一些联想。

从表五的记录及分析中，可以发现：

误解的原因主要在于：第一，缺乏相应的文化知识、生活常识及背景知识的了解。第二，缺少具体语境的整体联系及分析，表现为：或只从语境中某个部分出发来理解；或放弃对语境的联系和分析。

多解的原因主要在于：第一，相关文化知识、生活常识及背景知识在不同的人那里会有不同的理解；这些潜在的不同理解，带入具体语境中就会产生多解。第二，缺乏对相应的文化知识、生活常识及背景知识的了解，通过语境来猜测；在猜测的过程中，个人因素的带入会产生多解。

由此可见，影响"言外之意"理解的静态因素主要与知识积累有关。知识积累又与受教育程度、职业及个人因素有关；这些都会影响到"言外之意"的理解。

（二）从调查过程，分析影响"言外之意"修辞现象理解的因素

上面的调查分析，是从结果来分析影响"言外之意"理解的相关因素。下面我们以访谈调查为例，来分析这个动态的理解过程。

我们先将七种职业对这十个例句的理解及相关结果以表格数据的形式展现出来，分别分析后再进行总的归纳。

第一题："这不还说相声嘛。"

表六

对比项		职业	计算机与应用工程人员	药剂人员	军人	电力工程技术人员	政府行政办公人员	化工工程技术人员	报社编辑
人数	男		9	6	15	8	8	9	7
	女		1	4	0	2	7	6	5
	总数		10	10	15	10	15	15	12
文化程度			本科、中专、大专	本科、大专、高中	硕士、本科、大专	本科、大专、高中	本科、硕士	硕、本科、大、中专	本科、大专文化
年龄			20—30	20—25	20—30	25—39	25—56	20—45	20—35
正确理解人数	直觉确解	确解	8	9	7	10	15	9	12
		多解	0	1	3	0	0	1	0
		总数	8	10	10	10	15	10	12
	追问后理解		2	0	1	0	0	3	0
	正确总人数		10	10	11	10	15	13	12
正确率（%）	真实理解正确率		80	100	67	100	100	67	100
	追问增加的正确率		20	0	6	0	0	20	0
	总正确率		100	100	73	100	100	87	100
误解	字面理解		0	0	4	0	0	2	0
	其他理解		0	0	0	0	0	0	0
	不理解		0	0	0	0	0	0	0
	总数		0	0	4	0	0	2	0
	其他理解占误解百分比		0	0	0	0	0	0	0

　　从七种职业调查数据显示：第一，通过追问，回溯语境可以在一定程度上提高"言外之意"的理解率。有三种职业的6名被调查者，通过回溯语境实现了理解，分别使这三种职业人群的理解率整体上提高了15%。第二，被调查的87人中，有5人除了能理解"言外之意"外，还存在多解现象。第三，其误解的原因，是拘泥于字面意义而忽视了对具体语境及对"相声"这门艺术的特点的启用。第四，对此题中的"言外之意"的理解中，七个单位从总体上来说，平均理解率为95%，平均理解率高于平均误解率。

第二题："人家小儿容易长，往往用贱物为小名，如狗、马、牛、羊之类。"

表七

对比项		职业	计算机与应用工程人员	药剂人员	军人	电力工程技术人员	政府行政办公人员	化工工程技术人员	报社编辑
人数	男		9	6	15	8	8	9	7
	女		1	4	0	2	7	6	5
	总数		10	10	15	10	15	15	12
文化程度			本科、中专、大专	本科、大专、高中	硕士、本科、大专	本科、大专、高中	本科、硕士	硕、本科、大、中专	本科、大专
年龄			20—30	20—25	20—30	25—39	25—56	20—45	20—35
正确理解人数	直觉确解	确解	1	1	3	2	5	0	9
		多解	1	3	1	0	1	5	0
		总数	2	4	4	2	6	5	9
	追问后理解		0	0	3	0	4	2	0
	正确总人数		2	4	7	2	10	7	9
正确率（%）	真实理解正确率		20	40	27	20	40	33	92
	追问增加的正确率		0	0	20	0	27	14	0
	总正确率		20	40	47	20	67	47	92
误解	字面理解		6	1	6	6	3	4	2
	其他理解		2	4	2	1	2	4	1
	不理解		0	1	0	1	0	0	0
	总数		8	6	8	8	5	8	3
	其他理解占误解百分比（%）		25	67	47	13	40	50	33

此题中"言外之意"理解的调查结果显示：第一，通过追问，回溯语境可以在一定程度上提高"言外之意"的理解率。有三种职业的9名被调查者，通过回溯语境获得了理解，使这三种职业人群的理解率整体上提高了20%。第二，被调查的87人中，有11人除了能理解"言外之意"外，还存在多解现象。第三，其误解的原因，是拘泥于字面意

义，联想到熟悉的风俗习惯，而忽视了对上下文逻辑关系的分析。第四，对此题中的"言外之意"的理解，七种职业从总体上来说，平均理解率为 48%，平均误解率高于平均理解率。

第三题："哼，诗人！哼，记者！"

表八

对比项 \ 职业			计算机与应用工程人员	药剂人员	军人	电力工程技术人员	政府行政办公人员	化工工程技术人员	报社编辑
人数	男		9	6	15	8	8	9	7
	女		1	4	0	2	7	6	5
	总数		10	10	15	10	15	15	12
文化程度			本科、中专、大专	本科、大专、高中	硕士、本科、大专	本科、大专、高中	本科、硕士	硕、本科、大、中专	本科、大专
年龄			20—30	20—25	20—30	25—39	25—56	20—45	20—35
正确理解人数	直觉确解	确解	8	6	12	8	10	11	11
		多解	2	4	3	2	5	4	1
		总数	10	10	15	10	15	15	12
	追问后理解		0	0	0	0	0	0	0
	正确总人数		10	10	15	10	15	15	12
正确率（%）	真实理解正确率		100	100	100	100	100	100	100
	追问增加的正确率		0	0	0	0	0	0	0
	总正确率		100	100	100	100	100	100	100
误解	字面理解		0	0	0	0	0	0	0
	其他理解		0	0	0	0	0	0	0
	不理解		0	0	0	0	0	0	0
	总数		0	0	0	0	0	0	0
	其他理解占误解百分比（%）		0	0	0	0	0	0	0

此题中"言外之意"理解的调查结果显示：第一，此题是以语气词传递的"言外之意"。在形式上和语义内容上不完整；但被调查者都能根据语气词传达的情态将内容补充完整；都能理解其"言外之意"。第

二,因为形式和语义内容的不完整性,被调查者在领会到"对这两个职业都不满意"这个"言外之意"的基础上,还会根据自己对上下文及对"诗人"这个职业的理解,来发挥自己的看法,所以出现了多解的情况。

第四题:"陛下山河已定,岂可再有改动?"

表九

对比项		职业	计算机与应用工程人员	药剂人员	军人	电力工程技术人员	政府行政办公人员	化工工程技术人员	报社编辑
人数	男		9	6	15	8	8	9	7
	女		1	4	0	2	7	6	5
	总数		10	10	15	10	15	15	12
文化程度			本科、中专、大专	本科、大专、高中	硕士、本科、大专	本科、大专、高中	本科、硕士	硕、本科、大、中专	本科、大专
年龄			20—30	20—25	20—30	25—39	25—56	20—45	20—35
正确理解人数	直觉确解	确解	3	1	4	3	15	4	12
		多解	2	2	1	0	0	0	0
		总数	5	3	5	0	15	4	12
	追问后理解		2	2	5	3	0	6	0
	正确总人数		7	5	10	3	15	10	12
正确率(%)	真实理解正确率		50	30	33	0	100	27	100
	追问增加的正确率		20	20	34	30	0	40	0
	总正确率		70	50	67	30	100	67	100
误解	字面理解		2	4	3	6	0	5	0
	其他理解		1	1	2	1	0	0	0
	不理解		0	0	0	0	0	0	0
	总数		3	5	5	7	0	5	0
	其他理解占误解百分比(%)		33	20	40	14	0	0	0

此题中"言外之意"理解的调查结果显示:第一,通过追问,回溯语境可以在一定程度上提高"言外之意"的理解率。有三种职业的16

名被调查者，通过回溯语境获得了理解，使这五种职业人群的理解率整体上提高了28.2%。第二，被调查的87人中，有5人除了能理解"言外之意"外，还存在多解现象。第三，其误解的原因，是拘泥于字面意义，缺乏对上下文的分析。第四，对此题中的"言外之意"的理解，七种职业从总体上来说，平均理解率为69%，平均理解率高于平均误解率。

第五题："赵衰是冬天的太阳；赵盾是夏天的太阳。"

表十

对比项			计算机与应用工程人员	药剂人员	军人	电力工程技术人员	政府行政办公人员	化工工程技术人员	报社编辑
人数	男		9	6	15	8	8	9	7
	女		1	4	0	2	7	6	5
	总数		10	10	15	10	15	15	12
文化程度			本科、中专、大专	本科、大专、高中	硕士、本科、大专	本科、大专、高中	本科、硕士	硕、本科、大、中专	本科、大专
年龄			20—30	20—25	20—30	25—39	25—56	20—45	20—35
正确理解人数	直觉确解	确解	2	6	11	3	13	9	11
		多解	0	0	0	0	0	0	0
		总数	2	6	11	3	13	9	10
	追问后理解		2	0	1	3	1	4	0
	正确总人数		4	6	12	6	14	13	11
正确率（%）	真实理解正确率		20	60	73	30	87	60	92
	追问增加的正确率		20	0	7	30	6	27	0
	总正确率		40	60	80	60	93	87	92
误解	字面理解		0	0	0	0	0	0	0
	其他理解		6	4	3	4	1	2	1
	不理解		0	0	0	0	0	0	0
	总数		6	4	3	4	1	2	1
	其他理解占误解百分比（%）		100	100	100	100	100	100	100

此题中"言外之意"理解的调查结果显示：第一，通过追问，回溯语境可以在一定程度上提高"言外之意"的理解率。有三种职业的 11 名被调查者，通过回溯语境获得了理解，使这五种职业人群的理解率整体上提高了 18%。第二，其误解的原因，是被调查者对同一现象的视角不同而产生。第三，对此题中的"言外之意"的理解，这七种职业从总体上来说，平均理解率为 73%，平均理解率高于平均误解率。

第六题："这一去，可要蟾宫折桂了。"

表十一

对比项		职业	计算机与应用工程人员	药剂人员	军人	电力工程技术人员	政府行政办公人员	化工工程技术人员	报社编辑
人数		男	9	6	15	8	8	9	7
		女	1	4	0	2	7	6	5
		总数	10	10	15	10	15	15	12
文化程度			本科、中专、大专	本科、大专、高中	硕士、本科、大专	本科、大专、高中	本科、硕士	硕、本科、大、中专	本科、大专
年龄			20—30	20—25	20—30	25—39	25—56	20—45	20—35
正确理解人数	直觉确解	确解	0	0	2	1	6	5	8
		多解	0	0	1	1	1	0	2
		总数	0	0	3	2	7	5	10
	追问后理解		0	0	0	0	0	0	0
	正确总人数		0	0	3	2	7	5	10
正确率（%）	真实理解正确率		0	0	20	20	47	33	83
	追问增加的正确率		0	0	0	0	0	0	0
	总正确率		20	40	47	20	67	47	92
误解	字面理解		0	0	0	0	0	0	0
	其他理解		0	3	4	0	0	0	0
	不理解		10	7	8	8	8	10	2
	总数		10	10	12	8	8	10	2
	其他理解占误解百分比（%）		0	30	33	0	0	0	0

此题中"言外之意"理解的调查结果显示：第一，此题的平均理解率为48%，理解率低于误解率。第二，误解的原因是，被调查者对"蟾宫折桂"这个典故不了解；在误解的60人中，有53人选择放弃对这句话的理解，即无法理解，占误解总数的88%。

第七题："作为外交部长我是不会访问台湾的。"

表十二

	职业 对比项		计算机与应用工程人员	药剂人员	军人	电力工程技术人员	政府行政办公人员	化工工程技术人员	报社编辑
人数	男		9	6	15	8	8	9	7
	女		1	4	0	2	7	6	5
	总数		10	10	15	10	15	15	12
	文化程度		本科、中专、大专	本科、大专、高中	硕士、本科、大专	本科、大专、高中	本科、硕士	硕、本科、大、中专	本科、大专
	年龄		20—30	20—25	20—30	25—39	25—56	20—45	20—35
正确理解人数	直觉确解	确解	5	5	15	8	15	14	12
		多解	0	0	0	0	0	0	0
		总数	5	5	15	8	15	14	12
	追问后理解		2	1	0	0	0	0	0
	正确总人数		7	6	15	8	15	14	12
正确率（%）	真实理解正确率		50	50	100	80	100	93	100
	追问增加的正确率		20	10	0	0	0	0	0
	总正确率		70	60	100	80	100	93	100
误解	字面理解		1	0	0	0	0	0	0
	其他理解		2	4	0	2	0	1	0
	不理解		0	0	0	0	0	0	0
	总数		3	4	0	2	0	1	0
	其他理解占误解百分比（%）		67	100	0	100	0	100	0

此题中"言外之意"理解的调查结果显示：第一，通过追问，回溯语境可以在一定程度上提高"言外之意"的理解率。有两种职业的3名

被调查者，通过回溯语境获得了理解；使这两种职业人群的理解率整体提高了10%。第二，其误解的原因，是从"作为外交部长不会访问"这个方面去理解，没有调用"外交部是对外国事务访问"以及"台湾是中国领土不可分割的一部分"这些常识。第三，对此题中的"言外之意"的理解，这七种职业从总体上来说，平均理解率为86%，理解率高于误解率。

第八题："会不会太八股了？"

表十三

对比项 \ 职业		计算机与应用工程人员	药剂人员	军人	电力工程技术人员	政府行政办公人员	化工工程技术人员	报社编辑
人数	男	9	6	15	8	8	9	7
	女	1	4	0	2	7	6	5
	总数	10	10	15	10	15	15	12
文化程度		本科、中专、大专	本科、大专、高中	硕士、本科、大专	本科、大专、高中	本科、硕士	硕、本科、大、中专	本科、大专
年龄		20—30	20—25	20—30	25—39	25—56	20—45	20—35
正确理解人数	直觉确解 确解	2	1	4	1	10	9	11
	多解	0	0	3	0	1	1	0
	总数	2	1	7	1	11	10	11
	追问后理解	1	1	2	3	0	2	0
	正确总人数	3	2	9	4	11	12	11
正确率(%)	真实理解正确率	20	10	47	10	73	67	92
	追问增加的正确率	10	10	13	30	0	13	0
	总正确率	30	20	60	40	73	80	92
误解	字面理解	0	0	0	0	0	1	0
	其他理解	0	2	0	2	4	1	1
	不理解	7	6	6	4	0	1	0
	总数	7	8	6	6	4	3	1
	其他理解占误解百分比(%)	0	25	0	33	100	33	100

此题中"言外之意"理解的调查结果显示：第一，通过追问，回溯语境可以在一定程度上提高"言外之意"的理解率。有六种职业的20被别调查者，通过回溯语境获得了理解，使这六种职业人群的理解率整体提高了13%。第二，被调查的87人中，有5人除了能理解"言外之意"外，还存在多解现象。第三，其误解的原因，多因为对"八股"这个词的文化义不了解。第四，对此题中的"言外之意"的理解，这七种职业从总体上来说，平均理解率为56%，平均理解率低于平均误解率。在误解的35人中，有24人选择放弃对这句话的理解，即无法理解，占误解总数的69%。

第九题："范进中举了，中嘍！——"

表十四

	职业／对比项	计算机与应用工程人员	药剂人员	军人	电力工程技术人员	政府行政办公人员	化工工程技术人员	报社编辑
人数	男	9	6	15	8	8	9	7
	女	1	4	0	2	7	6	5
	总数	10	10	15	10	15	15	12
	文化程度	本科、中专、大专	本科、大专、高中	硕士、本科、大专	本科、大专、高中	本科、硕士	硕、本科、大、中专	本科、大专
	年龄	20—30	20—25	20—30	25—39	25—56	20—45	20—35
正确理解人数	直觉确解 — 确解	4	5	11	5	13	12	11
	直觉确解 — 多解	1	1	3	1	1	1	1
	直觉确解 — 总数	5	6	14	6	14	13	12
	追问后理解	1	2	1	2	0	0	0
	正确总人数	6	8	15	8	14	13	12
正确率（%）	真实理解正确率	50	60	93	60	93	87	100
	追问增加的正确率	10	20	7	20	0	0	0
	总正确率	60	80	100	80	93	87	100

续表

对比项	职业	计算机与应用工程人员	药剂人员	军人	电力工程技术人员	政府行政办公人员	化工工程技术人员	报社编辑
误解	字面理解	0	0	0	0	0	0	0
	其他理解	0	0	0	0	0	0	0
	不理解	4	2	0	2	1	2	0
	总数	4	2	0	0	1	0	0
	其他理解占误解百分比（％）	0	0	0		0	0	0

此题中"言外之意"理解的调查结果显示：第一，通过追问，回溯语境可以在一定程度上提高"言外之意"的理解率。有四种职业的 6 名被调查者，通过回溯语境获得了理解，使这四种职业人群的理解率整体提高了 11％。第二，被调查的 87 人中，有 9 人除了能理解"言外之意"外，还存在多解现象。第三，其误解的原因，对"范进中举"这个典故不了解。由不了解而放弃的理解占误解总数的 100％。第四，对此题中的"言外之意"的理解，这七种职业从总体上来说，平均理解率为 86％，平均理解率高于平均误解率。

第十题："妈我已经二十二岁了，你二十二岁已经生我了。"

表十五

对比项	职业	计算机与应用工程人员	药剂人员	军人	电力工程技术人员	政府行政办公人员	化工工程技术人员	报社编辑
人数	男	9	6	15	8	8	9	7
	女	1	4	0	2	7	6	5
	总数	10	10	15	10	15	15	12
文化程度		本科、中专、大专	本科、大专、高中	硕士、本科、大专	本科、大专、高中	本科、硕士	硕、本科、大、中专	本科、大专
年龄		20—30	20—25	20—30	25—39	25—56	20—45	20—35

对比项		职业	计算机与应用工程人员	药剂人员	军人	电力工程技术人员	政府行政办公人员	化工工程技术人员	报社编辑
正确理解人数	直觉确解	确解	10	10	15	10	7	12	8
		多解	0	0	0	0	8	3	4
		总数	10	10	15	10	15	15	12
	追问后理解		0	0	0	0	0	0	0
	正确总人数		10	10	15	10	15	15	12
正确率（%）	真实理解正确率		100	100	100	100	100	100	100
	追问增加的正确率		0	0	0	0	0	0	0
	总正确率		100	100	100	100	100	100	100
误解	字面理解		0	0	0	0	0	0	0
	其他理解		0	0	0	0	0	0	0
	不理解		0	0	0	0	0	0	0
	总数		0	0	0	0	0	0	0
	其他理解占误解百分比（%）		0	0	0	0	0	0	0

此题中“言外之意”理解的调查结果显示：第一，此题是由生活常识和逻辑知识表达的“言外之意”，被调查者对于普通的生活常识及逻辑关系都能调用，都能理解此题的“言外之意”。第二，在理解过程中，在87名被调查者中有15名被调查者，除了能理解“长大了”这个“言外之意”外，还根据自己的生活认识，带入了其他理解，形成多解。

从上面具有“言外之意”的十个例子的调查数据可以看出：

1. 由文化知识，如典故、词的文化义“言外之意”，在理解时具有以下特点：

第一，调查者不具备相应的文化知识积累，就会导致不理解。如第六题、第八题、第九题。其中，第六题的平均理解率为48%；在误解的60人中有53人选择放弃对这句话的理解，即无法理解，占误解总数的88%。第八题的平均理解率为56%；在误解的35人中，有24人选择放弃对这句话的理解，即无法理解，占误解总数的 69%。第九题的平均理解率为 86%；虽然平均理解率高于平均误解率，但由于不了解而放弃的理解占误解总数的 100%。这说明，与文化知识有关的"言外之意"的接受，其重要的基础因素是理解者需要具备相应的文化知识。

第二，在不具备相应的文化知识的前提下，调用具体的语境因素，也可以在一定程度上实现对"言外之意"的理解，如第八题、第九题。其中，第八题有六个单位的 20 位被调查者，通过回溯语境获得了理解，使六个单位的理解率整体上提高了 13%。第九题有四个单位的 6 名被调查者，通过回溯语境实现了理解，使四个单位的理解率整体上提高了 11%。

第三，相对而言，在人们生活中使用频度较高的文化知识，人们熟悉度也相对较高，与之相关的"言外之意"理解，其理解率也相对较高。如第九题的理解率为 86%，第八题为 56%，第六题为 48%，这三题的理解率呈由高到低的状态。这与人们对涉及的相应文化知识熟悉有关，对应题号分别为"范进中举""八股""蟾宫折桂"，文化色彩较浓的"蟾宫折桂"，使用范围和了解范围最窄的，理解度就最低。

2. 与生活常识有关的"言外之意"，在理解时具有以下特点：

第一，由语气词及语言的不完整形式传递的"言外之意"，以及由生活常识及逻辑完整形式建构的"言外之意"，被调查者理解率高。如第三题"哼，诗人！哼，记者！"及第十题"妈我已经二十二岁了，你二十二岁已经生我了"，理解率都为 100%。

第二，与生活常识有关的"言外之意"的误解类型，分为三类：第一种类型，是拘泥于字面理解，缺乏对具体语境的调用和分析；如第二题、第三题误解的原因就属于此类型。第二种类型，是缺乏对常识的调用；如第一题、第七题；其中，第一题误解的原因主要是没有联想到"相声"艺术的特点；而第七题的误解主要原因是没有调用"外交部是对外国事务访问"以及"台湾是中国领土不可分割的一部分"这些常识。第三种类型，是对于同一对象或现象，理解者的个人因素或个人视角的不同，会对导致误解或多解。如第四题，误解的原因是被调查者对同一现象的视角不同。

3. 归纳上面的分析，可以得出这样的结论

第一，"言外之意"修辞现象的理解对接受者是有一定要求的。接

受者的知识积累（包括文化知识、生活常识等的积累）程度越高，对"言外之意"的理解程度也就越高。

第二，在理解过程中，接受者能动性的发挥对提高理解率有着积极作用。

首先，接受者能动性的发挥，即指在"言外之意"接受过程中，接受者所体现出的主动性和创造性。这种主动性和创造性，我们称之为"语境重译能力"，即对语境进行分析，或根据具体语境来回溯、启用已有知识的能力。

"语境重译能力"在理解过程中的作用，主要表现在两方面：

一是在调查中，被调查者最先对"言外之意"修辞现象不理解；但在调查员以这些追问方式："您觉得就是这样的吗?""还有其他的理解吗?""您再看看。"进行追问后，会在一定程度上提高理解率，由最初的不理解转变为理解。这个转变过程，就是被调查者对语境再次分析及对已有知识的回溯过程，这些过程就是"语境重译能力"的体现；也就是接受者能动性的体现。

二是从误解的数据及分析可以看出，误解的原因分为两类：一类是缺乏相应的知识积累。另一类是即使具备这样的知识或常识，在具体的理解过程中，因缺乏对这些知识的调用，或缺乏将这些知识与语境结合分析，最终导致误解。这说明接受者没有发挥"语境重译能力"也是导致误解的一个重要原因。

三　调查结果及预测

通过本次对 150 名受教育程度不同的学生的问卷调查和对七种职业的 87 名不同工作人员的访谈，我们可以得出以下结论：

第一，知识积累的程度不同，"言外之意"理解程度也就不同。这可以从受教育程度、职业不同体现出来。

第二，已有的知识积累对"言外之意"理解会产生影响。不同的人，各自已有的知识积累不同，会产生不同的理解倾向。这从误解及多解的调查记录中可以证实。

第三，语境重译能力是接受者在"言外之意"理解过程中的能动性的体现。通过语境重译可以提高"言外之意"的确解度。

　　由此我们还可以得出这样的结论：已有的知识积累及理解过程中的能动性都是实现"言外之意"理解的重要因素。已有的知识积累为理解提供了可能，而能动性的发挥直接影响"言外之意"理解的实现。已有的知识积累越多、越广泛，能动性发挥程度越大，理解"言外之意"的可能性也就越大。

　　另外，从调查中我们还可以得出这样的结论：在现代高度信息化的社会，具备"言外之意"表达能力和理解能力，是现代化社会的素养之一。提高"言外之意"的表达能力和理解能力，更有利于生活中言语交际的顺利进行。

　　附上两份调查表：

　　表一：学生问卷调查表

　　同学：

　　您好！非常感谢您参与这次调查。我是×××中文系调查员×××。这是一份探讨言语理解问题的问卷。这份调查对我们分析言语理解中的一些特征很有价值，对您生活中的语言运用也很有意义，希望您能积极配合。这次调查依据科学的方法，选定一部分学生为代表，您是其中一位。我们的调查不记姓名，调查资料也将严格保密，因此您不必有所顾虑。您的配合对这次调查结果非常重要，所以请您仔细阅读每一题，并真实填写您的理解。

　　谢谢！

　　　　　　　　　　　　　　　　　　　　　　×××中文系

　　　　　　　　　　　　　　　　　　　　2011 年 11 月　　日

　　为保证此次调查的真实可靠性，需要您填写以下基本信息：

年龄：　　　　性别：　　　　年级：　　　　　　　籍贯：

问卷作答：

填写说明：

下面一共有 10 个例子，请您在仔细阅读后，谈谈对画线加线部分句子的理解。根据您的理解在 ABC 三个选项中，选择恰当的一项，并在括号内打"√"。如果这些选项都不符合您的理解，请您在选项 D 处填写出您的真实理解。

1. 心里高兴的时候，夏竹筠也上上班。不想上班的时候，就在家休息一段日子。织毛衣吧，几年也织不好一件。老头子笑着说："<u>等你这件毛衣织好了，我的胡子都该绿了。</u>"（张洁：《沉重的翅膀》）

（　　）A. 你织好这件毛衣需要很长时间。

（　　）B. 你该去工作，不要织毛衣。

（　　）C. 你的毛衣不可能织好。

（　　）D. 其他理解：

---

2. "杨柳青青江水平，闻郎江上踏歌声。<u>东边日出西边雨，道是无晴却有晴</u>。"（唐·刘禹锡：《竹枝词二首》其一）

（　　）A. 这边下雨，那边晴；还是有晴天。

（　　）B. 天气变化无常。

（　　）C. 对郎朦胧的情意，捉摸不定。

（　　）D. 其他理解：

---

3. 1997 年我国"两会"期间，有记者问钱外长："今年有的部长将访台，您能否同行?"钱其琛回答说："<u>作为外交部长我不会访问台湾。</u>"

（　　）A. 如果我是其他部长，我会访问台湾。

（　　）B. 我不和他们一起去，但自己会去。

（　　）C. 台湾是中国的一个部分。

（　　）D. 其他理解：

---

4. 彼时黛玉在窗下对镜理妆，听宝玉说上学去，因笑道："好! 这<u>一去，可是要'蟾宫折桂'了! 我不能送你了。</u>"（清·曹雪芹、清·高鹗：《红楼梦》）

（　　）A. 这一去，要考中了。

（　　）B. 对宝玉的讽刺。

（　　）C. 对宝玉能上学的羡慕。

（　　）D. 其他理解：

---

5. 老太太问南琛："姐姐带你干什么去了？"

"送药嘛！"

"药？"

"夏天她的偏头痛又犯。我们一个物理老师的父亲给了个偏方。"

"方子可靠吗？"

"<u>人家是个退休的老中医呢！</u>"（礼平：《晚霞消失的时候》）

（　　）A. 告诉老太太是老中医开的药。

（　　）B. 很崇敬老中医。

（　　）C. 老中医医术都很高。

（　　）D. 其他理解：

---

6. "岐王宅里寻常见，崔九堂前几度闻。正是江南好风景，<u>落花时节又逢君</u>。"（唐·杜甫：《江南逢李龟年》）

（　　）A. 在花落时节，我们又见面了。

（　　）B. 前后境况的对比，流露出哀伤之情。

（　　）C. 老友重逢的一种喜悦。

（　　）D. 其他理解：

---

7. 《知足就常乐 周华健》

周华健：我从第一天就是个已婚歌手的身份，而且也没有隐藏过这个消息。

杨澜：所以反而省却一<u>些烦恼</u>。

周华健：任何人其实在任何阶段里都是，知足就常乐。<u>会不会太八股了？</u>

杨澜：不会不会，很受用，大家说对不对？（杨澜《天下女人》）

（　　）A. 会不会太老套了。

（　　）B. 会不会太八卦了。

（　　）C. 会不会文绉绉了。

（　　）D. 其他理解：

---

8. 一次，明太祖朱元璋雅兴大发，派人请周玄素，让他立即在宫殿的大墙上绘制巨幅"天下江山图"。周玄素害怕了：只要有一点不合皇帝心意，就有可能招来杀身之祸。他灵机一动，回答道："微臣未曾周游天下，不敢奉诏，臣愿陛下启动御笔，草建本国规模，臣再润色一二。"

朱元璋听罢，押笔勾画出了大致轮廓。之后，朱元璋便让周玄素加以润色。

周玄素闻命启奏道："陛下山河已定，岂可再有改动？"（《语言艺术欣赏之一·周玄素巧答免杀身之祸》）

（　　）A. 为了拍马屁，说皇上画的画，臣下是不敢提出意见的。

（　　）B. 您的天下已定，臣子不敢妄加评论。

（　　）C. 君王作出的决定，不能随便改动。

（　　）D. 其他理解：

---

9. 欧阳公的儿子小名叫僧哥。一位僧人对欧阳公说："您不重佛，为何还要给您儿子取这个小名？"欧阳公大笑说："人家小儿要容易长，往往用贱物为小名，如狗、马、牛、羊之类。"僧大笑。（明·冯梦龙：《古今谭概·语部》）

（　　）A. 取名为僧，说明不仅长身体，也希望小儿长智慧。

（　　）B. 希望小儿容易长，健健康康。

（　　）C. 对僧人的嘲讽。

（　　）D. 其他理解：

---

10. 当母亲微笑着问他，长大以后愿意从事怎样一种工作。

"像你父亲那样，做个诗人怎么样？"母亲提醒他。

他当时听见父亲在黑暗中嘀咕了一声：

"哼，诗人！"

"那就当个记者吧。"母亲赶紧打圆场。

<u>"哼，记者！"父亲冷冰冰地说。（格非：《傻瓜的诗篇》）</u>

（　　）A. 对"诗人"和"记者"两个职业都不满意。

（　　）B. 对"诗人"这个职业满意，对"记者"这个职业不满意。

（　　）C. 对"记者"和"诗人"两个职业都满意。

（　　）D. 其他理解：

调查表二：访谈调查资料

女士/先生：

您好！非常感谢您参与这次调查。我是×××中文系调查员×××。这是一份探讨言语理解问题的问卷。这份调查对我们分析言语理解中的一些特征及规律非常有价值，对您生活中的语言运用也很有意义，希望您能积极配合。这次调查依据科学的方法，选定一部分群体为代表，您是其中一位。我们的调查不记姓名，调查资料也将严格保密，因此您不必有所顾虑。您的配合对这次调查结果非常重要。请您仔细阅读每一题，并谈谈您真实的理解。

谢谢！

×××中文系

2011 年 11 月　　日

为保证此次调查的真实可靠性，需要您填写以下基本信息：

年龄：　　　　性别：职业：　　　　　　　籍贯：

问卷作答：

下面一共有 10 个例子，请您谈谈对例子中画线加粗句子的理解。

1. 相声《论梦》中的一段：

甲　梦见上天够月亮去。

乙　啊！

甲　要做皇上。

……

乙 您做“皇上”啦？

甲 这不还说相声嘛。（《中国传统相声大全（第三卷）》）

---

2. 欧阳公的儿子小名叫僧哥。一位僧人对欧阳公说：“您不重佛，为何还要给您儿子取这个小名？”欧阳公大笑说：“人家小儿要容易长，往往用贱物为小名，如狗、马、牛、羊之类。”僧大笑。（明·冯梦龙：《古今谭概·语部》）

---

3. 当母亲微笑着问他，长大以后愿意从事怎样一种工作。

“像你父亲那样，做个诗人怎么样？”母亲提醒他。

他当时听见父亲在黑暗中嘀咕了一声：

“哼，诗人！”

“那就当个记者吧。”母亲赶紧打圆场。

“哼，记者！”父亲冷冰冰地说。（格非：《傻瓜的诗篇》）

---

4. 一次，明太祖朱元璋雅兴大发，派人请周玄素，让他立即在宫殿的大墙上绘制巨幅“天下江山图”。周玄素害怕了：只要有一点不合皇帝心意，就有可能招来杀身之祸。他灵机一动，回答道：“微臣未曾周游天下，不敢奉诏，臣愿陛下启动御笔，草建本国规模，臣再润色一二。”

朱元璋听罢，押笔勾画出了大致轮廓。之后，朱元璋便让周玄素加以润色。

周玄素闻命启奏道：“陛下山河已定，岂可再有改动？”（《语言艺术欣赏之一·周玄素巧答免杀身之祸》）

---

5. 鄸舒问贾季：“赵衰，赵盾哪个更贤能？”贾季回答说：“赵衰是冬天的太阳；赵盾是夏天的太阳。”（《左传·文公七年》）

---

6. 黛玉在窗下对镜理妆，听宝玉说上学去，因笑道：“好！这一去，可是要‘蟾宫折桂’了！我不能送你了。”（清·曹雪芹、清·高

鹗：《红楼梦》）

---

7. 1997 年我国"两会"期间，有记者问钱外长："今年有的部长将访台，您能否同行？"钱其琛回答说："作为外交部长我不会访问台湾。"

8.《知足就常乐　周华健》

周华健：我从第一天就是个已婚歌手的身份，而且也没有隐藏过这个消息。

杨澜：所以反而省却一些烦恼。

……

周华健：任何人其实在任何阶段里都是，知足就常乐。会不会太八股了？

杨澜：不会不会，很受用，大家说对不对？（杨澜：《天下女人》）

---

9. 林大林走后不久小林来告诉江曼，几所医院联合办护士训练班，父亲已给她报上了名。考试是两个月之后的事，迫在眉睫。江曼咬了咬牙，起早贪晚，足不出户，熬得双目充血，衣带渐宽，复习荒疏的功课。当她看到榜上自己的名字时，似乎霎时又返回了童年，噢地叫起来，鸟儿似的飞回家。

"妈！妈！'范进'中举了！中喽——！"（韩静霆：《凯旋在子夜》）

---

10. "最完美的女孩绝不会和你在外面单独过夜！"婉琳斩钉断铁的说："你太小了，你根本不懂得好与坏，你只是一个小孩子！

"妈，我今年二十二岁，你二十二岁的时候，已经生了我了。"（琼瑶：《浪花》）

参考文献

一

1. （汉）毛公传，（汉）郑玄笺，（唐）孔颖达等正义，黄侃经文句读：《十三经注疏之三·毛诗正义》，上海古籍出版社 1990 年版。

2. （南朝宋）刘义庆：《世说新语》，上海古籍出版社 1996 年版。

3. （南朝梁）刘勰：《文心雕龙·隐秀》，河南大学出版社 2008 年版。

4. （唐）杜甫著，（清）杨伦笺注：《杜诗镜铨》，上海古籍出版社 1998 年版。

5. （唐）司空图：《二十四诗品》，北京出版社 1988 年版。

6. （唐）王定保撰：《唐摭言 2》，中华书局 1985 年版。

7. （唐）张彦远撰：《历代名画记》，辽宁教育出版社 2001 年版。

8. （宋）洪迈著，夏祖饶、周洪武点校：《容斋随笔》，岳麓书社 2006 年版。

9. （宋）姜夔：《白石诗说》，（宋）欧阳修著，（宋）姜夔著，（宋）王若虚著，郑文等校点：《六一诗话　白石诗说　滹南诗话》，人民文学出版社 1962 年版。

10. （宋）欧阳修：《六一诗话》，（宋）欧阳修著，（宋）姜夔著，（宋）王若虚著，郑文等校点：《六一诗话　白石诗说　滹南诗话》，人民文学出版社 1962 年版。

11. （宋）沈括：《梦溪笔谈》，辽宁教育出版社 1997 年版。

12. （宋）朱熹：《四库章句集注》，中华书局 1983 年版。

13. （宋）严羽：《沧浪诗话》，中华书局 1985 年版。

14. （宋）张戒：《岁寒堂诗话》，中华书局 1985 年版。

15. （元）辛文房撰，舒宝璋校注：《唐才子传》，中州古籍出版社 1987 年版。

16. （明）陈耀文辑：《花草粹编下》，河北大学出版社 2007 年版。

17. （明）曹臣、（清）赫懿行编纂：《舌华录 宋琐语》，岳麓书社 1985 年版。

18. （明）李东阳：《李东阳集 第 2 卷》，岳麓书社 1985 年版。

19. （明）王夫之：《姜斋诗话笺注》，人民文学出版社 1981 年版。

20. （清）陈梦雷撰：《四库全书选集 周易浅述（第一册）》，上海古籍出版社 1983 年版。

21. （清）何文焕辑：《历代诗话上下》，中华书局 1981 年版。

22. （清）蘅塘退士编选，张忠纲评注：《唐诗三百首评注》，齐鲁书社 1998 年版。

23. （清）金圣叹：《金圣叹选批唐诗》，浙江古籍出版社 1985 年版。

24. （清）沈德潜选编，李克和等校点《唐诗别裁集》，岳麓书社 1998 年版。

25. （清）姚鼐撰：《今体诗钞 1》，中华书局。

26. 俞陛云撰：《诗境浅说续编》，开明书店 1950 年版。

27. 俞陛云撰：《唐五代两宋词释》，上海古籍出版社 1985 年版。

28. 王国维：《人间词话》，江苏文艺出版社 2007 年版。

29. 上强村民重编，唐圭璋笺注：《宋词三百首笺注》，上海古籍出版社编 1996 年版。

30. 唐圭璋笺注：《宋词三百首笺注》，人民文学出版社 2013 年版。

31. 唐圭璋编纂；王仲闻参订；孔凡礼补辑：《全宋词》，中华书局 1999 年版。

32. 中华书局编辑部点校：《全唐诗》，中华书局 2013 年版。

33. 《诸子集成》，中华书局 1954 年版。

34. 《十三经注疏》（上、下），上海古籍出版社 1997 年版。

二

1. ［苏］B. B. 波果斯洛夫斯基等主编：《普通心理学》，魏安庆等译，人民教育出版社 1979 年版。

2. ［法］丹·斯珀波、［英］迪埃珏·威尔逊：《关联：交际与认知》，蒋严译，中国社会科学出版社 2008 年版。

3. ［美］杜·舒尔茨：《现代心理学史》，沈德灿等译，人民教育出版社 1982 年版。

4. ［德］汉斯—格奥尔格·伽达默尔（Hans-Georg Gadamer）：《哲学解释学》，夏镇平、宋建平译，上海译文出版社 1994 年版。

5. ［德］马丁·海德格尔：《存在与时间》，陈嘉映、王庆节合译，生活·读书·新知三联书店 1987 年版。

6. ［瑞士］荣格：《心理学与文学》，冯川、苏克译，生活·读书·新知三联书店 1987 年版。

7. ［瑞士］索绪尔：《普通语言学教程》，高名凯译，商务印书馆 1980 年版。

三

1. 鲍明捷编：《含意理论与话语推断》，中国科学技术大学出版社 2009 年版。

2. 北京大学中文系 1955 级、1957 级语言班编：《现代汉语虚词例释》，商务印书馆 1982 年版。

3. 曹顺庆主编：《两汉文论译注》，北京出版社 1988 年版。

4. 曹京渊：《言语交际中的语境研究》，山东文艺出版社 2008 年版。

5. 陈望道：《修辞学发凡》，上海教育出版社 2006 年版。

6. 陈光磊、王俊衡：《中国修辞学通史·先秦两汉魏晋南北朝卷》，吉林教育出版社 1998 年版。

7. 陈光磊：《修辞论稿》，北京语言文化大学出版社 2001 年版。

8. 陈伯海编：《唐诗汇评·中》，浙江教育出版社 1995 年版。

9. 程金城：《西方原型美学问题研究》，黑龙江人民出版社 2007

年版。

10. 傅丽：《缺省逻辑的扩充》，中国科学技术出版社 2006 年版。

11. 郭绍虞主编：《中国历代文论选·中》，中华书局 1962 年版。

12. 顾乃忠：《主观能动性研究》江苏人民出版社 1991 年版。

13. 何乐士等编：《古代汉语虚词通释》，北京出版社 1985 年版。

14. 胡可先选注：《杜牧诗选》，中华书局 2005 年版。

15. 何向东主编，袁正校等副主编：《逻辑学教程》，高等教育出版社 1999 年版。

16. 何自然，陈新仁编著：《当代语用学》，外语教学与研究出版社 2004 年版。

17. 黄伯荣、廖序东主编：《现代汉语（下册）》，高等教育出版社 1997 年版。

18. 黄寿祺、张善文撰：《周易译注》，上海古籍出版社 2004 年版。

19. 金岳霖主编：《形式逻辑》，人民出版社 1979 年版。

20. 金良年撰：《论语译注》，上海古籍出版社 2004 年版。

21. 刘绍瑾：《庄子与中国美学》，广东高等教育出版社 1989 年版。

22. 刘焕辉：《言与意之谜：探索话语的语义迷宫》，中国社会科学出版社 2001 年版。

23. 龙文玲等编著：《朱子语类选注（上）》，广西师范大学出版社 1998 年版。

24.《普通逻辑》编写组：《普通逻辑》（第 5 版），上海人民出版社 2011 年版。

25. 刘承华：《文化与人格：对中西方文化差异的一次比较》，中国科学技术大学出版社 2002 年版。

26. 刘江编著：《逻辑学：推理和论证》，华南理工大学出版社 2004 年版。

27. 龙文玲等编著：《朱子语类选注》（上），广西师范大学出版社 1998 年版。

28. 马惠玲：《言意关系的修辞学阐释 汉语"双重意义修辞"研究》，学林出版社 2007 年版。

29. 彭聃龄主编：《普通心理学》，北京师范大学出版社 1988 年版。

30. 彭聃龄主编，谭力海副主编：《语言心理学》，北京师范大学出版社 1991 年版。

31. 彭增安：《隐喻研究的新视角》，山东文艺出版社 2006 年版。

32. 钱锺书：《管锥编》（第一册）（第四册），中华书局 1979 年版。

33. 钱锺书：《谈艺录》，中华书局 1984 年版。

34. 邱明正：《审美心理学》，复旦大学出版社 1993 年版。

35. 师长泰：《古代诗词名句艺术探胜》，陕西人民出版社 1986 年版。

36. 邵敬敏：《汉语语义语法论集》，上海教育出版社 2007 年版。

37. 束定芳：《隐喻学研究》，上海外语教育出版社 2000 年版。

38. 束定芳主编：《隐喻与转喻研究》，上海外语教育出版社 2011 年版。

39. 孙雍长：《训诂原理》，语文出版社 1997 年版。

40. 索振羽：《语用学教程》，北京大学出版社 2000 年版。

41. 王维贤、李先焜、陈宗明：《语言逻辑引论》，湖北教育出版社 1989 年版。

42. 王振复：《周易的美学智慧》，湖南出版社 1991 年版。

43. 王建华、周明强、盛爱萍：《现代汉语语境研究》，浙江大学出版社 2002 年版。

44. 王振复、大易之美：《周易的美学智慧》，北京大学出版社 2006 年版。

45. 王鹏、潘光花、高峰强：《经验的完型——格式塔心理学》，山东教育出版社 2009 年版。

46. 吴礼权：《修辞心理学》，云南人民出版社 2002 年版。

47. 吴春荣：《唐人 100 名句赏析》，上海教育出版社 2008 年版。

48. 伍谦光：《语义学导论》，湖南教育出版社 1992（第 2 版）年版。

49.《现代汉语词典》，商务印书馆 2002（增补版）年版。

50. 邢福义主编：《现代汉语》，高等教育出版社 1991 年版。

51. 熊学亮：《认知语用学概论》，上海外语教育出版社 1999 年版。

52. 熊学亮：《语言使用中的推理》，上海外语教育出版社 2007

年版。

53. 徐烈炯：《语义学（修订本）》，语言出版社 1995 年版。

54. 徐乃为：《红楼三论》，中华书局 2005 年版。

55. 杨德峰：《汉语与文化交际》，北京大学出版社 1999 年版。

56. 杨素芳、后东生编：《中国书法理论经典》，河北人民出版社 1998 年版。

57. 杨楹：《精神的脉络：思维方式的历史研究》，福建人民出版社 2001 年版。

58. 杨殿奎、任维清编著：《语法修辞词典》，济南出版社 1992 年版。

59. 易蒲 、李金苓：《汉语修辞学史纲》，吉林教育出版社 1989 年版。

60. 郁沅、张明高编选：《魏晋南北朝文论选》，人民文学出版社 1996 年版。

61. 俞剑华编：《中国画论类编》，人民美术出版社 1957 年版。

62. 阴法鲁、许树安：《中国古代文化史 》（第 1、3 册），北京大学出版社 1991 年版。

63. 阴国恩、梁福成、白学军编著：《普通心理学》，南开大学出版社 1998 年版。

64. 袁野、张孝存、贝新祯主编：《简明逻辑实用辞典》，四川辞书出版社 1989 年版。

65. 曾祖荫：《中国古代美学范畴》，华中工学院出版社 1986 年版。

66. 赵艳芳：《认知语言学》，上海外语教育出版社 2001 年版。

67. 赵亚丽、苏占兵编著：《婉约词赏读》，中国华侨出版社 2008 年版。

68. 张燕瑾主编：《中国古代文学作品选 下》，中国社会科学出版社 2010 年版。

69. 张炼强：《修辞艺术探新》，北京燕山出版社 1992 年版。

70. 张炼强：《修辞理据探索》，首都师范大学出版社 1994 年版。

71. 张亚军：《副词与限定描状功能》，安徽教育出版社 2002 年版。

72. 周玉忠编著：《英汉语言文化差异对比研究》，宁夏人民出版社

2004 年版。

　　73. 周梦、冯宇主编:《全唐诗广选新注集评》（1）（2）（5）（6）
（8）,辽宁人民出版社 1994 年版。

　　74. 朱立元:《接受美学》,上海人民出版社 1989 年版。

　　75. 朱立元:《美的感悟》,华东师范大学出版社 2001 年版。

　　76. 朱立元:《现代西方美学二十讲》,武汉出版社 2006 年版。

　　77. 朱永生:《语境动态研究》,北京大学出版社 2005 年版。

　　78. 朱福喜、朱三元、伍春香编著:《人工智能基础教程》,清华大
学出版社 2006 年版。

　　79. 宗廷虎、李金苓:《中国修辞学通史·近现代卷》,吉林教育出
版社 1998 年版。

　　80. 邹建华:《外交部发言人揭秘》,世界知识出版社 2005 年版。

　　四

　　1. 陈萍:《艺术语言的"言外之意"》,云南师范大学,硕士学位论
文,2002 年。

　　2. 陈丽梅:《汉语谐音现象的文化蕴义》,云南师范大学,硕士学
位论文,2006 年。

　　3. 董达武:《从现代语言学的走向看陈望道的修辞思想——纪念
〈修辞学发凡〉出版六十周年》,《复旦学报》1992 年第 5 期。

　　4. 胡奇光《〈墨经〉语言学理论探讨》,上海市语文学会编:《语
文论丛（第 2 辑）》,上海教育出版社 1983 年版。

　　5. 胡霞:《认知语境研究》,浙江大学,博士学位论文,2005 年。

　　6. 刘焕辉:《言外之意面面观》,陆丙甫、李胜梅:《语言研究论
集》,中国社会科学出版社 2001 年版。

　　7. 刘金文:《言外之意探析》,曲阜师范大学,硕士学位论文,
2004 年。

　　8. 李喜仁:《言外之意的生成及理解策略》,华中师范大学,硕士
学位论文,2008 年。

　　9. 丘凌:《言外之意的语境初探》,广西师范大学,博士学位论文,
2003 年。

10. 王建平：《语境研究的历史与现状》，西槙光正 编：《语境研究论文集 》，北京语言学院出版社 1992 年版。

11. 王薇：《庄子的言意观》，《东北师范大学学报》（哲学社会科学版）2008 年第 5 期。

12. 温端政、沈慧云主编：《语文新论：〈语文研究〉15 周年纪念文集》，山西教育出版社 1996 年版。

13. 吴礼权：《修辞主体论》，《锦州师范学院学报》1999 年第 2 期。

14. 熊学亮：《认知相关、交际相关和逻辑相关》，《现代外语（季刊）》2000 年。

15. 周延云：《言意关系：文学语言美学的永恒课题（上）——言外之意研究史论 》，《青岛海洋大学学报》1994 年第 4 期。

16. 周延云：《言意关系：文学语言美学的永恒课题（下）——言外之意研究史论 》，《青岛海洋大学学报》1995 年第 2 期。

17. 周之畅：《对外汉语教学中的言外之意现象的考察》，北京语言大学，2007 年。

18. 朱立元：《先秦儒家的言意观初探》，《复旦学报》（社会科学版）1994 年第 4 期。

19. 朱立元、王文英：《试论庄子的言意观》，《上海社会科学院学术季刊》1994 年第 4 期。

20. 朱全红：《曹禺〈雷雨〉言外之意的语用学分析》，浙江大学，博士学位论文，2009 年。

21. 宗白华：《中国书法里的美学思想》，宗白华：《艺境》，北京大学出版社 1987 年版。

22. 宗廷虎：《论百年来与时俱进的汉语修辞学研究方法》，《福建师范大学学报》（哲学社会科学版）2003 年第 6 期。

后 记

这本书是我博士论文的定稿。

六年前，怀着对复旦大学的仰慕，对修辞学的兴趣，对理想的执着追求，我来到了复旦，非常幸运地成为吴礼权老师的学生。在第一次见吴老师时，老师就语重心长地对我说："要懂得惜福！"老师的这句话深深地印在我脑海里，三年来一直勉励我努力前行。虽然这三年，我也曾怀疑自己抛家离子，不顾一切地来求学的决定是否正确，但是能到复旦继续念书，一直是我的理想；有机会踏上了这条路，我就要努力走下去。虽然天资愚钝，但我相信有付出就会有收获。

在进入复旦学习汉语修辞专业之前，我朦胧地觉得修辞与艺术化的运用语言表达意义有着密切关系。在系统学习了汉语修辞学之后，我对这种密切关系有了更清楚的认知。通过大量的阅读和对汉语修辞学史的了解，我选择了"言外之意"修辞现象研究这个题目。在论文题目的选定、开题、定稿的整个过程中，吴老师都给予了悉心指导。在整个论文的写作过程中，大到框架，小到表达，都倾注了吴老师大量的心血；甚至临近除夕，都还在为我的论文费心、费神。吴老师对学生的认真、负责，让学生深受感动。在三年的学习中，吴老师不仅在学习上不辞辛劳地为学生授业解惑，而且在为人处世之道方面，还时时不忘点化和引导。吴老师的这份厚重的恩情，学生终生难忘。自进入复旦学习以来，宗廷虎老师和李金苓老师，这两位德高望重、和蔼可亲的老先生，在学习上、生活上都给予了我很多关怀和鼓励；特别是在论文的写作过程中，在理论建树和相关研究材料收集方面都给予了很多指导，晚辈非常感激。陈光磊老师、赵毅老师也在我论文写作的整个过程中，在百忙之中抽出时间为我指导，提出了许多宝贵的意见，学生在此一并致以深深的谢意。特别是陈光磊老师在身体不适、需要休息调养的情况下，仍花费许多精神为我指导论文，提出了建设性意见，尤其是对论文框架结构方面的建议，使本文的整体脉络得以清晰地展现。老先生对后辈的关怀令我备受感动。雷淑娟老师在感冒高烧时仍坚持来参加我的论文预答辩，对论文中一些关键性的提法问题，提出了指导意见，学生非常感激。我的硕士导师曹晓宏老师，在我整个博士学习期间，给予了我很多鼓励和关心，让学生倍感温暖；在论文写作过程中，也给予了许多指导意见，使我受益匪浅。各位老师对学术的执着、对后辈的提携和关心，学生铭记于心。另外，在论文写作中，中文系蒋勇老师在认知语言学方面的指点，外文学院的熊学亮老师在语用推理方面的介绍及社会发展与公共政策学院的魏星老师在社会调查方法方面的指导，都对论文的写作有很大帮助，在此一并致谢！在论文写作过程中，能得到诸多老师热心、无私的指导，我是何其幸运！定稿的论文，凝聚着诸多老师的智慧；若没有各位老师的指导和帮助，很难想象能够成文。虽然最后仍有负老师们的厚望，但通过论文写作，我阅读了大量的相关书籍，有了一点个人的想法和思考，对作研究有了一定的体会；这些也就算是论文写作的意义了。

在复旦学习的这个机会，对我来说是来之不易的。对我的父母、公婆、先生和孩子，我都有着深深的歉意和愧疚。为了我能来念书，他们付出了太多太多。我的父母和公婆，在家务繁忙，身体不适的情况下，仍长年悉心地为我照顾孩子；我的先生为支持我念书，放弃了许多晋升的机会，繁重工作之余还要照顾孩子和老人，无言的大爱让我深深感动。我最深的歉意，是给我的儿子。在最需要母爱的时候，我却离开他去求学；这种残酷的选择一直让我难以原谅自己。这些年母爱的缺失，是难以弥补的；但在以后的岁月中，我定会加倍努力地争取做一位好母亲。所有的亏欠和亲人们的大恩，并不是一个"谢"字就能表达的；只能心存感恩，在以后的生活中再好好弥补了。

此外，我还要感谢我的师姐、师弟、师妹和宿舍的姐妹们，你们的陪伴和鼓励给了我很多温暖和信心。同时我还要感谢为我的论文写作提供各种帮助和一直以来关心我的朋友们，特别是新疆警察学院的艾恒平老师和云南师范大学的汪玉梅老师，为本书的资料收集和校稿付出了很多心血。是你们的关怀才让本书得以面世。

　　三年的博士生活画上了句号，虽然还有很多遗憾，但在人生的这段路上，在为人为学上我都收获了很多。带着这三年的收获和感恩，我将开始人生新的旅程，在以后的岁月中继续努力提升。